出土文獻譯注研析叢刊

鑄勒功名——春秋青銅禮器銘文的演變與特色

黃庭頎 著

目次

序 文

　　商、周青銅器與銘文之研究，自從郭沫若以標準器法進行系統性地整理與排比之後，蔚為新路，研究者日眾。然商、周傳世之銅器銘文，多涉偽器問題，所見又多為銘文拓片，器物之實際收藏與下落，多不可知。為了研究之可信度及統計之精準度，皆需以科學發掘或出土之商周有銘銅器為主要對象。吾徒黃庭頎博士，其專長在商代甲骨文及殷周金文，曾以《春秋青銅禮器銘文演變研究》一書獲博士學位，而本書乃其博士論文之延續性成果。本書以 701 件春秋時代有銘銅禮器為對象，探討春秋銘文之鑄勒位置、體裁與詞彙，並簡要歸納春秋銘文之構形及書寫習慣，兼論其斷代和分域情形。春秋銘文字數不多，在 701 件有銘銅器中，二十字內銘文，約占春秋有銘青銅禮器之 80%；四十字以上銘文，僅占 5%。可知春秋青銅禮器銘文，以二十字以下者為多。基本上，本書主在研究「銘文之演變」。就意義上來看，春秋銘文呈現的是對西周銘文的繼承及戰國文字的開創，由於表現形式的僵化，春秋銘文的史料價值並不如西周銘文。

　　本書基本上以銘文表現形式分類，排比出春秋青銅禮器銘文的各方面特質，以期了解和掌握商周銘文之承繼、轉向及改變。本書稿材詳盡，分析透徹，深具學術價值。大體說來，本書有以下特點：

　　一、蒐羅豐富：本書以春秋青銅禮器銘文之研究為主，但不局限於文字學方面著作，故凡春秋傳世、墓葬、遺址所發掘或出土之有銘青銅器，皆為整理與觀察之對象。如一些正式考古發掘報告：《上村嶺虢國墓地》、《長治分嶺水東周墓地》、《壽縣蔡侯墓出土遺物》、《淅川下寺春秋楚墓》、《包山楚墓》、《江陵九店東周墓》、《曾侯乙墓》、《三門峽虢國墓》……等均有關注。此外，亦吸收並引用海外漢學家的研究成果，如日人白川靜《金文通釋》、林巳奈夫《春秋戰國時代の研究》，美國巫鴻《中國古代藝術與建築中的「紀

念碑性」》、柯馬丁《秦始皇石刻－早期中國的文本與儀式》、羅泰《宗子維城－從考古材料的角度看公元前 1000 年至 250 年的中國社會》、夏含夷《古史異觀》、《重寫古代文獻》以及英國潔西卡‧羅森的《中國古代的藝術與文化》、《祖先與永恆－潔西卡‧羅森中國考古藝術文集》……等著作。因其材料蒐羅豐富廣泛，對春秋時期銅器之出土概況及青銅文化之發展進程，亦頗能掌握，故其參考價值頗高。

二、視角多元：本書結合了訓詁學、考古學、歷史學三種不同的知識領域，去分析春秋銘文。首先，借助清代以來建立之訓詁學方法，探討之銘文字義的訓釋、文句的解讀、體裁的變化及銘辭之興起。文字訓詁原乃對文獻語言的意義進行探求與解釋，今則不僅針對傳世文獻，更包含各種古文之注釋及出土銘文之考釋，通過訓詁學、考古學、歷史學的知識領域，使本書既能對演變現象做出合理性的解釋，亦能深化並促進上古漢語之研究。其次，則利用考古學成果與方法，針對器物所出的墓葬、遺址、器物，甚至是器物本身的型態演變，進行一定程度之理解與研究，並將銘文更確實地置於相應的歷史背景與地理環境之中，以產生更客觀完整之認識。最後，本書秉持「實證史學」之基本精神，強調對研究材料之考訂、求證及辨偽。通過對春秋銘文及青銅禮器之彙整、分類、參照及分析，進行綜合研究，以觀察其演變脈絡，使研究成果更真實可信。

三、方法嚴謹：本書經過全面性、系統性的爬梳後，自春秋青銅器中揀選出有銘銅器，製作成表格，並予編號。並針對銘文的基本資料，運用文獻對讀法、比較研究法、歷史研究法等研究方法，以掌握銘文之具體演變形態。此外，並選擇從嘏辭、宴饗銘辭、頌揚銘辭、形容銘辭等方面開展，通過歷時性與共時性角度檢視，辨析辭銘是否於不同時期或地域也有使用之異同，同時藉由考證銘辭的意義、發展與流動，以觀察古人思想之變化，提供社會史、思想史或文化史之研究另一種觀看視角。凡此，皆說明本書在研究方法

上，是嚴謹而周密的，因能掌握演變軌，故能使研究取得了創新性的進展。

　　四、析論有據：本書利用較新的資料庫以及銘文著錄為依據，對於部份《集成》所漏收之器銘，亦有所彌補。因蒐羅較齊，故在析論時，對各種先期研究，皆能細加酌參。同時，在銘文的歸納與分析上，亦透過排比、歸納出銘文之鑄勒位置、組成格式、主題演變或是銘辭興衰，架構出春秋青銅禮器銘文的類型與特色。而「附錄一」之春秋有銘青銅器資料暨著錄總表，亦皆嚴加檢核、比對與統計，然後製成表格，既有利於讀者之參閱，更是本書析論之依據。

　　對春秋青銅器與銘文之研究，過去多偏向於文字構形部分，此固與文字演變的意義有關。然本書既能藉由銘文所涉之鑄勒位置、表現形式及關照主題，深切掌握彝銘發展之變遷；亦能透過新見嘏辭、宴饗銘辭、頌揚銘辭及形容銘辭等表現形式，探索銘辭的新興與發展，析論其斷代分域之意義。再就銘文構形、書體、形制、花紋及器組之表現而言，亦能系統地分析其時代性與地域性之特徵，對建立完整的春秋青銅禮器之分期與斷代系統，深具意義。此外，本書亦將鳥蟲書置於春秋時代文字演變脈絡下進行觀察，從歷時性演變與地域性發展兩方面切入，認為鳥蟲書的出現雖然沒有改動漢字從甲骨文以來的組成結構，卻帶動了春秋戰國字體美術化、裝飾化的風氣。而其流行則標示了銘文的隨意性，以及其神聖性與宗教性的衰落。同時。也強調其在銘文演變脈絡中之轉折角色。

　　總之，本人認為本書既能掌握銘文之具體材料，又能運用相關理論及科學方法，提出重要論述及創新性觀點，深值嘉許。庭頎之專長，雖在甲骨、金文，實則學術視野頗為寬廣，舉凡經學、文獻、歷史章制、學術史、書法等，皆能多所涉獵，可謂深具潛力。而其在教學、研究之餘，亦勤於著述。尤以甲骨綴合、銅器銘文及楚簡、秦簡、漢簡之研究，各類論著多能旁徵博引，析論深入，實乃功底紮實之後起之秀。今其《鑄勒功名－春秋青銅禮器

銘文的演變與特色》一書，即將問世，雖為階段性之成果，實亦重大之起步。
可喜可賀！

徐富昌於台大中文系研究室

2018 年 9 月 22 日

凡例說明

本文寫作體例如下：

一、　本文引用金文著錄時以簡稱代替全稱，如《新收殷周青銅器銘文暨器影彙編》簡稱《新收》、《近出殷周金文集錄》簡稱《近出》、《商周青銅器銘文暨圖像集成》簡稱《圖成》，其電子版《金文通鑑》簡稱《通鑑》等，其餘相關著錄可參「引書簡稱考」。

二、　引用金文著錄時，一律以著錄簡稱配合編號，如引《新收殷周青銅器銘文暨器影彙編》著錄第 1 篇銘文時，則本文標注為（新收 0001）。唯《殷周金文集成》為主要引用書目，直接列編號，不再標明簡稱，標注為（2811）。

三、　本文釋文基本採用嚴式隸定，仍有釋字疑慮者則不予隸定。

四、　在引用釋文中，「□」表示缺一字，「▨」表示不知所缺字數。

五、　為行文方便，本文所徵引學者不論師友，一律直稱其名。

緒論

　　中國歷史上的春秋時期，不僅是一個由平靜走向動盪的轉折階段，也是中國學術思想最關鍵的奠基時刻。這個因孔子作《春秋》而得名的年代，開啟了往後五百餘年的嶄新局面，不僅重新建構了西周的地緣政治，同時也牽涉貴族、宗族的改變，更形成一種新的政治對抗以及社會關係。[1]不同於殷周僅能從甲骨卜辭、青銅器銘文或考古材料建構一幅王朝圖景，我們幸運地能通過傳世文獻理解春秋時代的各種面向。

　　從社會發展史角度而論，春秋時期不僅是中國古代社會發展的轉折點，也對後世觀念形成全方位影響，包含王權、宗法、經濟、社會、思想、學術等方面。隨著周天子東遷，成周王室與諸侯國不僅產生新的地理關係，周天子也與諸侯面臨前所未有的君臣關係。除此之外，新興的經濟觀念影響了春秋時代的精神文化與社會結構，也對後世中國思想之奠定產生關鍵性意義，總結了商周以來的文化傳統。因此若能對傳世文獻或出土文物方面加以研究，將更能深刻地理解上古社會面貌。

一　歷史梗概

　　西元前 771 年春天，西方的犬戎突然大舉攻入周人位於渭河谷地的豐、鎬二京，進行了大規模的劫掠，並殺死西周最後一任天子—周幽王，導致西周王朝從此走入歷史。西周的滅亡，是眾多學者關心的問題，然而多數人普

---

[1] 李峰在《西周的滅亡》第五章〈東遷：周的重構〉指出：「這次周人中心的東遷對中國歷史有著長期而深遠的影響。它開啟了一場西周國家的地緣政治重新建構的過程，牽涉到眾多貴族宗族的轉變，他們原先坐落在西部，後來在東部成立新的地方諸國。這場轉變進一步引起了新的政治對抗，產生了新的社會關係，從而改變了中國後一個五百年的政治走向。」參見《西周的滅亡—中國早期國家的地理和政治危機》（上海：上海古籍出版社，2007 年），頁 265。

遍認為犬戎入侵只是壓倒西周政府的最後一根稻草，真正的原因可能來自西周晚期政府內部長期的分裂與鬥爭。西漢史學家司馬遷在《史記》對這次歷史事件的描述，是上溯至西周晚期周幽王任用虢石父而得罪諸侯開始，由於周幽王的執迷不悟，最後致使申后家族引犬戎入京，進而造成西周的滅亡。

根據《史記》記載，這場戰役極其慘烈。當時犬戎「遂殺幽王驪山下，虜褒姒，盡取周賂而去」，不僅幽王被殺、褒姒被擄，連當時渭河谷地也遭到了外來者的徹底劫掠。這場入侵使得周都遭到毀滅性破壞，也讓當時居住於渭河谷地的周人流離失所、人心惶惶。《詩·小雅·雨無正》呈現了貴族眼中的戰後宗周，詩句提及「周宗既滅，靡所止戾。正大夫離居，莫知我勩。三事大夫，莫肯夙夜。邦君諸侯，莫肯朝夕。」宗周遭到劫掠後，不僅正大夫等朝廷重臣遠離王都，散居各處，連其餘官員也都無法如常工作，甚至「凡百君子，各敬爾身」，人人皆以躲避犬戎之禍，自保為要。面對王都的衰敗景象，周王室及官員們產生了離開的念頭，因此這首詩末段提及「謂爾遷于王都，曰予未有室家。鼠思泣血，無言不疾。昔爾出居，誰從作爾室？」儘管詩人以極度憂傷的口吻勸諫官員早日回到王都，然而周王室及朝廷重臣們仍不顧詩人的泣血之言，選擇拋下早已殘破不堪的宗周，決定將周的中心遷往經營已久的東都—雒邑，同時也揭開「東周」序幕。

在犬戎盡取周賂而去之後，司馬遷如此描述周王室與朝廷重臣們的決定：「於是諸侯乃即申侯而共立故幽王太子宜臼，是為平王，以奉周祀。平王立，東遷于雒邑，辟戎寇。」[2]當時諸侯與申侯先擁護幽王太子宜臼即位，亦即周平王。然而面對已無法繼續居住的渭河谷地，平王選擇將周王室東遷至位於洛陽平原，自西周早年就已開始經營的都城雒邑。周王室在東都的重新安置，不僅改變了王室與諸侯國間的地理關係，也改變了周王與諸侯貴族間的社會結構。《國語·鄭語》中鄭桓公詢問周太史史伯該如何躲避王朝災

2　【日】瀧川龜太郎：《史記會注考證》（臺北：文史哲出版社，1997年），頁74。

難，史伯便作了如下分析：

> 王室將卑，戎狄必昌，不可偪也。當成周者，南有荊蠻、申、呂、
> 應、鄧、陳、蔡、隨、唐，北有衛、燕、狄、鮮虞、潞、洛、泉、
> 徐浦，西有虞、虢、晉、隗、霍、楊、魏、芮，東有齊、魯、曹、
> 宋、滕、薛、鄒、莒，是非王之支子母弟甥舅也，則皆蠻夷戎狄之
> 人也。[3]

渭河谷地過去雖是西周的政治中心，不過就地理位置而言，卻處於整個西周
王朝偏西的地帶。早在西周初期，周王室就已發現宗周在戰略位置上的缺
陷，於是周公旦積極地想在東方建立一個據點，因而選擇了相較於宗周更接
近王朝中心的洛陽平原，在此營建東都雒邑。

　　隨著周平王東遷雒邑，周王室正式地走入另一個的政治風暴中心。從史
伯的分析看來，東周王室不僅處於華夏封國的圍繞核心，同時也必須與蠻夷
戎人展開更為密切的交流。可見嶄新的地理位置，帶來了不同的政治局勢與
關係。司馬遷僅用一句話，便大致勾勒出東遷以後王室與諸侯間新的政治對
抗，其云：「平王之時，周室衰微，諸侯彊并弱，齊、楚、秦、晉始大，政
由方伯。」[4]由此可以看出，東遷之後，周王室將在這個新的政治中心越來
越衰微，而以諸侯國實力競逐為主的政治結構也從此形成。

　　自此以後，周王室經歷了十六位周王，共三百餘年的春秋時期（771B.C.
－435B.C.）。春秋初期可謂是周王室在衰落命運下的最後掙扎，親歷東遷的
周平王在位長達 51 年，連同繼位的桓王、莊王、僖王共百年時間，尚握有
一定的軍事力量與號召力。根據《左傳·隱公八年》「鄭伯以齊人朝王」、《左
傳·成公十三年》「公及諸侯朝王」及《左傳·莊公十八年》「虢公、晉侯朝
王」等記載，可以發現春秋初期諸侯仍保持朝覲周天子的傳統。儘管平王時

---

3 徐元誥撰：《國語集解》（北京：中華書局，2008 年），頁 460-462。
4 【日】瀧川龜太郎：《史記會注考證》（臺北：文史哲出版社，1997 年），頁 74。

期的周鄭交質、[5]桓王時期的繻葛之戰[6]對於周王室聲望影響甚鉅，但從周僖王對於曲沃代晉[7]的介入行為來看，周王室在春秋初期仍具干涉諸侯國內政之能力。

至於周惠王以後的百年間，周王室仍力求保住王朝中的特殊地位，然而隨著齊、晉、楚、秦等國日益強大，加上王室內部的庶孽之亂，[8]重創了周天子的權威與聲望。這段期間包括惠王、襄王都曾逃離王都，並接受鄭、虢、齊、晉等諸侯國的庇蔭，甚至需要倚靠諸侯軍隊才有能力重返王城。屢次倚賴諸侯幫助的周天子，必需不斷裂土封賞有功臣子，這不僅使周王室可以控制的地域更加縮小，也令周王室特殊的共主地位開始動搖。

春秋最後百餘年間，周王室的內部紛亂以及大國競逐的情況愈趨複雜，周天子地位更加衰弱，無論是王室紛爭或是國際問題都是交由當時的諸侯大國負責調停，原來周天子在春秋初期尚具的號召力，此時已蕩然無存。不僅如此，周景王去世後所發生的王子朝之亂更是表明周王室已難以自保，繼

---

[5] 「周鄭交質」乃指周平王時期因王室不專任卿士鄭莊公，偶將政權交予西虢公，導致鄭莊公之不滿。周平王為平復鄭莊公之怨氣，便與鄭國以平等兩國之姿，互相交換質子，暴露出此時周王權威已明顯不如西周時期。原文見楊伯峻：《春秋左傳注》（台北：源流出版社，1982年），頁26-27。

[6] 繻葛之戰發生於周桓王十三年（707B.C.），起因於周鄭交質後，雙方互信低落，周桓王欲剝奪鄭莊公的卿士地位，鄭莊公因而不朝覲天子，導致周王室號召諸侯伐鄭。雙方在繻葛一役後，王師大敗，鄭莊公甚至射傷周桓王，儘管戰後鄭伯派祭足前往慰勞，仍反映出此時周王不再擁有實權，且與諸侯之間的關係亦逐漸失去主導權。原文詳見楊伯峻：《春秋左傳注》（台北：源流出版社，1982年），頁104-106。

[7] 「曲沃代晉」乃指春秋早期晉國內部長達70年的鬥爭，經歷周桓王、莊王、僖王三任天子，起因在於晉國封於曲沃的公族意欲取代晉侯，然而經過多年周王室的介入，曲沃桓叔與曲沃莊伯皆未能如願，及至曲沃武公以重略防止周王室干涉，才成功討伐晉侯緡，結束晉國多年來的內亂。由此事件觀之，春秋早期周王室對於諸侯國內部問題仍有干涉實力，而且曲沃武公雖成功討伐晉侯緡，但仍需接受周天子冊命後才能成為繼任晉君，顯見直至周僖王時期，王室仍有其一定的政治地位與意義。

[8] 此處庶孽之亂乃指周惠王即位時的王子頹之亂以及惠王去世時的王子帶之亂。王子頹之亂時，王畿貴族聯合衛、燕兩國之師，立王子頹為王，導致惠王出居於鄭國櫟邑，直至鄭、虢同伐王城，才順利得返成周；王子帶之亂則是周襄王即位後，王子帶兩次討伐京師，甚至一度令襄王出居於鄭國氾地，直至晉國出兵殺子帶，才得以返歸王城。子朝、子帶亂後，周王朝不僅無能面對王畿內亂，也更加依附諸侯大國，顯見此時周天子不再具有過往的實質權力，而諸侯大國也對周王室內部問題擁有更大的介入空間。

位的周悼王、周敬王從即位到重返成周，都是在王朝卿士及晉國的授意與協助下進行，這表明王朝卿士以及諸侯大國已能介入周天子之廢立。春秋的結束其實已無關乎周王室，儘管史學家對於戰國起始年代仍有爭議，不過以三家滅智、三家分晉等晉國內部分裂事件為分水嶺，顯示周王室之動態已不具備標竿意義。

　　總體而言，春秋時期是個社會結構逐漸鬆動的歷史階段，統治權力自周天子身上不斷下放，諸侯、卿、大夫到士等新興統治集團逐漸隨著時代演進開始活躍，同時也帶動了經濟、文化、思想等各個層面的改變，最後促成中國史上相當重要的一次社會流動經驗。

二　本書的目的

　　春秋雖然已脫離所謂的「原史時期」（protohistory）而跨入「歷史時期」，[9]產生了多於以往的文獻材料，但是這些文獻往往因流傳久遠而遭到刪削修改，不免存在失真之處，因此像是考古文物等第一手材料往往具有重要的研究價值。春秋時期最主要的出土材料仍以青銅器與銘文為主，然而相較於史家對於西周青銅器與銘文的鍾情與關心，春秋不論是有無銘文之青銅器都受到冷落。雖然春秋青銅器數量眾多，器類豐富，發展變化較西周青銅器多元複雜，但相關研究多局限於某個區域或範圍內，至今尚無全面性專著問世，這不僅造成了周代青銅器研究發展不平衡的狀況，也限制了周代特別是東周文化的深入探討。

　　所幸彭裕商《春秋青銅器年代學綜合研究》一書出版後，比較完整地奠定了春秋青銅器年代學的研究基礎，也對其他面向的深入研究有很重要的意義。可惜的是，截至目前春秋銘文部分仍未見系統性研究，尤其是青銅禮器銘文的關注度明顯較低，有鑒於此，本書旨在探討春秋青銅禮器銘文在這

---

[9] 詳見李學勤：《東周與秦代文明》（上海：上海人民出版社，2007年），頁9。

一特定持續的歷史過程中,產生什麼樣的歷時性與共時性演。本書將在此基礎上,分析其如何一面承繼商周傳統文化,並開創嶄新歷史面貌,從而發展出璀璨多元的戰國社會與文字。

　　這並非是一部單純探討文字字形演變的研究,而是想通過對銘文的分析,進一步對春秋青銅禮器銘文提供一個較全面的整理。在此研究前提之下,尚有四個較具體之動機與目的推動本書的產生

　　進行這項研究基礎的動機,首先是因近年來春秋有銘青銅禮器大量增加。這些製造於西元前 770 年至 477 年間的有銘青銅禮器,隨著近年考古遺址、墓葬的發掘大量出土,但相關器物的數量統計卻時隔多年未見更新。過去曾全面對春秋有銘青銅器數量進行過統計的有羅衛東以及張曉明二位學者,羅衛東根據《殷周金文集成》與《近出金文集錄》二書分析出 1023件春秋青銅器,並在此基礎上進行春秋青銅器銘文的構字系統研究,成果見於 2005 年出版的《春秋金文構形系統研究》一書。[10]張曉明則運用華東師範大學中國文字研究與應用中心建構的《商周金文數字化處理系統》之下的《金文資料課》進行搜索,共分析出該資料庫收有春秋時期 1042 件青銅器,而除去文字待考及殘泐者後有 995 件,[11]最後也在此基礎上對春秋金文的字體進行了初步的研究,並於 2006 年出版《春秋戰國金文字體演變研究》一書。

　　兩位學者雖然都曾對春秋有銘青銅器做過統計,但二書出版距今業已

---

[10] 根據羅衛東統計,《殷周金文集成》共 18 冊,收有商周銅器銘文 11984 件,器物類型 51種,其中春秋時期鑄造的器物共 893 件,包括摹本和拓本。《近出殷周金文集錄》則有4 大冊,收錄 1985 到 1999 年間出土和發現的材料 1354 件,其中春秋時期共見 130 件左右,和《集成》重複者有兩件。其後作者根據考古報告又增錄新出土春秋青銅器 2 件,筆者加總後為 1023 件。詳見羅衛東:《春秋金文構形系統研究》(上海:上海教育出版社,2005 年),頁 5。

[11] 張曉明使用華東師範大學中國文字研究與應用中心編、廣西教育出版社 2003 年 10 月出版之《商周金文數字化處理系統》中的《金文資料庫》。該資料庫對於《集成》出版後新出土之青銅器銘文亦進行收錄,所收銘文達 12331 器,其中春秋時期收 1042 器。詳見張曉明:《春秋戰國金文字體演變研究》(濟南:齊魯書社,2006 年),頁 44。

十年，本書利用中央研究院歷史語言研究所開發的《殷周金文暨青銅器資料庫》重新進行搜索，發現以「春秋」時代進行查詢，共出現 1423 筆的春秋有銘青銅器資料；[12]同時亦利用 2012 年吳鎮烽推出之《金文通鑑》電子版進行搜索，得出目前春秋有銘青銅器共有 1843 件。[13]通過兩方系統交叉比對，並重新整理製表後，共有 701 筆有銘青銅禮器可供參考研究，可見春秋有銘青銅器的數量正持續增加。隨著研究材料不斷地出現，僅是更新過往的統計資料就已具備一定意義與價值，因此本書第一件工作即是要重新整理目前所見的春秋有銘青銅禮器材料，並且繪製成清晰明瞭的表格，以做為未來深入研究的基礎。

其次，由於這批數量不斷增加的春秋有銘青銅禮器中，部份銘文可與史書記載的事件相互參照，進而補充史籍不足之處，因此本書第二個研究目的則是希望利用前人的研究成果，重新配合史籍，使銘文回歸至春秋社會脈絡的視野進行討論。例如，2014 年《江漢考古》公佈的湖北隨州文峰塔一號墓有銘青銅鐘，從銘文內容可知該墓墓主當是曾國國君「曾侯與」，其年代約為西元前 480 年左右的春秋晚期，正是近年來學界熱議而史籍記載較少的曾（隨）國。青銅鐘銘文提及「余稷之玄孫」、「伯适上適」、「王遣命南公」等內容，表明了曾國始封之君的身份以及曾國歷史之發展，甚至出現曾侯復楚之敘述，都可與《左傳》所載春秋晚期吳國軍隊入郢都，楚昭王奔隨之歷史相互印證。[14]此外，這批材料無論內容或字形都可與戰國時期的曾侯乙文物相互參照，不僅補足史籍空白的曾國歷史，也提供了春秋戰國文字間的比

---

[12] 中央研究院歷史語言研究所：《殷周金文暨青銅器資料庫》網址：http://www.ihp.sinica.edu.tw/~bronze/

[13] 《金文通鑑》乃吳鎮烽《商周青銅器銘文暨圖像集成》（上海：上海古籍出版社，2012 年）之電子版。唯《商周青銅器銘文暨圖像集成》乃紙本印行，故收錄內容僅至 2011 年所出之有銘青銅器，而《金文通鑑》乃隨時而更新，故筆者所購得之版本收錄至 2013 年初所出之有銘青銅器。

[14] 湖北隨州文峰塔一號墓出土有銘青銅鐘雖為近日研究熱點，除考古報告外的相關研究正在逐漸累積中，目前多以介紹性質為主。詳見徐少華：〈論隨州文峰塔的年代及其學術價值〉，《江漢考古》第 4 期（2014 年），頁 76-84。

對樣本。雖然相較於西周青銅器而言，春秋有銘青銅禮器可與歷史材料結合者並不甚多，但這些與歷史事件產生密切連結的銘文過往研究也相當熱烈，本書雖無意藉此材料展開春秋史之討論，但希望利用前賢研究成果，適度結合新材料，對銘文綜合理解提供一個較具歷史脈絡的論述背景。

其三，本書關心的具體問題在於銘文的演變，故將圍繞春秋銘文對西周金文傳統之繼承，以及戰國文字之影響等面向展開。意欲對春秋銘文的形式、體裁與辭彙的發展進行分析，並對演變的原因做出解釋，因此擬從四個面向分別探討：第一部分從形式體裁入手，將探討青銅器銘文位置之變動、篇幅的減省以及銘文主題之改換等現象；第二部分著重銘辭的使用與變化情形，主要通過新見銘辭的整理與考證，探討其分佈與發展演變狀況，進一步了解春秋精神面貌的改變；第三部分則強調文字構形演變過程以及分域現象的產生，將從春秋銘文構形的時代特徵與地域特徵兩方面進行討論，目標是勾勒出文字構形的變化過程以及區域差異，並對此現象做出解釋。此外另立鳥蟲書一章，探討其興盛與演化過程，藉此釐清春秋銘文在漢字學史上，繼承西周金文、下啟戰國文字的特殊地位。

其四，雖然早在宋代就已出現春秋有銘青銅器的著錄，然而長期以來未見專門以春秋銘文為研究對象的著作，因此本書目標即是提供一個較全面且專門的春秋銘文研究著作。東周青銅器的系統性研究始於郭沫若《兩周金文辭大系》，郭氏共選取了 80 件青銅器進行文字考釋，並利用這些銘文研究春秋時期的歷史文化，然而這些春秋青銅器亦僅是《大系》東周編的其中一部份，並未具有足夠的獨立性。其後的相關研究論著不是將西周春秋金文並談，便是春秋戰國共論，即使討論與關注程度不亞於前後二代，但論述散見於各處研究之中，因此當研究者欲認識春秋青銅器銘文的整體情況時，往往感到十分不便，而已有的研究成果也難以獲得整合。過去雖曾有一些學位論文，[15]可惜論述層面多為文字構形的演變，文例、辭彙、體裁、書風等課

---

¹⁵ 國立成功大學吳欣潔的碩士論文《春秋金文構形演變研究》（2001 年）、羅衛東《春秋金

題均未見開展，不易讓讀者更深入且完整的瞭解。整體而論，雖說春秋銘文與青銅器的課題已逐漸被重視，但仍較缺乏較全面的研究與彙整，因此希望本書能為建構春秋歷史提供一個有用的工具。

最後需申明的是，本書重點雖在於春秋銘文的演變過程，但春秋有銘青銅禮器終究不若西周、戰國數量龐大，相互參照的材料有限，故仍需參考其他傳世文獻以及相關出土文獻以協助研究進行，以探討春秋銘文形式、體裁、文例、文字與書體等面向之演化與變革，希冀通過傳世與出土文獻的相互佐證，進一步完成春秋青銅器銘文的系統化工作。

三　範圍與資料

就歷史綜軸而言，春秋青銅禮器繼承西周青銅器的典正優雅之風，下啟戰國青銅器繽紛多元之姿；就地域橫軸來看，西周王朝之瓦解，使春秋青銅器開始呈現更為強烈的地域風格，逐漸形成南、北、西、東等系之分。由於東周青銅器呈現出更多的地域特徵，研究起來比西周青銅器更為複雜，所以若欲深入瞭解春秋青銅禮器銘文的變遷與內涵，必須先確立研究對象的歷史背景以及材料來源，方能進行有效且具意義之研究。本書的討論範圍共分兩大部份：

（一）範圍的界定

春秋青銅器的特色在於地域性較西周更為明顯，而各時期不同地域的青銅器文化也有所差異，因此確立分期分域架構，是進行討論的第一步：

春秋青銅禮器銘文的分期問題

雖然春秋的時間段不長，但學者對分期方面也有不同意見，起因在於

文構形系統研究》（2005 年）、安徽大學吳國升的博士論文《春秋文字研究》（2005 年）。

「春秋」一朝的起訖斷代以及內部分期的爭論。所謂春秋時期因與孔子所撰魯史《春秋》斷代相當，故以此名之，不過關於「春秋」的起訖斷代，史學界至今仍未有統一共識，目前較通用的觀點大致有下列五種：

第一種以魯國史書《春秋》為據，其記載即是春秋一朝之起訖斷代。魯史《春秋》始於魯隱公元年（西元前 722 年），終於魯哀公十四年（西元前 481 年）。

第二種是以《史記·十二諸侯年表》為據，太史公將「春秋」一朝起始時間定於周平王元年（西元前 770 年），終於周敬王四十三年（西元前 477 年），周敬王四十三年之次年即為周元王元年（西元前 476 年），亦即《史記·六國年表》之開端，史稱「戰國時期」。

第三種以《竹書紀年》為據，主要根據《竹書》斷代修正《史記·十二諸侯年表》的春秋時期下限。持此觀點者以郭沫若為代表，其認為周敬王準確在位時間為四十四年，並非太史公所云之四十三年，而敬王下一任周元王當在位七年，而非八年，因此「春秋」一朝的終結斷代應當推遲一年，亦即西元前 476 年，而相應的戰國時代則至西元前 475 年才開始。[16]

第四種以《資治通鑑》為據，由於《資治通鑑·周紀一》之記載始於周威烈王二十三年（西元前 403 年）「初命晉大夫魏斯、趙籍、韓虔為諸侯」，故近代史學家范文瀾等人即運用此觀點，將春秋的下限斷代訂於西元前 403 年，亦即終結於韓、趙、魏三家為周天子命為諸侯之時。[17]

第五種以《左傳》為據，雖然《左傳》乃以《春秋》為經，進以作注，然而兩者記載斷代卻略有不同。《春秋》終結於魯哀公十四年「獲麟」，而《左傳》之記載則比《春秋》多出十七年，終結於魯悼公四年（西元前 464 年），同時言及智伯將為三家所滅之事（西元前 453 年）。

---

[16] 郭沫若：《奴隸制時代》（北京：中國人民大學出版社，2005 年），頁 30。
[17] 范文瀾之分期為春秋始於西元前 770 年，終於西元前 403 年。詳見《中國通史簡編》（石家莊：河北教育出版社，2000 年），頁 68-69。

近代學者金景芳根據此觀點，將春秋終結斷代下修至西元年 453 年，[18]
並得到多數學者認同，亦即眾多史論所謂春秋結束於「三家分晉」之時。

目前多數青銅器著錄的分期斷代皆依據第三種觀點進行，將春秋時代
斷定於西元前 770 年至西元前 476 年。基本上，本書認為春秋銘文之發展
雖未必全然與帝王世代更迭同步，但考量論述與傳世文獻之參照的方便，仍
然同意採取將春秋起訖年代斷於西元前 770～476 年。

除此之外，「春秋」三百餘年尚涉及內部分期之問題。從歷史研究觀點
而論，春秋前期多指平王東遷雒邑（西元前 770 年）至齊桓公即位（西元前
685 年）；春秋中期則從齊桓公即位（西元前 685 年）至十四國集於商丘召
開「弭兵」之會（西元前 546 年）；春秋晚期則是「弭兵」大會以後至各自
斷定之春秋下限。雖然青銅器自有其演變脈絡，分期未必可完全遵照歷史觀
點，但本書焦點以春秋銘文為主，其內容涉及春秋時代歷史事件與發生時
間，因此仍選擇上述斷限為內部分期模式。

春秋青銅禮器銘文的分域問題

目前較主流的分域方式，乃是建立於文獻與考古成果綜合的文化圈分
域法，即是將春秋青銅器分為數個區域，並考量考古成果與器物風格進行分
域，但學者對於考古材料與文獻的參考程度略有不同。[19]隨著時間發展，青

---

[18] 金景芳：〈中國古代史分期商榷（下）〉，《古史論集》（濟南：齊魯書社，1982 年），頁 52。

[19] 代表學者有李學勤、朱鳳瀚、彭裕商等。李學勤是較早綜合東周分期與分域的研究成果
者，其提出「文化圈」之概念，結合文獻與考古成果將東周時代列國劃分為七個文化圈，
其後再針對不同文化圈的重要墓葬進行更細緻分為六期，詳見氏著：《東周與秦代文明》
（上海：上海人民出版社，2007 年），頁 19。朱鳳瀚則是將春秋青銅器分為六大青銅器
文化區，主要依據為器物的隨葬組合以及器物類型的演變，而六大區域之中真正依照標
準進行過細部討論的只有中原、漢水、長江中游及關中等三個地區。朱鳳瀚：《中國青
銅器綜論》（上海：上海古籍出版社，2009 年），頁 1533-1540。彭裕商則試圖對春秋青
銅器的分期分域研究方法作一學術性總結，然與其他學者不同的是，其更重視銘文對青
銅器分期分域的影響，在此基礎上，對前賢學者的春秋青銅器分期分域研究做出檢討，
將春秋青銅器分為中原、齊魯、秦、楚四大文化區。詳見氏著：《春秋青銅器年代綜合
研究》（北京：中華書局，2011 年），頁 6。

銅器藝術風格與墓葬情形等因素也獲得更多的關注，相較之下，銘文差異的因素則未獲得重視。近年也有不少學者開始注意東周青銅器銘文所呈現之細部訊息，[20]認為文例演變不僅可瞭解區域文化的相互影響，亦可為春秋青銅器進行新的分域。有鑑於此，本書的分域架構將比其他學者更強調「銘文文例」以及「文字風格」兩個要素，若再結合考古與器物類型學的研究成果，則可將春秋青銅器適當整合為五個文化區，列表如下：

中原文化區	周、晉、虞、虢、鄭、衛、芮、宋、許、陳
東方文化區	齊、魯、莒、滕、邾、薛、曹、紀、祝、杞
南方文化區	楚、蔡、江、息、黃、唐、厲、鄀、鄧、曾
吳越文化區	吳、越、徐、舒
西秦文化區	秦

　　首先，中原文化區的重要考古發掘包含曲沃北趙晉侯墓地、三門峽上村嶺虢國墓地、河南平頂山應國墓地春秋墓M8、洛陽春秋銅器墓以及陝西韓城梁帶村芮國墓地。此區有銘青銅器以晉國與虢國器較為重要，銘文方面多承襲西周的傳統，器物方面則較為典雅厚重，具備標竿意義。至於芮國青銅器從種類和風格上來說，與西周晚期至春秋早期姬周貴族一致，例如，M27所出的六件〈芮公簋〉，象徵芮國國君的用器品級可能是七鼎六簋，其待遇和西周的晉國以及春秋早期的虢國相仿，表明姬姓芮國在禮制方面與周王朝保持高度的一致性，因此歸入此區。此外，與此區相關的重要有銘青銅器包含〈晉姜鼎〉、〈晉公盨〉、〈子犯編鐘〉、〈智君子鑑〉、〈趙孟疥壺〉、〈與兵壺〉等器。

　　其次，東方文化區的重要考古發掘包括曲阜魯國故城、滕州薛國故城、山東棗莊邾國墓地、山東長清仙人臺邿國墓地以及山東莒縣、沂水的莒國青

---

[20] 張昌平通過研究「擇其吉金」辭例的使用情況，來觀察楚文化對於周邊諸國銘文呈現之影響，進一步探討其所揭示的文化現象。詳見氏著：〈由「擇其吉金」等楚系金文辭例看楚文化因素的形成與傳播〉，《方國的青銅與文化—張昌平自選集》（上海：上海人民出版社，2012年），頁 65-73。

銅器。此區以齊、魯、邾等國的青銅器較為重要，春秋中期以前在形制或組合方面都與中原青銅器部分接近，但各國程度不同，而以魯國最甚；銘文方面則出現較顯著的地域性，從古文字學角度論則屬「齊系文字」[21]。春秋晚期以後器物的地域性特徵普遍加強，形制開始與中原產生較大差異，甚至如莒國青銅器因就受到南方文化影響。至於此區較重要的有銘青銅器包含〈齊侯敦〉、〈洹子孟姜壺〉、〈庚壺〉、〈叔尸鐘〉、〈鎛鎛〉等器。

第三，南方文化區包含江淮地區與長江中游地區的各諸侯國。其重要考古發掘包含安徽壽縣蔡侯墓地、湖北襄陽余崗鄉山灣墓地、湖北當陽趙家湖墓地、河南淅川下寺墓地等，較重要的有銘青銅器則有〈王子午鼎〉、〈王孫遺者鐘〉、〈王孫誥鐘〉等。就青銅器風格而論，江淮地區的黃、曾二國在春秋早期與中原文化區的器物組合較接近，但形制出現部分自我特色；春秋中期可從淅川下寺出土的青銅器看出楚國青銅器文化已逐漸成形，此時黃國已為楚國所滅；春秋晚期楚文化迅速擴展至江淮地區，曾國在鼎、盞等器物方面也與楚國有較多共同點，顯示楚文化之影響擴大。江淮諸國大致也是如此，最後成為直接受楚文化薰陶的一部分。銘文方面，春秋早期江淮諸國與西周銘文呈現高度一致性，不過春秋晚期開始曾、蔡、楚等國都出現宛曲瘦長且裝飾性強的鳥蟲書銘文，具有相當強烈的地域性特徵，因此本書合併兩地區，統一視為南方文化區。

第四，吳越文化區無論是銘文內容或是文字風格皆展現較強烈的地域性與獨特性，例如，吳越二國出土眾多鳥蟲書銘文、奇字劍兵器，風格雖與南方華麗繁複之主調相似，但細審文字風格則判然有別，南方文化區多瘦長彎曲的筆劃，至於吳越文化區則是偏好直接添加鳥形。發展方面來看，對戰國鳥蟲書影響較深遠者也以吳、越為主，學界亦對此區銘文之獨特性早有研

---

[21] 何琳儀曾根據文字自身所體現的點畫、結構、款式、風格等方面的特點，將戰國文字分為燕、秦、齊、楚、晉等五系，其後孫剛在此基礎上規範包含齊、魯、莒、滕、邾、薛、紀等國屬「齊系題銘」。詳見孫剛：《東周齊系題銘研究》（吉林：吉林大學博士學位論文，2012 年），頁 2。

究，故本書以為當將此四國與南方文化區區隔。

　　第五，是西秦文化區，此區較其他四區更為單純，即以秦國器為主。重要考古發掘包含甘肅禮縣大堡子山秦公墓地、甘肅禮縣圓頂山秦國墓地以及陝西寶雞楊家溝太公廟等；重要有名青銅器則有〈秦公鐘〉、〈秦公簋〉等。秦國青銅器在銘文方面雖大致繼承西周傳統，不過器物組合方面在春秋早、中期已與中原文化區出現落差；形制方面也有其地方特色，主要通過不斷吸收與改造中原青銅器制度，創造出有別於東方諸國的區域性文化。

（二）　資料的介紹

　　本書的資料以銘文相關著錄為主，考古、文獻等材料為輔，以下針對各青銅器銘文著錄及相關資料進行說明：

《殷周金文集成》所收之春秋有銘青銅禮器

　　《殷周金文集成》乃是中國社會科學院主編，出版於 1984 年至 1994 年間的一套銘文拓片集成，共十八冊。該書第一版出版序即言，本書收錄的青銅器銘文資料包含殷商、西周、春秋和戰國時期的各類器物，年代下限到秦統一以前，收錄對象以宋代以來各家著錄以及國內外主要博物館藏品，至於各地新出土的發掘品和採集品則以公開發表者為主。[22]本書將首先參考《殷周金文集成》所收之春秋有銘青銅器，雖然該書出版至今已屆十八年，但仍是截至目前資料權威性最高的一套青銅器銘文著錄，加之所收皆為重要器物，是最主要參考的材料之一。

《近出殷周金文集錄》、《近出殷周金文集錄二編》所收之春秋青銅器

---

[22] 見中國社會考古所編：《殷周金文集成》（北京：中華書局，1984 年），頁 10。

　　《近出殷周金文集錄》是劉雨、盧岩主編的一套新見銘文匯編，該書鑒於《殷周金文集成》已出版十餘年，而有許多新出青銅器未能收入，故參照《集成》體例，蒐集 1985 年至 1999 年間國內外陸續出土或發現的青銅器共一千三百餘件，全書共四冊。《近出殷周金文集錄》二編則是延續《集錄》內容蒐集 1999 年五月至 2009 年間新出土或新發現的青銅器，共一千三百餘件，全書亦是四冊。由於《集錄》與《集錄》二編為《殷周金文集成》以降，資料蒐集最為完整的青銅器銘文著錄，加上二書所收春秋青銅器亦是數量較多、材料價值較高者，故亦將此二書納入研究材料的範圍之中。

《新收殷周青銅器銘文暨器影彙編》之春秋有銘青銅禮器

　　《新收殷周青銅器銘文暨器影彙編》為鐘柏生、黃銘崇、陳昭容、袁國華等人所編纂的一套銅器銘文彙編。該書主要針對《殷周金文集成》失收、漏收的部分，以及《集成》出版後至 2005 年間見於各種期刊、專書或拍賣目錄的新出有銘青銅器。全書共三冊，分上、下兩編，上編按出土地排序，下編則收入出土地不詳者，並按收藏的排序，索引另單獨成冊。本書對於所收青銅器資訊標示十分詳盡，包括器名、字數、年代、國屬、器物尺寸、出土地、收藏地、發表刊物等，具有高度參考價值。

《商周青銅器銘文暨圖像集成》所收之春秋有銘青銅器

　　《商周青銅器銘文暨圖像集成》是吳鎮峰於 2012 年九月出版之銅器銘文著錄，該書主要彙整《三代吉金文存》、《殷周金文集成》、《金文總集》等重要銅器銘文著錄資料內容，以及 2009 年以後資料庫、考古報告或拍賣會公布之青銅器材料，堪稱目前所見材料蒐集最為完備之青銅器著錄。同時本書鑒於過往青銅器銘文著錄大多僅刊載銘文拓片，對於器型、摹本均不夠重視，故特別著重器物照片、拓片、釋文以及出土資訊之並陳，必要時亦附上摹本，對於全面了解青銅器之資訊，提供相當完整且新穎之資料。

資料庫收錄之春秋有銘青銅禮器

除上述較重要的銘文著錄以外,亦有部份資料庫及考古報告收有數量龐大之青銅器資訊。為求研究材料之完善,本書將針對特定數個重要資料庫進行搜索,例如,中央研究院歷史語言研究所設立之《殷周金文暨青銅器資料庫》以及吳鎮烽所推出《商周青銅器銘文暨圖像集成》之電子版—《商周金文通鑑》,主要倚重資料庫的更新方便性,以補充著錄未竟之處。

其他年代之青銅器或其他出土材料

除針對春秋青銅器銘文進行考察之外,商代、西周與戰國有銘青銅器也需特別注意。由於春秋青銅器銘文內容通常較短小,而本書主旨乃在於銘文的演變過程,因此有其必要參考其他年代之青銅器資料,俾使對各方面的研究有所啟發。此外,其他形式的出土材料亦不宜忽視,例如,同為春秋時代的《侯馬盟書》以及近年大量出土的戰國竹簡、璽印、封泥、錢幣等,皆對文字構形演變、考釋、辭彙探討等方面有所助益。

由於本書主要針對春秋青銅禮器銘文之演變進行研究,將以《殷周金文集成》、《近出殷周金文集錄》、《近出殷周金文集錄》二編、《商周青銅器銘文暨圖像集成》所收之春秋有銘青銅器為優先研究範圍。其次納入國內外金文資料庫所收而著錄未收之春秋有銘青銅器,以及考古報告近年來所刊布之新材料。最後參考其他年代之有銘青銅器,甚至納入其他相關出土文獻,同時配合相關傳世文獻以進行研究,希冀系統化地建構春秋青銅器銘文的演變情形。

四 方法與途徑

本書將結合三個不同知識領域,即訓詁學、考古學、歷史學的研究方

法以分析春秋銘文。由於銘文是鑄勒於青銅器之上的文字，因此若想讀通銘文內容，必須借助清代以來建立之訓詁學方法，探討所欲探討之字義的訓釋、銘文的解讀、體裁的變化以及銘辭之興起過程等等。文字訓詁原本是對文獻語言的意義進行探求和解釋，而現今的訓詁工作已經不僅僅是針對傳世文獻而言，更包含各種古文的注釋工作以及古代出土文物銘文的考釋等等。通過這樣的工作，使本書確立研究對象的內容，方能進一步對於演變現象做出合理性的解釋。另一方面，歷代訓詁家在解釋文獻語言時，是無法脫離文字的基礎和語言的線索，因此所有訓詁工作都是緊密地結合文字學、音韻學來進行的。同時在文例、銘辭等方面的研究，也必須借助漢語語法學領域的基礎原理，尤其是古代漢語語法的研究成果，其與古文字學之研究不僅密不可分，更是相輔相成，因此古文字學的研究成果，往往能深化並促進上古漢語之研究。

　　除此之外，必須體認到青銅器銘文並非單純的文獻資料，難以忽視其器物背景而孤立地對文字進行討論，必然需結合歷史學和地理學兩方面學識基礎，才能更宏觀地觀察銘文的具體意義。李峰指出考古學正是在地理和歷史之間建立起一種天然的聯繫，因為每一件來自受控制的考古發掘中的器物都有兩個背景：一個是歷史背景，由此，這件器物可以被放回到特定時期的特有文化傳統中去；另一個是地理背景，即這件器物占有明確的空間位置。考古發掘使得這兩個背景相互結合，從而使得歷史事件能夠確實的和它們的地理環境聯繫起來。[23]本書認為唯有妥善利用考古學成果與方法，針對器物所出的墓葬、遺址、器物，甚至是器物本身的型態演變進行一定程度之理解與研究，方能將銘文更確實地放置於相應的歷史背景與地理環境之中，並產生更客觀完整之認識。因此討論春秋銘文之演變，亦不可純就文字本身論之，必須參考青銅器研究方面的成果，經過兩相比較論證後始可提出判

---

[23] 李峰：《西周的滅亡—中國早期國家的地理和政治危機》（上海：上海古籍出版社，2007年），頁28。

斷。

最後，在歷史學研究方法運用方面，儘管蘭克（Leopold von Ranke）的實證史學在今日已為許多歷史學家檢討，並提出其不足之處，不過就青銅器銘文研究本身而言，實證史學研究方法仍然有其價值，亦即對第一手原始資料進行嚴格的史料批評，再加以整理與體會。[24]因此本書針對春秋青銅器銘文這份原始資料將進行嚴格的檢查與統計，其後彙整各家著錄和資料庫所見之春秋青銅禮器，並製成便於查詢的表格。雖然目前所見著錄絕大部分皆已標明器物時代，但如前所述，已近九年未有特別將春秋有銘青銅器進行篩選並且製表說明的論著。這期間仍有不少新出土的春秋有銘青銅器未能納入討論，因此有必要在二者整理基礎之上，參考相關資料匯入過去論著未收的部分，篩選出可供研究之禮器銘文，以求研究材料更加完備齊全。

因為春秋青銅禮器是相當獨特的資料類型，若屬於考古發掘出土之器物，其既是考古資料，同時也是重要的歷史資料，因此不少可與傳世文獻進行比對的例證。例如，王國維著名的「二重證據法」便認為：

> 吾輩生於今日，幸於紙上之材料外，更得地下之新材料。由此種材料，我輩固得據以補正紙上之材料，亦得證明古書之某部份全為實錄，即百家不雅馴之言，亦不無表示一面之事實。此二重證據法，惟在今日使得為之。雖古書之未得證明者，不能加以否定，而其已得證明者不能不加以肯定可斷言也。[25]

過往較常被視為足以補充或校正史料之不足的出土文獻，多半集中於殷商

---

[24] 黃進興在《歷史主義與歷史理論》一文中曾介紹蘭克史學的內涵，其指出蘭克認為「歷史僅是陳述過去的事實」，重視對第一手資料的運用，強調嚴格的史料批評，但也認為不能拘泥於史料考證，而忘卻綜合整理的工作。除此之外，黃氏也指出蘭克史學的缺陷在於低估了群眾在歷史中扮演的角色，此外對於歷史上經濟、社會、文化等因素沒有太大的留意。詳見氏著：《歷史主義與歷史理論》（臺北：允晨文化實業股份有限公司，1992年），頁 56-64。

[25] 王國維：《古史新證—王國維最後的講義》（北京：清華大學出版社，1994 年），頁 2。

甲骨文以及西周青銅器，近年則因戰國簡帛大量出土，學界焦點再度轉移至戰國出土文獻與傳世文獻間的印證或糾繆研究，相較之下，春秋青銅器之研究則顯得較為黯然無光。雖然春秋有銘青銅器的數量不及西周龐大，內容亦不如戰國出土文獻豐富多元，但仍有學者注意到其可與傳世文獻相互印證之價值，因此若能細讀銘文內容，並深入分析其中記載之文例以及銘辭，同時與傳世文獻相互參照，釐清青銅器製造背景與歷史脈絡，相信對於銘文發展演變能有更為完整具體的認識。

最後，本書將秉持「實證史學」之基本精神，強調對研究材料的考訂、求證以及辨偽，努力通過對春秋銘文及青銅禮器的彙整、分類、參照、分析，以進行綜合研究，觀察其演變脈絡，盡可能令研究成果真實可信。希冀通過以上方法，得以全面性地獲得銘文所載資訊，進一步與傳世文獻相結合，並落實王國維所提倡之「二重證據法」。

五　春秋青銅禮器與金文研究之課題與檢討

（一）宋代春秋青銅器銘文的研究

青銅器的出土早在漢代已見紀錄，[26]但真正將青銅器及銘文內容視為一門學問，並加以蒐集、著錄、研究大約始於宋代。就目前資料來看，宋代在朝廷宗廟祭儀的仿古需求風氣下，始展開對青銅器及銘文的關心，[27]多數學者同意第一位著錄青銅器銘文者為北宋劉敞（1019-1068 年），其將自身所藏十一器的圖形與銘文分別摹出，並編為《先秦古器記》一書。此書今雖已

---

[26] 《漢書・武帝紀》載有「得鼎於汾水上」，同年五月「得寶鼎后土祠旁」。《漢書・郊祀志》則記宣帝時「美陽得鼎」。《後漢書・明帝紀》亦記東漢和帝永平六年「王雒山出寶鼎」。許慎《說文解字・序》則云「郡國亦往往于山川得鼎彝」，由此可見，漢代即陸續出土商周青銅器。詳見趙誠：《二十世紀金文研究述要》，頁 1。

[27] 關於宋代「金學」的興起背景，可參閱陳芳妹：〈宋代「金學」的興起與仿古銅器〉，《青銅器與宋代文化史》（臺北：臺大出版中心，2016 年），頁 1-92。

散佚，但文集仍存有〈古器記〉一文，文中說明其蒐集古銅器之動機，而其好友歐陽修因獲贈拓本，故作成《集古錄》。據《集古錄》可知，在劉敞蒐集的十一件古銅器當中已有〈晉姜鼎〉、〈下郜雝公鼎〉等春秋青銅器。

雖然宋代曾編纂大量的青銅器著錄，但大多散佚，目前流傳至今而較具影響力者，大致有四本：首先為呂大臨《考古圖》，該書成於北宋元佑七年（1092 年），共收 234 器（目錄列 224），以學術性的格式記錄下來，標注原器大小，說明來源、藏家和出土地，隸定銘文並附上他人考釋，不僅較過去著錄學術化、體系化，更確立以青銅器為主的基本模式，奠定宋至清八百年的「金學」基礎。[28]其次為《宣和博古圖》，該書始編於大觀初年（1107 年），成於宣和五年（1123 年）之後，共收錄商至唐青銅器 839 件，規模十分龐大，所收之器皆繪有器形，描摹銘文，並標注尺寸、容量和重量，同時附有銘文考釋，是中國史上第一本由官方主持編纂的古器物圖錄。其三為薛尚功《歷代鐘鼎彝器款識法帖》，該書成於南宋紹興十四年（1144 年），共收錄彝器款式 511 篇，所摹繪之銘文皆附有釋文，但無器形描繪與其他訊息。由於薛尚功身處靖康之變後的南宋，原來皇室與文人蒐集的三代銅器，大多因戰亂早已喪失，儘管如此，薛尚功仍能查訪南宋藏家手邊的款識摹本，並將之從形制、紋飾獨立出來，建立一器多銘、多種版本的視覺形象比對，達到大量款識資料在《考古圖》、《宣和博古圖》所未曾顯現的地位。[29]此外，因

---

[28] 陳芳妹指出「呂大臨因集合多家收藏，收錄兩百件以上，即使所碰到的古器物學課題龐雜，他也以集合諸家之長，並以學者的誠信，標舉其所引證的部分，加上自己的研究心得，把這批材料以學術性的格式記錄下來。……因此《考古圖》終於得以一改《三禮圖》只憑紙上材料，缺乏真正出土的三代器物所產生的誤解。總之，呂大臨《考古圖》從青銅器本身出發，確立以青銅器為主的基本學術模式，著書立說，奠定宋至清八百年「金學」的基礎，開啟古器物研究，得以成為一門學科。」又指出《考古圖》乃進一步尋找建立器物時間與空間的條件，儘可能給器物「時」與「空」的標籤。這種工作，使古器物得以進入歷史時空，找到歷史定位，使本來單件羅列的器物得以因時空訊息的交織，成為「有機史料」，也使得《考古圖》從宋至清的大量金石著錄中，脫穎而出，具備了更深厚的學術基礎。《考古圖》所代表的宋代金學，遂得與日後的「考古學」及「藝術史學」具備共同的學術關懷及基礎。」參見陳芳妹：〈宋代「金學」的興起與仿古銅器〉，《青銅器與宋代文化史》，頁 7-11。

[29] 陳芳妹：〈金學、石刻與法帖之學的交會〉，《青銅器與宋代文化史》，頁 172。

薛氏深通篆籀之學，又能比較各家銘文考釋並加以訂偽刊誤，學者多半認為其摹寫精審、考釋資料完備，故此書得以流傳長久並受到重視。其四為王俅《嘯堂集古錄》，此書具體成書年代不詳，目前最早的版本為南宋淳熙三年（1176 年）刻本。全書共收 345 器，大多為商周青銅器銘文，摹本精緻上乘，但僅有釋文而未考釋，所錄銘文、釋文間有刪節、缺釋，且無器形描摹或相關資訊，殊為遺憾。以上四種僅為較重要之宋代青銅器銘文著錄，此外尚有多種，容庚曾針對宋代吉金書籍 20 種進行較具體之述評，作成〈宋代吉金書籍述評〉一文。[30]由於本書著重於春秋青銅器銘文之文獻檢討，故其他著錄內容較少、影響力較低之著錄則不一一贅述。

對本書而言，這些著錄最大價值在於保存宋人得見但今已散佚的春秋青銅器銘文。例如，〈秦公鎛〉、〈叔尸鐘〉、〈叔尸鎛〉俱是已散失之春秋有銘青銅器，然而〈秦公鎛〉（集成 270）銘文載有 135 字，銘文中見「十又二公」之句，對於研究春秋秦國歷史與秦君世系相當重要。齊國的〈叔尸鐘〉（集成 273）、〈叔尸鎛〉（集成 285）不僅記載了齊國大臣叔尸的相關事蹟，也反映齊國大臣有能力自行鑄造銘文篇幅如此龐大之青銅器，說明此時齊國國力強盛。

整體而言，宋代的青銅器研究主要是受到器物復古「運動」風氣影響，為原本散落於野三代銅器建立起新的意義和價值。古銅器開始被文人雅士乃至於朝廷有意的尋訪、蒐集並研究，而學者也突破過往只對文字的關心，將眼光轉向青銅器物的形制、紋飾等視覺形象，從而奠定了以青銅器為基礎的學科。

（二）清代春秋青銅器銘文的研究

元、明兩代因未見銘文著錄與研究專書，故學界多半不論，清代則因乾

---

[30] 容　庚：《頌齋述林》（香港：中華書局，1984 年），頁 1-43。

嘉之學興盛，人們對於青銅器的收集與研究再度熱絡起來。與宋代相似的是，此時的相關研究成果也是展現於著錄之中，然而不同之處在於朝廷的積極介入，因此清代著錄大致可分兩種性質：一為朝廷命官奉敕編撰者，此類以《西清古鑑》、《寧壽鑑古》、《西清續鑑甲編》、《西清續鑑乙編》為代表，合稱為「西清四鑑」。此四書皆成於乾隆年間，共收青銅器 4074 件，其中 1179 件有銘文，可惜有銘之器大多不存或不知下落，研究者僅能依靠書中銘文摹本進行研究。

「西清四鑑」的編纂帶動了清人學者研究青銅器之風，因而出現不少私家編纂之青銅器著錄。例如，阮元《積古齋鐘鼎彝器款識》，共收銅器 550 件，包含商周器 446 件，所錄銘文均附有拓本、摹本與釋文，並結合經史略作考證。吳式芬《攈古錄金文》共收 1334 器，該書首創依銘文字數多寡進行排列，對於銘文檢索方式啟發甚大，每器附有釋文，間有考釋，惜作者未完而逝，故仍見不少疏漏之處。劉心源《奇觚室吉銅器銘文述》二十卷亦是影響較大之著錄，此書共收 2183 器，劉氏另撰有《古文審》八卷，兩者皆有銘文考釋，但互見得失，值得研究者相互參看。方濬益《綴遺齋彝器款識考釋》三十卷，收有商周青銅器 1382 件，考證詳實，並校正《積古》、《攈古》等書之失，可謂創獲頗多，然而此書刊印較遲，故部份學者未能參看此書著錄之器。例如，郭沫若之《大系》即未收此著之器，殊為可惜。以上所列並非清人全部著錄，雖然民國初年不少學者曾對清人著錄之青銅器進行過通盤整理，然而各家所得數據皆有不同，[31]莫衷一是，故至今仍未能釐清清代個人著錄之青銅器銘文確實數量。

清代對青銅器的研究重點仍是銘文，吳大澂、孫詒讓、劉心源、方濬益

---

[31] 據趙誠整理，王國維曾針對十六種個人著錄專書，編成《國朝金文著錄表》六卷，統計出各書著錄共 4295 器，除去宋拓與疑偽器則得 3983 件，其中三代器為 3471 件。其後鮑鼎在王表基礎上加以補充，編成《國朝金文著錄表補遺和校勘記》三卷，共計所得 4888 件；羅福頤也同樣在王表上加以增補，撰成《三代秦漢金文著錄表》八卷，共計所得 4031 件，鮑、羅二書相差 875 件，而且王、鮑、羅三家均遺漏方濬益《綴遺》，顯然也非蒐集完全。詳見趙誠：《二十世紀金文研究述要》，頁 34-35。

等人都有關於古文字學的專門著作。過往宋人考釋文字主要從對照與比勘兩種方式入手，即以銘文某字對照《說文》所收形體相近之篆文、古文或籀文，然後加以隸定，進而通讀銘文，此為對照法。或是利用傳世文獻，查找句式相同或類似之處，直接將該銘文逕釋為文獻所用之字，此為比勘法。然而清代學者發現僅依靠《說文》並不足以應付所有未釋銘文，還需分析、熟悉文字偏旁與構形規律，並將有關字形相互繫聯比較，從字形相互繼承和遞嬗中考察其演變痕跡，因此建構出偏旁分析法以及歷史考證法。

偏旁分析法是將已認識的古文字分析出若干單體—即偏旁，再將每個單體不同的形式集合起來，觀察變化，等遇見未釋之字時，亦將之分析為若干單體，再合起來辨識該字。[32]晚清學者孫詒讓等人已廣泛運用此法於考釋文字，並獲得不少的成果。其次為歷史考證法，此法乃從乾嘉校勘之學衍伸而來，為各種考證方法之綜合運用，以歷史演變的線索為主，配合傳世文獻、異文版本等，考釋出該字並做出結論，是展現清代學術特色的方法。除考釋文字以外，清代學者對於銘文分段、句讀的重視，以及銘文間斷代、繫聯的考察，無一不影響後世，可謂對青銅器銘文研究工作打下堅實且良好之基礎。

（三）二十世紀以降春秋青銅禮器與金文研究

二十世上半葉，受西方考古學與現代學科引進影響，傳統金石學開始與考古學、歷史學與美術史學產生新的碰撞，進而發展出型態不同以往的研究模式。此階段與宋、清兩代最為不同之處，在於青銅器與銘文研究的逐漸分離，青銅器研究開始著重器形、紋飾、年代學方面的考察；而銘文研究除了延續傳統的字義訓詁考釋外，還發展出更細膩的構形學；歷史學則企圖結合青銅器與銘文研究以建構上古史的敘事，三者著重面向雖然不同，但亦不應完全切割。關於青銅容器或禮器的研究課題檢討，過去已有學者做過詳盡的

---

[32] 唐　蘭：《古文字學導論》，（臺北：河洛出版社，1980 年），頁 22-32。

分析，[33]但是重點多聚焦於西周時期的青銅器，相較之下，東周乃至於春秋青銅器所引發的課題與討論，似乎缺乏足夠的關注。有鑑於此，以下將以春秋青銅禮器為中心，檢討二十世紀以降的研究進展與成果。

二十世紀上半葉仍屬方法與課題的開創時期，因此最具代表性的兩部研究論著即是《兩周金文辭大系圖錄考釋》（1932）以及《商周彝器通考》（1941）。郭沫若的《兩周金文辭大系圖錄考釋》是首部按照青銅器斷代與國別撰寫而成之著作，西周部分以斷代排序，東周部份則按照國別分類，郭氏除標誌東周各國的青銅器外，更就地域分為南北二系，黃河流域屬於北系，江淮流域則屬南系，認為此二系皆商周青銅器之派演而成，從此奠定了東周青銅器分域研究的基礎。至於容庚的《商周彝器通考》（1941）以及其與張維持共同撰述的《殷周青銅器通論》（1958）更是突破宋、清以來的金石學模式，從器物的型制、花紋和銘文的流變作了綜合的研究，並將辨偽、斷代、釋文、考釋提升到過往未有之境界。[34]這不僅是青銅器研究史上第一部綜合性的通論著作，同時也開創出形制、花紋、銘文演變等研究課題，對於東周青銅器的研究發展產生巨大的啟示作用。

近八十年來，春秋青銅禮器的研究在這兩部著作的基礎之上，發展出青銅器分期分域與分系銘文演變等兩方面的研究方向，以下將介紹二十世紀以後春秋青銅禮器相關的重要課題，並對現行的金文研究面向進行爬梳。

春秋青銅禮器的分期與分域

自引進西方考古學、美術史學等學科理論之後，青銅器研究突飛猛進，擺脫過往金石學以著錄或銘文考釋為主的局限，逐漸形成以考古發掘材料

---

[33] 關於商周青銅容器與西周青銅禮器研究課題的檢討，可參見陳芳妹：〈商周青銅容器研究的課題與方法〉，《民國以來國史研究的回顧與展望研討會論文集》（臺北：臺灣大學歷史系，1992 年），頁 959-990。許雅惠：〈近二十多年西周青銅禮器與金文研究之課題與檢討〉，《新史學》廿四卷三期（2013 年），頁 185-216。

[34] 曾憲通：〈二十世紀青銅器學的奠基之作—容庚《商周彝器通考重排版前言》〉，《商周彝器通考》（上海：上海人民出版社，2008 年），頁 7。

為基礎的論述方法，並落實在分期分域研究上，尤以東周青銅器的年代學研究論著更是蔚然可觀。1950 年代多次參加殷墟考古發掘的郭寶鈞，配合考古出土文物對東周青銅器進行了細部分期，並將郭沫若的標準器斷代法擴大為標準器群斷代法，於東周時期建立三個界標，以河南三門峽虢國銅器群、安徽壽縣蔡侯墓銅器群、壽縣朱家集楚墓銅器群等為基準，訂出春秋早期、春秋晚期以及戰國早期的標的，再取其餘青銅器群作為春秋中期、戰國早期、中期以及晚期的代表，依據界標排定出春秋與戰國各三階段，奠定東周分期方法以及六階段的基本架構。[35]

同樣利用考古墓葬或青銅器群對春秋青銅禮器進行分期的還有日本學者林巳奈夫，其根據類型學理論檢討了東周青銅器斷代與分歧問題。[36]主要利用上村嶺虢國墓地以及洛陽中州路第一至四期發掘出土之青銅器群，比對傳世器如〈晉姜鼎〉、〈芮公鼎〉、〈曾伯霥簠〉、〈趞亥鼎〉等器之器型、紋飾、銘文字體，大致訂定出春秋前期、春秋中期前半、春秋中期後半、春秋後期前半、春秋後期後半等五期的青銅器風格。此外更落實郭沫若的標準器斷代法，選了取 57 件春秋戰國有銘青銅器作為標準器，並針對銘文進行詳細考證。[37]

1980 年代則是春秋青銅禮器分期分域研究的高峰，不少學者提出全面或特定區域的分期分域架構，進一步推動了相關的研究成果。1981 年高明主張東周青銅禮器應當以產地劃分，可分為中原地區、南方地區、北方地區以及山東地區，不同區域出土的青銅器，無論是造型或花紋，均帶有不同的地方特色，而且有些共同器物和花紋，在不同地區流行的時代，彼此也有差

---

[35] 《商周青銅器群綜合研究》乃是郭寶鈞先生遺著，由鄒衡、徐自強整理，並於 1981 年由文物出版社出版。

[36] 參閱林巳奈夫：〈春秋戰國時代文化の基礎的編年〉，《中國殷周時代の武器》（京都：京都大學人文科學研究所，1972 年），頁 473-564。

[37] 參閱林巳奈夫：〈銘文によって絶対年代の知られる春秋戰國時代の青銅器〉，《中國殷周時代の武器》，頁 565-608。

異。[38]由此可知，高明很早就注意到東周青銅器具有地方特色，同時各地區青銅器的器型紋飾流行時間亦有差異。但可惜的是，他並未詳述四大區域的具體劃分方法，同時關鍵的「產地」也沒有明確定義，雖然已經觸碰到極為重要的青銅器流動遷徙問題，但並未獲得學界進一步的注意與討論。

1984 年，李學勤提出「文化圈」之概念，較全面地討論了東周青銅器的分域問題，將東周時代列國劃分為中原、北方、齊魯、楚、吳越、巴蜀滇、秦等七個文化圈，形成了影響力較大的理論架構。同時再針對不同文化圈內的重要墓葬進行更細緻的分期，便能照應到不同文化圈的發展差異，例如，中原文化圈以洛陽中州路墓葬為基準，將考古報告所見的七期，分為春秋中期偏早（一期）、春秋中期偏晚（二期）、春秋晚期（三期）、戰國前期（四期）、戰國中期（五、六期）、戰國晚期偏早（七期）等六階段。[39]至於秦文化區則依據陝甘地區的墓葬分為春秋早、中、晚三期以及戰國早、中、晚期早、中段以及戰國晚期等四期。[40]

儘管各文化圈依其出土墓葬而有分期上的歧異，但李學勤依然從類型學與風格學的角度，將東周青銅器的發展歸納出三階段，分別是延續西周晚期風格，尚未形成各區域特性的第一階段；開始建立以蟠龍紋為主的風格，展現不同的區域特色的第二階段；發展繁縟華麗的鏤空花紋和嵌錯的圖象紋的第三階段。整體而言，李學勤的文化圈理論較前人更完整地關照了東周青銅器地域性與共同性，同時也注意到邊緣地區與少數民族文化的影響。不過較為遺憾的是李學勤雖然精闢地分析了春秋各階段青銅器的風格變化，但並未歸納出春秋早、中、晚三期各自的起訖年代，讀者僅能從風格類型演變脈絡中獨自摸索出時代的遞嬗與變化。

除了全面探討春秋青銅器分期分域的論著外，此時針對特定區域、類型

---

[38] 高明：〈中原地區東周時代青銅禮器研究（上）〉，《考古與文物》第 2 期（1981 年），頁 69。

[39] 李學勤：《東周與秦代文明》（上海：上海人民出版社，2007 年），頁 19。

[40] 李學勤：《東周與秦代文明》（上海：上海人民出版社，2007 年），頁 137。

的青銅器進行編年分域的研究也很興盛。例如，劉彬徽就利用郭沫若提倡的標準器斷代法，將楚國有銘銅器進行編年，區分出春秋中期、春秋晚期、戰國早期、戰國中期、戰國晚期等五期，突顯了特定國別青銅器在東周的發展興盛情形。[41]同年，陳平也在〈試論關中秦墓青銅容器的分期問題〉[42]一文中主張，研究東周青銅器應允許結合該地域占主導地位的諸侯國歷史發展的實際狀況，對傳統分法的起訖年代作適當調整。故其嘗試完全以秦地區青銅器群之發展為標尺，拋棄一般歷史學的分期，[43]但這個做法，使他的分期結果與別人產生較大落差。此種現象慣常見諸考古學家對於秦地青銅器或墓葬的分期架構之中，雖然注意到了出土文物與歷史分期的差異，但是容易讓不熟悉考古學者產生錯亂與混淆。

　　1985 年，陳芳妹在討論簋、盆、敦等器類於東西周之交的興替時，將春秋戰國列國的行政區略分為五區討論，分別是以陝西關中為中心的秦區；以洛陽、豫北及豫西為中心的東周王城區；以豫南、鄂北小國為中心的楚文化區；以山東為中心的齊區；以山西為中心的晉區。[44]就青銅器分域角度而論，陳芳妹的架構較高明更為細緻，但此架構的立論基礎主要是針對粢盛器，因此所反映之現象與成果較為單一。最後，林巳奈夫的《春秋戰國時代

[41] 劉彬徽：〈楚國有銘青銅器編年概述〉，《古文字研究》第九輯（北京：中華書局，2005 年），頁 331-372。

[42] 陳平：〈試論關中秦墓青銅容器的分期問題（上）〉，《考古與文物》第 3 期（1984 年），頁 58-73；〈試論關中秦墓青銅容器的分期問題（下）〉，《考古與文物》第 4 期（1984 年），頁 63-71。

[43] 陳平採用春秋起自公元前 700 年迄於前 476 年，戰國起自前 475 年迄於前 221 年的絕對斷代，同時結合秦國歷史進行階段劃分，春秋早期始於秦襄公八年（公元前 770），晚至武公二十年（公元前 678）；春秋中期始於德公元年（公元前 677），晚至桓公二十七年（公元前 577）；春秋晚期則自景公元年（前 576），至悼公十四年（前 477）止。[43]分期標準主要以春秋戰國三十三座秦墓為主，首先分出春秋型與戰國型兩大青銅器群，前者收錄共十七座墓，分為早、中、晚三期，早期五墓三組，中、晚期各六墓二組，共七組，其斷代下限伸至戰國中期；後者則收錄共十六座墓，分早、晚兩期，早期四墓一組，晚期則是十二墓兩組，共三組，其斷代起自戰國中期迄於秦朝。詳見陳平：〈試論關中秦墓青銅容器的分期問題（下）〉，頁 71。

[44] 陳芳妹：〈盆、敦與簋—論春秋早、中期青銅粢盛器的轉變〉，《故宮學術季刊》第二卷第三期（1985 年），頁 104。

青銅器の研究》可以視為這一階段總結性論著。該書第一編討論了春秋中期到戰國時代的青銅器,不僅區分了各地方青銅器的特色,也延續 1972 年標準器斷代法的觀點,配合洛陽中州路各期年代,考察各器種的型態變遷。此書最大創獲在於林氏將當時所見考古出土的青銅器群依序排列,並以圖示方式呈現東周各器種的型態演變,有助於閱讀者全面掌握東周各時期青銅器組合、型態的變遷情形。

　　二十一世紀以降,春秋青銅器的分期分域課題獲得學者更多重視,因此更為完整的架構也逐漸形成。2003 年,中國社會科學院考古研究所編之《中國考古學－兩周卷》[45]以專業考古學角度探討春秋與戰國兩代青銅器之特色與演變,同時著重於礦產的開採和鑄銅技術革新之問題,更對青銅鐘的發現與組合有一節專論。近年來,朱鳳瀚《中國青銅器綜論》(2009)以及彭裕商《春秋青銅器年代綜合研究》(2011)更是集前人之大成。朱鳳瀚曾春秋青銅器分期和分域提出的看法,主要依據為器物的隨葬組合以及器物類型的演變,將起訖年代訂於公元前 770 年至公元年 476 年,並分早、中、晚三期,各一百年。同時分出中原、山東、漢水以北＋淮水流域、漢水＋長江中游、長江下游、關中地區等六大青銅器文化區,不過真正依照出土器物與墓葬進行過細部斷代者只有中原、漢水、長江中游及關中等三個地區。儘管如此,朱書在郭寶鈞的「標竿理論」基礎上,強化對器類組合的重視,細緻分析春秋青銅器的地域差異,並建立一套以器類組合為分期依據的典範,卻是十分具有突破性意義。

　　彭裕商則試圖為春秋青銅器的分期分域研究方法作一學術性總結,不僅對過去學者的研究提出檢討,更將春秋青銅器分為中原、齊魯、秦、楚四大文化區,而除秦文化區採春秋早、中、晚三期分法以外,其餘三區則採用

---

[45] 中國社會科學院考古研究所編著:《中國考古學—兩周卷》(北京:中國社會科學出版社,2003 年)。

四期分法，即把春秋中期再分為前段與後段。[46]與其他學者不同的是，彭裕商更加重視銘文對分期分域的影響，指出河南商水的原仲墓、安徽壽縣的蔡昭侯墓皆是靠器銘確定墓葬墓主以及隨葬銅器群斷代，[47]可見銘文有不可忽視之重要意義。不過由於銘文文字古奧，釋讀不易，所以雖可提供明確的斷代線索，但符合標準者數量極少，加之釋讀成果往往見仁見智，因此考古學方面的運用參考仍是不可或缺。

　　彭裕商的分期分域理論雖是擷取各家之長再加以整合得出之成果，關照層面較其他學者更為廣泛深入，可惜的是，該書並未將此套分期分域理論落實於春秋各大重要青銅器群的研究之中，亦未對此進行更為準確細緻的區分，因此所謂「春秋青銅器斷代學」可說尚未落實，而其理論是否存在具體操作的困難點，仍有待更進一步的檢驗。

春秋銘文的研究課題與檢討

　　春秋銘文最早被關注的課題就是文字構形，自從 1990 年劉釗提出「古文字構形學」概念後，[48]學界便開始利用此理論探討不同時期的古文字。春秋銘文方面在 2004 至 2006 年間就有吳欣潔《春秋金文構形演變研究》（2004）、羅衛東《春秋金文構形系統研究》（2005）、吳國升《春秋文字研究》（2005）等三本學位論文或專著問世。其基本都是在劉釗的構形學理論基礎上，針對春秋文字的構形演變進行分析，儘管側重面略有差異，但結論多半認為春秋文字一方面延續了西周金文以來的線條化、平直化傾向，另一

---

[46] 彭裕商：《春秋青銅器年代綜合研究》，頁 4-5。
[47] 彭裕商：《春秋青銅器年代綜合研究》，頁 6。
[48] 劉釗所謂的古文字構形學，乃是研究古文字產生、構成及發展演變的學問。形體構成主要包含兩個方面：一是原始形體的構成規則，即選擇用什麼形體來記錄語言的理念和方式；二是形體發展演變的規律，即形體是如何發展變化的。構形學主張以科學的文字符號觀認識和分析文字，強調「乙形為主」的分析考釋原則，注意文字產生發展中的各種傾向、趨勢和規律，也重視「表音」這一特性在文字構成演變中的樞紐作用。所以構形學的研究內容很廣泛，包括古文字中的繁化、簡化、類化、音化、分化、美化、符號化等問題。詳見劉釗：《古文字構形學》（福州：福建人民出版社，2006 年），頁 1。

方面則開始呈現區域性特點，並且以東方與南方諸國的文字較為明顯。[49]不過總體而言，在構形相對穩定的西周金文以及異形異體現象明確的戰國文字之間，春秋文字表現出較明顯的承上啟下特徵。[50]

　　其後，隨著銘文研究的日漸精細，也有不少學者開始針對特定國家或區域的文字進行研究，目前較熱門者以秦、楚、齊、吳越、三晉等地區為主。秦文字的學位論文如胡雲鳳《秦金文文例研究》（1990）、洪燕梅《秦金文研究》（1998）、朱力偉《東周與秦兵器銘文中的地名》（2004）等，近期博士論文則有單曉偉《秦文字疏證》（2010）以及劉孝霞《秦文字整理與研究》（2013），由於前三本著作年代較久遠，許多新出材料皆未收入，因此可參照近出論文以補充不足之處。專著部分則有王輝、程學華《秦文字集證》（1999）、王輝《秦出土文獻編年》（2003）、陳昭容《秦系文字研究》（2003）、蘇輝《秦、三晉紀年兵器研究》（2013）等等，雖然近年秦文字不乏學位論文，然專著部分出版較少，僅有蘇輝針對紀年兵器之研究。

　　楚文字的專門研究多著重於戰國出土文獻，金文方面的專論則是較少，學位論文方面早期有許學仁《先秦楚文字研究》（1979）、林清源《楚國文字構形演變研究》（1997）、黃靜吟《楚金文研究》（1997），賴昭吟《楚金文文例考》（2002）、張傳旭《楚文字形體演變現象與規律》（2002）等等，不少論文不易得見，相對影響力也較小。專著方面則有鄒芙都《楚系銘文綜合研究》（2007）以及李天虹《楚國銅器與竹簡文字研究》（2012），前者蒐羅絕大部分楚系有銘青銅器並進行簡單考釋，同時也對楚系銘文的分期問題進

---

[49] 此後持續在春秋文字研究持續耕耘者為吳國升，其完成博士論文《春秋文字研究》之後，尚發表〈春秋時期漢字聲符變化現象的初步考察〉（2007 年）、〈春秋金文的字形特徵〉（2008 年）、〈春秋時期漢字字形分化現象的初步考察〉（2008 年）、〈春秋文字字形訛變現象的考察分析〉（2010 年）、〈春秋文字字形區域性特徵的初步考察〉（2010 年）以及〈春秋時期漢字新增字的測查分析〉（2010 年）等文，持續地深化春秋銘文構形研究課題，也進一步考察文字構形的流變情形以及區域性特徵，較全面地關照春秋銘文的各種情形。

[50] 黃德寬等著：《古漢字發展論》，頁 313。

行討論；後者則是針對楚國重要青銅器與出土墓葬，包括淅川下寺楚鄔氏墓銅器、湖北隨縣曾侯乙墓銅器以及安徽壽縣朱家集楚王室墓銅器，都進行概況簡介以及釋讀舉例，兩者都是認識春秋戰國時期楚國青銅器的入門之作。

齊系文字研究的專著方面目前僅有江淑惠《齊國彝銘彙考》（1990）[51]。學位論文則有黃聖松《東周齊國文字研究》（2001）、劉偉杰《齊國金文研究》（2004）、邱滂霓《東周齊國書風研究》（2006）、以及孫剛《東周齊系題銘研究》（2012），其中孫書因完成時間最晚，所以材料的蒐集與課題的討論都最為全面，上編探討了齊系銅器、兵器、璽印、貨幣與陶文等材料，並針對齊系題銘所見之史事、軍政制度、行政制度、經濟發展以及社會禮俗均有詳細論證，下編則附上齊系題銘釋文，供讀者參考，是目前所見最為完整的齊系文字研究論文。

晉系青銅銘文研究方面，專著有潘慧如的《晉國青銅器銘文探研》（1999），其後臺灣方面則有洪恩耕《春秋晉系器考釋》（1990）、蔡鴻江《晉國文獻與銘文研究》（1993）以及劉彥彬《晉系彝器銘文研究》（2003）等三本學位論文，大陸方面的博士論文則有秦曉華《東周晉系文字資料研究》（2008）、劉剛《晉系文字的範圍與內部差異研究》（2013）以及余淼淼《晉系金文整理與研究》（2013）。上述諸家論述各見詳略，不少後出著作亦在前人基礎上進行更深入之研究，並得到一些突破，可謂對春秋有銘青銅器的研究定下良好基礎。

此外吳越地區也是學者關注的重點，學位論文方面則有陳國瑞《吳越文字研究》（1997）、林文華《吳國銘文研究》（1998）、徐再仙《吳越文字構形研究》（2003）、孫偉龍《徐國銅器銘文研究》（2004）、吳欣倫《吳越徐舒銘文研究》（2011）、徐超《吳越兵器銘文整理與研究》（2014）等等，專著方面則有董楚平《吳越徐舒銅金文集釋》（1992）與董珊《吳越題銘研究》

---

[51] 江淑惠的《齊國彝銘彙考》原為 1985 年國立臺灣大學中國文學研究所碩士學位論文，其後改寫為專著。詳見氏著：《齊國彝銘彙考》（臺北：臺灣大學出版委員會，1990 年）。

（2014），此兩本論著皆是認識吳越銘文的重要著作，尤以董珊之作不僅蒐羅目前所見之吳越題銘，並針對部分文字考釋有疑慮之處提出看法，對於掌握目前最新的吳越文字研究動態具莫大幫助。

其三，春秋銘文的文例用語方面也是學者關注的熱點之一。1936 年徐中舒發表〈金文嘏辭釋例〉一文，首度較全面地對兩周金文中的嘏辭進行探討，充分利用傳世文獻以考證嘏辭的各種意涵，同時也對嘏辭的使用區域、流行時間做了初步的分析與考察，奠定後來學者利用銘文辭彙考察古代社會生活、思想的研究方式。

雖然銘文文例、用語的研究很早開始，但專門針對春秋銘文的研究並不多，首開研究先例的是日本學者林巳奈夫，其於 1983 年發表的〈殷－春秋前期金文の書式と常用語句の時代的變遷〉中，對於殷商至春秋中期的長文銘、短文銘、記時文例、器名、祈願銘辭、用作銘辭、對揚某休、作器者名以及受器者名等九項類別進行列表整理與分析，同時也提出了幾個關於春秋銘文特徵的重要觀點。例如，「自作」器為西周中期始見，可是「擇用吉金」是進入春秋以後才開始；標注滕器的風尚興盛於西周晚期至春秋時期；「永壽」始於西周晚期，「用之」則是春秋早期的特徵；某之子、太子、孫之某的句式在春秋時變多，春秋中期金文更是亟欲呈現出完整祖先譜系的傾向。林氏這些觀察都相當細緻且精準，儘管當時他可參考的春秋有銘青銅禮器並不甚多，但部分觀點至今看來仍是正確的，具有高度的參考價值。

2002 年，江村治樹在此基礎上，進一步探討了春秋時代青銅器銘文書式和用語的地域變遷，[52]他在分期分域的架構下討論了書式、記日方式、作器者、器名和作器對象、願望用語、作器理由等六大部分，該文除了分析春秋銘文在不同時期、地域的發展狀況外，最重要的部分在於試圖從歷史的角度討論現象背後的原因，江村氏認為這些銘文形式的改變，都涉及到春秋時

---

[52] 江村治樹：〈春秋時代青銅器銘文の書式と用語の地域別變遷〉，《春秋戰國時代出土文字資料の研究》（東京：汲古書院，2000 年），頁 89-128。

人看待青銅禮器的態度，西周以來青銅器的祭祀性質逐漸淡薄，而春秋中期以後青銅禮器成為權勢與財富的象徵，也和現實生活的連結更加強烈。不過他也指出春秋青銅器銘文整體而言還是延續西周而來，春秋中期以後是舊形式逐漸消失，新形式開始形成的過渡期，可是完全斷絕西周傳統的嶄新形式，還是需要等到戰國銘文「物勒工名」的習慣出現。

　　整體而言，春秋銘文的形式與用語在學者研究下，不僅勾勒出大致的發展狀況，也奠定了進一步深化研究的基礎。2011 年，香港學者鄧佩玲出版《天命、鬼神與祝禱：東周金文嘏辭探論》，顯然是受徐中舒文章的啟發，針對東周金文嘏辭部分進行更深入的研究與爬梳，該書雖多著重於嘏辭考釋與文獻對讀，但也提及不同嘏辭流行的時間與區域，對於瞭解東周金文用語或是時人心態思想的變遷，都產生很重要的幫助。

　　其四，「鳥蟲書」是指流行於春秋後期吳楚一帶並延續至戰國時期的字體，其造型像鳥或蟲，筆劃多呈彎曲盤旋狀，具強烈的裝飾風格。較早對這種字體進行系統性研究的學者是容庚，1934 年其於《燕京學報》發表〈鳥書考〉一文，隨後又發表〈鳥書考補正〉與〈鳥書三考〉二文，總共考釋出鳥書 44 字，從此開啟了鳥蟲書研究的面向。[53]此後學界對鳥蟲書瞭解逐漸深入，部分議題也順勢展開，而大家較關心的問題在於鳥蟲書興起原因為何？除了南方與吳越諸國外，其他地區是否也存在鳥蟲書？曾有早期學者認為起源於殷代，理由是卜辭王亥之「亥」字上有增添鳥形。[54]不過卜辭「亥」字增添鳥形乃肇因於商民族的鳥圖騰崇拜，其實與鳥蟲書無關，[55]目前學者多不從起源於商代之說法，至於鳥蟲書真正的興起原因究竟為何？目前似乎未見理想解釋。

　　由於鳥蟲書的興起原因不易判斷，因此學者的關心逐漸轉向源流面的

---

[53] 容庚此三篇文章於 1964 年增補重編為〈鳥書考〉，刊於《中山大學學報》第 1 期（1964 年）。

[54] 董作賓：〈殷代的鳥書〉，《大陸雜誌》六卷第十一期（1953 年），頁 345-347。

[55] 胡厚宣：〈甲骨文所見商族鳥圖騰的新證據〉，《文物》第 2 期（1977 年），頁 84-87。

探討。容庚在 1964 年所作的〈鳥書考〉中,利用人名可考的材料,提出鳥書之流行約始於西元前 554 年,終於西元前 404 年,期間不過一百五十年。[56]林素清則追溯至春秋中葉的字體瘦長化傾向,並認為此種傾向首先發端於北方,再漸次影響至南方,最後於南方形成鳥蟲書字體。[57] 張曉明也抱持類似看法,以為春秋中期乃是銘文美化修飾與地域化之萌芽階段。此時銘文朝向體勢修長、筆畫均勻且漸趨纖細的方向發展,同時這些纖細的筆劃也開始強調彎曲,而此種纖細彎曲的現象逐漸與實用性字體發展趨向相反,形成一股美化裝飾之風。[58]

近來,曹錦炎利用三百餘件青銅器材料,分析出鳥蟲書流行時間應上溯至西元前六世紀中葉,終結於西元前五、四世紀之交。除此之外,從數量上統計鳥蟲書以越國器最多,因此探究長江中下游鳥蟲書的起源,楚國和吳越地區都是不宜忽視的。[59]過去觀點認為春秋戰國鳥蟲書僅流行於南方,不過曹錦炎曾通過對《玄鏐戈》的研究試圖修正傳統看法,提出其他地區也有鳥蟲書的痕跡,只不過沒有像長江中下游地區如此盛行。[60]

整體而言,春秋銘文的研究雖然興盛,但缺憾之處在於缺乏文字的獨立性,使得文字學論著與考古學研究、青銅器研究的成果未能有效銜接。也因此,儘管春秋青銅器的分期分域已經有相當長遠且成熟的討論,但是對於文字體系的分判似乎未能產生作用,此間究竟是單純的學科橫向聯繫不足?又或者是存在青銅器與文字演變進程的差異?其實都有待進一步的研究與討論。

---

[56] 容庚:〈鳥書考〉,《中山大學學報》第 1 期(1964 年),頁 75-133。

[57] 林素清:〈春秋戰國美術字體研究〉,《中央研究院歷史語言研究所》第六十一本第一分(臺北:中央研究院歷史語言研究所,1990 年),頁 25-75。

[58] 張曉明:《春秋戰國金文字體演變研究》(濟南:齊魯書社,2006 年),頁 82-84。

[59] 曹錦炎指出:「從數量上統計,僅屬於越國器者就超過半數。無論在時間上,還是在空間上,或者是在數量上,都有較大突破。從材料看,對於長江中下游鳥蟲書的起源,楚國和吳越地區都是不宜忽視的。」《鳥蟲書通考(增訂版)》,頁 5。

[60] 曹錦炎:《鳥蟲書通考(增訂版)》,頁 19。

第一章 彝銘觀的變遷

西元前 771 年西周滅亡，周王室被迫遷至東都雒邑（今河南洛陽一帶），此次遷都不僅改變原有的政治布局，也影響銘文與青銅器的後續發展。日本學者白川靜指出彝器文化隨王朝秩序展開，不同王朝會形成不同祭儀形式而出現相異的彝器文化。此種轉變不僅見於器類組合，還包括器種、器形、紋飾，乃至於銘文內容皆會出現相應變遷。

白川靜更認為殷商氏族制、西周宗法制本質上大抵相同，然而到了東周時期，由於舊有政治秩序逐漸瓦解傾頹，因此彝器觀也開始產生變化。[1]然而，此時的彝器觀究竟產生何種變化？簡言之，即是周王室東遷以後，天子原有授予製作青銅器之特權為春秋諸侯所取代，青銅器製造者不再視周天子為權力的唯一來源，青銅器亦逐漸喪失過往的神聖性。這些各自擁有青銅資源的諸侯，開始生產型態、紋飾新穎的青銅器，同時銘文亦有些許新意萌芽。

本章將探討春秋青銅禮器銘文外在形式的轉變，同時深入分析現象背後的歷史因素。雖然研究視角是採用白川靜「彝器觀」概念，但為突顯銘文重要性，並藉此表達銘文涵蓋的多元意義，故改稱「彝銘觀」。由於東遷初期銘文書寫與風格仍承襲西周傳統，但部分轉變已表現在春秋銘文的形式，故本章將從三個角度切入，分別就銘文鑄勒位置、表現形式及關照主題進行分析，探究春秋銘文可能發生的轉變及其脈絡。

第一節 春秋彝銘的鑄勒位置

銘文不僅記載著青銅器的製作目的，也往往是決定器物價值的關鍵。但若仔細觀察西周青銅器便可輕易發現，銘文常被鑄勒於不易察覺的器內底

---

[1] 白川靜：《白川靜著作集・別卷・金文通釋 5》（東京：平凡社，2005 年），頁 10。

或器內壁，而非顯而易見的器蓋或外壁。西方學者羅泰（Lother von Falkenhaussen）也曾發現此一奇特現象，尤其若器內盛放祭品，就會被蓋住。鐘的銘文雖然在表面，但也有部分銘文在鐘的背面。在斜掛的甬鐘上，閱讀者只有蹲在鐘架下，從後面才能讀到。[2]

　　這段描述提醒學者一個過去較少注意到的問題，即銘文位置對器物性質所產生的意義。較早對此課題進行專門研究的石璋如先生曾說：「**認識銘文的部位，是研究銅器銘文的首要工作。**」[3]可見，觀看銘文的第一步就是掌握銘文位置，其不僅可協助研究者了解銘文與器物的關係，也可以進一步了解作器者的心態。有趣的是，春秋以後這種將銘文鑄勒於器內壁或內底的習慣似乎逐漸發生轉變，原本不輕易示人的銘文開始轉移至青銅器外部，企圖令人一目瞭然，而此種現象大致出現在以下諸國青銅器中：

一　春秋各國青銅器銘文的鑄勒位置

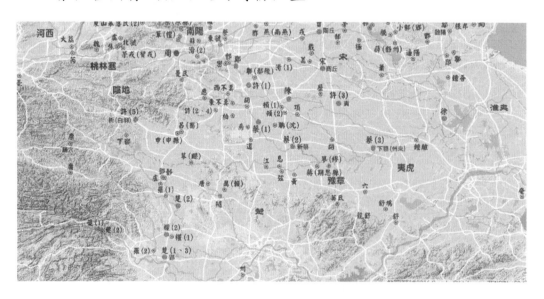

---

[2] 羅泰：〈西周銘文的性質〉，《考古學研究（六）》（北京：科學出版社，2006 年），頁 344。

[3] 石璋如：〈商周彝器銘文部位略例〉，《先秦史研究論集（下）》（臺北：大陸雜誌社編輯委員會，1950 年），頁 181。

（一）南方文化區諸侯國

黃國

論及銘文鑄勒位置轉變，首先須將眼光置於淮河上游的嬴姓小國——黃國。它是淮河流域頗具影響力與地位的諸侯，據《左傳》可知其活躍於春秋早中期。早期黃國曾隨齊桓公霸業而附齊抗楚，但魯僖公十一年因「不歸楚貢」而遭楚討伐，隔年夏天為楚所滅。1983 年，河南光山寶相寺發現一座春秋早期土坑豎穴墓，墓上原有七、八公尺封土，墓坑四壁則塗滿一層厚實青膏泥，墓穴裡的二槨一棺埋葬著黃君「孟」及其夫人「孟姬」。考古報告指出，黃君孟夫婦墓共出土隨葬青銅器 36 件，包含 4 件銅鼎、4 件銅豆、2 件銅鬲、4 件銅壺、4 件銅醽、2 件銅盤、2 件銅匜、1 件銅盉、1 件銅罐及部分兵器，幾乎所有出土禮器皆鑄銘，令人驚奇者是總計 17 件銘文鑄勒於器物表面，是目前所見陣容最為龐大者。其詳細情況如下表：

器物著錄號	器名	鑄勒位置
2497	黃君孟鼎	器表口沿下
圖成 2004	黃君孟鼎	器表口沿下
2567	黃子鼎	器表口沿下
2566	黃子鼎	器內壁
4686	黃君孟豆	肩部
未著錄	黃君孟豆	肩部
4687	黃子豆	器內壁
新收 93	黃子豆	器內壁
624	黃子鬲	肩部
687	黃子鬲	肩部
9636	黃君孟壺	器表口沿下

新收 91	黃君孟壺	器表口沿下
9663	黃子壺	頸外壁
9664	黃子壺	頸外壁
9663	黃君孟鑪	器表肩部
新收 92	黃君孟鑪	器表肩部
9966	黃子鑪	器表肩部
圖成 13998	黃子鑪	器表肩部
9445	黃子盉	器表口沿下
9987	黃子罐	蓋頂

據上表可知，除少數禮器仍延續西周傳統鑄勒於器內壁之外，黃君孟夫婦的隨葬青銅禮器幾乎將都銘文鑄勒於器物表面，尤其是肩部與口沿下方，這是過往青銅器難以得見的現象，展現出與中原迥異的文化特色。黃君孟夫婦墓不僅青銅器銘文鑄勒位置特殊，在許多地方皆展現不同的文化特徵，如高出地面數公尺的封土堆、隨葬器物組合無簋而有鑪、器物成偶數出現等等，[4]皆有別於中原文化。不過須注意的是，黃國非未受周文化洗禮，據其他黃國青銅器可知，黃國仍奉周之正朔，同時亦與姬姓諸侯保持聯姻關係，[5]甚至銘文的用語與字形皆與西周金文大同小異。而且除黃君孟夫婦墓外，其餘如〈黃季鼎〉（2565）或俟氏諸器皆未見銘文鑄勒於器表的現象，因此這是否為黃君夫婦獨有的喜好或特色，有待進一步觀察與釐清。

---

[4] 徐少華：《周代南土歷史地理與文化》（武昌：武漢大學出版社，1994 年），頁 103。

[5] 〈黃太子伯克盤〉（10162）出土於山東沂水劉家店春秋莒公墓。何以黃國器物出土於山東？徐少華推測此器乃黃太子白克為黃女或其妹外嫁所作的媵器，而從器銘第一句「隹王正月初吉丁亥」可知異姓淮夷的黃國仍使用周正，反映黃國對周王朝的尊奉和一定關係。除此之外，兩周之際的〈黃季鼎〉出土於湖北隨州，乃是黃季為季嬴所作之媵器，同出尚有〈曾仲大父簋〉（2403-2404）等器，故推測季嬴即是嫁予姬姓曾國的黃國女子，顯示出黃國與姬姓諸侯國的聯姻關係。詳見徐少華：《周代南土歷史地理與文化》，頁 96-98。

樊國

　　傳世文獻失載的樊國是位於淮河流域的嬴姓小國，距黃國不遠。1978 年河南省博物館在信陽地區發掘兩座東周墓，即樊君夔及夫人龍嬴之墓。樊君夫婦墓年代被訂為春秋早中期，不管在墓葬結構、器物基本組合、形制、花紋等，皆與黃君夫婦墓有許多相似之處，[6]亦展顯江淮地區文化特色。

　　樊國有銘青銅器中，除〈樊君鬲〉（626）、〈樊夫人龍嬴鬲〉（675-676）銘文鑄勒於口沿上方外，〈樊夫人龍嬴壺〉（9637）的 13 字銘文更全數鑄勒於器頸外壁，內容為「**樊夫人龍嬴擇其吉金，自作行壺**」，形成一幅文字與紋飾交相輝映的美麗圖景。樊君夫婦墓出土青銅器數量雖較少，但經比對後不難發現〈樊夫人龍嬴壺〉的形制和銘文配置方式與〈黃子壺〉頗為相似。加上兩國文化面貌與稱名方式有接近之處，或許此種將銘文鑄勒於外的習慣，可視為反映江淮文化的現象之一。

曾國

　　曾國青銅器是近年學術界討論的熱點之一，不僅數量眾多，且時代範圍長遠，無論青銅器或銘文皆引起廣泛而深刻的研究。若討論銘文鑄勒位置，曾國青銅器與周文化體系較為一致，春秋早期僅有〈弦伯雉壺〉（圖成 12305）銘文鑄於蓋口外壁，〈曾伯陭壺〉（9172）銘文鑄於器蓋花邊以及器口外沿，〈曾伯文簠〉（9961）銘文鑄勒於口沿，其餘皆鑄於器內底或器內壁。直至春秋晚期，鑄勒於外的銘文數量仍是不多，僅見〈湆叔壺〉（9625-9626）銘文鑄勒於器表腹部處、〈曾大司馬國鼎〉（NB506）[7]銘文疑似鑄於口沿、〈曾公子去疾缶〉（NB538）[8]銘文鑄勒於肩部。相較曾國目前所見有銘青銅器數

---

[6] 徐少華：《周代南土歷史地理與文化》，頁 72。

[7] 由於〈曾大司馬國鼎〉乃 2014 年出土於湖北隨州文峰塔 M32 之器物，多數銘文著錄未收此器，故本文暫以《殷周金文暨青銅器資料庫》器號為準。

[8] 由於〈公子去疾缶〉乃 2011 年出土於湖北隨州義地崗 M6 之器物，多數銘文著錄未收此器，故本文暫以《殷周金文暨青銅器資料庫》器號為準。

量，銘文鑄勒於外的情形可謂非常稀少，幾乎不成體系，較難看出曾國青銅器刻意將銘文鑄勒於器表之意圖。

如同張昌平研究所示，曾國青銅器在兩周之際至春秋早期的整體特徵大致與宗周相同，缺乏變化和創新，但也反映曾國青銅器文化與周文化較為近緣的關係。[9]在此整體趨勢下，曾國青銅器仍有些新變。如春秋早期的〈曾伯陭壺〉雖器身形制、紋飾與西周中期〈三年癲壺〉、〈番匊生壺〉相似，然壺口部以上卻作蓮瓣造型，並將銘文鑄勒於器蓋花邊和器口外沿，即是與宗周青銅器相異之處。至於春秋中期至戰國中期雖是曾國青銅器受楚文化影響較深的階段，然局部仍保留某些地域特色。如〈曾公子去疾缶〉將銘文鑄勒於肩部的傾向，就是楚國青銅缶較少見的例子。整體而言，曾國青銅器銘文鑄勒位置似乎未朝器表發展的趨向，然從少數鑄於器表的例子中，仍可看出些許的獨特性。

楚國

楚國青銅器數量龐大內容豐富，相關研究汗牛充棟。經整理發現，銘文鑄勒於外的情況雖不多，但已顯露端倪，主要例證來自春秋中晚期楚墓。若以 1978 年河南省文物工作隊在河南淅川下寺清理的春秋楚國墓葬群為基準，可發現隨葬青銅器已有少數器物銘文鑄勒位置引人矚目。

首先值得關注的是淅川下寺M2 出土的〈倗鼎〉（圖成 1843）及M3 出土的〈倗鼎〉（圖成 1844）。M2 出土的〈倗鼎〉銘文鑄勒於蓋上及口沿，M3 出土的〈倗鼎〉則鑄勒於蓋上及器表肩部。這兩件「倗鼎」形制相似，皆屬劉彬徽所謂楚式小口鼎。[10]目前所知東周這類小口鼎最早出土於安徽舒城，即春秋時期的徐、舒一帶，顯然具有強烈南方特色，而且銘文似乎都鑄勒於

---

[9] 張昌平：《曾國青銅器研究》（北京：文物出版社，2009 年），頁 120。

[10] 這類鼎的特點是直領小口，寬肩、圓腹，圜底、三蹄足，雙耳直立或外折立於肩部，蓋口沿罩住器口，蓋沿落於肩部（與浴缶蓋情況相同）。劉彬徽：《楚系青銅器研究》（漢口：湖北教育出版社，1995 年），頁 130。

器表，因為另一件河南淅川徐家嶺M11 楚墓出土的〈邶夫人孁鼎〉（圖成 2425）亦是楚式小口鼎，其銘文同樣鑄勒於器表肩部。

其次應注意流行於春秋中期偏晚至戰國時期的楚系青銅器「缶」。青銅缶可分為屬於水器的「浴缶」及屬於酒器的「尊缶」，從不少例證能看出青銅缶銘文較傾向鑄勒於表面。如器形矮胖、小口、頸短的浴缶，至少有四件銘文鑄勒於器表，分別是淅川下寺M1 出土的〈孟滕姬缶〉（10005、圖成 14083）鑄勒於口沿、M2 出土的〈倗缶〉（9988）鑄勒於蓋上與口沿、湖北穀城出土的〈邡子彰缶〉（9995）與〈都兒孁〉銘文（圖成 14088）則鑄勒於器表肩部。至於器身較高的盛酒器—尊缶，則有湖北枝江關廟山M1〈永陳缶蓋〉（圖成 14059）銘文鑄於蓋上，及湖北襄樊出土的〈鄭臧公之孫缶〉（圖成 14095-14096）兩件銘文鑄於器外壁。浴缶和尊缶皆是反映南方楚文化的器類，甚至可視為與中原青銅器區別的顯著標誌之一。[11]如此則將銘文鑄勒於器表的現象便不容輕易忽視，需置於青銅器演變史的脈絡重新思考，其所反映的特色可能也是南方文化的特色與習慣。

楚國或附近區域尚有幾則銘文鑄於外壁的特殊例子，如，出土於江蘇吳縣的〈楚叔之孫途盉〉（9426）銘文即鑄勒於器表肩部，這是以往青銅盉十分少見的狀況。又如，形制特殊的〈鄭王孫□媵盞〉（圖成 6068）則將銘文鑄勒於器口外沿。這些現象雖零星少見，但不排除受南方或楚國文化影響所致。

蔡國

蔡國青銅器亦是長期備受關注的焦點，最為人所知者為 1955 年安徽壽縣出土的蔡昭侯墓，出土銅器近 500 件，有銘青銅禮器則有 100 件，對瞭解蔡國歷史文化具重要意義。據徐少華的勾勒，西周至春秋早期蔡國青銅器

---

[11] 劉彬徽：《楚系青銅器研究》，頁 210。

在器物組合、形制、花紋及銘文風格，均呈現典型姬周文化特色。但春秋中期開始，蔡器逐漸體現日益濃厚的楚文化特徵，銘文內容亦表明這時蔡國對外聯繫和姻族對象產生變化。這與南方楚國的興起，蔡國逐漸被納入楚人勢力範圍的情勢吻合。[12]

　　若從銘文鑄勒位置的觀察蔡國青銅器，可發現許多不同面向。首先是傳世器〈蔡太史觶〉（10356），其作橢圓形，侈口、束頸，器外壁鑄有銘文18字作：「隹王正月初吉壬午，蔡太史蔡作其觶，永保用。」此觶雖為春秋器，但無法確知具體所屬的階段。從銘文內容可知蔡國曾置「太史」之官，而太史屬周制，見《尚書》與西周金文，反映蔡國與姬周的密切關係。其次，出土於湖北宜城的春秋中期〈蔡侯朱缶〉（9991）及安徽壽縣的春秋晚期〈蔡侯申缶〉（9992），則將銘文鑄勒於肩部及口沿外側。如前文所述「缶」乃楚系青銅器，〈蔡侯朱缶〉銘文鑄勒位置正與〈曾公子去疾缶〉相同，說明此種傾向雖不見楚國青銅缶，但行用於南方諸國。至於〈蔡侯申缶〉鑄勒位置則與淅川下寺出土的〈倗缶〉較接近，顯示蔡國青銅器與楚文化相似之處。此外較值得關注的尚有〈蔡侯申鈚〉（9976）及〈蔡子□鼎〉（2087），〈蔡侯申鈚〉形制特殊，乃腹部與口部面為長方形的方鈚，侈口、束頸，器外壁鑄有「蔡侯申之鈚」等字。至於〈蔡子□鼎〉的時代應落在春秋晚期至戰國早期，銘文僅有「蔡子●之鼎」5字，均勻排列在鼎蓋表面。

　　整體而論，蔡國青銅器在銘文鑄勒位置方面仍傾向延續西周傳統，較無法看出向外鑄勒的變化。不過這並不代表它們在青銅器演變過程不具任何意義，例如，戰國時期的青銅觶銘文普遍鑄勒於器表，顯見〈蔡太史觶〉作器者將銘文鑄於器外壁之發想，或可視為戰國時代銘文呈現方式之先聲。

---

[12] 徐少華：《周代南土歷史地理與文化》，頁171-172。

（二）吳越文化區諸國

徐國

若將眼光再往南移，位處長江中下游的吳越文化區也有銘文鑄勒於外的現象，其中較受矚目者當是徐國。由於徐國是史料較缺乏的長江流域小國，因此學者格外注重徐國青銅器銘文，往往視為了解徐國歷史文化的重要資料。近年中國考古隊在徐國故土江蘇邳州等地發掘許多座貴族大墓，同時出土一批較重要的有銘青銅器，此外浙江、江西等地亦有若干青銅器出土。

目前所見徐國有銘青銅器中，有 4 件青銅器將銘文鑄勒於器表，分別為〈徐王𤞤又觶〉（6506）、〈徐王義楚觶〉（6513）、〈義楚觶〉（6462）以及〈次□缶蓋〉（圖成 14093）。前三件器時代相近，銘文皆鑄勒於器腹外壁。值得注意的是，此種作風與西周中期青銅觶銘文鑄勒於器底或內壁的主流風尚截然不同，同時器物形制亦出現新變。郭沫若《大系》曾指出銘中「永保怡身」，金文均用領格，宗周金文未見，應是周末人所偽託。[13]此三器不僅器型、銘文，甚至銘文鑄勒位置的選擇似也反映徐國獨特的文化風格。至於出土於江蘇丹徒的〈次□缶蓋〉（圖成 14093）銘文 32 字均鑄勒於蓋面，此缶方唇、平口、直頸、鼓腹，形制較似尊缶。學者據銘文「徐頓君之孫，利之元子次□」，推斷徐頓君即見於《禮記・檀弓》的徐駒王，次□既徐駒王後代，[14]故認為此器當屬徐國青銅器。但它何以出現於吳國版圖內的江蘇丹徒？學者從作器者名曾遭到鏟鑿，後又被修補的痕跡推斷，當是反映吳王闔閭滅徐之時，將徐國重器掠奪回國的歷史。[15]

此外，吳越文化區尚見幾件零星例證。如，春秋早期的〈喬夫人鼎〉（2284）是安徽合肥最早發現的有銘青銅器，而合肥地區正是春秋群舒的活

13 郭沫若：《兩周金文辭大系暨圖錄攷釋》（北京：科學出版社，2002 年），頁 350。
14 商志𩡩：〈次□缶銘文考釋及相關問題〉，《文物》1989 年 12 期，頁 53-56。
15 商志𩡩：〈次□缶銘文考釋及相關問題〉，頁 55。

躍範圍。〈喬夫人鼎〉鬲足、有蓋，蓋緣飾重環紋，腹部則飾竊曲紋，腹下更飾弦紋一周，展現濃厚的宗周文化特徵。不過銘文鑄勒於器蓋表面，「**喬夫人鑄其饙鼎**」共 7 字形成一圈形，是西周青銅鼎不易得見的樣態。此種局部的差異或演變，也一定程度折射出群舒青銅器的風格特色。

（三）東方文化區諸國

除南方文化區諸侯國的銘文鑄勒位置有些許向外部發展的傾向，東方文化區亦有零星例證。由於數量稀少，不便各國逐一討論，僅依目前所見銘文鑄勒於外的東方諸國一併說明。

郜國

春秋郜國是山東地區的附庸小國，青銅器數量不多。除少數傳世器外，較著名者為山東長清仙人台出土的一批隨葬器物，共 300 餘件。整體而言，郜國青銅器風格與西周差異不大。傳世器除春秋早期〈郜伯鼎〉（2601）與〈郜伯祀鼎〉（2602）兩件器物的銘文鑄勒於口沿外，其餘未見位置較特殊者。

薛國

位於現今山東滕州的薛國青銅器數量更少，唯一較值得注意者是出土於薛國故城春秋中期的〈薛侯壺〉（圖成 12120）。此壺圓體提樑，口大而頸短，鼓腹矮胖，銘文「**薛侯行壺**」4 字鑄勒在器腹外壁。此種銘文鑄勒於器腹外壁的情形尚見出土於山東沂水的春秋中期〈公鑄壺〉，然其形制與〈薛侯壺〉完全不同。高頸股腹，頸兩側為獸首銜環，有蓋，蓋上有兩盤龍捉手，十分特殊。由於僅有銘文「**公鑄壺**」3 字鑄於器腹外壁，不易推知究竟屬何國鑄器。

齊國

　　東方文化區最大的青銅器生產國－齊國，亦有兩件銘文鑄勒於器表的青銅器，分別是〈齊侯甗〉（新收 1089）及〈國差罎〉（10361）。〈齊侯甗〉出土於山東莒縣，形制傳統，製作時間應於兩周之際，銘文鑄勒於口沿，但略有殘勒，目前僅存 11 字。至於著名〈國差罎〉形制特殊，目前僅見此例。其斂口、短直頸，口沿寬而平折，肩部斜寬，腹部侈闊，52 字銘文正以展開扇形狀分布於斜寬之肩部上，另有 1 字鑄於口沿。據銘文內容所示，本器作於國差立事之年。依《春秋》與《左傳》記載，知國佐（即國差）西元前599 年聘於魯，前 573 年遭齊侯所殺，故此器完成時間應於西元前 599 至573 年之間，相當於春秋中晚期。至於此器功能屬性，據銘文後段提及「**用實旨酒**」，確定為盛酒器。〈國差罎〉無論器型或銘文表現，皆在青銅器史上有著不容忽視的地位。

（四）其他文化區諸侯國

　　除上述青銅器外，尚有少數傳世器或僅知出土地，但不明國別的例證，在此一併介紹。傳世不明國別的春秋青銅器中，將銘文鑄勒於器表的例子甚少，目前已知〈匜君壺〉（9680）及〈台寺缶〉二器。〈匜君壺〉現藏臺北故宮博物院，形制與〈黃君孟壺〉略同。銘文 19 字全數鑄勒於器腹外壁，相當引人矚目。至於〈台寺缶〉則藏於臺北歷史博物館，形制當為浴缶，但器腹部分鏤空，銘文「**台寺**」2 字鑄於肩部。雖無法確知〈台寺缶〉所屬國別，不過浴缶為楚系青銅器特有，加諸銘文鑄於肩部亦見曾國、蔡國的青銅缶，故不難想見〈台寺缶〉當屬南方文化體系。

　　至於僅知出土地，但不明國別的青銅器部分，首先可關注 1992 年出土於四川茂縣的〈與子具鼎〉（圖成 2289）。該鼎年代屬春秋中晚期，25 字銘文全數鑄勒在蓋面口沿處，形制與河南淅川下寺M7 出土的子口鼎略同。據

劉彬徽研究，這種鼎的起源地可能在江淮流域或東方沿海一帶，淅川下寺的子口鼎即是仿效江淮春秋早期的鼎而來。[16]考古報告指出，〈與子具鼎〉是四川發現先秦有銘青銅器中最長者。據銘文或可認為岷江上游石棺葬民族在先秦曾建立一古國，這古國和中原有過交往，受過封賜。[17]無論從器物形制、銘文內容或鑄勒位置而言，〈與子具鼎〉展現濃厚春秋中晚期南方青銅文化風格特色。目前雖未有任何證據可直接證實〈考古報告〉的推斷，然此器確實反映蜀國青銅文化與春秋晚期南方青銅文化的交流現象。

其次是 1993 年出土於山西省稷山縣的春秋晚期〈□君子壺〉（圖成 12156），形制與山西長子縣東周墓 M7 所出青銅壺相同，銘文 5 字鑄勒於器頸外壁。雖然青銅壺鑄勒位置較為多元，且西周晚期亦不乏將銘文鑄勒於器頸外壁之例，然春秋時期中原一帶可參照例證仍是少數。從地方青銅文化角度分析，〈□君子壺〉銘文鑄勒位置仍可象徵中原青銅文化的變革或演化，值得研究者留心與關注。

二 春秋銘文鑄勒位置的歷時變化

上文已從共時性角度介紹春秋時代各文化區的青銅器銘文鑄勒位置情形，本節為釐清歷時性發展狀況，將針對重點器類逐一探討，以求更全面認識銘文鑄勒位置演變情形。據前輩學者整理的器型流變史可知，[18]春秋仍傳承不少西周已有的禮器器類，初步統計大致可見鼎、簋、鬲、甗、豆、壺、罍、盤、盉、盂、匜、鐘等。然非所有器類皆發生銘文鑄勒位置的轉變，部分器類如盉、匜、鐘、盤等，或因空間、形制之囿限，銘文位置相對固定不

---

16 劉彬徽：《楚系青銅器研究》，頁 118。

17 茂縣羌族博物館、阿壩藏族羌族自治州文物管理所：〈四川茂縣牟托一號石棺墓及陪葬坑清理簡報〉，《文物》1994 年 3 期，頁 4-40。

18 關於青銅器型由西周至東周所發生之轉變與新出，可參見容庚：《商周彝器通考》（上海：上海人民出版社，2008 年）、林巳奈夫：《殷周時代青銅器の研究》（東京：及川弘文館，1984 年）以及《春秋戰國青銅器の研究》（東京：及川弘文館，1989 年）。

變，然而鼎、鬲、簋、豆之銘文位置則開始產生變化。以下針對重點器類進行歷時性分析：

（一）鼎

青銅鼎是中國青銅文化最重要的器類之一，始於商末迄於戰國，流傳時間甚長。青銅鼎銘文鑄勒位置，無論是商代晚期至西周早期盛行之短小精鍊的族徽銘文，或西周中期以後開始流行的長篇鉅制，主要都落於二處：器內底或器內壁。僅為數鮮少的商代晚期族徽銘文，如〈癸鼎〉（467）鑄勒於口沿。[19]

基本而言，商代晚期數量近 800 件青銅鼎銘文皆鑄勒於器內壁，少部分鑄於器內底。如，1935 年河南安陽侯家莊西北岡 1004 號墓出土，現藏中央研究院歷史語言研究所陳列館的〈牛鼎〉（1120）、〈鹿鼎〉（1110）銘文即鑄於器內底。西周早期銘文篇幅雖逐漸增長，然位置未見明顯變動。較著名的重器，例如，〈史獸鼎〉（2778）、〈大盂鼎〉（2837）、〈小盂鼎〉（2839）更礙於篇幅，僅能鑄勒於器內壁。西周中期普遍被學者視為周人青銅風格建立階段，此時無論在器型、紋飾、篇幅或銘文風格皆產生異於前期之變化。[20]長篇銘文成為此時代主要特色，諸多彝銘因載有重要且特殊內容而備受重視。然這些銘文仍受篇幅長度所囿，僅能鑄於器內壁，即便如〈五祀衛鼎〉（2832）、〈曶鼎〉（2838）這類涉及土地約劑或法律訴訟銘文，其鑄勒位置仍是不易觀看。西周晚期銘文篇幅持續增大，然鑄勒於器內壁的狀態仍未見明顯改變。即使因長達 500 餘字銘文而聞名於世的〈毛公鼎〉（2841）銘文，也是遍佈在口沿下方延伸至器內壁。若再仔細觀察，不難發現這空間存在難以掌控的弧度，而鑄器者仍不厭

---

[19] 相關資訊詳見吳鎮烽：《商周青銅器銘文暨圖像集成・鼎卷》冊 1 至 5（上海：上海古籍出版社，2012 年）。

[20] 李學勤認為周穆王時期是青銅器轉型的關口，也是西周中期的開端。西周中期的青銅器與商代和周初有很大的不同，在器種、紋飾、銘文篇幅等方面都產生變革。詳見氏著：《青銅器入門》（北京：商務印書館，2013 年），頁 44-46。

其煩地將銘文安置於此,可見商周以來形成的傳統位置,並未因鑄勒難度提高而輕易改變。綜觀而論,西周晚期以前的青銅鼎幾乎未見銘文鑄勒於器表,器內壁與器內底似為鑄銘者必然選擇之處,然此現象於春秋時期開始產生變化。

目前所見春秋有銘青銅鼎僅 200 餘件,雖為數不多,然無論形制、紋飾與銘文篇幅皆發生轉變,其中亦包含銘文鑄勒位置。據〈總表〉統計可知,絕大部分春秋有銘青銅鼎銘文鑄勒位置仍以器內壁為主,少數器銘鑄於器表,茲列表如下:

時代	器名(器號)	分域	鑄勒位置
春秋早期	郙伯鼎(2601)	東方	口沿
	郙伯祀鼎(2602)	東方	口沿
	喬夫人鼎(2284)	南方	器蓋表面
	鄴子賨盠鼎(2498)	南方	器蓋表面
	黃君孟鼎(2497)	南方	器頸外壁
	黃子鼎(2567)	南方	器頸外壁
春秋中期	余子余鼎(2390)	不明	口沿
	仲義君鼎(2279)	不明	口沿
春秋晚期	盅子斿鼎蓋(2286)	南方	器蓋表面
	與子具鼎(圖成 2289)	南方	器蓋表面
	尊父鼎(圖成 2096)	中原	蓋沿
	楚叔之孫佣鼎(圖成 2221)	南方	器蓋、肩部
	彭公之孫無所鼎(圖成 2158)	南方	器蓋、肩部
	襄腏子湯鼎[21](圖成 2039)	南方	肩部
	鄴夫人罋鼎(圖成 2425)	南方	肩部

---

[21]「湯鼎」乃指楚系銅鼎中口徑較小的一種鼎形,其自成體系且多見於春秋中晚期的楚墓之中,原應視為「新興器類」。然本文避免分類過度瑣碎,暫將「湯鼎」歸入傳統器類的「鼎」類,以便論述。

　　據上表可知，從春秋早期開始，南方文化區與東方文化區的青銅鼎已出現銘文鑄勒於器表的情形，且不集中於特定區域，而是散見於口沿、蓋面、蓋沿、器頸外壁等處。春秋中期雖有 2 件青銅鼎銘文鑄勒於口沿，然不易確知國別，加上數量較少，僅能視為偶然得見的零星例證，無法成為系統性論述的證據。春秋晚期出現較多將銘文鑄勒於器蓋表面或肩部等新興位置的青銅鼎，集中於南方文化區，且形制多以楚式鼎為主，顯示較強烈的地域青銅文化特色。此種將銘文鑄勒於器表的習慣在春秋仍屬少數，至戰國時期則變為普遍，數量甚至超越鑄於器內壁者。足見春秋青銅鼎銘鑄勒位置之變革，對戰國青銅鼎銘呈現確實產生影響。

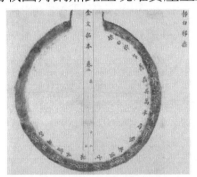

口沿例：䣄伯祀鼎[22]

器蓋表面例：喬夫人鼎

器頸外部例：黃君孟鼎[23]

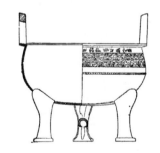

器頸外部例：黃子鼎[24]

---

[22] 原拓為《小校經閣金石文字》，圖片轉自中央研究院數位典藏網，網址：http://ndweb.iis.sinica.edu.tw/rub_public/System/Bronze/Search/detail.jsp?Record_NO=1&Rubbing_ID=43823

[23] 河南信陽地區文管會、光山縣文管會：〈春秋早期黃君孟夫婦墓發掘報告〉，《考古》1984 年第 4 期，頁 309。

[24] 河南信陽地區文管會、光山縣文管會：〈春秋早期黃君孟夫婦墓發掘報告〉，頁 317。

（二）鬲

　　鬲的流傳相當悠久，早在新石器時代就已普遍使用。《爾雅・釋器》云：「款足鼎謂之鬲。」青銅鬲出現於商代早期，盛行於西周中期以後，經常成套出土，直至戰國晚期才於祭器與生活用器的行列中消失。[25]值得注意的是，青銅鬲銘文位置變化大致與其發展序列相當，商代與西周早期青銅鬲銘文多半鑄勒於器內壁或口沿內側，未見鑄於器身外或器表者。然這種情形於西周中期開始產生些微變化，鑄勒於器內壁的銘文明顯減少，鑄於口沿內側者相對增加。更重要的是，出現新興的鑄勒位置——口沿上。如〈仲枏父鬲〉（749）篇幅較長的銘文，便選擇鑄勒於口沿至內壁之位置。西周晚期大抵延續中期以來狀態，唯鑄勒口沿上的數量持續增加。然整體而論，西周青銅鬲銘文位置多半鑄勒在器內壁或口沿內側，位於口沿上之例雖始於西周中期，且數量持續增加，但即使是西周晚期仍未成為主要表現位置。

　　這種情形至春秋卻有不同面貌，早期絕大多數青銅鬲銘文即傾向鑄勒於口沿上方，僅少數如〈攻叔𤳄鬲〉（677）、〈司工單鬲〉（678）、〈昶仲無龍鬲〉（713-714）、〈隨子奠伯鬲〉（742）等器鑄勒於器內壁或口沿內側，至春秋中晚期皆不再有顯著改變。由此可知，青銅鬲銘文鑄勒位置的演變過程無法僅聚焦於春秋，需將時間推向更久遠的兩周時期。透過整理可發現此變化是讓西周已有的表現形式躍升為主流，雖非明顯而劇烈的革新，然不代表其完無意義。在細緻轉化中，仍傳遞春秋時人看待彝銘的不同態度，更可感受舊傳統的衰退與新品味的興起。

---

[25] 馬承源：《中國青銅器》（上海：上海古籍出版社，1994年），頁113-114。

口沿至內壁例：仲枏父鬲　　　口沿內側例：單叔鬲[26]　　　口沿例：郑友父鬲[27]

（三）壺

　　青銅壺的出現時間大致自商至漢代或更晚，形制變化亦相對複雜。然從商代至西周中期，銘文位置變化不大，偶爾在口沿或蓋樞附近，但絕大多數鑄於器內壁或蓋內。在此位置若無近距離觀察，則難以辨識銘文。值得注意的是，青銅壺銘文位置之變動大約在西周中晚期之際，西周晚期逐漸出現更多元位置，並在春秋達至鼎盛。

　　首先受作器者青睞的新興位置為頸外壁，如，出土於陝西省扶風縣莊白村 1 號窖藏的〈癲壺〉（9723），56 字銘文全數鑄勒於蓋樞與器頸外壁，內容記載器主癲受周王冊命之過程，清晰整飭的排版令觀賞者一目瞭然。又如，西周晚期〈伯多壺〉（9613）銘文鑄於器頸外壁，同時期的〈梁其壺〉（9716）銘文則散佈於器頸外壁及器口外壁花邊。此外亦偶爾出現將銘文鑄於器蓋上或外沿者，如，西周中期〈伯山父壺蓋〉（9608）、西周晚期的〈芮公壺〉（9598）[28]及〈𪔲壺蓋〉（9677）皆屬此類。〈𪔲壺蓋〉銘文鑄勒於器蓋

---

26 陝西省考古研究所、寶雞市考古工作隊、眉縣文化館，〈陝西省眉縣楊家村西周青銅器窖藏發掘簡報〉，《文物》2003 年第 6 期，頁 27-28。

27 李光雨、張云：〈山東棗莊春秋時期小邾國墓地的發掘〉，《中國歷史文物》2003 年第 5 期，頁 67。

28 此壺共見二器，銘文內容與位置皆相同，分別著錄於《集成》9597 與 9598，但《西周銘文錄》疑《集成》9597 所著錄之銘文為偽刻，器亦為仿鑄，故本文茲不錄《集成》9597 之銘文。

之蓮花瓣上,形成銘文與紋飾相互交融之絢爛圖像,甚為奇特可愛。以上皆是西周滅亡前將銘文鑄勒於器表之例,此時雖已出現較多樣的鑄勒位置,但比例仍屬少數,更多的銘文被鑄勒於器蓋內部、器內壁或蓋榫。易言之,一個西周青銅壺闔上器蓋後,觀賞者基本無法獲得任何關於銘文的訊息。

　　這種情形在春秋產生些微改變,將銘文鑄勒於器表的傾向逐漸提高。據統計,春秋 56 件有銘青銅壺中,有 21 件將銘文鑄於器表,另有 35 件鑄勒於器內壁或蓋榫附近,明顯較西周增加許多。這些銘文亦不僅限鑄於器頸外壁,更呈現多元位置,茲列表如下:

時代	分域	器名（器號）	鑄勒位置
春秋早期	東方	薛侯壺（圖成 12120）	器腹外壁
	南方	黃君孟壺（9636）	口沿外側
	不明	華母壺（9638）	口沿外側
	不明	子叔壺（9603-9604）	器頸外壁
	南方	樊夫人龍嬴壺（9637）	器頸外壁
	南方	黃子壺（9663-9664）	器頸外壁
	東方	𡶛君婦槐霝壺（圖成 12353）	器頸外壁
	東方	己侯壺（9632）	器底外
	南方	奚季宿車壺（9658）	蓋頂、頸外壁
春秋中期	不明	孫叔師父壺（9706）	器頸外壁
	東方	公鑄壺（9513）	器腹外壁
	不明	伯遊父壺（圖成 12412-12413）	器頸外壁
春秋晚期	南方	㳠叔壺（9625-9626）	器腹外壁
	南方	之壺（9494）	器腹外壁
	不明	瓜君壺（9680）	器腹外壁
	南方	可壺（圖成 12123）	器頸外壁

	中原	□君子壺（圖成 12156）	器頸外壁
	東方	庚壺（9733）	肩部
	南方	番叔壺（圖成 12289）	器頸外壁
	南方	曾仲姬壺（圖成 12190）	器腹外壁
	東方	公子土折壺（9709）	器頸外壁

　　據上表可知，除西周晚期的傳統鑄勒位置「器頸外壁」得到延續外，如，春秋早期〈薛侯壺〉（圖成 12120）、春秋中期〈公鑄壺〉（9513）、春秋晚期〈滏叔壺〉（9625-9626）、〈之壺〉（9494）及〈瓜君壺〉（9680）等器，則將銘文鑄勒於器腹外壁。又如，春秋早期的〈黃君孟壺〉（9636）、〈華母壺〉（9638），更將銘文鑄於西周未曾選用的鑄勒位置——「口沿外側」，為觀賞者營造立體環繞的新穎視野。整體而言，由於青銅壺形制特殊而多變，加以此時銘文鑄勒位置亦處於向外發展趨勢，故可供鑄勒銘文的位置也更加多元，使此時銘文呈現環形、方形、長形等繽紛樣式，非其他器類可以比擬。

蓋樺例：瘛壺[29]

器頸外壁例：瘛壺

---

[29] 圖片原載於寶雞青銅博物院編著：《青銅鑄文明》（西安：世界圖書出版西安公司，2010年），頁 189。本文轉錄自中央研究院歷史語言研究所《殷周金文暨青銅器資料庫》，網址：http://app.sinica.edu.tw/bronze/rubbing.php?09723

蓮瓣例：黽壺蓋

器腹外壁例：薛侯壺[30]

肩部例：鄅夫人嚣鼎[31]

器蓋與肩部例：楚叔之孫佣鼎[32]

（四）缶

　　青銅缶見於春秋中期偏晚至戰國時期，兼有酒器和水器功能，屬楚系青銅器，常見於楚墓或楚文化影響較大的諸侯墓葬。[33]春秋的有銘青銅缶約 20

---

[30] 圖片轉錄自吳鎮烽《殷周青銅器銘文暨圖像集成》電子檔《金文圖成》。

[31] 圖片錄自王長豐、喬保同：〈河南南陽徐家嶺 M11 新出阤夫人孁鼎〉，《中原文物》2009 年第 3 期，頁 11。

[32] 圖片轉自匯圖網，網址：
http://www.huitu.com/photo/show/20131124/192308257200.html

[33] 朱鳳瀚：《中國青銅器研究綜論》（上海：上海古籍出版社，2009 年），頁 221。

件，銘文出現位置相對多樣。除器蓋內部外，尚見於口沿、肩部及外壁。鑄勒於口沿處者如〈蔡侯申缶〉（9992-9994）、〈佣缶〉（圖成 14053-14054）、〈孟滕姬缶〉（圖成 14083）等，鑄於肩部者有〈蔡侯朱缶〉（9991）、〈中子賓缶〉（9995）、〈鄭臧公之孫缶〉（圖成 14095-14096）、〈台寺缶〉（圖成 14052），鑄於器蓋表面者有〈次尸祭缶〉（圖成 14093）。上述諸器除〈台寺缶〉外，均可確定為春秋中晚期或春秋晚期器。除少數鑄於器蓋內部，絕大多數皆在器身表面。此情形亦見戰國青銅缶銘文，顯然是春秋後形成一套固定標準，並沿用至戰國。

口沿例：〈佣缶〉

肩部例：〈中子賓缶〉

肩部例：〈台寺缶〉

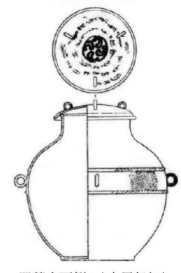

器蓋表面例：〈次尸祭缶〉

（五）罍、罇

青銅罇是一類盛酒器，《說文·缶部》：「罇，瓦器也。」知罇亦見以陶質製成者。就器物類型演變而論，學者推斷罇當是罍的演變，屬小口大腹容酒器，罍消失之際正是罇行用之時。青銅罇主要出現於西周晚期，沿用至春秋。青銅罍在春秋已相當罕見，兩者消長遞嬗過程十分清楚。[34]然兩者銘文鑄勒位置是否如同器型相互銜接延續？抑或產生新的變革？值得進一步瞭解。

青銅罍主要見於商末和西周，銘文多鑄勒於器蓋內部及器內底，西周滅亡前未見銘文鑄勒於器表者。春秋中期有一件出土於湖北的〈䣄兒罍〉（圖成 14088），其銘文鑄勒於肩部，頗符合春秋新興風尚。相對而言，青銅罇銘文鑄勒位置則有明顯不同，基本施於器表，以口沿、肩部及器腹外壁為主，甚至隨時間演變而略有不同。如，鑄於口沿者多半是春秋早期〈羕伯罇〉（9960）、〈曾伯父罇〉（9961）及〈番伯官曾罇〉（9971）等器，鑄於器腹外壁或是肩部者，除早期的〈黃君孟罇〉（9963）及〈黃子罇〉（9966），則多見於中期以後器物。由此可知，春秋青銅罇雖繼承商周青銅罍而來，但仍屬新開創的器類，不僅具有強烈時代風格，銘文鑄勒位置亦有明顯不同，多半呈現於器身表面，展現不同以往的新興之風。

（六）鈚

春秋時期有一類青銅器自名從金從比之「鈚」，或作從金從比從皿之「鉳」，學者最早或釋為「从」，認為此字從「从」得聲，故陳夢家指出即《廣雅·釋器》所見之「𦈢」，是瓶的一種。[35]其後裘錫圭據〈蔡侯申鈚〉（9976）將此字右半改釋「比」，從「比」得聲，「鈚」即「𠤎」。同時進一步指出，鈚

---

34 朱鳳瀚：《中國青銅器研究綜論》，頁 216。

35 陳夢家：〈壽縣蔡侯墓銅器〉，《考古學報》第 2 期（1956 年），頁 118-120。

與戰國至秦漢之際自名為「錍」的扁壺瓶聲音相通，乃一字之異體，傳世文獻亦多見「比」與「卑」相通之例。[36]

　　從形制而論，鈚較接近壺類盛酒容器，流行階段約為春秋，出現時間大致可推至西周晚期，戰國則已消失。從現有資料判斷，鈚在今山東地區較為流行。目前所見有銘青銅鈚數量偏少，《殷周金文集成》錄有 5 件青銅鈚銘文拓片，除〈樂大司徒鈚〉（9981）及〈喪史賞鈚〉（9982）因僅有拓片無法確知銘文位置外，其餘 3 件青銅鈚銘文皆鑄勒於器外壁。其後 2002 年湖北鄖縣與山東棗莊分別出土〈唐子鈚〉（圖成 14035）與〈僉父鈚〉（圖成 14036）的銘文，皆鑄勒於器物表面。知青銅鈚作為春秋新興器類，無論器型或銘文位置皆與西周所見青銅器迥異，呈現一股變革後的風貌，反映較新穎的春秋風尚。

三　鑄勒位置變化之原因與意義

　　春秋青銅器銘文鑄勒位置的變化並非全面且劇烈，而呈現一種微調狀態。研究顯示，春秋的部分作器者似乎更傾向將銘文鑄勒在器物表面，如此則須再進一步探問：銘文鑄勒位置究竟為何產生變化？另外，此變化反映何種訊息或意義？

　　首先必須關注銘文與青銅器間的關係。西方藝術史學家潔西卡・羅森（Jessica Rawson）研究西周青銅器認為西元前 880 年前後的西周曾發生一次禮制革命，這次變革主要表現在成套青銅禮器的食器取代酒器、大型編鐘的出現及青銅器面貌的變化等方面，這些轉變意味人們在禮儀、信仰方面發生重要變化。[37]其說法雖是針對西周青銅器課題所展開，然此觀點卻有深思的必要性，意即青銅器的不同觀看角度及觀看者，將影響青銅器外在面貌轉

---

[36] 裘錫圭：〈說鈚、榐、椑榐〉，《古代文史研究新探》（江蘇：江蘇古籍出版社，2000 年），頁 576-584。

[37] 潔西卡・羅森（Jessica Rawson）：〈是政治家，還是野蠻人？－從青銅器看西周〉，頁 38-39。

變。這反映了一個重要的切入角度，即藉由青銅器外在特徵變化分析，可建構古人彝銘觀的變遷。據羅森的觀點，造成西周青銅器紋飾樸質化、數量增加與成套化之由，是發展過程中曾發生觀看角度之變革，而變革內容包含由近距離欣賞轉為遠距離觀看、觀看者可能由少數變為多數等等。

無論西周中晚期以後青銅器外在形式的變化原因究竟為何，銘文都未隨這次變革發展出更適合觀看的表現模式。儘管青銅鬲、壺等器類早在西周中期已將銘文鑄勒於器物表面，然多數器類銘文仍據守在觀看者不易察覺的器內底或器內壁，直至周王室東遷後，銘文鑄勒位置才逐漸出現較明顯變動。或許有人認為，將銘文改鑄於器表未必較適合觀看，但不可否認的是，鑄勒於器表的銘文必然較鑄勒於器內壁或器底更令人矚目，因此銘文位置的轉換與觀看需求仍存在相互影響的關係。就此而論，本書認為青銅器銘文觀看方式與觀看者亦應發生較顯著之變革，只是時間點非在西周晚期，而是兩周之際。

如此則須細究的是，何以在兩周之際發生觀看需求變革？

從歷時性眼光而言，兩周之際的社會型態發生巨大轉變。春秋雖繼承西周以來的文化傳統，然隨著周平王東遷與社會型態重組，無論王權觀念、宗法制度甚至經濟概念皆產生一定程度變革，甚至進一步影響人們精神面貌與心理狀態。[38]李峰曾以「周的重構」形容東遷以後的周王朝，其云：

> 它開啟了一場西周國家的地緣政治重新建構的過程，牽涉到眾多貴族宗族的轉變，他們原先坐落在西部，後來在東部成立新的地方諸侯國。這場轉變進一步引起了新的政治對抗，產生了新的社會關係，從而改變了中國後一個五百年的政治走向。這期間，周王和他的王廷變得越來越邊緣化。當然，由於中心權力的消失，用以建立政治權威的

---

[38] 關於兩周之際社會變革的論述眾多，此處僅舉數例以供參看。晁福林：《春秋戰國的社會變遷》（北京：商務印書館，2011 年）。李若暉：《春秋戰國思想史探微》（臺北：藝文印書館，2012 年）。李峰：《西周的滅亡》（上海：上海古籍出版社，2007 年）。

新的政治規範和策略也隨著新時代的開始而誕生。[39]

李峰所謂新的政治對抗與社會關係,應包含兩個層面:其一指西周晚期以降逐漸增強自身實力的地方諸侯,往往利用領地獲取較多經濟或軍事權力,更在東遷過程進一步掌握監控周天子的權力,並以強勢面貌主導新時代脈動。其二則是因為諸侯國內部權力下放,乘勢崛起的公子、卿大夫與士藉此進入統治階層。他們不僅與國君分享權力,同時也分享青銅資源的擁有與鑄造權。

易言之,春秋的周天子已非至高無上之象徵,亦非最高權力的擁有者,危急時刻甚至須向具實力的諸侯尋求各種保護,藉此對抗王廷內不時出現的內亂及政治鬥爭。同一時間,個人與宗族、上天之關係,甚至包含生命來源信仰之轉換等新穎思想亦逐漸開始流行。[40]過去西周青銅器銘文所呈現的宗族密切關係,正是春秋準備擺脫的傳統。由此社會背景而論,不難理解何以春秋完整繼承晚商及西周青銅器文化,卻在銘文與青銅器表現上發生顯著變異。

正因為春秋周天子的地位下降,原為其獨享的青銅資源亦隨之下放,因此商周以來被視象徵周王朝社會地位與權力的青銅器,此時成為列國諸侯用以宣揚實力之奢侈物。巫鴻從紀念性喪失的角度進行討論,認為在這個時期,禮器的製作很大程度上被奢侈品的製造所替代。而在強大的地方統治者的贊助下,一種奢靡的藝術風格成為時尚,使得紀念性的銘文不再流行。缺乏宗教意義的文字、裝飾充斥於器物之上,象徵紀念性的銘文、裝飾以及外

---

[39] 李峰:《西周的滅亡》,頁 265。

[40] 杜正勝曾指出春秋時代,相信人世生命最後的來源和主宰者乃在祖神之上的天帝,此或與封建崩解有關。上帝從周天子的壟斷中解放出來,不再高高在上,逐漸下移而干預諸侯、貴族的生命,最後連芸芸平民也不脫他的掌握。由此看來,春秋時代除宗族社會的崩解,個人生命觀之覺醒亦對於青銅器銘文之展現產生一定程度的影響。詳見杜正勝:〈從眉壽到長生－中國古代生命觀念的轉變〉,《中央研究院歷史語言研究所集刊》第六十六本第二分(1995 年 6 月),頁 402-405。

形逐漸為時人拋棄，而這種反方向的發展導致青銅禮器的滅亡。[41]若從歷史脈絡而言，青銅禮器的滅亡或許存在更多複雜因素。然其消失的不僅是宗教意義或「紀念碑性」，同時亦包含西周以來人們看待青銅器與銘文的觀念。在舊傳統消失之際，新觀念與態度亦逐漸形成，而其具體展現正是在青銅器物與銘文的外在變化。正因如此，人們看待彝銘的觀念實已隨周王室東遷而產生根本性變化。

其次，從共時性角度而言，上述例證顯示銘文鑄勒於器表的青銅器多集中在南方文化區，一定程度的象徵地域青銅文化崛起。尤其是春秋早期例證集中在淮河上游的黃國，其位處楚人北進的交通要衝，因此受中原文化、東夷文化及楚文化多方影響。這種銘文鑄於器表的特殊作風，很可能是在各種文化融合下發展而出的個性化風格，同時也反映諸侯國擁有青銅資源與製作能力後，試圖展現自我特色的傾向。隨地域青銅文化的成熟，這種將銘文鑄勒於器表的傾向似乎逐漸影響周邊各國，因此在春秋中晚期擴及楚國、曾國、蔡國等南方諸侯國，乃至吳越文化區都能見到相關例證。

地方青銅文化崛起後，各地青銅器開始展現新的文化特徵。銘文鑄勒位置的改變，除反映諸侯國青銅器生產力外，亦隱含銘文與觀看需求變化。由於銘文製作者多為各國國君或貴族，因此無論型態或內容皆反映諸侯國的觀點與角度。像是銘文內容更傾向確認器物的製作或擁有者，不再如西周銘文細數祖先功績或作器緣由。〈邵䁽鐘〉（225-237）作器者直言「**余畢公之孫，余邵伯之子，余頡岡事君，余獸孔武，作為余鐘**」，可感受銘文透露器主宣揚自身之心態，並藉此體認器主尊貴身分及事君的誠心勇武。雖然從《左傳》楚莊王「問鼎中原」事件，可了解青銅器仍是春秋貴族心中罕見而珍貴的資源，象徵一定程度之權威，然綜觀東周青銅器發展情形，不難發現青銅器所象徵權威感正在消退，新的青銅器觀看需求亦逐漸形成。

41　巫鴻：〈禮制藝術的時代〉，《中國古代藝術與建築中的「紀念碑性」》（北京：世紀出版
　　社，2009年），頁92。

　　至於戰國諸雄之競爭較春秋更為劇烈，青銅器呈現強烈的宣傳性質，因此鑄勒器表的銘文不僅較春秋更多，亦更為張揚。如，中山國王墓出土的青銅鼎、青銅壺，將 400 餘字銘文全數刻於器身，令觀看者一望即知。隨著地域青銅文化的興盛，作器者身分與預設觀看者亦隨之不同，造成銘文鑄勒位置的改變。正因春秋青銅器已成地方諸侯宣揚實力或財力的奢侈物，因此銘文所面對的觀看者自然不再只是作器者或其宗族成員，還可能包含聯姻諸侯、鄰近諸國或接受贈與的對象。春秋青銅器銘文作為展示與傳遞訊息之媒介，其鑄勒位置自然不易延續西周傳統，處於難以閱讀之器內底或內壁，而是轉移至令觀看者更容易讀取、一目瞭然的器表位置。

　　由此延伸，銘文鑄勒位置之轉變確實與觀看模式的變化有密切關係。西周青銅器銘文的製作動機雖不相同，難以從一套理論解釋全部有銘青銅器的鑄造，[42]然相較春秋而言，西周銘文仍多以作器者的個人紀念為主，通常具備較高度的私密性。[43]這些記錄賞賜、軍功、交易過程或祭祀程序的銘文往往鑄勒於不甚顯眼處，供後世子孫永遠保藏，毋須再與他人分享。同時觀看者多為作器者本人或關係密切之親友，觀看角度須貼近文字仔細閱讀。

　　然自春秋以降，青銅器彷彿搖身一變成為宣揚器主功績之最佳管道，前所未見的新興形制與繁複華麗紋飾，說明作器者似乎期待觀看者能藉此體

---

[42] 西方與日本學者曾試圖對於西周有銘青銅器的製作動機提出一套理論架構，但李峰回應此問題時曾指出：鑄造金文的目的其實是無限制的；如對政績軍功的紀念、姻親關係的增進、向祖先祈福的宗教性活動、家族史的紀錄、紀錄土地交易及物物交換的重要協約或協議、家族或製作地點的標記（多出現在武器和用具上）。因此，沒有一個理論可以也不應該用來解釋所有有銘青銅器的鑄造。總而言之，我看到的是與有銘青銅器製作密切相關的一個更為廣泛的社會背景，更準確的說，是多重的社會背景（social contexts）。詳見李峰：《西周的政體》（北京：三聯書局，2010 年），頁 17。

[43] 李峰為回應羅泰從「宗教─禮儀的」角度解釋西周有銘青銅器的社會作用或鑄銘問題時指出，其認為西周有銘青銅器性質是多樣的，不應該期待所有銘文目的僅僅是為了祭祀祖先或是限於與祖先溝通所用，從倗生簋等器來看，祖先祭祀的需要並沒有促成這些青銅器銘文的鑄造，而是作器者紀念重要歷史事件的願望需求促成了銘文的出現，正是由於作器者認為是重要的、值得傾注精力與財富紀錄的那些歷史事件本身促使人們撰寫銘文並鑄於銅器上。其認為此種「紀念」動機可以解釋大多數被羅泰稱為「記事性模式」的長篇紀念性銘文的鑄造原因。詳見李峰：《西周的政體》，頁 19-21。

會其傲人的社會地位與財富。以紋飾而言，春秋前期雖多繼承西周晚期簡單
潦草的幾何圖形，中期以後則傾向雕鏤細密工整的蟠螭紋或蟠虺紋為主。然
儘管雕琢細密，近看卻較為單調無華，[44]顯然非提供觀看者細細品味，而是
追求觀看者自遠處一望即知的視覺震撼。相同的理由亦可解釋銘文鑄勒位
置的變化，正因青銅器作為「奢侈品」的意涵提升，所以不僅紋飾更為繁複
華麗，記載作器者姓名與功績的銘文自然更應該被看見。作器者利用青銅器
紋飾的繁複化與銘文的外顯化，傳達觀看者各種新的訊息與態度。此種對外
宣揚的表演心態，與西周強調紀念價值的製作動機已有明顯不同。儘管春秋
銘文製作目的依然多重而廣泛，但其目的仍是為了展現器主的社會地位與
經濟實力。

第二節　春秋彝銘的表現形式

春秋青銅禮器銘文的變化，除鑄勒位置改變外，原本興盛於西周晚期的
長篇銘也急遽減少，取而代之的是簡短精練的短篇銘文。銘文篇幅之長短不
僅涉及銘文內容與功能轉變，亦反映時人看待銘文之態度。本節將從歷時性
角度分析春秋銘文篇幅減省情形，並分為春秋早期、中期及晚期等三階段探
討，必要時將上溯西周晚期或下探戰國早期，藉此勾勒更完整的銘文篇幅演
變脈絡。

據中央研究院歷史語言研究所開發之《殷周金文暨青銅器資料庫》，統
計各年代先後有銘青銅器的篇幅分布情形，發現在中研院《金文資料庫》限
查的 3,000 筆商代有銘青銅禮器中，銘文 20 字內者占最大宗，超過 20 字而
不足 40 字者有 17 篇，佔全體 0.5%。超過 40 字者僅 2 篇，佔全體 0.06%，
超過 60 字的銘文則從未出現。進入西周後，銘文篇幅顯著增長，儘管 20 字
以內銘文比例仍高達 95%，然字數在 20 至 40 字者增加至 74 篇，佔全體比

---

44 杜迺松：〈論春秋戰國青銅器的風格與特徵〉，《吉金文字與青銅文化論集》（北京：紫
禁城出版社，2003 年），頁 144。

例 2.4%。40 至 60 字者增加至 28 篇，佔全體 0.9%。超過 80 字銘文則有 11 篇（佔 0.36%），甚至出現〈小盂鼎〉高達 390 字左右的銘文。及至西周中、晚期，超過 80 字以上的銘文共 99 篇，分佔全體 6.2%及 7.4%，可謂長篇銘文發展最高峰。20 字以上至 60 字以下銘文比例亦有顯著提升，不過西周中、晚期 20 字以內銘文比例則下降至七成左右。

　　進入春秋後，銘文篇幅的長短逐漸產生改變。春秋早期 20 字以內銘文比例回升至八成左右，20 字至 40 字銘文比例也佔 18.2%，亦即 0 至 40 字以內的短篇銘文佔九成八左右。至於篇幅介於 40 到 80 字之間銘文的數量明顯銳減，僅見 4 篇，不到全體的 1%。字數 80 字以上的銘文亦僅 5 篇，佔全體比例 1.1%。春秋中期 40 字以內的銘文仍佔全體比例九成以上，40 字以上銘文約 11 篇，佔總體比例 5%。春秋晚期的現象也差不多，不過 40 字至 60 字的銘文達 19 篇，佔全體 4%。至於超過 80 字的銘文表面上雖不少，實際上卻是相同的內容分鑄於各器所造成的，因此實際篇數僅有 8 篇，佔全體 1.8%。進入戰國後，40 字以上的銘文更是全面式微，總數不足 20 篇，說明時人已不再追求字數多的長篇銘文。

　　總體而言，銘文的篇幅長短反映了時人對彝銘的不同觀念與看法，而本節準備針對春秋銘文篇幅的減省現象，進行更深入論述與研究。

一　春秋銘文篇幅減省現象分析

（一）春秋早期

　　據統計結果可知，春秋早期已顯露銘文篇幅減省的趨勢。此時有銘青銅禮器約 443 件，其中銘文篇幅超過 60 字者 14 件，扣除列鼎、編鐘等內容相同者，真正 60 字以上的長篇銘文僅有 5 篇，分別為保利博物館所藏〈戎生編鐘〉（圖成 15239-15263），共 154 字；1978 年陝西省寶雞縣楊家溝太公廟村出土之〈秦公鐘〉（262-263）與〈秦公鎛〉（267-270），銘文共 130 字，

鐘、鎛同銘；據吳大澂《考古圖》所載，傳出土於陝西韓城之〈晉姜鼎〉（2826），銘文據載有 121 字；傳世器〈曾伯霥簠〉（4632）銘文 88 字，及上海博物館藏〈楚大師登鐘〉（圖成 15516），銘文 70 餘字。這 5 篇銘文無論結構或內容皆承繼西周晚期餘緒，並具有高度的歷史價值。

至於其餘九成 40 字以內的銘文，不僅是春秋早期銘文型態的主流，也多為基本銘文結構。何為銘文基本結構？羅泰認為西周長篇銘文大多由「伐閱之辭＋獻辭＋嘏辭」[45]三部分組成，其中又以「獻辭」（statement of dedication）為銘文核心。「獻辭」即作器者明確表達其「作」此青銅器的句子，不僅表明作器者身分，亦聯繫銘文和器物關係，正是銘文構成最基本也最關鍵之處。這種基本結構一直存在於晚商和西周銘文，甚至是春秋早期，有時會隨製作目的或對象不同而有些微增減。就內容而論，可分「物勒主名」與「為他人作器」兩大類，以下進行解說：

第一類「物勒主名」指獻辭部分僅出現作器者之名，文後搭配慣用嘏辭或套語，形成純粹標示青銅器製作者，且無明顯作器對象或作器用途之結構。這類銘文核心結構大致可歸納為「作器者＋作／自作＋器名」，較典型者如〈曾子單鬲〉（625）銘文：「曾子單用吉金，自乍寶鬲。」或〈樊夫人龍嬴鬲〉（675）銘文：「樊夫人龍嬴用其吉金，自乍行鬲。」部分銘文後綴「子子孫孫永寶用」等習見套語，如〈羕仲無龍鬲〉（713）銘文：「永（羕）中（仲）無龍作寶鼎，其子子孫孫永寶用鬲。」〈曾仲子敄鼎〉（2564）「曾中（仲）子敄用吉金，自作寶鼎，子孫永用鬲。」

「物勒主名」最大特色是不見作器對象，僅標示作器者身分，其餘皆由習見套語組成。因其結構相對程式化，所以此類銘文字數通常少於 50 字，

---

[45] 羅泰指出幾乎所有現存的禮器銘文都是標準的三段式結構，長篇銘文一般以「獻辭」為核心，然後接嘏辭，另外在獻辭前還有開頭一段的「伐閱之辭」（statement of merit），用以說明鑄作此器的緣由。不過嘏辭和伐閱之辭都有省略形式，很多銘文不是有所刪減，就是會完全省略開頭的伐閱之辭，讓它在語法上成為獻辭的從屬部分，極端者甚至縮減到只剩作器者的名字，而這一類格套在東周特別盛行。詳見羅泰：〈西周銘文的性質〉，《考古學研究（六）》，頁 346-349。

春秋早期約有 300 餘件，比例超過 75%，是此時銘文最大宗。即便有少數篇幅較長的銘文，也僅是因增加標明時間、作器用途或祈福祈壽的銘辭，如〈陳公子叔邍父甗〉：

> 隹九月丁亥初吉，敶（陳）公子子叔邍（原）父作旅甗（甗），用征用行，用鬻稻汮（粱），用旛（祈）釁（眉）壽萬年無彊（疆），子孫是尚。

仔細分析銘文內容可知，其核心結構還是獻詞「敶（陳）公子子叔邍（原）父作旅甗（甗）」，旨在於標明作器者為陳公子叔邍父。獻辭前加註時間紀錄「隹九月丁亥初吉」，文後則標明此器用途為「用征用行，用鬻稻汮」及祈壽嘏辭「用旛（祈）釁（眉）壽萬年無疆，子孫是尚」。整體而言，這篇銘文僅說明陳公子叔邍父製作此器為用於征行、裝載稻粱，並祈求長壽萬年無疆，屬「物勒主名」銘文模式。

另一大類是「為他人作器」，亦即獻辭中除標誌作器者「作」此器物外，亦指明「作予何人」，這不僅顯示作器者與器物關係，更進一步呈現禮器被致贈或轉讓的過程。「為他人作器」可依性質分為媵器與祭祀器：媵器是女子出嫁時由母家或夫家所作陪媵禮器，鑄銘媵器在春秋早期大約有 53 件，佔總數 12.5%，數量並不多。此類銘文多有固定基本結構，故字數大多在 15 至 20 字間，其基本單位多是「某＋作＋某＋媵＋器名＋嘏辭／套語」，典型者如〈鑄侯求鐘〉（47）銘文「鑄侯求作季姜朕（媵）鐘，其子子孫孫永言用之」、〈芮公鬲〉（743）「內（芮）公作鑄京中（仲）氏婦叔姬臒（媵）鬲，其子子孫孫永寶用言」等，這種結構佔春秋早期媵器的絕大多數。此外亦見獻辭後不綴嘏辭或套語者，如〈宋眉父鬲〉（601）「宋釁（眉）父作豐子臒（媵）鬲」、〈魯伯厚父盤〉（10086）「魯白（伯）厚父作中（仲）姬俞臒（媵）般（盤）」等。此類省去嘏辭或套語的媵器銘文篇幅更加短小，多半不滿 10 字，使春秋媵器銘文顯得精要簡練，亦更加強調該青銅器作為禮物的性質。

　　還有一種是延續自西周傳統的祭祀器，主要製作目的在追享先人、祭祀祖先，反映禮器最基本的性質。春秋早期祭祀銘文約 25 篇，約佔總數 5%。數量雖少，但銘文篇幅往往較長，大約介於 25 至 35 字間。此類銘文特色在於作器對象通常為祖先或已逝父母，展示出作器者、青銅禮器與祖先神靈間的關係，如〈郜公平侯鼎〉（2771）銘文：

> 隹八月初吉癸未，郜公平侯自作障鋚，用追孝于乓皇祖晨公，于乓皇考犀碌，用匋眉壽萬年無疆，子子孫孫永寶用言。

銘文清楚說明郜公平侯製作此鼎目的，在追念祖父晨公與父親犀碌，並祈求祖先賜其眉壽，萬年無疆。由於此類銘文多半清楚表明作器者、作器對象及作器用途，因此屬春秋早期篇幅較長的一類，但銘文結構基本延續西周祭祀銘文，未見新時代的創新或改變。

（二）春秋中期

　　目前所見春秋中期青銅禮器銘文僅 77 篇，總體數量較少。超過 80 字者有 6 篇，佔總數 7%，其餘銘文多在 40 字以下。這 6 篇長篇銘文部分內容重疊，如，傳世器〈秦公鎛〉（270）與相傳出自甘肅天水的〈秦公簋〉（4135）銘文幾乎相同，惟字數略有差異，〈秦公鎛〉扣除重文與合文後為 135 字，〈秦公簋〉扣除重文後則為 120 字。齊國〈鏄鎛〉（又稱齊侯鎛，271）銘文長達 172 字，傳世器〈晉公盆〉（10342）則殘存 145 字，臺北故宮博物院藏〈子犯編鐘〉（圖成 15200-15215）銘文也有 132 字，出土器〈者減鐘〉有 83 字。介於 40 至 60 字者僅鄭國〈與兵壺〉（圖成 12445），計 77 字。除上述 7 篇字數較長銘文外，其餘 70 篇銘文多半不過 50 字，字數大抵為 10 至 40 字間，其較減省趨勢春秋早期更為明顯。銘文結構方面仍以「獻辭」為核心，內容依然是「物勒主名」與「為他人作器」兩大類，但表現形式卻出現值得注意的新變。

　　首先說明春秋中期「物勒主名」類銘文，除早期已存在「作器者＋作／自作＋器名」結構外，另發展出「某某＋之＋器名」的新結構。前者仍是此時主流，共 22 篇，典型者如〈陳大喪史仲高鐘〉（350-355）「敶（陳）大喪史中（仲）作鈴鐘，用祈眉壽無彊，子子孫孫永寶用之」、〈鄭子石鼎〉（2421）「奠（鄭）子石作鼎，子子孫孫永寶用」，及〈趞亥鼎〉（2588）「宋牆（莊）公之孫趞亥自作會鼎，子子孫孫永壽用之。」儘管結構和前期沒有什麼不同，但是在作器者自述部分出現令人矚目的新變，使得銘文字數稍長，例如〈東姬匜〉（圖成 15002）銘文：

　　　佳王正月初吉乙亥，宣王之孫，灉子之子東姬自作會（沬）匜（匜），
　　　其眉壽屬年無諆，子子孫孫永寶用之。

這段銘文延續「東姬＋自作＋會匜」的核心單位，但前辭除增加記時銘文「佳王正月初吉乙亥」外，更清楚交代東姬身分為「宣王之孫，灉子之子」。此種交代身分方式未見於西周晚期或春秋早期金文，卻見於《詩經・衛風・碩人》「齊侯之子，衛侯之妻；東宮之妹，刑侯之姨。」學者推斷此篇約成於西元前 752 年，[46]正是春秋早期。由此可見〈東姬匜〉銘文結構可能是吸收了不同文體元素，因使銘文有較強烈創新特色。類似結構者尚見〈以鄧匜〉（圖成 14990）、〈以鄧鼎〉（圖成 2288）「楚叔之孫以鄧」等器，字數大致介於 30 至 40 字間，篇幅較其他銘文稍長。這種標誌父祖名並強調自身為「某子」、「某孫」之例最早見於西周晚期，但是數量很少，直至春秋中期後半方始興盛，江村治樹認為興盛原因是當時處於不安定的變動時代，因此有必要對自身所處空間、時間位置進行確認。[47]

　　第二類「主語＋之＋器名」銘文結構是春秋中期方始興盛的新形態，數

---

[46] 詳見程俊英、蔣見元：《詩經注析》（北京：中華書局，2009 年），頁 162-163。

[47] 江村治樹：《春秋戰國秦漢時代出土文字資料の研究》（東京：汲古書院，2002 年），頁 100。

量不多，約 8 篇左右；然篇幅更短，字數約在 10 字上下。較典型者如，〈君梁卑光鼎〉（2283）「君梁卑光之飤鼎」、〈蔡侯朱缶〉（9991）「蔡侯朱之缶」及〈楚王酓審盞〉（圖成 6056）「楚王酓審之盂」，其旨僅標明青銅器器主身分。此外尚見後綴用途銘辭者，如，〈徐子鼎〉（2390）「余（徐）子汆之鼎，百載用之。」值得注意的是，春秋中期禮器所見「主語＋之＋器名」結構與兵器常見「主語＋之＋用」結構並不相涉，然此時卻有〈以鄧戟〉（圖成 16630）銘文使用「主語＋之＋用＋器名」結構。此結構又流行於春秋晚期至戰國時期青銅禮器銘文，顯示青銅禮器銘文受兵器銘文影響而產生型態的微調或變化。

除上述二類主要銘文結構外，春秋中期銘文尚有 5 字內的極簡結構。如，〈公豆〉（4654）僅鑄勒「公簋」二字，雖由銘文可知器主為「公」，然其句式短小程度幾乎難以將之視為「一篇」銘文。又如，〈公鑄壺〉（9513）銘文亦僅「公鑄壺」三字，雖表明此壺乃「公所鑄之壺」，雖符合「作器者＋作／鑄＋器名」獻辭結構，但難以確知作器者身分。

春秋中期「為他人作器」的銘文數量較少，僅見 10 器，共 6 篇，銘文字數稍多，約 20 至 30 字。10 器中有 9 器確定為媵器，分別是〈陳侯簋〉（4603-4607）、〈陳侯匜〉、（圖成 14991）、〈鄧子與盤〉（圖成 14494）、〈上鄀公簋〉（圖成 5907）、〈養伯受簋〉（4599）及〈長子沬臣簋〉（4625）。〈陳侯簋〉目前共見四器，兩器一對，故銘文有兩篇，字數分別為 26 與 27 字，主要差異在作器對象不同。

第一對為〈陳侯作王仲嬀腫簋〉（4603、4604）「隹正月初吉，敕（陳）侯作王中（仲）嬀腫塍（媵）臣（簋），用旛眉壽無彊，永壽用之。」該器乃陳侯作與王中（仲）嬀的媵器。據文獻可知，陳國屬嬀姓，王中（仲）嬀當是陳侯次女，適周王而稱之，故知此器乃父親為女兒所製作青銅禮器。另一對則為〈陳侯作孟姜腫簋〉（4606、4607），銘文內容是「隹正月初吉丁亥，敕（陳）侯乍（作）孟姜腫塍（媵）臣（簋），用旛眉壽，萬年無彊，永壽

用之。」此對青銅簠為陳侯替孟姜所作媵器,但陳國非姜姓,故知孟姜可能是姜姓諸侯來歸女子。

此外,值得注意的是上鄀公為叔嬭、番改二位女子所作〈上鄀公簠〉(圖成 5970)。這篇銘文約 36 字,內容為「隹正月初吉丁亥,上鄀公擇其吉金,鑄叔嬭(嬭、芈)、番改媵(媵)臣(簠),其眉壽萬年無諆,子子孫孫永寶用之。」特別之處在此器是作予叔嬭、番改兩位女子,而上鄀為嬭姓,所以叔嬭當為上鄀之女,而番改則為番國改姓女子,乃叔嬭的陪嫁女子。[48]至於剩餘另一器〈陳姬小公子盨〉(4379)則不確定是否為媵器,銘文云:「敶(陳)姬小公子子爲弔(叔)嬀飤盨。」此器當為陳姬小公子為叔嬀所作之器,叔嬀自是陳國女子,可能是陳姬小公子之女兒或姊妹。由於全篇銘文未見「媵」字,又無其他相似銘文可供比對,故難以確知陳姬小公子何以作器予叔嬀。

(三)春秋晚期

春秋晚期有銘青銅禮器數量最多,主要是因伴隨幾座科學考古大墓出土而得,根據筆者初步統計約 634 件。從上引表格資訊可知,銘文超過 100 字者共 4 篇,分別為〈王孫誥鐘〉(圖成 15606-15631)113 字、〈王孫遺者鐘〉(261)113 字、〈庚壺〉(9733)170 字、〈九里墩鼓座〉(429)150 字。字數介於 80 至 100 字者亦有 4 篇,分別為〈邾公華鐘〉(245)91 字、〈叔尸鐘〉(272-284)85 字、〈郘黛鐘〉(225-237)84 字、〈蔡侯申盤〉(10171)92 字。字數介於 60 至 80 字的中長篇銘文亦有 6 篇,大多見於青銅鐘,包含〈蔡侯申鐘〉(201-211、217-218)79 字、〈蔡侯申鎛〉(219)79 字、〈臧鎛〉(圖成 15797-15804)78 字、〈沇兒鐘〉(203)78 字、〈僕兒鐘〉(183-186)74 字、〈甚六鐘〉(圖成 15520-15521)72 字。這些 60 字以上銘文共 14 篇,約佔整體 6%,可知春秋晚期長篇銘文的比例仍然偏少,不足 60 字的短篇銘文才是主流,其

---

48 李零:〈再論淅川下寺楚墓—讀《淅川下寺楚墓》〉,《文物》第 1 期(1996 年),頁 47-60。

結構亦以「物勒主名」為最大宗,「為他人作器」居次,此外尚見春秋早、中期未有的「記事銘文」,值得進一步關注,以下就對各種形式進行討論。

物勒主名

春秋晚期「物勒主名」結構仍以「作器者＋作／自作＋器名」與「主語＋之＋用／器名」為主。不過值得注意的是,第二種形式的數量明顯增多,甚至成為春秋晚期主要銘文結構,顯示一股新興風氣正在形成。

據筆者統計,春秋晚期「作器者＋作／自作＋器名」銘文約 280 篇,字數多介於 10 至 50 字,佔總體比例 31.8%。這類銘文的核心句式基本承襲早、中期而來,然較為不同的是,前後增加許多固定套語,使銘文字數反而增多。例如,1978 年河南淅川下寺 M1 出土之〈敬事天王鐘〉(0073-0081)銘文:

> 隹王正月初吉庚申,□□自作永(詠)命(鈴),其眉壽無彊,敬事天王,至於父軏(兄),以樂君子,江漢之陰陽,百歲之外,以之大行。

目前此器共 9 件,每二件銘文合為一篇,每篇內容字數相同,約 45 字。其結構大抵可分三部分:一為標記時間「隹王正月初吉庚申」;二為標明作器者身分「□□□□自作詠鈴」,然作器者之名已被磨去;三則是說明本器用途「敬事天王,至於父軏(兄),以樂君子」,最後更加上「江漢之陰陽,百歲之外,以之大行。」此篇銘文核心句式仍是標明作器者的「□□□□自作詠鈴」,其餘內容則是對器物本身用途或意義的說明,故獻辭部分與春秋早、中期短篇銘文並無不同,然前後增添不少字數,使篇幅相對較長。

至於春秋晚期最為流行的「主語＋之＋用／器名」約 450 篇,字數多在 10 字內,長者亦不過 20 字,佔整體比例 51.1%。這類銘文結構雖承襲春秋中期而來,然前期較少見的「主語＋之＋用／造＋器名」結構,於此時明顯

增多且鑄勒於兵器，其作用為說明器物乃何人所造或所用。至於春秋早、中期已有的「主語＋之＋用／造」或「主語＋之＋器名」句式仍盛行於此時，第一種「主語＋之＋用／造」亦多鑄勒於兵器，如，〈蔡公子果戈〉（11145-11147）「蔡公子果之用」、〈楚王孫漁戈〉（11153-11154）「楚王孫漁之用」、〈滕侯耆戈〉（11077-11079）「滕侯耆之造」等，這類省略器名形式是因銘文附在一定器物上，所以即便將器名略去亦不會導致誤解。[49]第二種「主語＋之＋器名」多見青銅禮器，較典型者為〈宋公戌鎛〉（0008-0013）「宋公戌之䚃（歌）鐘」、〈蔡侯申鼎〉（2216-2225）「蔡侯申之飤鼎」、〈佣之簠〉（4471）「佣之簠」、〈子之弄鳥尊〉（5761）「子之弄鳥」等，主要也是突顯作器者的身分。

　　值得注意的是，由於春秋晚期「主語＋之＋用／造＋器名」與「主語＋之＋器名」大量出現，加上形式又十分雷同，因此判別二者乃金文學者應著力之處。筆者以為藉由白話翻譯可更順當理解二者不同，以「主語＋之＋用／造＋器名」結構而論，如，上舉「宋公欒之造戈」可理解為「宋公欒造的戈」。而「主語＋之＋器名」，如，「宋公戌之䚃（歌）鐘」，則需理解為「宋公戌的歌鐘」。總而言之，一者強調作器者製造或使用該器，一者強調擁有該器的器主身分，故兩者雖同屬物勒主名一類，但強調主題不同，應視為不同的句式表現。

為他人作器

　　春秋晚期「為他人作器」仍以媵器銘文和祭祀銘文為主，但數量明顯銳減。據統計，目前所知此階段媵器銘文共 21 篇，僅佔整體比例 2.3%，字數通常介於 20 至 40 字，然亦有〈蔡侯申缶〉（10004）僅 10 字之例。相同情形亦見祭器，春秋晚期祭器銘文僅 9 篇，字數介於 30 至 40 字，佔總體比

---

[49] 趙平安：《金文釋讀與文明探索》，頁 215。

例1.02%，幾乎瀕臨消失邊緣。然若從篇幅角度而論，媵器和祭祀銘文的表現形式未隨時間產生明顯轉變，以下列舉數例說明：

1. 隹正月初吉丁亥，楚王賸（媵）邛中（仲）嬭南龢鐘，其眉壽無彊（疆），子孫永保用之。

〈楚王鐘〉（0072）

2. 隹正月初吉丁亥，蔡大帀（師）腆賸（媵）鄦（許）弔（叔）姬可母飤緐（繁），用旂眉壽邁年無彊（疆），子子孫孫永寶用之。

〈蔡大師鼎〉（2738）

3. 有殷天乙唐孫宋公䜌（欒）乍（作）其妹句敔夫人季子媵匜。

〈宋公欒簠〉（4589）

上舉例證顯示，除數量急遽減少外，媵器銘文結構與過往未有明顯不同，篇幅和字數亦大抵不變，至於數量減少之因，或與社會背景、外在環境等有關。

　祭器銘文方面，其字數仍屬春秋晚期銘文較長者，然此時專門標誌祭祀祖先的銘文已相當稀少，以〈邾叔之伯鐘〉（0087）銘文為例：

隹王六〔月〕初吉壬午，䣙（邾）弔（叔）之白（伯）□父擇左（厥）吉金，用鑄其龢鐘，以乍（作）其皇且（祖）皇考，用旂（祈）眉壽無疆，子子孫孫永瓚（保）用言。

此篇銘文共34字，據內容可知作器者邾叔之伯□父製作此青銅鐘的主要目的是「以作其皇祖皇考」，用於祭祀的意圖相當明顯。同時篇幅長短或銘文表現亦承襲西周以來一貫傳統，未見任何新變。這種傳統的西周風格雖讓人熟悉，卻是春秋晚期較罕見的銘文形式。檢視其他祭祀銘文可發現，春秋晚

期正醞釀一股革新氣息：

> 隹五年正月丙午，鄴（莒）侯少子秎、乃孝孫不巨，龢趣吉金，
> 嬬乍（作）皇妣▨君中（仲）攼祭器八餃（段），永保用冟。
>
> 〈莒侯少子簋〉（4152）

> 隹正月吉日丁酉，郐（徐）王義楚擇余吉金，自酥（作）祭鐳，用
> 冟于皇天，及我文玫（考），永保思（臺）身，子孫寶。
>
> 〈徐王義楚觶〉（6513）

上述兩篇銘文分別為 36 與 35 字，字數雖和西周祭祀祖先銘文相差不遠，然其用語卻明顯不同。如「龢（會）趣（聚）吉金」、「用冟于皇天及我文玫」、「子孫寶」等內容或句式皆少見於前代，展現出新興的氣象與地方的風味。

軍事與頌揚

在春秋晚期短篇銘文中，尚有一批內容以軍事或頌揚為主的銘文，字數多介於 10 至 30 字，數量約 20 件，佔總體比例 2.27%。這種性質的銘文在西周早已有之，然此時出現較簡短的結構，形成與前代不盡相同的面貌。以下針對幾組較典型銘文進行討論：

短篇軍事銘文中有一組青銅器，學者稱為「競之定銅器群」或「救秦戎銅器群」。[50]這組銅器共 4 件，銘文 3 篇，分別是 1973 年湖北當陽季家湖出

---

[50] 關於「競之定銅器群」之研究，尚見張光裕：〈新見楚式青銅器器銘試釋〉，《文物》第 1 期（2008 年），頁 73-84。吳鎮烽：〈競之定銅器群考〉，《江漢考古》第 1 期（2008 年），頁 82-89。李學勤：〈論"景之定"及有關史事〉，《通向文明之路》（北京：商務印書館，2010 年），118-121 頁。黃鳳春：〈新見楚器銘文中的「競之定」及相關問題〉，《江漢考古》第 2 期（2008 年），頁 74-79。鄒芙都：〈新見「楚王酓忎」考釋〉，《考古與文物》第 2 期（2009 年），頁 71-73。至於「救秦戎銅器群」則是董珊據銘文改釋「競之定」為「競之金」，故改稱之。詳見董珊：〈救秦戎銅器群的解釋〉，《江漢考古》第 3 期（2012 年），頁 87-94。

土的〈秦王鐘〉(37):「秦王卑(俾)命競(景)平王之定救秦戎。」1957年信陽長臺關一號墓出土的〈荊曆鐘〉(38):「荊曆屈栾(夕)晉人救戎於楚境」及2008年張光裕於〈文物〉月刊上所公布的〈競之定鬲〉(圖成3015-3022)、〈競之定豆〉(圖成6150-6151)「隹(唯)弌=(弌日),王命競(景)之定救秦戎,大有社(功)于洛之戎,用作隮(尊)彝。」據李學勤及董珊研究,這三篇銘文皆與《春秋》魯哀公四年晉人執蠻子赤歸于楚之事有關,其中〈荊曆鐘〉的「晉人救戎」與〈競之定鬲〉的「競之定救秦戎」當有先後關係,[51]〈荊曆鐘〉銘文所記內容約在〈秦王鐘〉與〈競之定鬲〉前,三篇銘文時間雖近,仍有先後次序可言。由於這組青銅器數量稍多,內容又涉及戰爭之事,所以頗受矚目,可謂春秋晚期最重要的短篇軍事銘文。若從篇幅字數來看,可發現三篇銘文篇幅僅一、兩句,甚至省略許多習見的嘏辭或套語,這與西周軍事銘文字數動輒超過百字的情形相比,似乎顯得更加精簡省略。

頌揚銘文內容多以頌揚作器者本人或功績為主,向來多見於長篇銘文。春秋晚期亦出現少數篇幅較精簡之例,計有2件,分別是〈文公之母弟鐘〉(圖成15227)及〈宋右師延敦〉(圖成6074):

> ☐不義(宜)又(有)匿(慝)。余文公之母弟,余鼏(謐)静朕猷遠䝨(邇),用匽(宴)樂者(諸)父兄弟。余不敢柬(犯)覫(兇),余龏(恭)好朋友、氏(氒?-厥)尸(夷)僕☐[52]
>
> 〈文公之母弟鐘〉(圖成15227)

[51] 長臺關鈕鐘「荊曆屈夕晉人救戎於楚境」之月「屈夕」即夏曆十一月,與「二日」即十二月僅有一月之差。十一月晉人救戎於楚境在前,楚人盡俘蠻子及其遺民在十二月告畢,〈春秋〉經傳排此事在魯史之「夏」,所言爲其事起于當年夏,晉人執戎蠻子赤歸于楚應已在該年之下半年,此爲記一事之本末。董珊:〈救秦戎銅器群的解釋〉,《江漢考古》第3期(2012年),頁88-89。

[52] 本銘文隸定及釋文均從鄔可晶所釋,詳見鄔可晶:〈文公之母弟鐘銘補釋〉,《中國文字》新卅六期(臺北:藝文出版社,2011年),頁55。

朕宋右帀（師）延隹（惟）嬴嬴盟（盟）盟（盟）䫳天惻（則），朕（晙）共天尚，乍（作）齍粢器。天亓（其）乍（作）帀（祓）于朕身，永永有慶。

〈宋右師延敦〉（圖成 6074）

兩篇銘文旨在頌揚作器者的美德與功業，由於〈文公之母弟鐘〉銘文前後殘泐，不清楚原始字數的多寡，僅能從「余冪（謐）靜朕猷遠猷（邇）」、「余不敢柬（犯）覒（兌），余䏍（恭）好朋友」等句判斷。至於〈宋右師延敦〉則較明顯，作器者宋右師延強調自己「嬴嬴盟（盟）盟（盟）䫳天惻（則），朕（晙）共天尚。」據徐英俊、沈寶春考釋「嬴嬴」當讀為「盈盈」，形容充足、長久之意。「盟盟」則釋為「盟盟」，讀作「明明」，典籍多形容君王或上天之德，指光明貌，標舉輝煌照耀之意涵。至於「䫳天惻」二者咸認為即「對揚天則」，即發揚上天法度。[53]由銘文可知，宋右師延強調自己長久光明地發揚上天法度，尊崇上天常規，特製此器以祈上天保佑其身，永遠有慶。

　　此種藉銘文強調自身美德，直接與上天溝通，欲求得上蒼庇佑的態度，多見於西周或春秋早期長篇銘文，且作器者身分通常極高，如，〈秦公簋〉作器者即秦君，而宋右師延等卿大夫層級者則幾乎未見。由此可知春秋晚期頌揚銘文不僅篇幅明顯減省，內容亦顯示時人對青銅器、銘文、自身及上天觀念已有改變。儘管數量稀少，但銘文所透露的新穎觀念與內涵仍具有標誌意義。

---

[53] 關於「朕宋右帀（師）延隹（惟）嬴嬴盟（盟）盟（盟）䫳天惻（則）」一句之釋讀，徐俊英與沈寶春存在不同觀點。徐俊英由銘文押韻的角度認為當斷為「朕宋右帀（師）延隹（惟）嬴嬴，盟（盟）盟（盟）䫳天惻（則）」，沈寶春則不同意斷開，認為「嬴嬴盟（盟）盟（盟）」當是一組修飾「䫳」字的形容詞，並舉春秋戰國金文常見之疊字說明之。本文此處從沈說。詳見徐俊英：〈南陽博物館藏一件春秋銅敦〉，《文物》第 5 期（1991 年），頁 88-89。沈寶春：〈宋右師延敦「惟嬴嬴盟盟易天惻」解〉，《古文字研究》第廿五輯（北京：中華書局，2004 年），頁 129-132。

二　春秋彝銘篇幅減省的原因

春秋銘文篇幅往往較西周晚期更精簡，這可說是東周銘文變革的代表現象之一。本書欲討論的問題在於造成此變革現象之成因為何？其背後可能牽涉之層面為何？

英國學者潔西卡‧羅森（Jessica Rawson）探討商周青銅器時，認為商代末期和西周時期，青銅銘文是社會地位的證明。鑄造青銅器是為了達到讚美天子施惠於貴族的目的，因此紀錄了事件、賞物及頒賞的禮儀，而且它們也成為貴族地位提高的明確陳述。整個西周時代，尤其在禮儀革命後，銘文越來越重要，而裝飾的使用卻在萎縮。但是，在商代以形制和裝飾表明地位的任務，在西周大部分時間特別是西周後期，仍舊由銘文來承續。[54]由此可見，西周銘文取代商代青銅器形制和裝飾，肩負表明地位任務的媒介，這可說明何以西周青銅器形制紋飾越趨單調，銘文篇幅卻逐漸加長。

若從這個角度思考，不難發現春秋時期的青銅器紋飾與形制又開始繁複，且再次成為表明社會地位與財富的象徵，銘文也回歸到較為短小的篇幅。易言之，春秋青銅器主要表明作器者社會地位的媒介，重新由形制與紋飾承擔，而絕大多數銘文搖身一變成為僅具補充說明作用的註腳，因此毋須再長篇大論說明作器緣由，僅止於交代作器者及功用即可。承此論點，春秋必然更講究青銅器展現的整體視覺文化，而非銘文內容，以下將從「物質性」觀點切入，進一步探討春秋青銅器銘文篇幅減省的真正原因。

（一）青銅器藝術再度興起

春秋銘文篇幅之減省，表明人們對青銅器的態度已有轉變，使銘文性質產生根本變化，與此相輔相成的正是形制與紋飾的再度興起。單就青銅

---

[54] 潔西卡‧羅森：〈中國古代的青銅禮器〉，《中國古代的藝術與文化》（北京：北京大學出版社，2002 年），頁 73。

器的發展而言，西周晚期事實上是走向衰落的時期。這一時期雖然出現了
個別新的器種，如盨，也流行了一些新的紋飾，如重環紋，但總體來說，
青銅器藝術是一蹶不振的。即使是最重要的器物，比如銘文長近五百字的
毛公鼎，或者記載重大事功的兮甲盤、虢季子白盤、多友鼎之類，從工藝
方面來看都並無足觀之處。[55]

而在整個春秋青銅器發展過程中，春秋前期大抵延續西周晚期風格，至
中期始確立自我風格，晚期又重新崇尚繁縟華麗的裝飾，且延續至戰國時
期。[56]從不少春秋青銅器造型或紋飾表現皆可看到這個傾向，例如，消失已
久的商代饕餮紋又見於晉國青銅器，原有的龍紋則發展成四方連續式結構
的蟠螭紋，鳳鳥紋吸收北方元素呈現嶄新面貌。[57]由此可知，青銅器紋飾藝
術越趨興盛的發展脈絡，正與銘文篇幅發展走向完全相反，新穎形制與紋飾
在春秋一代走向另一個高峰。而重新邁向繁盛紋飾藝術必然分擔銘文某些
任務，青銅器越加華麗繁複的同時，銘文逐漸邁向萎縮並產生根本性的質
變。

中國青銅器藝術與銘文發展的進程往往涉及社會環境，兩周之際的社
會變遷更是影響著時人如何看待青銅器的態度。據目前所見春秋早期青銅
器可知，其形制紋飾的表現雖與西周晚期並無太大不同，然長篇銘文已消失
大半，造成此現象之原因，首先可能與諸侯國文化的後進有關。[58]由此可知，
權力結構的改變，雖使這些諸侯握有青銅資源與製作能力，但顯然未能精熟
掌握銘文書寫與鑄勒方式，遑論撰寫長篇精美銘文，於是形成青銅器藝術與
銘文同時衰落的情形。

春秋中期因列國鑄造青銅器的技術明顯趨向純熟，諸侯霸主晉、楚、秦

---

[55] 李學勤：《東周與秦代文明》（上海：上海人民出版社，2007 年），頁 173。

[56] 李學勤：《東周與秦代文明》，頁 174-175。

[57] 李夏廷、李劭軒編著：《晉國青銅藝術圖鑑》（北京：文物出版社，2009 年），頁 20、26。

[58] 李學勤據六批出土春秋早期青銅器，指出此時王室、王臣未發現禮器，然已有「庶姓」
諸侯國及江淮地區小國作器。不過這些器物銘文多半草率奇詭，甚至難以辨識。見《東
周與秦代文明》，頁 174。

等國甚至開始形成具地域特色的青銅器文化,例如,普遍被視為春秋中期新風格的代表—1928年新鄭李家樓大墓出土之〈蓮鶴方壺〉,形制新穎,紋飾繁複華麗,風格與殷商、西周迥異,甚至被視為確立春秋戰國青銅藝術風格的標誌器物。類似情況也見於晉式青銅器,就數量而言,晉式青銅器當是東周最豐富的一支,但有銘青銅器卻相對稀少,[59]多數仍是裝飾富麗的無銘青銅器。這些現象說明春秋青銅藝術已重新活躍,時人對紋飾形制之渴望遠超過銘文,而此種對青銅藝術的追求與渴望一直延續至戰國初期,使得新型紋飾愈趨繁複華麗的風格,但銘文最終未能回歸西周晚期的榮景。

　　需進一步探問的是,何以青銅器紋飾形制有機會再度得到春秋列國諸侯青睞,重新成為表明社會地位的主要承擔者,而銘文卻從此退居配角?潔西卡・羅森(Jessica Rawson)提醒大家,不應期望通過器物的視覺特性所傳遞出來的信息,能夠直接以文字的形式表述出來。實際上,我們所面對的是不同的交流形式,是一種比文字更適合表現家族位置、地位及財富的形式。這是因為權力和地位並不能輕易地通過詞語表達出來。某一特定的等級身分可能以口頭或文件(如銅器銘文)的形式授予個人,但若這一身份地位要被廣泛認可,且維持較長時間,那麼可能需要某種視覺上的展示。[60]

　　如同上節所述,春秋青銅器性質在兩周之際產生較明顯變化,意即由祭祀用的禮器搖身一變,成為宣揚器主個人社會地位與財富的象徵。更進一步來說,青銅器本身的視覺特性確實較銘文適合作為表現社會地位的形式,更能輕易讓觀看者留下印象。剛剛崛起的列國諸侯恰巧需要此種象徵,以彰顯其政治實力與權勢。因此相較於不易觀看的銘文,春秋作器者自然更追求清楚明瞭的形制紋飾,甚至有些作器者將銘文視為形制紋飾的一部分,直接鑄

[59] 潘慧如《晉國青銅器銘文探研》一書乃針對西周中期至春秋晚期的晉國青銅器銘文進行研究,其所收器物64件,字形1586個,可釋讀者1559個。相對於晉地出土數以萬計的青銅製品而言,帶銘的春秋晉國青銅器數量顯得相對稀少。

[60] 潔西卡・羅森(Jessica Rawson):〈古代紋飾的復興與過去的呈現—來自商周青銅器的例子〉,《祖先與永恆—潔西卡・羅森中國考古藝術文集》,頁39-41。

勒於器物表面。這也就是為什麼長篇青銅器銘文進入春秋後，始終未能再度取得主導地位。

　　值得進一步說明的是，既然春秋時人較追求青銅器紋飾與形制的表現，何以銘文未被徹底取代而消失？主要原因或許是最能直接傳遞作器者訊息的媒介仍是文字，若無文字，作器者身世、心意甚至功績則難以精準傳達。因此儘管春秋銘文篇幅持續減省，卻始終不曾消失在整體青銅器發展脈絡，表示文字作為傳遞訊息的媒介，仍有著形制紋飾無法取代的價值。

（二）銘文的固定化與程式化

　　春秋銘文篇幅減省，除負載彰顯器主身分財富之媒介由銘文轉向形制紋飾，尚有另一內在演變因素，即銘文的固定化與程式化。春秋銘文性質與觀看對象雖產生改變，然絕大多數銘文內容仍延續西周核心精神，即強調作器者身分或功績。易言之，「物勒主名」的主要核心尚未完全消失，僅因表現形式僵化固定而發展為精簡短小句式。

　　最具體表現見於上段所整理「主語＋之＋用/造＋器名」，此句式始見於春秋早期，興盛於戰國，在許多國家廣為使用，周王朝和大多數諸侯國銅器都曾得見，然戰國以後青銅器不再使用。[61]足見此句式對青銅器斷代具重要參考價值。無論如何，「主語＋之＋用/造＋器名」或「主語＋之＋用/造」都皆可視為春秋在西周銘文傳統下發展的新興表現形式。然即便再如何新變，「物勒主名」主題表現確因語言趨向僵化越發越簡省固定，甚至發展為僅標明器主名號之極簡形式。

　　由「物勒主名」主題發展歷程可看出，西周多喜用長篇精美伐閱之辭，詳細敘述作器者作器理。春秋則多省略伐閱之辭，僅保留獻辭以表現作器者與器物間關係。由此可見，儘管春秋銘文仍試圖從舊風格開闢新時代面貌，

---

[61]　趙平安：《金文釋讀與文明探索》（上海：上海古籍出版社，2011年），頁216。

但在強大銘文傳統涵蓋下，仍難避免固定化或形式化。因此儘管各國都在青銅器的裝飾風格上形成了不同的地方特色，銘文語言卻依然襲用西周儀式語言，結果日趨僵化復古，使廣大疆域內數百年的語言差異，在銘文的公式化措辭中蹤跡全無。向祖先展示器主功績的長篇銘文數量減少，更偏愛簡短、現成的套語，更多面向生者言說，而非面向祖先神靈言說。[62]

綜上所論，導致春秋銘文篇幅減省之因有二：一為外在因素，與青銅器藝術再度興起有關。由於形制紋飾傳達的視覺特性，遠較長篇銘文更為強烈，亦更適合彰顯器物主社會地位或財富象徵，因此成為肩負彰顯器物的媒介。銘文不需訴說器物製作背景或器主身分，從此融入紋飾表現中。為更符合青銅器整體特性，形成現今所見短小精簡樣貌。二為內部因素，青銅器銘文自晚商發展至西周晚期，已從萌芽走向興盛。西周晚期大量長篇銘文更將此表現形式推往極致，使承襲西周強大傳統脈絡之春秋銘文失去寬廣的新變空間。加諸同時面臨內外因素影響，便難以逃脫形式固定化與結構化之命運，不免因日趨僵化而顯得毫無生氣。

第三節　春秋彝銘的關照主題

青銅器銘文內容通常是作器者最想傳遞的訊息，因此銘文主題的選擇便涉及人們認為「我們該記住什麼」及「我們如何記住」，乃至於「我們該忘記什麼」。《禮記・祭統》有段關於銘文主題的著名論述：

> 夫鼎有銘，銘者，自名也。自名以稱揚其先祖之美，而明著之後世者也。為先祖者，莫不有美焉，莫不有惡焉，銘之義，稱美而不稱惡，此孝子孝孫之心也。唯賢者能之。銘者，論譔其先祖之有德善、功烈、勳勞、慶賞、聲名列於天下，而酌之祭器；自成其名焉，以祀其先祖

---

[62] 柯馬丁（Martin Kern）：〈早期中國文學〉，宇文所安主編：《劍橋中國文學史》（北京：三聯書店，2013 年），頁 42。

者也。顯揚先祖，所以崇孝也。身比焉，順也。明示後世，教也。夫銘者，壹稱而上下皆得焉耳矣。是故君子之觀於銘也，既美其所稱，又美其所為。為之者，明足以見之，仁足以與之，知足以利之，可謂賢矣。賢而勿伐，可謂恭矣。[63]

《禮記》作者認為銘文最重要功用在「稱揚其先祖之美，而明著之後世」，易言之，即稱頌先祖德善、功烈、勳勞、慶賞。一方面藉由描述先祖德業以表明後代子孫孝心，另一方面藉此建立後世子孫依循順從的行事準則，顯然戰國晚期之人認為追述祖先之美，達成「順」、「教」之目的，正是銘文最重要的功能。

　　然隨著青銅器出土漸多，學界對銘文的認識日益漸深，便發現其內容之豐富多樣，實很難純以「崇孝」觀點涵蓋所有銘文主題。早年馬承源對銘文呈現主題進行初步整理，可分為徽記、祭辭、冊命、訓誥、記事、追孝、約劑、律令、符節詔令、媵辭、樂律、物勒工名及其他等十三類。[64]且青銅器銘文從商代早期產生，經晚商簡銘期、西周長銘期至戰國晚期衰落，約經千年變化，於不同時代和地區，亦形成各自迥異的風格和結構。[65]

　　從上述觀點而言，銘文主題顯然隨時代與地域不同而存在差異，可惜馬承源未針對此問題進一步討論。雖然學者基本認為春秋青銅器銘文已走入程式化、格式化的衰落時期，但我們仍須探問：從西周至春秋，銘文主題是否產生轉變？若有轉變，這些主題置換是否能反映當時社會環境的某些變化？此即本節主要探討內容。以下就春秋青銅禮器銘文主題發展情形進行分析，主要針對「軍事與冊命銘文的衰落」及「器主曰開篇銘文的演變」兩方面展開研究，儘可能勾勒西周晚期至春秋晚期銘文主題演化與變革脈絡，並釐清二時期銘文各自的風格特色及其反映的意義。

---

[63] 【清】朱彬：《禮記訓纂》（北京：中華書局，2007年），頁732-733。
[64] 馬承源：《中國青銅器》（上海：上海古籍出版社，1994年），頁3。
[65] 馬承源：《中國青銅器》，頁359-360。

一 軍事與冊命銘文的衰落

　　軍事與冊命銘文的衰落，可謂西周至春秋最無法令人忽視的現象之一。西周軍事與冊命是目前所見銘文數量最龐大的主題，二者在西周發展亦前後相承。據李峰分析，西周早期銘文多與軍事活動有關，然至西周中期卻出現大量長篇冊命銘文，內容多記錄與民政行政管理有關的個人功績（包括官員冊命）。這強烈暗示西周政府關注的轉變，即經歷擴張與重新組織的過程，西周政府已完全官僚化。[66] 由此可見，西周早期多軍事銘文，中、晚期則以冊命銘文為主，二者之遞嬗正象徵西周政府的官僚化發展。

　　據此論之，軍事與冊命銘文的興盛與衰落，無疑是伴隨著西周王朝性質的各階段演變。這兩大主題的繁盛，似也在春秋戰國時人心中烙下深刻印象。《左傳・襄公十九年》有段論述：

> 季武子以所得於齊之兵作林鐘而銘魯功焉。臧武仲謂季孫曰：「非禮也。夫銘，天子令德，諸侯言時計功，大夫稱伐。今稱伐，則下等也；計功，則借人也；言時，則妨民多矣，何以為銘？且夫大伐小，取其所得，以作彝器，銘其功烈，以示子孫，昭明德而懲無禮也。今將借人之力以救其死，若之何銘之？小國幸於大國，而昭所獲焉以怒之，亡之道也。」[67]

魯國季武子以戰獲的齊國武器製作青銅鐘以旌表其功勳，然臧武仲認為此舉不合禮儀。因為過往大國討伐小國，並以所獲兵器製作彝器，勒銘記錄戰勝功烈，乃為昭示子孫並彰顯明德、懲罰無禮。季武子身分既非大夫又違禮征伐，不應將此事載於青銅彝器，否則便是自取滅亡之道。由臧武仲論述可知，記載戰爭勝利之軍事銘文亦曾是重要主題之一，然其目的是藉

---

[66] 李峰：《西周的政體——中國早期的官僚制度和國家》（北京：三聯書店，2010 年），頁 40。

[67] 楊伯峻：《春秋左傳注》（臺北：源流文化事業有限公司，1982 年），頁 1047。

由記載戰勝國家之功勳，以昭明德業，懲戒無禮之小國。

此外《禮記‧祭統》亦見記載：

> 故衛孔悝之鼎銘曰：六月丁亥，公假于大廟。公曰：「叔舅！乃祖莊
> 叔，左右成公。成公乃命莊叔隨難于漢陽，即宮于宗周，奔走無射。
> 啟右獻公。獻公乃命成叔，纂乃祖服。乃考文叔，興舊耆欲，作率慶
> 士，躬恤衛國，其勤公家，夙夜不解，民咸曰：『休哉！』」公曰：「叔
> 舅！予女銘：若纂乃考服。」悝拜稽首曰：「對揚以辟之，勤大命施
> 于烝彝鼎。」此衛孔悝之鼎銘也。古之君子論譔其先祖之美，而明著
> 之後世者也。以比其身，以重其國家如此。子孫之守宗廟社稷者，其
> 先祖無美而稱之，是誣也；有善而弗知，不明也；知而弗傳，不仁也。
> 此三者，君子之所恥也。[68]

仔細分析這段文字結構，知此為典型的冊命銘文，記述衛國孔悝受衛君冊
命，令其「纂乃祖服」，意即繼承父祖職位工作，左右國君，協理政事。此
段文字接續上段《禮記‧祭統》引文後，知作者顯然認為最能彰顯銘文意義
及功能者，當如孔悝鼎銘所記冊命銘文。此類銘文不僅可向子孫稱頌祖先之
善美，更得以藉此引導後代子孫依循行事而重視國家。

據上述兩段傳世文獻記載，可見春秋戰國時人認知中，冊命與軍事仍是
銘文常見主題。值得注意的是，相較於文獻詳細記載，此二類主題卻在進入
春秋後鮮見於青銅器銘文，此間究竟涉及何種因素，以至有此轉變？以下將
從歷時性觀點對此二類銘文變化進行分析。

（一）軍事銘文的衰落

軍事銘文是西周銘文的一門大類，過去劉雨曾整理相關銘文 71 篇，[69]

---

68 【清】朱彬：《禮記訓纂》，頁 733-734。
69 劉雨：〈西周金文中的軍事〉，《胡厚宣紀念文集》（北京：科學出版社，1998 年），頁

近期商艷濤則重新歸納 108 篇與軍事相關銘文。[70]據商艷濤整理可知，西周
早期軍事相關銘文約 40 篇，中期 38 篇、晚期有 26 篇。整體而言，軍事銘
文鼎盛時期當為西周早期，其後持續減少。就內容而言，西周早、中期多屬
周王室軍事擴張紀錄，晚期多載西周抵禦外敵情事，部分銘文甚至提及資源
掠奪情事，可見西周不同時期的軍事銘文製作背景亦略有差異。

　　進入春秋後，軍事主題銘文數量急遽減少。春秋早期相關銘文僅〈曾伯
霖簠〉（4632）涉及軍事行動，銘文曰：「曾伯霖哲聖元武，元武孔黹，克狄
（逖）淮夷，卬（抑）燮繁湯（陽），金道錫行，具既卑（俾）方。」文中
提及曾伯霖戰勝淮夷，襲伐繁陽之事。[71]此次戰爭目的乃取得運輸銅錫路線，
與西周晚期為搶奪資源而發動戰爭的理由相同，可視為主題的延續。春秋中
期涉及軍事主題的銘文僅見〈子犯編鐘〉（圖成 15200-15215），其提及著名
的城濮之戰：

> 者（諸）楚刜（荊）不聖（聽）令（命）于王所，子軋（犯）及晉
> 公達（率）西之六師，搏伐楚刜（荊），孔休大工（大功），楚刜
> （荊）滅㠀（厥）師，滅㠀（厥）[圖]。

銘文記子犯與晉文公率西之六師搏伐楚荊，令楚軍大喪其師，生動描繪晉、
楚大戰及楚軍潰敗情形，可謂春秋銘文中最為鮮明的軍事戰役記錄。春秋晚

228-251。後收入《金文論集》（北京：紫禁城出版社，2008 年），頁 84-112。

[70] 商艷濤：《西周軍事銘文研究》（廣州：華南理工大學出版社，2013 年），頁 345-352。

[71] 這處解釋乃從李平心之說，其認為「卬燮」與「克狄」對舉，義訓相近，又將「卬」讀
　　為「膺」，「燮」訓為「征」，並引《詩·大雅·大明》「燮伐大商」，引《風俗通》「燮伐」
　　訓為「襲伐」之說。詳見李平心：〈〈保卣銘〉新釋〉，《中華文史論叢》第一輯（1979 年），
　　頁 57。後收入《李平心史論集》（北京：人民出版社，1983 年），頁 257-258。其後李家
　　浩在〈說「貓不廷方」〉一文，文中指出《朋戈》有「用燮不廷」一詞，並就「燮」、「襲」
　　的聲音關係進行補充，認為「燮」與「濕」通，「濕」與「隰」通，金文中用為「隰」的
　　「迺」又可以讀為「襲」。證明「燮」確實可以讀為「襲」，可見「燮伐」作「襲伐」是
　　有根據的。詳見李家浩：〈說「貓不廷方」〉，《安徽大學漢語言文字研究叢書·李家浩卷》
　　（合肥：安徽大學出版社，2013 年），頁 13-15。

期軍事銘文有〈庚壺〉（9733）及「救秦戎銅器群」，後者銘文已於前文論及，此處僅針對〈庚壺〉進行探討。學者據銘文「齊三軍圍釐（萊），崔子執鼓，庚入門之。」多認為此為記載齊靈公十五年齊滅萊的戰役，相關史事見《左傳・襄公六年》。[72]

　　銘文「崔子執鼓」說明崔杼亦參與此次戰役，然史傳並未提及。[73]儘管〈庚壺〉因銘文缺漏使諸家釋讀不同，且未能確定年代，然銘文所記武叔庚參與齊國重大戰役則明確無疑。整體而言，春秋軍事銘文已屬罕見，雖然這些銘文內容仍有史料意義，然從結構或內容而言，春秋「軍事」銘文皆不以記載戰爭本身或戰功為主，而是宣揚作器者一生功績的輔佐紀錄。相較於西周〈多友鼎〉等詳細描繪戰爭情形的銘文，其「軍事」成分顯然降低許多。

　　由上可見，春秋軍事主題銘文數量明顯減少，驟然衰落趨勢清晰可見。然而究竟是何種因素造成軍事主題的衰落？由銘文數量演變可知，軍事銘文興盛於西周早期，內容多為西周政府對外軍事擴張紀錄，亦涉及西周國家範圍與組織的建置方式。中期以後內容雖差異不大，然數量稍微減少，主要由冊命主題的銘文取代。從早、中期軍事銘文數量變化，可看出西周政府逐漸減少對外軍事擴張，轉而進入政府內部官僚化的發展趨勢。至於西周晚期的軍事銘文主要紀錄外敵入侵情事，當時西周政府主要敵人是南方的淮夷與北方的玁狁。銘文數量不僅反映戰事頻繁，亦說明西周政府正逐漸走向衰落。

---

[72] 《左傳・襄公六年》：十一月，齊侯滅萊，萊恃謀也。於鄭子國之來聘也，四月，晏弱城東陽，而遂圍萊。甲寅，堙之環城，傅於堞。及杞桓公卒之月，乙未，王湫帥師及正輿子、棠人軍齊師，齊師大敗之。丁未，入萊。萊共公浮柔奔棠，正輿子、王湫奔莒，莒人殺之。四月，陳無宇獻萊宗器于襄宮。晏弱圍棠，十一月丙辰而滅之。遷萊于郳。高厚、崔杼定其田。晉・杜預注，唐孔穎達等正義：《春秋左傳正義》（臺北：藝文印書館，2001 年 12 月初版，影印嘉慶二十年江西南昌府學刻本），頁 516-517。

[73] 關於庚壺銘文研究較重要的篇章見張光遠：〈春秋晚期齊莊公時庚壺考〉，《故宮季刊》第十卷第三期（1982 年），頁 83-106。張政烺：〈庚壺釋文〉，原刊《出土文獻研究》（北京：文物出版社，1985 年）後收入《甲骨金文與商周史研究》（北京：中華書局，2012 年），頁 295-304。李家浩：〈庚壺銘文及其年代〉，《古文字研究》第十九輯（北京：中華書局，1992 年），頁 89-101。李春桃：〈庚壺銘文拾遺〉，《中國文字研究》第一期（2014 年），頁 44-49。

[74]而西周中央政府與方國、貴族的關係深度，也影響了軍事銘文發展。

春秋時期又是何種景況？事實上春秋早期銘文對當時政治情勢的記載不多，所幸我們可借助傳世文獻，瞭解周平王東遷後，中央政府、畿內貴族與諸侯關係。據《左傳》記載的幾次著名事件可大略得知春秋早期政治情勢，諸如周平王五十一年「周鄭交質」事件，身兼周卿士與諸侯的鄭莊公對周王欲親附虢國反應強烈。周王不敢亦不能得罪鄭伯，甚至願與鄭國交換太子為質之態度，充分展現周王室與卿士的微妙關係。

十二年後，即周桓王十三年，周王室與鄭國爆發「繻葛之戰」，更象徵周王室與諸侯的權力結構徹底崩解，西周以來樹立的天子威信被破壞殆盡。儘管戰後鄭莊公曾遣祭足慰問受傷的桓王，試圖減緩本次戰爭對周天子共主地位之破壞，仍難恢復周王室與諸侯的權力關係。同時周王對畿內貴族的管理權力亦蕩然無存，周莊王三年周公黑肩甚至欲弒周王改立王子克，幸而辛伯告發此事，周王殺周公黑肩而王子克奔燕。周公黑肩的謀畫顯示周畿內姬姓貴族不再完全信從周王，甚至介入繼承者廢立。由此可知，東遷後的周王室無論與諸侯或畿內貴族之關係，已遠遠不如西周。

據上舉事件實不難理解，西周持續不墜的軍事主題銘文何以在春秋早期驟然消失。究其原因，軍事主題的興盛乃係於西周政府對外擴張或抵禦，涉及政府興衰及對外關係。東遷後的周王室尚無法對抗略具實力的王朝卿士，遑論進行對外軍事武力擴張。

春秋多見東周政府與諸侯、諸侯與諸侯間的戰爭，性質多屬華夏內部的懲罰性戰役。因此儘管鄭國取得葛繻之戰勝利，諸侯與王室內戰不免有損聲譽，絕非鑄勒於青銅器上的光榮戰役。如臧武仲所言：「非禮也。夫銘，天子令德，諸侯言時計功，大夫稱伐。今稱伐，則下等也；計功，則借人也；言時，則妨民多矣，何以為銘？」若一場戰爭僅為獲得勝利而未有昭明德業之效，甚至妨礙民時，自然不被春秋時人視為值得鑄勒於青銅器的素材。此

---

[74] 商艷濤：《西周軍事銘文研究》，頁 101-104。

正可解釋何以春秋不乏著名戰役，卻很少相關主題的銘文。

（二）冊命銘文的消失

「冊命銘文」[75]的興起時間約於西周中期早段，在眾多西周早期青銅器中，僅〈大盂鼎〉（2837）是為紀念官員任命而鑄。相較之下，同時期大多數有銘銅器是為紀念從周王或上司接受賞賜禮物而鑄，更多是為慶祝軍事功蹟而作。然從西周中期早段開始，突然有大量青銅器作為官員任命文件出現，使「冊命」成為西周青銅器銘文資料的重要主題。[76]

據日本學者武者章統計，至 20 世紀 70 年代末發現的冊命銘文已有 91 篇，[77]1980 年後何樹環重新進行統計，同時又與陳夢家、張光裕、黃然偉、陳漢平、汪中文、黃盛璋等對冊命銘文進行研究之學者予以比較，最後以「錫命銘文」之定義界定銘文數量達 117 篇。[78]雖然冊命銘文隨時間增長與學者定義不同而數量有所增減，然保守估計應在百篇以上，時代多屬西周中晚期，這也是其他銘文主題難以企及之數量。學者認為這批從西周中期延續至晚期且數量龐大的冊命銘文，不僅反映西周政府的官僚化，甚至說明政府實踐與行政管理的連續性。[79]易言之，「冊命」本身可謂官僚化政府的確定特徵，冊命銘文的興盛顯然與西周政府存在密切關係。

然此自西周中晚期以來佔據主導地位的主題，卻在進入春秋後急遽減少。目前所見春秋早、中期銘文，未見任何典型的冊命銘文，春秋晚期亦僅

---

[75] 「冊命銘文」一詞為陳夢家所提出，所謂「冊命」乃指以冊任命官員。其認為冊命的主要內容有三：一、賞賜，二、任命，三、告誡。一般而言以賞錫為多，其次任命。此後雖然學者對此定義曾重新提出考辨，但仍多沿用「冊命銘文」一詞。陳夢家：《西周銅器斷代》（北京：中華書局，2004 年），頁 408。其後何樹環曾對清代以來學者對「冊命銘文」定義進行過詳細的考辨，並提出「錫命銘文」的新觀念，並以此名詞對相關銘文重新進行研究。詳見何樹環：《西周錫命銘文新研》（臺北：文津出版社，2007 年），頁 11-79。

[76] 李峰：《西周的政體－中國早期的官僚制度和國家》（北京：三聯書店，2010 年），頁 108。

[77] 武者章：〈西周冊命金文分類の試み〉，《西周青銅器とその國家》（東京：東京大學出版會，1980 年），頁 248-249。

[78] 詳見何樹環：《西周錫命銘文新研》，頁 81-84。

[79] 李峰：《西周的政體－中國早期的官僚制度和國家》，頁 43。

有齊國〈叔尸鐘〉（272-284）銘文形似冊命銘文：

隹（唯）王五月，唇（辰）才（在）戊寅，師于▨▨，公曰：女（汝）尸，余經乃先且（祖），余既尃乃心，女少（小）心畏忌，女（汝）不象（墜）夙夜，宦執而政事，余引猒（厭）乃心，余命女（汝）政于朕（朕）三軍，肅成朕（朕）師旟之政德，諫罰朕（朕）庶民，左右母（毋）諱。尸不敢弗憼戒，虔卹圣（厥）死事，戮龢三軍徒遄，罩圣（厥）行師，眘（慎）中圣（厥）罰。

公曰：尸，女（汝）敬共辝（台）命，女（汝）雁（膺）鬲公家，女（汝）巩（鞏）袋（勞）朕（朕）行師，女（汝）肇（肇）敏于戎攻，余易（賜）女（汝）釐都▨▨，其縣三百，余命女（汝）嗣（司）辝（台）釐▨或徒四千，為女（汝）敵（敵）寮。尸敢用拜稽首，弗敢不對揚朕（朕）辟皇君之舂（登）屯（純）厚乃命，女（汝）尸母（毋）曰余少子，女（汝）尃余于囏（艱）卹，易（賜）休命。

公曰：尸，女（汝）康能乃又（有）事，眔乃敵（敵）寮，余用虔卹不易（弛），左右余一人，余命女（汝）戠（職）差（左）正卿，飄命于外內之事，中尃盟（盟）井（刑），臺（以）尃戒公家，雁（膺）卹余于盟（盟）卹，女（汝）臺（以）卹余（朕）朕身，余易（賜）女（汝）馬車戎兵，釐僕三百又五十家，女（汝）臺（以）戒戎敂（作）。尸用或敢再拜稽首，雁（膺）受君公之易（賜）光，余弗敢濃（廢）乃命……[80]

〈叔尸鐘〉前半段銘文記載齊侯冊命叔尸的過程，可分三部分：第一部份提及齊侯命叔尸管理三軍並肅正軍中政教。第二部分敘述叔尸因表現良好，獲得齊侯賞賜「釐都▨▨，其縣三百。」釐都即萊都，此用法見《晏子春秋》。

---

80 本篇釋文主要參考江淑惠：《齊國彝銘彙考》（臺北：國立臺灣大學出版委員會，1980年），頁15。

孫星衍注云：「釐，即萊也。服虔注左傳：『齊東鄙邑。』杜預注：『萊國，今東萊黃縣。』」[81]《左傳‧襄公六年》記齊侯滅萊之事，楊伯峻亦云：「齊既滅萊，必分配其土地與齊君臣。」[82]學者多認為叔尸應是參與齊國滅萊有功而獲賞，此外齊侯又命叔尸司理釐或徒四千為其徒屬。第三部分是齊侯命叔尸任左正卿，攝命外內之事，並賜其車馬戎兵與釐僕三百五十家，以戒備兵事猝起。

　　就性質而論，這篇銘文固然可視為齊侯任命叔尸的文件，旨意與西周冊命銘文相似。然從結構分析，可輕易發現這篇銘文缺少冊命銘文特有的制度化程序。不僅未記錄冊命者步入冊命場所過程，亦未見右者與宣讀命令之史官，文件是否交接更未能判斷，閱讀者難以確知齊侯任命叔尸的過程，是否存在如同「冊」的紀錄文件。銘文本身更採訓誥方式，以「公曰」為齊侯任命或賞賜叔尸儀式的開頭，這些皆與冊命銘文習見結構不同。易言之，〈叔尸鐘〉銘文雖記錄叔尸任命受賞過程，然未以西周冊命銘文習見程序及程式化語言敘述，因此學者並不視為典型冊命銘文。雖然目前東周王城出土有銘青銅器數量不多，挖掘亦持續進行，冊命銘文是否在東周完全絕跡尚難斷言。然目前所見春秋銘文未見西周中晚期大量流行的冊命銘文，因此難以否認春秋冊命銘文的確急遽衰落、數量銳減。

　　冊命銘文之衰落原因大致可歸納兩方面：首先是周王室與諸侯貴族關係的改變，造成春秋冊命銘文數量銳減。李峰認為從西周中期開始，王室冊命顯然已成制度化程序，且能帶來很高的社會威望，值得花費大量經濟資源以作紀念。[83]然根據虢、鄭二國及周公黑肩之作為，知春秋早期周王室的官僚體系雖尚未完全崩解，然周王本人或王室威望已嚴重下滑，官員可能不再珍視來自周王的冊命與賞賜。雖然《左傳》仍紀錄周襄王冊命晉文公之事，

---

[81] 張純一：《晏子春秋校注》（北京：中華書局，2014 年），頁 128。
[82] 楊伯峻：《春秋左傳注》，頁 948。
[83] 李峰：《西周的政體－中國早期的官僚制度和國家》，頁 109。

[84]然此特殊而密切的君臣關係似不再值得炫耀或頌揚，更無法因此獲得社會威望。過往藉由透過儀式或銘文記錄重新確立周王與王室官員關係的程序，已顯得沒有必要。

其次是青銅器資源與製作權下放，武者章指出西周冊命銘文（主要是西周中晚期銘文）出土地點很多限於今日陝西地區，李峰亦認為現今考古發現與王廷冊命相關銘文並未改變此狀況。[85]這些冊命銘文所反映西周中央政府行政具體範圍，仍多半以渭河地區為主，其與中央王廷直接行政控制情況存在密切關係，而春秋諸侯勢力崛起，不僅使東周王廷行政控制權下降，更顯著改變周王室與畿內貴族、外服諸侯往來方式。

青銅器資源與製造權力伴隨這些現象下放至諸侯，這些地方政府卻未為官員任命的官僚化程序提供必要政治環境。[86]因此進入春秋後，西周典型冊命銘文幾乎消失，加上作器者多為諸侯本身或各封國貴族，使得封國內部君臣互動反較諸侯與周王的交流更易顯現，而〈叔尸鐘〉銘文記載齊侯與叔尸互動即是最佳例證。

整體而言，軍事與冊命銘文主題的急遽衰落仍涉及政治社會背景轉變，由於此二類主題與西周中央政府決策與型態存在密切關係，因此一旦中央政府型態發生轉變，軍事與冊命主題亦隨之減少，其後亦隨周王室與貴族、諸侯關係持續惡化而走向衰落，甚至消失在東周銘文行列之中。

---

[84] 《左傳·僖公廿八年》「己酉，王享醴，命晉侯宥。王命尹氏及王子虎、內史叔興父策命晉侯為侯伯，賜之大輅之服、戎輅之服，彤弓一、彤矢百，玈弓矢千，秬鬯一卣，虎賁三百人，曰：「王謂叔父：敬服王命，以綏四國，糾逖王慝。」晉侯三辭，從命，曰：「重耳敢再拜稽首，奉揚天子之丕顯休命。」受策以出。出入三覲。」見周·左丘明傳，晉·杜預集解，唐·孔穎達正義：（臺北：藝文印書館，1993，據清嘉慶二十年（1815）江西南昌府學版影印），頁273-274。

[85] 李峰：《西周的政體—中國早期的官僚制度和國家》，頁104。

[86] 李峰：《西周的政體—中國早期的官僚制度和國家》，頁232。

二　從述祖到揚己的變遷

（一）西周銘文的述祖主題

羅泰（Lothar von Falkenhausen）曾指出西周長篇銘文通常具備「伐閱之辭＋獻辭＋嘏辭」三段式結構，[87]其基本性質大致遵循「過去—現在—未來」的模式，屬於「過去」的伐閱之辭往往記述頌揚祖先文字，而伐閱之辭所稱頌的先祖往往就是該青銅器的受器者，這顯示西周時期無論銘文或青銅器的製作動機皆指向先祖。器主藉由述祖銘文強調家族職位與德業的代代相傳與庇佑，亦為其在家族中所承繼地位提供正當性論述。

屬於「現在」的獻辭，則多半始於器主「率型祖先之德」的文句，部分銘文更提及器主受天子賞賜或認可，最後往往結束於「用作祖先寶尊彝」。從獻辭可清楚看出器主將自身放置於宗族網絡中，儘管「現在」是由器主繼承家族職位且獲得政府首肯，但記錄這段繼承宣言的青銅器最終仍進入宗廟，奉獻給伐閱之辭所稱頌的過世先祖。進一步而言，獻辭不僅聯繫了銘文與器物的關係，亦同時反映禮儀過程及其所隱含的宗法制度。這種禮儀的轉化把已有的職位、功績及其伴隨的賞賜，從一種中性的、與王及其官方相關的公領域，變成獨佔的、個人化的、與作器者及其家族密切關聯的私領域。從而通過銘文的明確陳述、祖先祭祀的行為和禮器，建立與家族神靈的關係。[88]

就西周銘文的獻辭來講，可見不少提及「**王用弗忘聖人之後，多蔑曆易**

---

[87] 羅泰認為幾乎所有現存的禮器銘文都是標準的三段式結構（按：從很多例證來看並非如此），這種結構本身反映了禮儀的過程。所謂三段式結構的長篇銘文即以「獻辭」為核心，然後接嘏辭，另外開頭有一段伐閱之辭。伐閱之辭指向過去，敘述作器者及其祖先的功績，經常（但也有例外）描述冊命儀式，銘文的這個部分顯示家族的地位和儀式中器物所代表的正統地位，通過延續正確無誤的禮儀，以證明祖先功績可以代代相傳。羅泰：〈西周青銅銘文的性質〉，《考古學研究（六）》（北京：科學出版社，2006 年），頁 346-347。

[88] 羅泰：〈西周青銅銘文的性質〉，《考古學研究（六）》，頁 347。

休」、「迺天子多易（賜）旅休，旅對天子魯休揚」、「天子寵篾梁其曆」的詞語，甚至於〈逨盤〉、〈大克鼎〉等器更直接紀錄器主受冊命過程，顯示此禮儀過程是宣告器主承接公領域的官方職位。從器主宣稱「率型祖先之德」至「用作祖先寶尊彝」，可見整體祭祀禮儀的目的是面向私領域的祖先神靈。經由對器主身分的考察得知，西周貴族在鑄器作銘時不能隨意稱頌祖考之德，似僅在家族政治勢力強大的條件下—即世代執掌王朝要職，方能如是為之。[89]透過獻辭的陳述，器主家族的關係與周王廷擔任職官身分被緊密聯繫，其本人善盡官方職責的前提在於家族神靈的指引庇佑，故須「帥型先祖之德」方能順利延續家族職位，同時成為周天子賞識的卿士。

最後是屬「未來」的嘏辭部分，多數西周銘文的嘏辭是緊接在獻辭之後，當器主表明製作青銅器的目的為追孝前人後，往往會再進一步祈求祖先降福庇佑器主自身。顯示器主期望對祖先的祭祀與稱頌能轉化為福祉而回歸己身，甚至希望此德業與職業得以代代相傳。透過格式分析可感受到西周銘文的述祖主題，及其展露的西周世族、宗法及宗教意味。但此種看似相當穩定的關照主題，卻在兩周之際迎來一股新變。

（二）兩周之際銘文主題的變化

以下將利用六篇銘文探究春秋銘文的揚己趨勢，分為兩類進行討論，首先討論其中三篇與軍事有關的銘文：

---

89 劉源認為所謂的「祖考哲厥德」、「秉明德」等等語句並非完全是溢美之辭，而是相對客觀、理性地評價祖考的功績，其目的既在於炫耀家族的政治勢力，也在於作者自我勉勵。凡宣稱「帥型祖考之德」的貴族，其本人一般也受到周王（或主公）的寵倖和重用，或有突出的功勳，他們鑄器作銘時強調遵循、效法祖考的政治表現與作為，一方面是肯定自身的政治地位、權力和業績，另一方面也是寄望未來，祈求能得到周王更多的重用，並祝願通過個人的進取實現家族勢力的長盛不衰。詳見氏著：〈試論西周金文「帥型祖考之德」的政治內涵〉，《周秦倫理文化與現代道德價值國際學術研討會論文集》（西安：陝西人民出版社，2008 年）。後刊登於先秦史研究室網站（2009 年 3 月 5 日），網址：http://www.xianqin.org/blog/archives/1294.html。

1. 禹曰：**丕顯桓桓皇祖穆公克夾紹先王奠四方。肆武公亦弗叚忘朕聖祖考幽大叔、懿叔，命禹屍（纂）朕祖考，政于井邦。肆禹亦弗敢憩惕，共朕辟之命。**烏虖（乎）哀哉，用天降大喪于下國，亦唯鄂侯馭方率南淮尸（夷）、東尸（夷），廣伐南國、東國，至于歷內。王迺命西六師、殷八師，曰：「翦伐鄂侯馭方，勿遺壽幼。」肆師彌怵匈悡，弗克伐鄂。肆武公迺遣禹率公戎車百乘，斯（廝）馭二百，徒千，曰：「于將朕肅慕，叀西六師、殷八師，伐鄂侯馭方，勿遺壽幼。」雩禹以武公徒馭，至于鄂，敦伐鄂，休獲氒君馭方。肆禹又（有）成，敢對揚武公丕顯耿光，用作大寶鼎，禹其萬年子子孫孫寶用。[90]

　　　　　　　　　　　　　　　　　　　　　　　（禹鼎，2833）

2. 隹十又一月乙亥，戎生曰：**休辥皇祖憲公，**趄趄趯趯，**啟氒明心，廣埶其猶，**撼禹穆天子𦞠靈，用建于茲外土，遹司蠻戎，用執不廷方。至于辥皇考卲伯，趯趯**穆穆，懿**𦞠不晉，召匹晉侯，用龏王命。今余弗叚濫（廢）其覭光，對揚其大福、劫遣鹵積，俾譖征繁湯，取氒吉金，用作寶協鐘，氒音雍雍，鎗鎗鏞鏞，㦤㦤鴅鴅，既龢且淑，余用紹追孝于皇祖皇考，用祈綽綰眉壽，戎生其萬年無彊，黃耇有𦩏，畯保其子孫永寶用。

　　　　　　　　　　　（戎生編鐘，圖成 15239-15246）

3. 隹王九月乙亥，晉姜曰：**余隹司朕先姑君晉邦，**余不叚妄寧，巠雝明德，宣卲我猷，用紹匹辝辟。每揚氒光剌，虔不象，魯覃京師，乂我萬民，嘉遣我，易鹵積千兩，勿廢文侯覭令，俾貫通＿＿，征繁湯（陽）、雔，取氒吉金，用作寶尊鼎，用康柔妥褱遠邇君〈子〉。晉姜用祈綽綰眉壽，作憲為盉，萬年無彊（疆），用享用德，畯保其孫子，三壽是利。

　　　　　　　　　　　　　　　　　　　　　　　（晉姜鼎，2826）

---

[90] 本篇銘文隸定、斷句參考黃天樹：〈禹鼎銘文補釋〉，《古文字學論稿》，頁 60-61。

　　這三篇銘文的格式雖不盡相同，但內容有一定程度的聯繫，故可合觀。首先從西周晚期的〈禹鼎〉銘文格式來看，其銘文主要記述西周王朝與鄂侯的一次戰爭，全文可以分為三個部分：第一部分從「禹曰」到「共朕辟之命」，主要稱頌祖先德業傳統，並說明禹承繼家族職位以奉家主之命。第二部分從「烏虖哀哉」到「休獲氒君馭方」乃是記述此次戰爭的前因後果，從鄂侯進犯周朝，到禹奉家主武公之命前往伐鄂，最後擒獲鄂猴。第三部分始自「**肆禹有成**」至「**禹其萬年子子孫孫寶用**」，主要說明鑄器緣由並期盼此器能得子孫寶用。由此看來，〈禹鼎〉顯然是為了追憶這次成功征討鄂侯的戰役所作，雖然銘文前半仍保留顯著的述祖內容，但作器目的並非祈求祖先降福庇佑，而是為了彰顯軍功。此外，即使同樣記述戰事勝利，〈禹鼎〉亦不似過往立下戰功的器主，習慣性地將榮耀歸功於祖先，而是提到「**肆禹有成**」及「**敢對揚武公丕顯耿光**」，顯示對禹而言，此次戰役勝利的關鍵在於己身與家主武公。從〈禹鼎〉對戰爭內容的敘述來看無疑為敘述性軍事銘文，但其選擇以「禹曰」開篇並融入頌揚祖先文字及主述口吻，卻是過往所未見的。

　　值得注意的是，〈禹鼎〉此種記憶自身功績的意圖或多或少受到影響同時代或稍晚的銘文。例如兩周之際的〈戎生編鐘〉銘文在性質上也出現新變，其第一部分即開頭到「**用鑄王令**」雖然稱頌了皇祖憲公、皇考邵伯的功績德業，但第二部分卻是記錄一場征伐繁陽、獲取吉金的戰役，正因為這場戰役勝利，故戎生利用取得的青銅資源製作了此鐘，並用以追孝皇祖皇考。據內容可以清楚判定，〈戎生編鐘〉銘文主旨並非器主繼承家族德業而祈求祖先庇佑，而是要記憶征伐繁陽這場戰爭的勝利，並將戰功展現給過世先祖知道。

　　相似的內容尚見於春秋早期〈晉姜鼎〉，其銘文看來顯然已省略了稱頌祖先德業的部分，除了一句「**余隹司朕先姑君晉邦**」來說明自身繼承「先姑」的職責，絕大部分內容是晉姜敘述自己如何不敢懈怠地輔佐丈夫安定京師、治理百姓，同時也提到征伐繁陽、獲取吉金一事。雖然〈晉姜鼎〉銘文不若

〈禹鼎〉或〈戎生編鐘〉如此明顯地紀念特定戰役的勝利，不過就其寫作主旨來看，也是比起過往更加強調自身在職務上的努力不懈與相關功績。

　　由此來看，三篇銘文的格式雖不難看出前有所承，不過在性質與主題方面卻出現了一些轉向。就其性質而言，這類銘文也必然還是祭祀儀式文本，青銅器也仍是用於祭祀並追孝先祖，但向祖先祈求福佑的企圖似乎已不若過去明顯；而就主題來看，〈禹鼎〉和〈晉姜鼎〉都花費了較長篇幅來描述與器主有關的事蹟，並且使器主自身成為銘文主要重點，似乎從稱頌祖先轉向記錄對器主而言有意義的事件。表明此時部分的「器主曰」開篇銘文主軸已不再是強調器主繼承家族職責的合理性，而是更傾向記憶器主本身的軍事功績或政治功業。

　　第二部分則是關於稱頌主題的轉換，以下利用西周晚期的〈㝬簋〉及春秋早期的〈秦公鐘〉、〈秦公簋〉進行討論：

1. 王曰：有余隹（雖）小子，余亡康晝夜，巠雝先王，用配皇天，簧㽙朕心，墜于四方，肆余以㺇士獻民，稱盩先王宗室，㝬作㝬彝寶簋，用康惠朕皇文烈祖考，其格前文人，其瀕在上帝廷陟降，□□皇〔帝〕大魯令，用𧖅寶我家、朕立（位）、㝬身，陀陀降余多福、憲黌，宇慕遠猷，㝬其萬年，㝬寶朕多御，用奪壽，匄永令，畯在立(位)，作霝在下。隹王十又二祀。

   （㝬簋，4317）

2. 秦公曰：我先祖受天命，賞宅受國，烈烈邵文公、靜公、憲公，不象（弛）于上，邵合皇天，以虩事蠻方。公及王姬曰：余小子，余夙夕虔敬朕祀，以受多福，克明又心，盭龢胤士，咸畜左右，趯趯允義，翼受明德，以康奠協朕國，羨百蠻，具即其服，作兕龢鐘，靈音䚄䚄雝雝，以匽皇公，以受大福，屯（純）魯多釐，大壽萬年，秦公其畯令在位，膺受大命，眉壽無彊，匍有四方，其康寶。

（秦公鐘，262）

3. 秦公曰：丕顯朕皇祖受天命，鼏宅禹賣（蹟），十又二公，在帝之坏，嚴恭寅天命，保業氒秦，虩事蠻夏，余雖小子，穆穆帥秉明德，刺刺趑趑，萬民是敕。咸畜胤士，趩趩文武，鎮靜不廷，虔敬朕祀，作尋宗彝，以卲皇祖，其嚴徵各，以受屯（純）魯多釐，眉壽無疆，畯疐才天[位]，高引又慶，竈囿四方，宜。

（秦公簋，4315）

　　此三篇銘文特點在器主身分極高，因而展現與其他銘文頗為不同的敘述語氣。西周晚期的〈默簋〉乃周厲王所作之器，銘文結構分為兩部分：第一部分從開頭至「稱盠先王宗室」，表示厲王自身如何勤奮努力，以繼承先王治理國家四方及宗室。第二部分除說明作器緣由，更多篇幅在祈求先祖庇佑周王室、王位及厲王本身，期許能降下福壽、長保在位。從銘文內容而言，很明顯這是一篇宗廟祭告文本，其背景顯然不涉及王位繼承或特定事件，過往常見稱頌祖先德業的部分亦完全省略，重點偏向周厲王報告自身勤勉於政及祈求福佑，主題顯然與西周興盛期的「器主曰」開篇銘文迥異。

　　至於另外兩篇春秋早期〈秦公鐘〉、〈秦公簋〉銘文，則與西周興盛的三段式結構並無不同。器主先將自身擺放於接受宗族延續的君主職務位置，其次說明將「穆穆帥秉明德」，依循先祖德業治理國家，最後是祈求祖先庇佑。整體而言，西周晚期的〈默簋〉因器主地位極高，使銘文結構、主題有所不同。另外兩篇春秋早期的〈秦公鐘〉、〈秦公簋〉銘文則較完整保留西周以降的形式，此現象與一般認為秦國文化保留較多西周傳統的觀點吻合。

　　綜觀兩周之際的銘文可知其大致的發展情勢：一者是以敘述與器主有關的特定事件，並發展成〈晉姜鼎〉這類主要在凸顯自身功績的銘文型態，同時銘文性質更具明顯的紀念器主本人意味。另一類雖是延續西周興盛期的三段式結構銘文，但主要見於秦國青銅器，顯示從春秋早期開始銘文關照

的主題，似已隨著地區出現不同程度的演化或保留。此種或多或少的微調，亦象徵春秋、戰國時代新變的開端。

（三）春秋時代的揚己趨勢

春秋時代的銘文主題展現出與前期頗為不同的關懷，除前文述及的短篇銘文結構之外，字數較多的銘文也可以看出這種轉變，為方便分析，茲選取典型者七篇如下：

1. 隹王正月初吉丁亥，晉公曰：**我皇祖唐公，雁（膺）受大令，左右武王，敬□百蠻，廣司四方，至于大廷，莫不事公**。〔王〕命唐公，戌〈成（定）〉宅京師，□□晉邦，我剌（烈）考□公□□□□□彊（疆），武（？）□□□□□□□，虩虩（赫赫）在上，□□□□□□台燚（業）□□□□□□晉邦。公曰：余蜼（唯）今小子，敢帥井（型）先王，秉德劀劀（秩秩），珤（柔）燮萬邦，諒諒（哀哀）莫不日頻（卑）礜（恭），余咸畜胤士，乍（作）馮左右，保斁（乂）王國，剌票（？暴？）霖（舒）夋（逡），丕嚴虩若否。作元女孟姬□□媵䀠四䀠，□□□□，虔龏（恭）盟祀，以畣（答）揚皇卿，柔新（親）百嵛（？）。雖今小子，整斁（乂）爾家，宗婦楚邦，烏（於）邵萬年，晉邦唯輪（翰），永康寶。[91]

（晉公盆，10342）

2. 隹正五月初吉孟庚，蔡侯申曰：余唯末少子，余非敢寜（寧）忘（荒），有虔不昜（惕），輨（佐）右（佑）楚王，窜窜豫政，天命是遲，定均庶邦，休有成慶，既懇（聰）于心，祉中厥德，均好大夫，建我邦國，豫令祗祗，不愆不貣（忒），自作歌鐘，元鳴無期，子孫鼓之。

（蔡侯申鐘，210-211）

---

[91] 本篇銘文釋文有多種不同看法，本文採取謝明文所作釋文。詳見謝明文：〈晉公盨銘文補釋〉，《出土文獻與古文字研究（第五輯）》，頁237-238。

3. □□□初吉庚午，吳王□□□□□子配兒曰：余孰戕（臧）于戎攻（功）且武，余邺（畢）龔威（畏）嬰（忌），余不敢誇，余擇氒吉金，鉉（玄）鏐鏞鋁，自作鉤鑃，以宴賓客，以樂我者（諸）父，子孫用之，先人是評。

（配兒鉤鑃，427）

4. 隹正九月初吉丁亥，曾孫僕兒：余迭斯于之孫，余茲佫之元子。曰：於虖敬哉，余義楚之良臣，遜之字（慈）父，余贎遜兒得吉金鏄鋁，台（以）鑄龢鐘，台（以）追孝先祖，樂我父兄，飲飤（食）歌舞，孫孫用之，後民是語（娛）。

（僕兒鐘，183）

5. 隹王正月初吉丁亥，邵黛曰：余畢公之孫，邵伯之子，余頡岡事君，余嘼丮武，作為余鐘，玄鏐鏞鋁，大鐘八肆，其竈四堵，喬喬其龍，既壽邕虡，大鐘既縣（懸），玉鐶鼉鼓，余不敢為喬（驕），我以享孝，樂我先祖，以祈眉壽，世世子孫，永以為寶。

（邵黛鐘，225-237）

6. 隹王正月初吉庚午，叡巢曰：余攻王之玄孫，余詨子，擇氒吉金，自作龢鐘，以享以孝于我皇祖，至于子孫，永寶是享。

（叡巢鐘，圖成 15783）

7. 隹正十月，吉日丁巳，之乘辰曰：余徐王旨後之孫，足剸次留之元子，而乍緐夫呇之貴姓（甥），擇氒吉金，自作其鐲，世世鼓勿（之），後孫之（勿）忘。

（之乘辰鐘，新收 1209）

以上七篇銘文包含春秋中期至晚期，除〈晉公盞〉約屬春秋中晚期，其

餘多為春秋晚期器。從銘文結構而言，可清楚發現一種動態變化。第一篇〈晉公盆〉銘文雖有不少殘泐，然仍保留西周傳統三段式結構。第一段晉公從始封之祖唐公功業開始追述，第二段公曰開始則述說自己帥型先祖，且「咸畜胤士」、「保乂王國」，表明己身敬秉祖先德業外，亦不忘宣揚志向。第三段是晉公告戒與祝福其女的言辭。從銘文內容而論，此器乃嫁女媵器，製作目的與過往於宗廟祭告文本有一定程度差異，昭示著春秋「器主曰」開篇銘文似已發生新的轉向與變化。

至於其他六篇銘文結構更出現顯著不同，大約有兩點特徵可進一步分析：第一、上引七篇銘文除〈晉公盆〉尚保有西周述祖結構，其餘六篇皆出現較明顯變化；不僅完全省略述祖之辭，原先銘文所關照的述祖主題亦隨之消失，性質已非祭告文本。

從銘文結構而言，上述銘文包含兩部分：第一段是器主宣揚己身，如〈蔡侯申鐘〉「余非敢盥（寧）忘（荒），有虔不易（惕），輟（佐）右（佑）楚王，崔崔豫政，天命是遷，定均庶邦，休有成慶，既恩（聰）于心，征中厥德，均好大夫，建我邦國，豫令祇祇，不愆不貳（忒）」、〈配兒句鑃〉「余埶戕（臧）于戎攻（功）且武，余郏（畢）彝威（畏）墊（忌），余不敢諿」、〈僕兒鐘〉「余義楚之良臣」、〈邵鸞鐘〉「余頡岡事君，余罟乩武」等。多是強調器主勤奮勉勵、恭敬謹慎侍奉上司，敘述主題較傾向總結己身工作、行事態度。第二部分是春秋銘文常見格式，即說明鑄器緣由及目的。易言之，春秋這類銘文的核心結構仍是「器主擇其吉金，用作某器」，只是表現形式較為繁複。由此可見，春秋銘文在觀念及表現方式出現不少轉變，過往三段式結構強調先祖德業，已被完全省略或僅止於簡單提點。顯示春秋時人不再如以往追求將個體職務、地位與宗族祖先結合，器主個人行事準則或功業榮耀也成為銘文強調主旨。

第二、西周銘文述祖之辭被器主自報家門格式取代。春秋大部分銘文皆省略第一段述祖之辭，除〈蔡侯申鐘〉之外的篇章，皆出現強調器主為「某

人之孫，某人之子」的自報家門格式。此種自述格式始見春秋中期，流行於春秋晚期，尤其在蔡、吳、徐等南方青銅器特別常見。顯示其不僅具有顯著時代性，更包含一定程度的地域特徵。

關於自報家門格式的形成，陳英傑認為仍與西周祖述先人的目的有關。過去述祖之辭是表白器主家族對上司的功勞和貢獻，並確立家族世襲地位的合法性與重要性，反映西周宗法和封建制度緊密結合的政治特色。至於春秋器主冠以先世名號的現象，表明這些器主雖多有社會地位，甚至貴為諸侯大夫，卻因不屬姬、姜等華夏大姓，從而有感申述世系之必要，其目的亦在顯示族氏顯赫。[92]相對於陳英傑仍從族氏立場解釋這類格式，日本學者江村治樹則認為與器主尋求自身定位較有關。江村氏考慮春秋背景，認為此種特地紀錄父祖之名和出身地的習慣，乃因春秋中晚期屬不安定的變動時代，有必要對自身所處空間、時間位置進行確認。[93]兩者說法角度雖不同，然各有其脈絡及合理性。本文認為當結合內部發展與外緣因素，可更完整合理認識此一動態變化。

祖先崇拜確實是周人政權意識形態的主要基礎之一，因此西周述祖銘文包含一定程度的「宗教性」，強調作器者自身功業與家族祖先的連結。若將述祖銘文視為西周祖先崇拜具體展現，則其形式之變化必然與宗法制度的興衰存在密切關係。再從家族或族氏角度解釋自報家門格式，恐怕不甚適切。春秋述祖銘文的消失，說明器主對自身功業與家族關聯產生不同想法。自報家門格式雖仍展現作器者身分來歷，那些被提及的父祖之名似僅為襯托器主地位。此種將稱頌主體轉向自身的變化，顯示春秋時人比起面向祖先，似更重視器主現世表現。尤其對非屬華夏中原的南方諸侯而言，為在動盪時代彰顯自身實力，更有必要強調器主的地位與功績。

---

[92] 陳英傑：〈兩周金文「器主曰」開篇銘辭研究〉，《西周金文作器用途銘辭研究》，頁 833-834。

[93] 江村治樹：〈春秋時代青銅器銘文の書式と用語の地域別變遷〉，《春秋戰國秦漢時代出土文字資料の研究》，頁 101。

通過歷時性考察，不難發現春秋銘文主題存在一個「從述祖到揚己」轉變，不僅保留周人如何看待自身與祖先的關係，亦呈現宗法制度如何從興盛走向崩解的過程。此種由宗族到個人的轉變雖在春秋南方地區逐漸顯露，然若從思想觀念的角度而言，亦非無有端倪。杜正勝考察中國古代生命觀念轉變時指出，在宗族組織強韌的社會，榮宗耀祖是第一要務。但不論祖先或子孫，關切對象皆是宗族生命。此種祖先和子孫一脈相傳的嘏辭形式，固本於周代封建宗族組織的精神。然在西周中期凸顯個人─至少是族長─的祈請，似意味對個人生命觀念的覺醒。[94]至春秋則以「揚己」方式表現，除器主自述家門，強調自身德行或行為的美好亦具相同意義，重點皆在突顯器主家世與卓越能力，顯現個人價值逐漸從宗法制度解放的時代趨勢。

整體而論，雖然在西周長篇銘文中，述祖之辭至少佔據三分之一，甚至有更高比例，然隨春秋社會背景改變，稱頌先祖德業的銘文逐漸轉變為器主自報家門格式，甚至強調器主道德與能力。同時銘文亦不再單純為祭告祖先而作，透過以樂父兄、饗於歌舞等銘辭可發現，青銅器宴樂目的似乎較過往大為增加。此種青銅器娛樂性提升的趨向，一方面印證春秋時人對自身美好享樂生活之追求，另一方面亦佐證西周凡事將榮耀歸諸宗族祖先的觀念逐漸淡薄。

第四節　小結

本章探討了春秋青銅禮器銘文外在形式可能的演化與變遷，不難發現，春秋時期不僅繼承了西周的傳統，同時也對其後的銘文發展具有開創性意義。上文已從細部發展分析各種形式的演變情形，以下，將再結合彝銘觀的概念對本章提出一個簡單的小結：

首先，本章論及春秋彝銘鑄勒位置，指出春秋以後銘文鑄勒於器內壁

---

[94] 杜正勝：〈從眉壽到長生─中國古代生命觀念的轉變〉，《中央研究院歷史語言研究所集刊》第六十六本第二分（臺北：中央研究院歷史語言研究所，1995 年），頁 398。

或內底的習慣似乎逐漸發生轉變，原本不輕易示人的銘文開始轉移至青銅器外部，這無疑與時人看待青銅器銘文的態度有密切關聯。有鑑於此，本章從列國器、器型等方面進行爬梳，試圖突顯這並不明顯但已逐漸萌芽的改變。

研究表明，春秋彝銘鑄勒位置改變的原因，可能與春秋社會結構產生劇烈變化有關。商周以來被視象徵周王朝社會地位與權力的青銅器，此時成為列國諸侯用以宣揚實力之奢侈物。不僅如此，從銘文鑄勒於器表的青銅器多集中出現在南方文化區來看，也一定程度象徵地域青銅文化的崛起。因此春秋彝銘鑄勒位置，象徵著過往青銅器及銘文的紀念碑性已不再，而是為了展現器主的社會地位與經濟實力。

其次，簡短精練的短篇銘文是春秋彝銘重要特色。而銘文的長度涉及時人對彝銘的不同觀念與看法，但過去學者對此並不特別重視。我們從歷時性的角度來看，不難發現銘文正邁向一個逐漸減省的趨勢，通過研究，我們認為這個趨勢象徵著春秋青銅器主要表明作器者社會地位的媒介，重新由形制與紋飾承擔，絕大多數銘文僅具補充說明作用的註腳，因此毋須再用長篇大論說明作器緣由，僅止於交代器物作器者及其功用即可。此外，春秋銘文雖試圖從舊風格開闢新時代面貌，然在強大西周傳統的涵蓋下，仍難避免固定化或形式化。上述兩點，很可能就是導致春秋彝銘逐漸萎縮的主要原因。

最後是銘文關照主題的變化。青銅器銘文內容通常是作器者最想傳遞的訊息，因此銘文主題的選擇便涉及時人的關心與記憶。本節主要針對「軍事與冊命銘文的衰落」及「器主曰開篇銘文的演變」兩方面展開研究，指出軍事、冊命銘文與西周中央政府決策與型態有關，因此一旦中央政府型態發生轉變，軍事與冊命主題亦急遽沒落，甚至消失在東周銘文行列之中。至於兩周銘文從述祖到揚己的變化也是如此，稱頌先祖德業的銘文逐漸轉變為器主自報家門格式，甚至強調器主道德與能力，背後正暗示著春秋社會背景的改變。

　　綜上所論，無論是銘文鑄勒位置、篇幅長短、關照主題，其變化的根本原因，都來自於時人看待彝銘的觀念態度。儘管其所能反映的歷史並不完整，不過通過對春秋彝銘外在形式的爬梳，說明我們或許可以試著從不同的角度，理解春秋社會的其中一個面向。

第二章　銘辭的新興與發展（一）

　　所謂「銘辭」，廣義可指青銅器上的全篇銘文，狹義來說則指銘文中的習見短語或常用詞，而本章所聚焦討論的乃是狹義之銘辭，範圍包含宴饗、祝嘏、頌揚銘辭以及其他春秋的新見銘辭。何謂「新見銘辭」？本書指的是未於西周流行或是兩周之際、春秋時期才出現之銘辭，其主要流傳與使用時代是以春秋為主。這些銘辭相較於西周屬「新見」，不僅有一定的時代特徵，也能反映春秋時人的思想、制度與文化等方面，具備高度研究價值。

　　本章主要關注面向有以下幾點：第一，銘辭的使用與發展。通過對銘辭的歷時性與共時性研究，可看出不同時期或地域在銘辭使用上的異同，進一步對春秋時期內在時空變化產生深入認識。第二，詞義的考證、發展與流動，討論銘辭之意義以及其歷時關係，更能深入了解古人思想之變化，對於社會史、思想史或文化史之研究均有所助益。第三，關注詞面的更替與變化，春秋時期存在不少延續西周之銘辭，其意義變化並不明顯，使用範圍差異也不大，但普遍有抽換詞面之現象，形成新見銘辭，因而具有強烈的時代意義，甚至可作為斷代分域之標準。上述三點乃是本書梳理新見銘辭的主要原因，希望藉由細部研究與探討，對於春秋銘文之演變有更進一步之認識。

第一節　祝福與祈禱：春秋彝銘中的新見嘏辭

　　嘏辭，乃指銘文中的祝辭與嘏辭，或稱祝嘏銘文。《禮記・禮運》云：「祝以孝告，嘏以慈告。」孫希旦《集解》曰：「祝謂饗神之祝辭也，嘏為尸嘏古人之辭也。」[1]最早系統研究嘏辭的徐中舒指出「祝嘏」二字，析言則義各有別；若渾言，則「祝嘏」二字必連言而後詞意始足。[2]此後，研究

---

[1] 【清】孫希旦：《禮記集解》（北京：中華書局，1989 年），頁 594。

[2] 徐中舒：〈金文嘏辭釋例〉，《中央研究院歷史語言研究所集刊》第六本第 1 分（臺北：中央研究院歷史語言研究所，1936 年），頁 1。

嘏辭的學者還有金信周、陳英傑及鄧佩玲等人,除陳英傑因聚焦於西周金文嘏辭,較少涉及東周情況外,其餘諸家皆曾論及春秋彝銘中的嘏辭,尤以鄧佩玲的研究較為精深完備。[3]

　　由於本章討論重點在於銘辭的新興與發展,嘏辭僅為其中一部份,加上已有學者進行過系統性研究,故以下僅針對特定的春秋新見嘏辭進行討論,並著重於分析嘏辭的發展過程及使用範圍,不再逐一分梳各詞彙的考釋。

一　永壽、大壽、眉考、考壽、壽老、考命

(一)永壽

1. 用追孝于其父母,<u>用易永壽</u>。(邿讐簋,4040,春秋早期)
2. 用祈黃壽,萬年無彊,<u>永壽用之</u>。(叔液鼎,2669,春秋早期)
3. 用祈黃壽無彊,<u>永壽用之</u>。(陳侯作王仲媯簋,4604,春秋早期)
4. 用祈黃壽,萬年無彊,<u>永壽用之</u>。(陳侯作孟姜簋,4606,春秋早期)
5. 用祈黃壽,萬年無彊,<u>永壽用□</u>。(原氏仲簋,圖成5947-5949,春秋早期)
6. 余用正(征)用行,<u>永壽無彊</u>,子子孫孫永寶用之。(鄧公孫無忌鼎,圖成2403,春秋早期)
7. 宋莊公之孫趞亥自作會鼎,<u>子子孫孫永壽用之</u>。(宋公鼎,2588,春秋中期)
8. 鄔子賸璏為其行器,<u>永壽用之</u>。(邊子賸璏鼎,2498,春秋晚期)

(二)大壽

1. 屯(純)魯多釐,<u>大壽萬年</u>。(秦公鐘、鎛,263-269,春秋早期)

---

[3] 鄧佩玲:《天命、鬼神與祝禱—東周金文嘏辭探論》(臺北:藝文印書館,2011年)。

（三）眉考

1. 用速先後、諸兄，用祈用<u>釁釁彜彊</u>，愍(慎)德不忘。（叔家父簠，4615，春秋早期）

2. 其<u>萬年眉(眉)考</u>，子子孫孫永寶用亯。（杞伯每刃壺，9688，春秋早期）

（四）考壽

1. 女（汝）<u>考壽萬年</u>，永儔其身。（叔尸鐘、鎛，278、285，春秋晚期）

2. 敬配吳王，<u>不諱考壽</u>，子孫蕃昌，永保用之。（蔡侯尊、盤，6010、10171，春秋晚期）

（五）壽老、考命

1. 它它巸巸，<u>壽老無碁</u>，永儔用之。（拳叔盤、匜，10163、10282，春秋早期）

2. 用<u>釁壽老母（毋）死</u>，保余兄弟，<u>用求丂（考）命彌生</u>。（鑰鎛，271，春秋中期）

（六）祈壽動詞：饙、乞

1. 余諾斢(恭)孔惠，<u>其釁壽以饙萬年無冀</u>。（鼄太宰簠，4623，春秋早期）

2. 用追亯孝丂于皇祖考，<u>用釁眉壽萬年無彊</u>。（商雒鼎，2753，春秋晚期）

祈求壽考的銘辭自西周以來就相當流行，歷來不少學者都作過相關研究，然因關注焦點之不同，部分新見銘辭並未得到較深入的探討，例如，永

壽、大壽、眉考、考命等詞。至於表示祈求的動詞也有錫、饎、求、乞等，值得進一步討論。

「永壽」一詞最早見於西周晚期，〈復公子伯舍簠〉（4011-4013）銘文就已有「永壽用之」，但並未行用，反而是春秋以後大盛，一直發展至戰國早期。《說文》云：「永，長也。」而「永」在金文中除作人名外，還有一個意義：長久、永遠，例如，西周晚期「永令」、「永命」之詞，多與「眉壽」、「霝冬」連言，意即長命。「大壽」見於春秋早期的〈秦公鐘〉（263-269），極有可能是西秦文化區的特殊用語。

類似於「永壽」、「大壽」的用法，很容易讓人聯想到西周金文的「永福」、「大福」之別，「大」是數量要求，「永」則是要求時間上的綿延不絕，著眼點不同。[4]所以，「永壽」指長壽，「大壽」則是強調壽考的數量之多，然而壽的數量多也等同於長壽，因此兩者皆為形容長壽之用語。換言之，無論「眉壽」、「永壽」或「大壽」的意義都相同，俱為金文中習見之壽考嘏辭，僅僅是字面不同的詞語。

值得注意的是，鄧佩玲曾認為「永壽」一詞主要見於山東或南方諸國青銅器，關西及中原等地彝銘未有辭例，而且在南方諸國器銘中，使用「永壽」作祝嘏者泰半是陳國青銅器。[5]但據本書統計，「永壽用之」一詞雖多見於陳器，但也見於曾（〈曾者子鼎〉，2563）、宋（〈宋公鼎〉，2588）、邾（〈邾礬簠〉，4040）、鄨（〈邊子萈叀鼎〉，2498）、曹（〈曹公簠〉，4593）、魯（〈魯正叔盤〉，10142）、鄧（〈鄧公孫無忌鼎〉，圖成2403）等國之器，其中陳、曾、鄧屬南方文化區，而魯、邾、鄨則屬東方文化區，至於宋、曹位置則介於東方文化區與中原文化區之間。因此「永壽」雖主要見於山東或南方諸國青銅器，但距離較遠的宋、曹二國亦有「永壽用之」辭例，反映出字詞流傳範圍可能更為廣泛。

---

4 陳英傑：《西周金文作器用途銘辭研究》（北京：中華書局，2007年），頁420。
5 陳英傑：《西周金文作器用途銘辭研究》，頁146。

　　春秋時期「眉考」、「考命」等詞僅見於〈叔家父簠〉（4615）一例，但詞義不難理解。學者過去對金文「眉」字已有相當豐富的考辨，清代自王引之以降多引《方言一》：「眉，老也。東齊曰眉」，認為「眉」當可訓老，老訓為壽，故眉壽同義。但近來也有學者指出「眉」未必訓「老」義，故沈培重新就「眉」字進行考辨，認為「眉」當通假為「彌」，訓「滿」、「盡」、「終」等義，故「眉壽」當是一組動賓結構，意即「滿壽」。至於金文中的「眉考」、「眉祿」之「眉」，即便訓「長」、「久」、「多」之義也應該視為動詞。[6]若由此思之，則「眉考」即為動賓結構「終考」，而「考」即「壽考」，故「眉考」意指「終其壽考」。至於「考命」之「考」訓老，屬於偏正結構，故「考命」即老命，形容壽命的長考。

　　至於「考壽」僅見於春秋晚期彝銘，共四器二銘。鄧佩玲指出「考壽」僅見於東周彝銘，年代皆屬春秋晚期，故此辭例可作為青銅器斷代的依據之一。在西周彝銘中，「考壽」一辭雖然未見，但卻有「壽考」一詞。其實上古漢語尚處於發展階段，凡屬並列結構複合詞者，語序前後倒置之情況時見，例如「民人」與「人民」、「朋友」與「友朋」、「弟子」與「子弟」等；因此，西周金文所見之「壽考」，亦應相當於東周彝銘之「考壽」，二者於意義及用法上應當無別。[7]從詞義言之，「壽考」與「考壽」當然無別，然而「壽考」僅見於西周銘文，「考壽」僅見於春秋晚期銘文，兩者行用時代卻清楚有別，顯見產生詞語的取代現象，因此「壽考」或是「考壽」的使用背後當有其時代意義。

6　關於甲骨、金文「眉」字諸家說解，詳見沈培：〈釋甲骨文、金文與傳世典籍中跟「眉壽」的「眉」相關的字詞〉，《出土文獻與傳世典籍的詮釋：紀念譚樸森先生逝世兩週年國際學術研討會論文集》（上海：上海古籍出版社，2010 年），頁 19-46。除此之外，林宏佳傾向吳式芬、郭沫若釋金文的「𪎭」字為「沫」，也認同夏淥解「眉壽」為「彌壽」之說，雖切入點不同，但思路與沈培大抵相似，其就字形有較詳細的說解，故可視為補充。詳見林宏佳：《古文字造字創意之研探—以人生歷程為範圍》（臺北：國立臺灣大學博士學位論文，2009 年），頁 122-137。

7　鄧佩玲：《天命、鬼神與祝禱—東周金文嘏辭探論》，頁 177。

　　值得進一步關注的是，春秋彝銘尚見「壽老」一詞，主要流行於東方文化區，分別出現在春秋早期的〈夆叔盤〉（10163）、〈夆叔匜〉（10202）以及春秋中期的〈鎛鎛〉（271），其中夆叔盤、匜出土於山東滕縣，器主祈求「壽老無期」，〈鎛鎛〉那來自齊國的器主則是祈求「壽老毋死」。「壽老無期」、「壽老毋死」辭義與「壽考」相當，都是指長壽綿延而不死。「壽老」可能是從西周銘文「壽考」繼承而來的詞彙，「老」、「考」二字本可互訓，產生詞語替代現象並不意外，不過流傳範圍與時間似乎不廣，而且春秋晚期就被更為流行的「考壽」取代了。

　　除此之外，上舉新見的祈壽動詞也值得加以關注，例如，春秋常見的「用錫永壽」一詞與西周「用錫眉壽」相類。張振林認為「易（錫）」的基本義是「乞求」，同時還有「賜予」的附加義，完整的意思是「乞求賜予」。這個解釋尚可通過異文互證的方法找到例子，例如，〈商雒鼎〉（2753）「**用乞眉壽萬年無疆**」即與同人所作之簋「**用錫眉壽萬年**」句式基本相同，可以證明它們確實同義。[8] 至於「乞」除乞求眉壽無疆之外，〈洹子孟姜壺〉（9729）尚有「用乞嘉命，用旂眉壽」，嘉當訓善，此處之「嘉命」當與西周金文之「霝命」相同，意即好命。整體看來，「錫」與「乞」的詞義當有部分重疊之處，「錫」乃指乞求賜予，「乞」則是更為明確的乞求義。

　　至於「䪘」、「求」雖是西周金文未見的祈壽動詞，但容易理解，這者皆為「祈求」義。「䪘」當是西周祈壽動詞「奉」（禱）的分化字，原本多作器名修飾詞，但此處用法卻與「奉」（禱）相同，西周中期〈衛鼎〉（2733）與西周晚期〈杜伯盨〉皆有「用奉壽，匄永福」銘文，而「用奉壽」亦即「眉壽用䪘」、「眉壽以䪘」，意為祈求年壽或長壽。值得注意的是，春秋以後「奉」（禱）字逐漸消失，幾乎不見於彝銘，而「䪘」字不僅持續見於器名修飾詞，

更承襲了西周「𠂤」（禱）字的意義，成為春秋新見祈壽動詞之一。[9]

二 無期、毋已

（一）眉壽無期

1. 用言用祀，以祜釁壽無𦱮。（有兒簋，圖成 5166，春秋早期）

2. <u>娶(其)釁壽無記(期)</u>，子子孫孫永寶用之。（上鄀府簋，4613，春秋中期）

3. 用樂父䣂(兄)諸士，其<u>釁壽無其(期)</u>，子子孫孫永保鼓之。（子璋鐘，113-119，春秋晚期）

4. 韹韹𤴓𤴓(熙熙)，<u>釁壽無諆</u>，子子孫孫萬葉鼓之。（徐王子旃鐘，182，春秋晚期）

5. 皇皇趣趣，<u>釁壽無碁</u>，子子孫孫永保鼓之。（沇兒鐘，203，春秋晚期）

6. 其<u>釁壽無𦱮</u>，永保用之。（襄鼎，2551，春秋晚期）

7. 其<u>釁壽無碁</u>，永保用之。（鄧公乘鼎，2573，春秋晚期）

8. 其<u>釁壽無期</u>，永寶用之。（彭子射兒簋，圖成 5884，春秋晚期）

9. 其<u>釁壽無娶</u>，永保用之。（乙鼎，2607，春秋晚期）

10. 其<u>釁壽無諆</u>，永保用之。（楚叔之孫倗鼎，圖成 2221，春秋晚期）

11. 其<u>釁壽無碁</u>，永保用之。（寬兒鼎，2722，春秋晚期）

12. 其<u>釁壽無諆</u>，子子孫孫永保用之。（王子吳鼎，2717，春秋晚期）

13. <u>釁壽無𦱮</u>，永保用之。（丁兒鼎蓋，圖成 2351，春秋晚期）

14. <u>釁壽無諆</u>，永保用之。（叔姜簠，新收 1212，春秋晚期）

15. <u>釁壽無其</u>，羕保用之。（子季嬴青簠，4594，春秋晚期）

---

[9] 關於「𠂤」與「饎」字於兩周之際的變化，詳見拙作：〈論金文饎與「饎＋器名」〉，《東華漢學》第廿一期（2015 年 6 月），頁 1-30。

- 111 -

16. 釁壽無碁，永寶用之。（王子申盞盂，4643，春秋晚期）

17. 釁壽無諆，子子孫孫永保用之。（若兒罍，圖成5897，春秋晚期）

18. 釁壽無具，子孫永保用。（齊良壺，9659，春秋時期）

（二）（眉壽）萬年無期

1. 余諾兮(恭)孔惠，其釁壽以韃萬年無畺。（黿太宰簠，4623，春秋早期）

2. 其釁壽無彊，萬年無諆，子子孫孫永保用之。（王孫壽甗，946，春秋早期）

3. 其釁壽萬年無櫅，子子孫孫，永保用之。（長子沬臣簠，4625，春秋中期）

4. 其釁壽萬年無諆，子子孫孫，永保用之。（樂子嚷豧簠，4618，春秋晚期）

5. 毆民之所亟，萬年無諆，子孫是制。（王子午鼎，2811，春秋晚期）

6. 參拜項首于皇考剌組，卑萬葉無諆。（與兵壺，圖成 12445，春秋晚期）

7. 趩趩趍趍，邁年無具，永保鼓之。（王孫誥鐘，圖成 15606-15631，春秋晚期）

（三）壽老無期

1. 它它配配，壽老無碁，永儔用之。（夆叔匜，10163，春秋早期）

（四）男女無期

1. 它配配，男女無碁，于終有卒。（邿公典盤，圖成 14526，春秋中期）

2. 它它配配，男女無期，子子孫孫永保用之。（齊侯鼎，圖成 2363，春秋晚期）

3. 沱沱配配，男女無碁，子子孫孫永保用之。（慶叔匜，10280，春秋晚期）

（五）大寶無期

1. 老壽用之，大寶無碁。（荊公孫敦，4642，春秋晚期）

（六）受福無期

1. 它它巸巸，<u>受福無萁</u>。（𨟳公壺，9704，春秋晚期）

（七）需命無期

1. <u>需命無其</u>，子子孫孫永保用之。（黿公孫班鎛，140，春秋晚期）

（八）眉壽毋已／毋巳

1. 萬年無諆，<u>嚳壽母（毋）巳</u>，子子孫孫永保鼓之。（許子𣂏師鎛，153，春秋晚期）
2. 齊侯左右，<u>毋疾毋巳</u>。（叔尸鐘，278，春秋晚期）
3. 禋享是台，祇盟嘗酌，<u>祐受（母）毋巳</u>。（蔡侯盤、尊，10171、6010，春秋晚期）

　　根據上述整理，「無期」可以搭配眉壽、萬年、壽老、男女、大寶、受福、需命等詞。「無期」又或作「無萁」、「無記」、「無諆」、「無萁」，義同於西周金文或文獻常見之「無彊」，乃指壽考、福佑的綿延無期。鄧佩玲認為「無期」有「無有期境」之意，即云事物之無窮無盡，並無止境，因此在金文嘏辭「眉壽無期」中，「眉壽」已言壽命之長久百歲，此復以「無期」補充，益可知東周先民對生命之渴求，其祈求已不僅是年壽之長遠久安，亦亟言希望生命無有終結之時。[10]

　　「無期」與祈壽、祈福嘏辭搭配，表示壽考、福佑長久無盡之義，甚易解釋，但「男女無期」一詞又該如何詮釋？「男女無期」之「男女」應與〈謬生盨〉（4459）「其百男百女千孫」同意，均指器主的後嗣男女子孫，故「無

---

[10] 鄧佩玲：《天命、鬼神與祝禱—東周金文嘏辭探論》（臺北：藝文印書館，2011年），頁118。

期」則意謂無止盡。[11]換言之,「男女無期」之「無期」乃取「無窮盡」義,乃指後嗣子孫的無窮盡,子孫綿延不絕之意。總體而論,「無期」詞義不難理解,但無論與何種嘏辭連言,其出現的時代皆在春秋,顯然是用以取代西周「無疆」的新見銘辭,具有高度的時代意義。

「無期」一詞始見於春秋早期,大盛於春秋晚期。雖然春秋早期有夆叔器(按:〈夆叔盤〉10163、〈夆叔匜〉10212)「壽老無期」、〈有兒簋〉(圖成5166)的「眉壽無疆」以及〈黿太宰簋〉(4623)「萬年無期」。至於「眉壽無期」則見於春秋中期〈上都公簠〉(4613)、[12]〈邿公典盤〉(圖成14526)「男女無期」以及〈長子沫臣簠〉(4625)「眉壽萬年無期」等,逮至春秋晚期則有〈鄧公乘鼎〉(2573)及中晚期〈襄鼎〉(2551),此時「無期」之使用漸趨頻繁,成為相當普遍的祝壽嘏辭之一。

「無期」相關詞語的使用範圍相當廣泛,首先「眉壽無期」的使用包括:陳(有兒簋)、上都(上都府簠)、徐(徐王子㫎鐘、沇兒鐘)、鄧(鄧公乘鼎)、楚(楚叔之孫倗鼎、王子吳鼎、王子申盞盂)、蘇(寬兒鼎)、申(叔姜簠)等地,諸國位置多處於成周南方偏東,可知「眉壽無期」一詞大概是此區域的流行用語。其次,「無期」與「萬年」、「男女」、「受福」、「壽老」、「大寶」等詞的組合也有地域分佈之差異,言「萬年無期」、「大寶無期」者多為楚器;言「男女無期」者皆為齊器;「受福無期」為紀器;「霝命無期」則為邾器。由此觀之,「無期」相關詞語的流行範圍集中於東方文化區與南方文化區。

值得注意的是,春秋銘文中與「眉壽無期」詞義相似者尚有「眉壽毋已」

---

[11] 林聖傑:〈公典盤銘文淺釋〉,《中國文字》新廿七期(臺北:藝文印書館,2001年),頁95。

[12] 中研院建構之金文資料庫仍將上都公簠的年代歸入春秋晚期,不過由於該器出土於河南淅川下寺 M8,而彭裕商亦指出「淅川下寺 M8 應為春秋中期前段的遺跡」,同時亦將 M8 出土之簠型訂為流行於春秋早期後段到春秋中期前段之典型。同時吳鎮烽之金文通鑑亦將之歸入春秋中期,因此,本文從上都公簠為春秋中期器之說。詳見彭裕商:《春秋青銅器年代綜合研究》(北京:中華書局,2011年),頁67。

一詞，「毋已」乃指沒有停止，故「眉壽毋已」當是祈求年壽沒有停止的時候。雖然「眉壽毋已」僅見於〈許子牆師鎛〉（153），但搭配其他詞語的「毋已」及「無已」二辭卻較常見，嘗見於〈叔夷鐘〉（278）「毋疾毋已」、〈蔡侯尊〉（6010）、〈蔡侯盤〉（10171）「祐受母（毋）已」等器，皆是以「毋已」期許身體之無病與福祐不要停止。四器的年代均屬春秋，其中〈叔夷鐘〉與蔡侯器更可確定為春秋晚期器，由是可知，此二辭之出現當僅限於春秋，因此「毋已」、「無已」之使用確實可以作為春秋青銅器的斷代標準之一。[13]

三 召公壽、參壽

1. 眈（晙）保其孫子，<u>三壽是利</u>。（晉姜鼎，2826，春秋早期）

2. 用嘗嚳壽躰鼇于其皇祖皇考，若<u>召公壽</u>，若<u>參壽</u>。（者減鐘，193，春秋中期）

3. □□<u>參壽</u>，諆（其）永鼓。（鄴子成周鐘，圖成 15255-15263，春秋晚期）

4. □□<u>參壽</u>，諆（其）永鼓之。[14]（侯古堆鎛，圖成 15806-15813，春秋晚期）

金文「三壽」一詞始見於西周中期〈曩仲觶〉（6511）「勻三壽、懿德、萬年」，其後西周晚期〈默鐘〉（260）亦見「**參壽隹利**」，其餘諸例皆為春秋器，可見「三（參）壽」雖起源甚早，但真正的興盛時期遲至春秋。學者對於「參（三）壽」詞義的看法各不相同，基本可彙整出六種說法：

第一，壽考說。主要根據毛亨傳《詩經》曰：「壽考也」，從其說者為徐中舒。[15]第二，三卿說。主要據鄭箋云：「三壽，三卿也。」孔穎達疏：「三老，賢人也。」換言之，孔疏以為三卿即三老，故三壽乃指賢人。第三，壽之三等說，指上壽、中壽、下壽。持此說者為馬瑞辰，然杜預注《左傳》、

---

[13] 鄧佩玲：《天命、鬼神與祝禱—東周金文嘏辭探論》，頁 123。

[14] 諸家對於本鎛銘文釋文多有不同，今從謝明文補釋。詳見謝明文：〈固始侯古堆一號墓出土編鎛補釋〉（發表日期：2010 年 12 月 8 日），復旦大學出土文獻與古文字研究中心網站 http://www.gwz.fudan.edu.cn/SrcShow.asp?Src_ID=1312

[15] 徐中舒：〈金文嘏辭釋例〉，《中央研究院歷史語言研究所集刊》第六本第 1 分，頁 18-20。

李善注《文選》皆引此說，同時《莊子‧盜跖》、《呂氏春秋‧安死》、《淮南子‧原道訓》、《論衡‧正說》皆見上中下三壽之說法，可見此說由來已久且影響力甚大。第四，參星說。郭沫若認為「參」指參星，意為壽如參星之高也。[16]第五，多壽說。三表示極多、數大之意，三壽相當於萬壽、萬年。[17]第六，人名。唐蘭以為「參」為人名，並引「若召公壽」比勘。[18]

　　學者們對於「參（三）壽」一詞的研究用力甚深，但意見也頗為分歧。從此六例可歸納出幾個現象：首先，參、三可互用，可見「參」並非專有名詞，因此唐蘭認為「參」為人名或郭沫若的「參」為參星之說應可初步排除，而且「參星」在古代並不具有長壽意象，古代天文學的「壽星」多指東方七宿之角、亢二宿，或者是南極星，故「長壽如參星」之說恐較難成立。其次，參考《者減鐘》「若召公壽，若參壽」則「召公」與「參」並列，傳世文獻有召公長壽之說，徐中舒認為召公年壽之記載，以三壽為祝老之辭，亦不為過矣。[19]

　　近來《清華簡（伍）》收錄〈殷高宗問於三壽〉一文，文中指稱「三壽」為少壽、中壽與彭祖三位不同年齡段的老人。[20]依此看來，「三壽」恐隨時間產生詞義變化，西周中期〈㵄仲簠〉的器主㵄仲為媵生作器，求其「三壽懿德萬年」，三壽當與懿德、萬年性質相同，應指多壽一類的意思。不過從春秋時期的「若召公壽，若三壽」句式結構論之，「三壽」似乎從形容長壽之詞演變為特定指涉某類長壽之人，其當與「召公壽」同以傳說中年壽甚長之人為比喻，故三壽即指少壽、中壽與彭祖等老人，若進一步推斷此傳說恐怕就是起源於春秋時期。

---

[16] 郭沫若：《兩周金文辭大系考釋》，頁53。

[17] 杜正勝：〈從眉壽到長生—中國古代生命觀念的轉變〉，《中央研究院歷史語言研究所集刊》第66本第2分（臺北：中央研究院歷史語言研究所，1995年），頁402。

[18] 唐蘭：〈周王𫝹鐘考〉，《唐蘭先生金文論集》（北京：紫禁城出版社，2005年），頁38。

[19] 徐中舒：〈金文嘏辭釋例〉，《中央研究院歷史語言研究所集刊》第六本第1分，頁20。

[20] 清華大學出土文獻與保護中心編：《清華大學藏戰國竹簡（伍）》（上海：中西書局，2015年），頁152。

　　既然「三壽」乃指上、中、少壽，則須進一步探討「參（三）壽佳利」
與「三壽是利」的語法結構。趙誠認為「三壽唯利」即「三壽是利」，即是
利三壽，「利」是動詞，三壽是賓語。後代的「戎狄是膺」、「荊舒是懲」、「先
君之好是繼」、「舍其舊而新是謀」都是「賓是動」的結構，與「三壽唯利」
句式相同。[21]

　　這種「賓語＋是＋動詞」格式兩周金文時見，賓語與動詞間添加代詞
「是」，作前置之賓語，使受事者更形突出，從而加強祈句語氣。例如，金
文「黿邦是保」，「黿邦」前置於句首，突出其對邦國永保守護之強烈願望。
相類之前置格式亦見〈黿公牼鐘〉「分器是持」，此即「持分器」，訓誡子孫
必須守護此具名分之器；〈蔡侯紐鐘〉「天命是將」，此乃「將天命」之前置
格式，「將」有遵奉、遵守之意，「天命是將」即謂遵奉天命。〈陳逆簋〉「子
孫是保」，即「保子孫」，言保佑、保護其子孫後代。此外，就出現年代而言，
「〔賓語〕＋『是』＋〔動詞〕」句式皆僅見於春秋晚期或以後之彝器，故其
用語格式可以作為青銅器斷代依據之一。[22]

　　由此可知，無論是「三壽佳利」或「三壽是利」，都應理解為「利三壽」，
意為益於三壽老人。由上可知，「參（三）壽」乃是承繼西周以來之銘辭，
春秋見於早期〈晉姜鼎〉、晚期的〈者減鐘〉以及另二件出土於河南固始縣
侯古堆一號墓的有銘青銅器，該墓被認為是嫁于吳國的宋景公之妹「勾敔夫
人」墓，具有強烈的吳文化因素，然學者認為墓中出土之鐘、鎛因曾遭搶奪
以致器主名毀損，故未進一步斷定其所屬國別。[23]換言之，「參（三）壽」一
詞應持續於春秋時期流行，而且使用範圍可能甚廣，北達晉國，南至吳國，

---

[21] 趙誠：〈金文的佳、唯〉，《容庚先生百年誕辰紀念文集》（廣東：廣東人民出版社，
　　 1998 年），頁 420。
[22] 鄧佩玲：《天命、祝禱與鬼神—東周金文嘏辭探論》，頁 254。
[23] 河南固始侯古堆出土之鄱子成周鐘與侯古堆鎛，前者銘文明顯有鏟毀後改刻「鄱子成周」
　　 的痕跡，後者則直接鏟去器主名，故學者多推測此二器乃是輾轉掠奪之器，故不易確定
　　 原國別。相關論證詳見歐潭生：〈固始侯古堆吳太子夫差夫人墓的吳文化因素〉，《中原文
　　 物》第四期（1991 年），頁 33-38。

當是西周傳至春秋的習用銘辭。

四 永祜福、永祜需靷

（一）永祜福

1. 曾子白誩鑄行器，爾永祜福。（曾子伯誩鼎，2450，春秋早期）

2. 曾亘嫚非彖為爾行器，爾永祜福。（曾亘嫚鼎，新收 1201，春秋早期）

3. 曾孟嬴剈自作行簠，則永祜福。（曾孟嬴剈簠，新收 1199，春秋早期）

4. 黃君孟自作行器，子孫則永祜福。（黃君孟鼎，2497，春秋早期）

5. 黃君孟自作行器，子子孫孫則永祜福。（黃君孟豆，4686，春秋早期）

6. 黃君孟自作行器，子子孫孫則永祜福。（黃君孟壺，9636，春秋早期）

7. 黃君孟自作行器，子子孫孫則永祜福。（黃君孟需，9963，春秋早期）

8. 黃君孟自作行器，子子孫孫則永祜福。（黃君孟盤，10104，春秋早期）

9. 黃君孟自作行器，子孫則永祜福。（黃君孟匜，10230，春秋早期）

10. 曾子屢自作行器，則永祜福。（曾子屢簠，4528，春秋晚期）

11. 曾子叔狀父作行器，用祜福。（曾子叔狀父簠，4544，春秋晚期）

12. 伯彊為皇氏伯行器，永祜福。（伯彊簠，4526，春秋時期）

13. 黃子作黃夫人行器，則永祜福需冬（終）需後。（黃子鼎，2566，春秋早期）

（二）永祜需靷

1. 黃子作黃夫人孟姬器，則永祜需靷（輮）。（黃子鼎，2567，春秋早期）

「永」在金文中除作人名外只有一個意義：長久、永遠，是要求時間上的延綿不絕。[24]祜，福也。〈癲鐘〉（247-250）銘文「大神其陟降嚴祜」，「嚴祜」即大福；[25]《詩・小雅・信南山》云「獻之皇祖，曾孫壽考，受天之祜。」

---

[24] 陳英傑：《西周金文作器用途銘辭研究》，頁 420。
[25] 陳英傑：《西周金文作器用途銘辭研究》，頁 446。

孔疏：「祜，福也。」；[26]楊樹達考釋〈曾子𪾢簠〉（4528）時曾云：「祜通訓為福。祜福同義連文，義自可通。」[27]簡言之，「祜福」當是一組同義連詞，而「永祜福」即是希望福氣得以長久綿延。「永祜福」或「祜福」一詞未曾見於西周金文或傳世文獻，屬於春秋時代典型的新見銘辭，時間從春秋早期一路延續至晚期。從上舉文例可知，其主要使用範圍多在黃、曾二國一帶，其形式則有「爾永祜福」、「子孫則永祜福」、「則永祜福靁終靁後」、「永祜靁靲」、「則永祜福」以及「用祜福」等。

爾永祜福，〈曾亘嫚鼎〉（圖成 2005-2006）銘文「曾亘嫚非彔，為爾行器，爾永祜福」，學者認為「爾」的解釋有兩種可能性：第一，爾為人名，意指曾亘嫚非彔為「爾」製作行器，並希望「爾」能享有長久綿延的福氣；第二，若將「非彔」理解為文獻中的「不祿」，意即不終其祿，則兩個「爾」都是曾亘嫚的第二人稱代詞，可能是他人或後人為死者曾亘嫚所作之器。[28]

前一種說法不僅認為「爾」為人名，更進一步連結棗陽郭家廟的曾國墓地即是「爾」之墓，然而若考慮上海博物館藏傳世器〈曾子詰鼎〉（2450）銘文為「曾子詰鑄行器，爾永祜福」，可知「爾」必非人名，故此說可能性較低。徐少華指出此器「第 2 行上面留有 3 字的空位，不知是有意所為，還是因故被刮掉，從行文格式和銘文內容觀察，此處應當是某個人名」，[29]並認為此套用器當是曾亘嫚死後，其家人或親屬為其所做，因此銘文兩「爾」字當釋為汝。不過即便將「爾」視為第二人稱代詞，仍需解決〈曾子詰鼎〉的文例問題，該器現藏於上海博物館，出土地不明，不易確知是否為他人作器例。

事實上，春秋青銅器中確實存在為他人作器卻省略受器者名的例證，春

---

26 【清】王先謙撰：《詩三家義疏》（北京：中華書局，2013 年），頁 757。

27 楊樹達：《積微居金文說》（上海：上海古籍出版社，2007 年），頁 233。

28 黃錫全：〈棗陽郭家廟曾國墓地出土銅器銘文考釋〉，《古文字與古貨幣文集》（北京：文物出版社，2009 年），頁 122。

29 徐少華：〈從銅器銘文析古鄀國的婚姻與文化〉，《出土材料與新視野》（臺北：中央研究院，2013 年），頁 254-255。

秋早期有〈黃大子伯克盤〉(10162)銘文:「**隹王正月初吉丁亥,黃太子白克作仲嬴□賸盤,用旂眉壽萬年無彊,子子孫孫永寶用之。**」該器為傳世器,不知出土地,亦不知仲嬴嫁往何處。但1977年山東沂水縣劉家店子村墓葬卻出土同一作器者的另一件器〈黃大子伯克盆〉(10338),其銘文云:「**隹正月初吉丁亥,黃大子白克作其饙盆,其眉壽無彊,子子孫孫永寶用之。**」此地春秋時期屬於莒國,該墓地被認為莒公墓地,黃國「大子伯克」之器出於山東,應有特殊理由,或與「黃大子伯克」媵「仲嬴」出嫁有關。[30]換言之,〈黃大子伯克盆〉很有可能也是黃大子伯克作予仲嬴的媵器,而彝銘中的「其」即是仲嬴。依此來看,〈曾子伯誩鼎〉亦有可能是省略受器者名之器,則「爾永祜福」仍可理解為希望你享有長久綿延的福氣。

「子孫則永祜福」、「則永祜福霝終霝後」、「則永祜福」、「永祜霝䆁(釐)」當可合併觀之。首先「子孫則永祜福」之「則」位於主謂語之間,有的學者視為承接連詞,但認為意味較不明顯,因兩周金文中類似場合皆不用「則」,故從表意上來看顯得多餘。[31]也有人認為「則」原有「地未成國之名」義,但在西周晚期開始詞義虛化,至春秋時期較為普遍,[32]故從「則永祜福霝終霝後」與「則永祜福」可看出這兩種位置的「則」字意義並無太大差別,均作承接連詞使用。

需再進一步考釋的尚有「霝冬霝後」與「永祜霝䆁(釐)」,西周金文多見「霝冬」,即靈終,善終、好死也,可見時人對於死亡之恐懼。[33]《說文》云:「霝,雨落也。」由字義來看似與銘文內容不合,而學者普遍認為「霝」當是「靈」之假借字,古書之「靈」多訓「善」,而「霝後」當為「靈後」,金文之「後」多有後代、後人之義,此處當指擁有美善之後世子孫。

---

[30] 陳昭容:〈從青銅器銘文看兩周漢淮地區諸國婚姻關係〉,《中央研究院歷史語言研究所集刊》第七十五本第四分(1994年),頁651。

[31] 武振玉:《兩周金文虛詞研究》(北京:線裝書局,2010年),頁215。

[32] 程燕:〈曶叔簋新釋〉,《古文字研究》第廿五輯(北京:中華書局,2004年),頁199-201。

[33] 陳英傑:《西周金文作器用途銘辭研究》,頁397。

羉轋，多隸定為靈輮，《說文》「輮，車軔也，从車柔聲。」此恐非本義。
本文認為「羉轋」當為「靈柔」之通假，靈柔即善柔，《論語・季氏》「友便
辟，友善柔，友便佞。」馬融注：「面柔也。」[34]此處「善柔」雖非正面意義，
不過春秋彝銘中的「善柔」當取其嘉善和柔之義。

整體而言，「永祜福」一詞主要見於黃國與曾國青銅器，而且時代集中
於春秋早期，春秋晚期僅二例，因黃國此時已經滅亡，故全為曾國器。張昌
平研究曾國青銅器時，亦注意到兩國青銅器之間的密切關係，其認為兩國因
在地理位置上作西南—東北向毗鄰，兩者可通過桐柏山之孔道互為交通，故
往來密切，兩國之密切關係一直維持至黃國滅亡前夕。[35]從「永祜福」一詞
之共用來看，張氏的推理有其可能性。更進一步來說，雖然過去認為春秋早
期的曾、黃二國屬於周文化體系之內，不過從青銅器細部表現已可看出與周
式青銅器不同之處，而「永祜福」這類特殊銘辭更可印證黃、曾二國青銅器
並非完全複製周文化內容，而是存在部分獨立製作的因素。

除此之外，黃、曾二國在「永祜福」一詞之寫法也略有差異，例如，曾
國多直接寫作「祜福」形，而黃國習慣上加「宀」旁作「祜福」，儘管兩者
文意表達相同，但不同的文字構形正可反映出兩國既密切又有各自特徵的
特殊文化關係。

五　繁釐、多釐

1. 用斯釁壽緐（繁）釐，于其皇祖皇考。（者減鐘，197，春秋早期）

2. 呂受大福、屯（純）魯、多釐，大壽萬年。（秦公鐘、鎛，266-270，
春秋早期）

3. 呂受屯（純）魯、多釐，眉壽無彊。（秦公簋，4315，春秋中期）

---

[34] 【清】劉寶楠：《論語正義》（臺北：文史哲出版社，1980 年），頁 657-658。
[35] 張昌平：《曾國青銅器研究》（北京：文物出版社，2009 年），頁 298-299。

「繁釐」一詞始見於西周晚期〈叔向父禹簋〉（4242）「其皇在上，降余多福、緜釐」，「繁釐」就是西周中期〈史牆盤〉（10175）的「多釐」，也就是多福，其引《史記・孝文本紀》：「今吾聞祠官祝釐，皆歸福朕躬，不為百姓，朕甚愧之。」裴駰集解引如淳曰：「釐，福也。」[36]其實《說文》已云：「釐，家福也。」至於「繁」，則有綿多、繁長之義，故「繁釐」確實可等同於「多福」。

「多釐」見於春秋早期〈秦公鐘〉（266-270）等器，鄧佩玲認為西周中期銘文的「多釐」雖並非嘏辭，但可作為「多釐」一詞業已出現之憑證。又由是觀之，「多釐」之使用或乃關中地區一帶具地域色彩之專用語彙。[37]若從使用地域檢視，〈史牆盤〉出土於陝西扶風莊白村，〈秦公鐘〉出土於陝西寶雞楊家溝，〈秦公簋〉則傳出土於甘肅天水，確實均集中於西秦、中原文化區。至於「繁釐」或「多釐」的使用時間，初步推估西周中期已開始使用「多釐」一詞，但並未成為嘏辭，西周晚期始見嘏辭用例，後行用於春秋早期，使用下限約在春秋中期。據此而論，「繁釐」、「多釐」應可視為春秋延續西周銘辭的代表之一。

六　丂冬有卒

「丂冬有卒」一詞僅見春秋中期〈邾公牼盤〉（圖成 14526）「它巸巸，男女無萬，丂（考）冬有卒。」針對這句銘辭，學者多有考釋，但意見相

---

[36] 陳英傑：《西周金文做器用途銘辭研究》，頁 407，註二。
[37] 鄧佩玲：《天命、祝禱與鬼神—東周金文嘏辭探論》，頁 225。

當分歧，包括終卒說[38]、崒卒說[39]、保卒說[40]、始卒說[41]、終始說[42]等不同觀點。除上述諸說以外，另有陳劍據字形考釋，主張盤銘「于」字當改釋為「考」，前二字當釋為「考終」，意即「老壽」，《尚書・洪範》「五福」之「五曰考終命」，「考終」也就是「考終命」。[43]其字形考釋可從，但並未說明「考終有卒」之意涵。

事實上，「考終有卒」之「卒」當從古文字的脈絡進行考察，方能得出較合理之結論。關於甲骨文中的「卒」字，裘錫圭曾有詳細論證，其將釋為「卒」之字多訓為「終」，或有用「卒」卜問某件事能否順利完成，其中較值得注意的是其中兩條卜辭：

---

38 支持此說者有李學勤、涂白圭。涂白圭認為「于終有卒」為吉祥語 但非泛泛的祝詞，其以為終、卒同義，都是希望姜首能夠長久地在大國保有其地位。涂白圭：〈郙公典盤及相關問題〉，《考古與文物》第 5 期（2003 年），頁 43。

39 提出者為方輝，其指出「冬」同「終」，意即終老、壽終。並將「卒」通「崒」。訓高之意。認為高古有崇高、尊貴之義。于終有卒，既能高壽，又能獲得尊貴和榮耀。方輝：〈郙公典盤銘考釋〉，《文物》第 9 期（1998 年），頁 62-63。

40 周海華和魏宜輝釋「卒」為「衣」，讀為「依」訓為「保」，認為「于終有依」即「終有所保」，胡長春從之。周海華、魏宜輝：〈讀銅器銘文札記（四則）〉，《東南文化》第 5 期（2000 年）；胡長春：《新出殷周青銅器銘文研究》（合肥：安徽大學博士學位論文，2004年），頁 201-202。

41 鄧佩玲指出「于終有卒」與《詩・大雅・既醉》「令終有俶」在意義和結構上均相當接近，並引古書訓「于」為「大」，而「大」有「善」、「美」之意，故盤銘「于終」即文獻中的「令終」，亦即金文習見之「靈終」。又將「卒」對應於《詩》之「俶」，而「俶」訓「始」，「卒」則訓「終」、「已」、「竟」皆為常詁，主張盤銘「于終有卒」應理解為「于終有終」，乃指古人 之有始有終，終而復始。鄧佩玲：〈新見金文嘏辭—「于冬又卒」探論〉，《康樂集－曾憲通教授七十壽慶論文集》（廣州：中山大學古文字研究所，2006年），頁 208-215。

42 袁金平不同意將「卒」訓解為「終」之說，其主張將「卒」讀為「乍」，認為齊語卒、乍聲音相近，而郙國儘管地望仍有爭議，但自古即為齊系小國，故郙人在語言上受地域相接近的強勢大國齊國的影響自不待言。在金文中，「乍」又多用為「作」，故「于終有卒」即「于終有作」，相當於「于終有始」，這樣不僅與《詩・大雅・既醉》「令終有俶」在意義上極為一致，也與古人觀念中終而復始，追求生生不息、長生不老等思想完全吻合。袁金平：〈郙子姜首盤銘「于終有卒」新論〉，《古文字學論稿》（合肥：安徽大學出版社，2008 年），頁 212-214。

43 陳劍：〈金文字詞零釋（四則）〉，《古文字學論稿》，頁 140-143。

（70）辛酉卜，在臺，貞：王田，衣a逐，亡災。

（合 37532）

（71）丙午卜，在昌，貞：王其田柳，衣a逐，亡災，禽。

（英 2566）

裘錫圭指出這種「衣a」無疑跟黃組卜辭中別的很多「衣a」一樣，也應該釋讀為「卒」。「卒逐，亡災」的意思可能是「完成逐獸之事，沒有災害」，也可能是「直到逐獸之事終了不會有災害」（按後一種解釋，「逐」字後逗號可取消）。[44]換言之，卜辭中的「卒」可以理解為完畢或釋直到某事終了。裘錫圭更於補記中指出「初」字從衣從刀會意，因為在縫製衣服的過程裏，裁剪是初始的工序。「卒」字也從「衣」（按：即褅），其本義似應與「初」相對。也就是說，士卒並非它的本義，終卒才是它的本義。[45]

至於金文中的「卒」字，李學勤曾也有詳細論證，其指出「卒」字，《爾雅·釋詁》訓為終、盡、已，《釋言》訓為既，《孟子·盡心下》注訓為竟，《禮記·奔喪》注訓為止。故西周中期〈𢼸簋〉（4322）銘文「卒搏无尤于𢼸身」乃指整個戰役中沒有過失；〈繁卣〉（5430）「卒事亡尤」則言整個祭祀過程中沒有過失；〈多友鼎〉（2835）「卒俘」可解為既俘、「卒復筍人俘」即終復筍人俘、「卒焚」則可解做既焚；〈天亡簋〉（4261）「卒祀于王丕顯考文王」，卒訓為既；〈庚嬴鼎〉（2748）「卒事」訓為「終事」；〈沈子它簋〉（4330）「念自先王先公迺妹克卒告剌成公」，卒也當訓為終。[46]由此觀之，西周金文的「卒」有訓終、既、已的幾種狀況，比起甲骨文的「卒」表達更多層次的涵義。

綜上所述，古文字所見的「卒」多訓「終」，有完畢、完成之意，《論語·

---

[44] 裘錫圭：〈釋殷墟卜辭中的「卒」和「褅」〉，《裘錫圭學術文集·甲骨文卷》，頁 373。

[45] 裘錫圭：〈釋殷墟卜辭中的「卒」和「褅」〉，《裘錫圭學術文集·甲骨文卷》，頁 376。

[46] 李學勤：〈多友鼎的「卒」字及其他〉，《新出青銅器研究》（北京：文物出版社，1990年），頁 135。

子張》云：「有始有卒」，此「有卒」亦訓為「有終」。藉此檢視〈邿公典盤〉之「考終有卒」，似將「有卒」理解為「有終」較為可信。若以此重新考慮則「考終有卒」似應意指兩組詞，亦即「考終」、「有終」，與西周常見的「眉壽靁終」、「永命靁終」、「靁終難老」類似，都是祈求壽老且能善終。

七　長購其吉

2006 年河南南陽徐家嶺 M11 出土的〈鄀夫人孁鼎〉（圖成 2425）銘文云：「鄀夫人孁擇其吉金，作鑄沬鼎，以御和湯，長購亓（其）吉，羕（永）壽無彊（疆）。」

學者對於「長購亓（其）吉」之訓解略有不同，「購」字形作 [圖]，《說文》訓「貨也。」由於以「購」之訓釋無法說通，故學者或通作邁、萬、賴，[47] 其中以通「賴」之說較為可信，由於傳世古書中「賴」、「萬」二聲系之字每相通，如「賴」通「厲」，又通「蠆」，「瀨」通「厲」，「癩」通「厲」等等。出土古文字資料亦頗多例證。如，西周金文「厲王」之「厲」作「剌」（「剌」即「賴」之聲符）。又戰國楚簡「瀨」作「潰」，「賴」作「萬」、「蒽」等。特別是〈緇衣〉引〈甫刑〉「一人有慶，兆民賴之」，郭店簡本作：「一人又慶，墼民購之。」（簡 13-14）正是以「購」為「賴」，可與鼎銘合證。[48] 此說不僅證據充足，而且據《說文》「賴，贏也。」段注：「應曰『賴，恃也。』晉曰『許慎云：賴，利也。無利入於家也。』……」可知「長賴其吉」可理解為「長恃其吉」或「長利其吉」，亦即長久地依憑吉利。

根據以上整理之春秋時期新見的嘏辭可以發現，此時人們所企求之內

---

[47] 釋「邁」說參見王長丰、喬保同：〈河南南陽徐家嶺 M11 新出佽夫人孁鼎〉，《中原文物》第 3 期（2009 年），頁 11。釋「萬」說則參見馮時：〈佽夫人孁鼎及其相關問題〉，《中原文物》第 6 期（2009 年），頁 64-66。釋「賴」說詳見陳斯鵬：〈新見金文釋讀商補〉，《古文字研究》第廿九輯（北京：中華書局，2012 年），頁 270。

[48] 陳斯鵬：〈新見金文釋讀商補〉，《古文字研究》第廿九輯（北京：中華書局，2012 年），頁 270。

容與西周差異不大，仍以壽考、福佑、善終等生命的延長與美好為主，不過即便祈求目的不變，亦不代表春秋銘文的表現毫無自身創造力，本書經過整理認為不同之處有以下三個面向：

首先是詞面的抽換與改動。如，永壽、大壽、壽考、無期、祜福、繁釐、多釐、于卒有終等，其義不外乎祈求年壽之久遠或是福祿之繁多，但受到不同區域的流行或用語影響，使得相同意義之銘辭出現不同的表現方式，進一步反映了春秋時代逐漸明顯的地域性，其中又以東方文化區、南方文化區與西秦文化區表現較為強烈。

其次在於觀點的調整與變革。雖然從新見嘏辭可見春秋時人對於美好生命之追求與西周人並無太大不同，但從少數特殊銘辭中仍可觀察到思想觀念的轉變，例如，「壽老毋死」之中，「毋死」概念在西周銘文較少得見，過去僅僅是追求年壽的長考，但似乎仍未有「毋死」想望，因此描繪善終好死之「靈終」成為相當常見的嘏辭之一。然而從春秋嘏辭的「壽老無期」、「壽老毋死」之中，卻可以發現到春秋時人不再滿足於年壽的長久，而是進一步希望避免死亡到來，雖然此時尚未出現更為成熟的長生觀念，不過似乎仍能從「毋死」、「無期」等銘辭，感受到先秦時人從眉壽到長生之生命觀的改變。

第三為新觀念的追求，從「長購丌（其）吉」一詞可以發現，「吉利」也逐漸成為春秋時人追求的內涵，西周時期所見之「吉」多用以形容好的日子或好的金屬，如：吉日、吉金。儘管西周中期零星可見「吉康」一詞，但多與「黃耇」並稱，乃是器主祈求得以長壽安康，「吉」似乎仍偏向「安康」、「安穩」等義，不過《鄁夫人嬭鼎》之「長購丌（其）吉」則明顯希望受器者能長久地依憑吉利。由此觀之，「吉」之意涵似乎專向「福」、「祿」一類能帶給器主好處之詞彙，而不再僅僅是象徵器主的安康、安穩，顯示出時代不同而人們追求之願望亦出現些微轉變。

第二節　宴樂與饗食：春秋新見宴饗銘辭

　　春秋時期，青銅器功能出現較明顯的改變，除用於祭祀祖先外，也多用於宴饗器主的親戚朋友，過往頻繁為去世祖先祝嘏或讚頌的情形逐漸變化，出現更多紀錄器主宴饗過程的相關銘文。因應而生的，正是更多前所未見的宴饗對象或相關銘辭。相較於西周銘文多嘏辭，春秋新見銘辭則多著重宴饗方面，形成極具時代特色的一大主題，故若欲更深入了解春秋銘文之演變，則有必要進一步仔細爬梳宴饗銘辭之新見與發展，以下即從對象與銘辭兩方面論述之。

一　春秋彝銘新見宴饗對象

（一）諸父、諸兄、諸母、先後

1. 我用召卿事辟王，用召<u>者（諸）老、者（諸）兄</u>。（伯公父簠，4628，西周晚期）
2. 用實旛（稻）籾（粱），用<u>飤者（諸）母、者（諸）𣪘（兄）</u>，使受寶。（郘召簠，圖成5929，春秋早期）
3. 用實旛（稻）籾（粱），用<u>速先後、者（諸）𣪘（兄）</u>，用匽賸考無彊。（叔家父簠，4615，春秋早期）
4. 宣喪用雍其<u>者（諸）父、者（諸）兄</u>，其萬年無彊。（曾子仲宣鼎，2737，春秋中期）
5. 以宴賓客，台樂<u>我者（諸）父</u>，子孫用之。（配兒句鑃，427，春秋晚期）
6. 用匽樂<u>者父、兄弟</u>，我不敢困覵。（文公之母弟鐘，圖成15277，春秋晚期）

　　「諸父」即同宗父輩，西周金文未見，最早見於春秋中期的〈曾子仲宣鼎〉（2737）。「諸父」一詞在銘文出現時間雖然甚晚，但多見於傳世文獻，

如《詩·小雅·伐木》「伐木許許，釃酒有藇，既有肥羜，以速諸父。」孔疏：「天子謂同姓諸侯、諸侯謂同姓大夫皆曰『父』，異姓則稱『舅』。」[49]又《禮記·雜記下》「有父之喪，如未沒喪而母死，其除父之喪也，服其除服，卒事，反喪服。雖諸父昆弟之喪，如當父母之喪，其除諸父昆弟之喪也，皆服其除喪之服，卒事，反喪服。」[50]由「諸父昆弟」連稱，可知一般宗族內部的「諸父」當指同宗之父輩，即伯父或叔父，至於孔穎達謂同姓諸侯、大夫稱「諸父」，其實僅是周天子獨有的特權，並非一般貴族可稱之。

春秋之「諸兄」即西周銘文之「兄弟」，指同胞兄弟。春秋時期「兄弟」一詞用例減少，僅見於春秋中期的〈齊侯鎛〉（271）以及春秋晚期的〈文公之母弟鐘〉（圖成 15277）二器，其他彝銘反而較常「諸父諸兄」連用，或以「父兄」一詞稱之，如：〈楚大師登鐘〉（圖成 15511，春秋早期）「用宴用喜，用樂諸侯及我父兄」、〈嘉賓鐘〉（51，春秋）「用樂嘉賓、父兄」、〈子璋鐘〉（113，春秋晚期）「用宴以喜，用樂父兄、諸士」等等，用例繁多，而「諸父」、「諸兄」的使用頻率次之。

「諸母」，春秋銘文僅見〈郱召簠〉（圖成 5929），先秦傳世文獻則分見三處，分別是《禮記·曲禮上》「諸母不漱裳」，注云：「諸母，庶母也」，孔穎達疏：「謂父之諸妾有子者」；[51]《禮記·內則》：「異為孺子室於宮中，擇於諸母與可者，必求其寬裕、慈惠、溫良、恭敬，慎而寡言者，使為子師。」鄭注：「諸母，眾妾也」；[52]《穀梁傳·桓公三年》「禮送女，父不下堂，母不出祭門，諸母兄弟不出闕門。父戒之曰：『謹慎從爾舅之言。』母戒之曰：『謹慎從爾姑之言。』諸母般申之曰：『謹慎從爾父母之言。』」楊疏：「庶母及門內施般申之以父母之命曰：『敬恭聽宗爾父母之言，夙夜無怨。』」示

49 【清】王先謙撰：《詩三家義疏》（北京：中華書局，2013 年），頁 572。
50 【清】朱彬撰：《禮記訓纂》（北京：中華書局，2007 年），頁 630。
51 【清】朱彬撰：《禮記訓纂》（北京：中華書局，2007 年），頁 22。
52 【清】朱彬撰：《禮記訓纂》（北京：中華書局，2007 年），頁 436。

諸衿般。」[53]由傳世文獻的注疏可知，「諸母」當為父親的妾室，亦即庶母，故〈邿召簠〉的「用飤諸母諸兄」當指宴饗庶母及其兄弟。

「先後」一詞僅見於春秋早期的〈叔家父簠〉（4615），亦見於傳世文獻，可作動詞或名詞。動詞乃指在某人身前身後守衛，《周禮·虎賁氏》「虎賁氏掌先後王而趨以卒伍」，乃指虎賁氏的職掌為在王之前後守衛，並號令隊伍；又或《左傳·襄公二十八年》「二人皆嬖，使執寢戈而先後之。」楊伯峻云：「二人皆為舍之近衛，或在舍先，或在舍後。」[54]言慶舍有寵盧蒲癸與王何，讓二人任近衛士，在其先後保護之。「先後」也可以作職官泛稱，《詩·大雅·縣》「虞芮質厥成，文王蹶厥生，予曰有先後，予曰有奔奏，予曰有禦侮。」毛傳：「相道前後曰先後。」程俊英、蔣見元云：「先後，指在君主左右參謀政事的臣子。」[55]由此看來，〈叔家父簠〉所見之「先後」當指後者，乃言該簠盛裝稻粱，用來招待在其左右參謀政事的臣子以及同宗兄弟。

值得注意的是，卜辭與西周金文也存在類似「先後」的職稱，卜辭中有「先馬」一語，或作「勿先馬」（合 5726）、「馬先」（合 27954）、「馬其先」（合 27945），羅琨認為「馬」為名詞，當為武官名，先為先行、先導，故「先馬」為以馬（官）為前驅。[56]西周金文的稱呼則為「先馬走」，見於〈令鼎〉（2803）銘文「令眔奮先馬走」，該詞尚見於《淮南子·道應訓》，文中提及越王句踐與吳國戰而不勝，不僅請身為臣，妻為妾，更「親執戈為吳先馬走」。高誘注：「先馬走，先馬前走也」，王念孫則認為當作「為吳王先馬」。[57]從卜辭和西周金文辭例來看，無論是作「先馬」或「先馬走」意義皆同，而〈令鼎〉銘文乃言令與奮作為周王馬車的前驅。

53 【清】阮元刻【唐】楊士勛疏：《穀梁傳》，《十三經注疏》（臺北：藝文印書館，2001年），頁 31。
54 楊伯峻：《春秋左傳注》（臺北：源流出版社，1982 年），頁 1146。
55 程俊英、蔣見元：《詩經注析》（北京：中華書局，2009 年），頁 765。
56 羅琨：〈殷墟卜辭中的「先」與「失」〉，《古文字研究》第廿六輯（北京：中華書局，2006 年），頁 53。
57 劉文典：《淮南鴻烈傳》（北京：中華書局，2010 年），頁 394。

　　整體而論，《左傳》等傳世文獻所見之「先後」顯然與商代「先馬」或西周「先馬走」的職官性質相同，但細緻判別則可發現「先馬」或「先馬走」屬於主君馬車或坐騎的前驅；而「先後」則僅僅守衛在主君前後，兩者實質內涵仍有所不同，至於商代或西周應當也存在類似「先後」之職官，只是稱呼為何目前難以確知，尚有待更多材料出土方能理解。

（二）賓客、嘉賓

　　作為宴饗對象的「賓」，西周早已有之，而春秋時期以後出現意義與「賓」相同的辭彙，分別是「賓客」與「嘉賓」，辭例如下：

賓客

1. 用自乍醴壺，用鄉賓客。（曾伯陭壺，9712，春秋早期）

2. 用鬻魚腊[58]，用雝賓客。（徐王糧鼎，2675，春秋中期偏早）

3. 自乍句鑃，台樂賓客及我父兄。（姑馮昏之子句鑃，424，春秋晚期）

4. 自乍句鑃，余台匽賓客，台樂我者父。（配兒句鑃，426，春秋晚期）

5. 台延台迮，台御賓客。（筥太史申鼎，2732，春秋晚期）

嘉賓

1. 用樂嘉賓、父兄、大夫、佣友。（嘉賓鐘，51，春秋晚期）

2. 㠯敬[59]祭祀，㠯樂嘉賓、佣友、者（諸）臤（賢）。（徐王子旃鐘，182，春秋晚期）

3. 余㠯匽㠯喜，㠯樂嘉賓，及我父兄、庶士。（沇兒鐘，203，春秋晚期）

---

[58] 「鬻」字，郭永秉或釋為「羹」，可備一說。詳見氏著：〈上博藏西周寓鼎銘文新釋─兼為春秋金文、戰國楚簡中的「羹」字祛疑〉，《古文字與古文獻論集》（上海：上海古籍出版社，2011年），頁1-22。「魚」字之釋則可參看吳振武先生：〈說徐王糧鼎銘文中的「魚」字〉，《古文字研究》第二十六輯（北京：中華書局，2006年），頁224-226。

[59] 金文資料庫「敬」字釋「臨」，金文通鑑釋「敬」，考察拓片為▨形，與金文　形甚近，故從吳釋。

4. 旂年鬵壽，用樂我<u>嘉宄</u>及我正卿。（郘公託鐘，102，春秋晚期）

5. 用匽用喜，用樂我<u>嘉賓</u>及我倗友。（齊鮑氏鐘，142，春秋晚期）

6. 用匽台喜，用樂<u>嘉賓</u>、父兄，及我倗友。（王孫遺者鐘，261，春秋晚期）

7. 㠯樂楚王、者（諸）侯、<u>嘉賓</u>及我父兄。（王孫誥鐘，圖成15606-15631，春秋晚期）

　　由上舉辭例可知「賓客」一詞自春秋早期開始出現後，一直使用至春秋晚期，而「嘉賓」一詞則集中見於春秋晚期，兩者興盛時間略有不同。不過就詞義方面而言，無論「賓客」或「嘉賓」都與西周銘文所見之「賓」、「邦賓」無異，西周晚期的〈兽叔夨父盨〉（圖成41）「加賓用鄉，有飤」，其中「加賓」之「加」可通假為「嘉」，意同嘉賓，可視為此二銘辭之前身。

　　從金文提及宴饗對象的順序來看，賓客或嘉賓當指身分地位較高之重要客人，因此不僅多排列在父兄、朋友之前，甚至也在正卿、大夫、諸賢、諸士之上，從〈王孫誥鐘〉的銘文更可看出「嘉賓」地位僅次於楚王、諸侯，顯示極其特殊之重要地位。此外，西周時期「賓」最常使用的意義是作動詞，表示贈送之義，但此種用法春秋幾乎不見，同時未見單獨出現的「賓」字，據此來看，「賓」作為動詞贈予的意義可能在兩周之際消失，只剩下用作名詞之賓客意。

（三）正卿、大夫、諸士、士庶子

1. 用樂<u>嘉賓</u>、父兄、<u>大夫</u>、倗友。（嘉賓鐘，051，春秋晚期）

2. 征中夆譿，均好<u>大夫</u>，建我邦國。（蔡侯申歌鐘，210，春秋晚期）

3. 台卹其盟祀祭祀，台樂<u>大夫</u>，台匽<u>士庶子</u>。（郘公華鐘，245，春秋晚期）

4. 余以昏同生祀，以飤<u>大夫</u>、倗友。（鍾離公叴鼓座，429，春秋晚期）

5. 用匽㠯喜，用樂嘉賓、<u>大夫</u>及我倗友。（許子牊師鎛，153，春秋時期）

6. 以樂其身，以匽<u>大夫</u>，以饎<u>諸士</u>。（郳公鎛鐘，149，春秋晚期）

7. 用匽以喜，用樂父兄、<u>諸士</u>。（子璋鐘，113-117，春秋晚期）

8. 吕樂楚王、者（諸）侯、嘉賓及我父𠨇、<u>者（諸）士</u>。（王孫誥鐘，圖成 15606-15631，春秋晚期）

9. 旂年覺壽，用樂我<u>嘉宾</u>及我正卿。（郳公鈦鐘，102，春秋晚期）

10. 余命女（汝）戠（職），差（佐）<u>正卿</u>，龏命於內外之事。（叔尸鐘，274，春秋晚期）

11. 余命女（汝）戠（職），差（佐）<u>正卿</u>，為大事（吏）。（叔尸鎛，285，春秋晚期）

正卿、大夫、諸士是春秋時期最重要的政治階層，《左傳·桓公二年》晉大夫師服曾言：

> 吾聞國家之立也，本大而末小，是以能固，故天子建國，諸侯立家，卿置側室，大夫有貳宗，士有隸子弟，庶人工商各有分親，皆有等衰。[60]

由此可知，在春秋時人心中已能很明確地分析天子—諸侯—卿—大夫—士—庶人的等級高低，而許倬雲亦曾對此三種階層進行更精確的分析。其指出諸侯與大臣間的關係如同周王與諸侯，大臣包含卿和大夫兩種階層。在諸侯國中，卿一般很少超過 6 位，是主要行政人員。

不過隨著各諸侯國內情形不同，卿的權力分配亦有差異，最有權的卿或為最年長者，或為勢力最強的家族之首腦，而卿的職位在正常情況下是世襲的，故第一代卿通常是國君的兒子，他們接受了封地，並建立了他們自己的家族。國君的其他庶子，連同卿的年輕兒子們，通常成為大夫。大夫是比卿低一級的政府官員，是卿的助手。大夫裏頭又有兩至三級，雖然分等並不是那樣清晰，不過上等大夫的繼承人顯然也可以繼承他們的政府

---

[60] 楊伯峻：《春秋左傳注》，頁 94。

職位，其他庶子似乎也能保持大夫之位，下等大夫的庶子們在一定程度上就成了低級的士。[61]

　　許倬雲勾勒出「卿—大夫—士」之間密切的上下關係，而隨著人數的增加，春秋時期卿、大夫以及士在國內外均發揮了更大的政治影響力。此種政治型態的變遷不僅能在傳世文獻清楚看到，亦反映於春秋彝銘之中。最為顯著的部分，在於春秋彝銘出現了西周未見的正卿、大夫、諸士等稱呼，而且此群體更是青銅器作器者主要的宴饗對象，顯示此三階層不僅在政治方面的重要性提升，甚至連帶影響社會、文化層面的表現。以下則針對春秋彝銘所見的正卿、大夫、諸士等稱呼進行辨析。

　　「正卿」一詞多指卿的掌權者，春秋銘文僅二見，傳世文獻則有八見，如《左傳・莊公二十二年》「有媯之後，將育于姜，五世其昌，並于正卿。」楊伯峻注云：

> 昭二年傳謂陳無宇非卿而為上大夫，上大夫位即卿。邾公釛鐘云：『樂我嘉賓，及我正卿』，足見正卿為春秋各國通語。文七年、宣二年傳之正卿皆指晉之趙宣子，襄四年傳之正卿指魯之季文子，襄二十一年傳之正卿指魯之季武子，昭元年傳之正卿指晉之趙武，皆卿之掌權者。《詩・小雅・雨無正》有正大夫，鄭箋云：『正，長也。』大夫之長曰正大夫，卿之長曰正卿，其意相同。〈雨無正〉之大夫是公卿之總名，則〈雨無正〉之正大夫與左傳之正卿，其實相同。[62]

據此可知，上大夫屬卿位，卿之掌權者又稱為正卿，藉此引申為諸侯國中擁有權力的士大夫。從〈邾公釛鐘〉（102）銘文來看，邾國政治結構顯然亦存在「正卿」等級，不過究竟「正卿」之職能具體情況為何，目前並不清楚，

---

[61] 許倬雲：《中國古代社會史論－春秋戰國時期的社會流動》（桂林：廣西師範大學出版社，2006 年），頁 6-7。

[62] 楊伯峻：《春秋左傳注》，頁 221-222。

僅能依靠銘文了解部分側面情形。根據〈叔尸鐘〉（274、285）銘文，齊侯命叔尸管理三軍、統理萊地以及郳徒四千人，同時又希望叔尸輔佐正卿，兼司內外之命，可見正卿擁有之治理權力必當遠高於叔尸。由此不難想像齊國正卿擁有的權力之大，地位之高，若以此推論，邾國正卿應是對該國政治具高度影響力之人，故邾國國君特別設宴款待嘉賓與正卿。

　　至於「大夫」一詞文獻多見，從許倬雲與楊伯峻的解釋，可知「大夫」不僅是比卿低一級的政府官員，也可以是所有官吏的總稱。先秦文獻方面，《尚書》共見三處，分別為〈牧誓〉「**大夫卿士**」、〈金縢〉「**王與大夫盡弁**」以及〈說命中〉「**以承大夫師長**」，前二者被認為寫作時間較晚，可能是戰國時人的述古之作，[63]後篇則被視為偽古文尚書。《詩經》共見四處，分別為〈小雅·雨無正〉「**正大夫離居，莫知我勩。三事大夫，莫肯夙夜**」、〈小雅·北山〉「**大夫不均，我從事獨賢**」、〈大雅·雲漢〉「**大夫君子，昭假無贏**」以及〈魯頌·閟宮〉「**宜大夫庶士，邦國是有**」，其中〈雨無正〉的寫作時代學者斷定為西周晚期幽王時作品，而詩篇中的「大夫」指官員統稱，「三事大夫」則是天子三公，[64]皆非指涉特定階層的政府官員。〈北山〉、〈雲漢〉雖創作時代不明，然其「大夫」亦是官員統稱。僅有〈閟宮〉之「大夫」與「庶士」並舉，可能指稱特定階層的政府官員，而〈閟宮〉一般則認為是魯僖公（659-627B.C.）時代的作品，約為春秋早期晚段。春秋銘文方面，目前所見的「大夫」雖未能確認全部皆為低於卿一層的政府官員，不過從〈邾公華鐘〉（245）將「大夫」與「士庶子」並舉，或是〈邾公牼鐘〉（149）同列「大夫」與「諸士」，可知此處「大夫」與士、庶士的關係密切，用法與〈閟宮〉相同。由此推知，「大夫」一詞應於西周晚期已有之，但主要作為官員統稱，而指涉特定執政階層的「大夫」可能是春秋以後才逐漸出現，而春秋又多集中見於晚期，故彝銘所見之「大夫」並非官員統稱，應是指稱春秋時代才興

---

[63] 屈萬里：《尚書集釋》（臺北：聯經出版社，2003 年），頁 109、127。
[64] 程俊英、蔣見元：《詩經注析》，頁 581-588。

起的特定階層。

「諸士」即指士階層，銘文中的「士」多見於西周，「諸士」則多見於春秋。此情形如同「兄弟」或言「諸兄」，僅是不同詞面的代換。春秋時代的「士」仍是古代貴族階級中最低層級的集團，而其下則為庶人，楊樹達〈邾公牼鐘再跋〉指出：

> 銘文言以樂其身，邾公自謂也，次言以宴大夫，次言以喜諸士，則諸
> 士自謂大夫士之士，非泛稱都人士也。「邾公華鐘」云「台樂大夫，
> 台宴士庶子」，士庶子者士庶人也，文以與上文忌祀下文舊字為韻，
> 故變人言子耳此邾宣公、悼公父子二人之器，而彼文以庶子連言，以
> 彼證此，決知此文之士乃大夫士之士也。[65]

這段話有兩處重點值得注意，一為〈邾公華鐘〉連言「士庶人」，說明士與庶人兩種階層的流動與混同；二為銘文之士乃屬大夫士之士，而非都士，亦即所謂的「知識階層」。

余英時曾對楊說提出回應，認為〈邾公華鐘〉的士庶人連言，一方面可以看作庶人社會地位的上昇，而另一方面也未嘗不是表示士的身分有流動的跡象，即士有時也可以下僑於庶人了。連言的例證尚見於《國語·楚語下》：「古者先王日祭月享，時類歲祀，諸侯舍日，卿大夫舍月，士庶人舍時」以及「諸侯祀天地三辰及其土之山川，卿大夫祀其禮，士庶人不過其祖」。余英時認為這種變化起源於社會階級的流動，由於士曾經適處於貴族與庶人之間，是上下流動的匯合之所，士的人數隨之大增，進而使士階層在社會性格上發生基本改變。[66]

至於楊樹達所強調「士大夫之士」乃指春秋晚期「士」的基本性質。余英時也提到貴族份子不斷地下降為士，特別是庶民階級大量地上升為士，士

---

[65] 楊樹達：《積微居金文說》（上海：上海古籍出版社，2007 年），頁 64。
[66] 余英時：《古代知識階層史論》（臺北：聯經出版社，1993 年），頁 13-14。

階層擴大了，性質也起了變化。最重要的是士已不復如顧炎武所說的，「大抵皆有職之人」。相反地，士已從固定的封建關係中游離了出來而進入一種「士無定主」的狀態。這時社會上出現大批有學問有知識的士人，他們以「仕」為專業，然而社會上卻並沒有固定的職位在等待著他們。[67]

此種特殊階層乃是楊樹達所謂的「士大夫之士」，也正是中國新見的知識階層。雖然「士」在春秋時期尚未對政治局面產生巨大影響力，然而隨著社會結構改變，「士」或是「諸士」階層越來越受到統治者注意，郳國國君與楚王孫誥宴饗諸士，都是反映出春秋晚期士階層擴大後，影響力上升而受到統治階層青睞的具體紀錄。

雖然正卿、大夫、諸士與士庶子等新見銘辭，未有艱深的文字訓詁問題，不過藉由爬梳銘辭發展的歷史，則可窺見西周封建階級制度的變化。這些新見銘辭僅見於春秋晚期，正可印證余英時所說的：「**古代封建階級制度的根本崩壞則顯然發生在春秋的晚期。**」[68]

（四）大酉

1. 鑄其游鍊（鐘），台濼（樂）其**大酉**（酋），聖智聾哴（良）。（仲子平鐘，173-180，春秋晚期）

春秋早期有〈大嘼戈〉（10982）的「大」以及〈得臣戈〉的「大」，兩者雖非宴饗對象，但與春秋晚期〈仲子平鐘〉的「大酉」關係密切，因此需特別討論。由於古文字中「單」、「嘼」多可互代，故三者寫法雖略有不同，但舊說多一律通假為「大酋」，指的是地方首領。[69]

---

[67] 余英時：《古代知識階層史論》（臺北：聯經出版社，1993 年），頁 22-23。

[68] 余英時：《古代知識階層史論》（臺北：聯經出版社，1993 年），頁 16。

[69] 西周銘文《小盂鼎》（2839）銘文見「執嘼三人」，郭沫若云：「蓋嘼讀為酋，言生禽其酋首也。」詳見郭沫若：《兩周金文辭大系攷釋圖錄》（北京：科學出版社，2002 年），頁 89。陳夢家亦云：「嘼讀若酋，西周周人名鬼方之首為酋為嘼，名淮夷之首酋亦曰邦嘼。」見氏著：《西周青銅斷代》（北京：中華書局，2004 年），頁 107。楊秀恩則認為「單」

〈仲子‧平鐘〉（173-180）銘文提及仲子平「鑄其游錬（鐘），台濼（樂）其大酉」，顯然是莒國貴族與地方首領的宴樂紀錄。莒國是春秋時期山東地區的古夷國，春秋早期一度強大，在東夷諸國中僅次於萊，同時也僅小於齊、魯、宋、鄭、衛等華夏諸國，甚至經常與之產生衝突，然而春秋中期以後莒國國力漸衰，其後便逐漸向華夏諸侯靠攏。

《左傳‧成公八年》記載：「晉侯使申公巫臣如吳，假道于莒。與渠丘公立於池上，曰：『城已惡。』莒子曰：『辟陋在夷，其孰以我為虞？』對曰：『夫狡焉思啟封疆以利社稷者，何國蔑有？唯然，故多大國矣。唯或思或縱也。勇夫重閉，況國乎？』」渠丘公即莒子，楊伯峻言該國「國君無諡號，以地名為號」，[70]莒國本是東方古夷國，而莒子竟言己族「辟陋在夷」，此種以莒族為蠻夷、莒地為夷域是來自華夏的典型意識，莒子之心態與中原諸國如出一轍，應是受華夏意志影響的言論，與當時華夏居主導、淮夷諸侯從之的社會現實息息相關，充分顯現出莒人、莒地不斷邊緣化而於夾縫中求生存的艱難處境。[71]

〈仲子‧平鐘〉（173-180）銘文亦展露相同心態，原屬東夷的莒國貴族完全採用華夏禮儀宴饗地方邦酋，並運用純熟的華夏文字將宴樂過程鑄刻於青銅樂器之上，可見其企圖以此種形式對待周邊尚未華夏化之夷族，而「聖智恭良」一詞更展現莒國對於華夏價值觀之認同與吸收，反映出其面臨社會現實為求生存而接受華夏認同的一面。

為狩獵工具，「畢」為狩獵行為，二者意義雖相關，但古音相去甚遠，應不屬於同源通用或通假關係，而互代應屬於此「依形相借」性質，見氏著：〈金文考釋三則〉，《吉林師範大學學報（人文社會科學版）》第 3 期（2012 年 5 月），頁 33-34。

[70] 楊伯峻：《春秋左傳注》，頁 840。

[71] 朱繼平：《從淮夷族群到編戶齊民—周代淮水流域族群衝突的地理學觀察》（北京：人民出版社，2011 年），頁 201。

二 春秋銘文新見宴饗銘辭

（一）用鼎用饗、用饗稻粱、用和用饗

1. 呂征呂行，**用鼎用饗**，用旛釁壽無彊。（叔夜鼎，2646，春秋早期）

2. **用饗魚腊**，用離賓客。（徐王糧鼎，2675，春秋早期）

3. 用征用行，**用饗稻汈（粱）**。（陳公子叔原父甗，947，春秋早期）

4. 用征用行，**用穌用饗**，釁壽無彊。（庚兒鼎，2715，春秋中期）

5. 余台鼎台饗，以鹿（麗）[72]四方。（甚六之妻夫趺鼎，圖成2401，春秋晚期）

　　上述諸字不僅字形相近，且多見於宴饗銘辭，平均分布於春秋早、中、晚期，故一併討論之。較早系統論述諸字者為郭沫若，認為〈叔夜鼎〉（2646）的「鼎」為「鬻」，並據「饗」之聲符「亯」言其為「烹」之古文，指出「*再就原銘細案之，『用鬻用烹』與『用征用行』為對語，行烹為韻，同義語之反覆詠嘆亦復相同，益知此釋之不可易矣。*」此外，又釋〈陳公子叔原父甗〉（947）「饗」字為「烝」以及〈徐王糧鼎〉（2675）的「饗」為「脢」。[73]郭沫若的考釋除釋「饗」為「烹」之說較無疑慮外，其餘諸字似乎未得學者認同，引發不少回應與後續討論，以下即針對各字的考釋進行研究回顧。

　　首先關於〈叔夜鼎〉（2646）的「鼎」字，其聲符部分作「𠃊」形，郭沫若以為從「兄」聲而讀若「鬻」、「鼐」；楊樹達則認為此字從「祝」省聲或從古文「祝」，故讀為「饗」；[74]唐鈺明也同意「𠃊」是祝的初文，但讀為

---

[72] 此「鹿」字原為吳振武所釋，其認為似讀為「婁」或「逯」，但又說：「在傳世古書中，婁字當隨從講，或逯當行講，似乎都沒有理想的句例。」其後郭永秉認為「鹿」當通假為「麗」，訓過、歷等義，故「以鹿四方」即「以行四方」、「以歷四方」之義。本文從郭永秉所釋，詳見氏著：〈清華簡〈尹至〉「婁至在湯」解〉，《清華簡研究》第一輯（上海：中西書局，2012年），頁48-52。

[73] 郭沫若：《金文叢考》（北京：人民出版社，1954年），頁223-225。

[74] 楊樹達：〈叔夜鼎跋〉，《積微居金文說》（上海：上海古籍出版社，2007年），頁228。

「煮」，同時認為〈甚六之妻夫趺鼎〉（圖成 2401）的「盨（鑄）」因「祝」、「鑄」音近可通，故可讀為煮，並指出「用盨用䰤」與「以盨以䰤」語例正相吻合。[75]陳劍則認為此字疑讀為「熟（古文字「孰」），其指出「祝」與「孰／熟」不乏輾轉相通之例，如，定州漢簡《論語‧先進》「祝」通「篤」，而今本《論語‧泰伯》的「篤信好學」定州漢簡本作「孰信好學」。其又指出「孰／熟」作動詞，即「使之熟」，義與烹相近。[76]關於古文字中的「兄」和「祝」，沈培已經做了很好的辯證，[77]儘管「𠃟」和一般常見的「祝」形稍有不同，不過視為某種省略寫法仍可接受。

既然已經同意諸家釋「祝」之說，則需再從音韻角度檢討各家通假成果，「盨」從祝省聲，有釋䰤、煮、孰／熟之說，「祝」屬章母覺部字，「䰤」為以母覺部字，「煮」為章母魚部字，「孰」則屬禪母覺部字，由於「煮」的韻部較遠可初步排除，而「䰤」的聲母不合，相對而言「孰」的聲韻是與「祝」較相近的，不過陳劍並未找出「孰／祝」直接通假證據，因此即便二者聲音較近，但仍缺乏決定性的關鍵證據，僅可備為一說。至於「盨」究竟該如何通假？尚有待更進一步的研究。

其次是〈陳公子叔原父甗〉（947）的「䰤」字，此字以「巳」為聲符，陳漢平讀為「饎」。[78]《說文》云：「饎，酒食也。从食，喜聲。《詩》曰：『可以餴饎』。䭈，饎或从配。粞，饎或从米。」然細究銘文「用䰤稻粱」，不難發現「䰤」應是動詞，而《說文》「饎」之義項難以解釋文意，不過《廣雅‧釋詁》云：「饎，熟也。」，王念孫《廣雅釋證》亦曰：

[75] 唐鈺明：〈銅器銘文釋讀二題〉，《著名中年語言學家自選集‧唐鈺明卷》（合肥：安徽教育出版社，2002 年），頁 99-100 頁。

[76] 陳劍：〈釋上博竹書和春秋金文的「𩰲」字異體〉，《戰國竹書論集》（上海：上海古籍出版社，2013 年），頁 237-238。

[77] 沈培：〈說古文字裏的「祝」及相關之字〉，《簡帛》第二輯（上海：上海古籍出版社，2007 年），頁 1-30。

[78] 陳漢平：《金文編訂補》（北京：中國社會科學出版社，1993 年），頁 194。

《爾雅·釋訓》《釋文》引《字林》云：「饎，熟食也。」《士虞禮》：「饎爨在東壁。」鄭註云：「炊黍稷曰饎。」《周官·饎人》鄭眾註云：「主炊官也。」故書饎作餥、饎、餻、糦並同。[79]

根據王念孫所言，「饎」顯然有作「炊、熟」的動詞之用，意指使食物變熟或者是炊煮黍稷。由此觀之，「鬻」字的意義當從《廣雅》解，故〈陳公子叔原父甗〉（947）之「用鬻稻粱」正是說明該甗的功能為「炊煮稻粱」。

最後是關於〈徐王糧鼎〉（2675）與〈庚兒鼎〉（2715）的「鬻」字。由於近年來戰國竹簡大量出土，研究者得以看到更多過去未見的字形，故此字的研究甚夥，討論熱烈。張新俊率先注意到「鬻」字與戰國竹簡文字有關，其指出《上博（二）·容成氏》簡21「鬻不折骨」之「鬻」顯然源自於〈徐王糧鼎〉銘文，並根據《上博（三）·周易》簡21〈无妄〉九五爻辭「勿藥又（有）菜」的「菜」，與今本和馬王堆本作「喜」對照，將「鬻」釋為「饎」，取其炊煮之義。[80]其後，禤健聰更指出《上博（四）·曹沫之陳》簡11的「食不貳鬻」也與〈徐王糧鼎〉、〈庚兒鼎〉之字相同，但釋為「葷」，《說文》云：「羹菜也，从艸宰聲。或作䒱。」意為烹菜為羹，並云：「《容成氏》的『葷不折骨』就是烹煮的食物中不含節解的牲肉（這裡『折骨』或泛指一般肉類），以顯示禹的簡約。與傳世文獻的「食不二味」、「食不重肴」對照，〈曹沫之陳〉的『食不二葷』，就是每餐不作兩次烹煮，也就是每餐只烹煮一次（一樣菜式），也略相當于『食無二味（肴）』」。[81]基本而論，張、禤二人都傾向將「鬻」視為形聲字，從「采」聲，再通假成其他音近之字，而這兩種說法影響甚大，不少學者遵從。

---

[79] 【清】王念孫：《廣雅疏證》（北京：中華書局，2008年），頁79。
[80] 張新俊：〈說饎〉，《簡帛研究網》：http://www.jianbo.org/admin3/html/zhangxinjun03.htm （2004年4月29日）後收入張新俊：《上博楚簡文字研究》（吉林：吉林大學博士學位論文，2005年），頁131-135。
[81] 禤健聰：〈上博楚簡釋字三則〉，《簡帛研究網》：http://www.jianbo.org/admin3/2005/xuejiancong002.htm （2005年4月15日）

不過，依「采」聲將「䰱」通讀為「饎」或「莘」，不僅意義差別甚大，而且文意都有需要推敲之處。因此陳劍重新檢討將「䰱」視為形聲字的看法，並根據楊樹達的說法將之改釋為「羹」，認為是「肉、菜加米、面（按：麵之簡字）熬煮成濃湯或薄糊狀的食物」。楊樹達於〈郘王糧鼎跋〉曾云：

> 余謂說文三篇下䰱部云：「䰱，五味盉羹也，从鬲，从羔。」或作鬻，从鬲，从羔。又作䰱，从䰱省，从羔，从美。小篆作羹，从羔，从美。銘文䰱字从䰱省，从羔，从采，其从鬲从羔，與說文䰱鬻䰱相合，余謂此亦羹字也。然則何以从采也？曰：采者，菜也。夫羹有二：一曰太羹，二曰鉶羹。[82]

早期楊樹達此說並未獲太多學者認同，分析說解也因未能見到更多字形而有部分疑慮，然其特出之處在於其將「䰱」視為會意字而非形聲字。陳劍主要以此觀點作進一步開展，主張釋「䰱」為「羹」的理由有三方面，分別是讀音、文例與詞性。

首先是讀音方面，由於〈庚兒鼎〉銘文為「用征用行，用龢用䰱，賚壽無疆」，而「䰱」處於「行」、「疆」之間，根據金文的通例可知「䰱」必定當與「行」、「疆」押韻，應是一個陽部字，而「羹」的古音正在陽部。其次為文例方面，因〈曹沫之陳〉有「食不貳䰱」之句，而古書不僅多見「食不重味」之說，亦有出現「羹」字例證，如《禮記・內則》「士不貳羹胾」、《墨子・節用》「黍稷不二，羹胾不重」，《詩・魯頌・閟宮》：「毛炰胾羹」，毛傳云：「胾，肉也；羹，大羹、鉶羹也。」可知「黍稷」、「羹胾」對言，也是分別指飯、菜，而「不貳羹胾」、「羹胾不重」的說法，可以作為簡文「食不貳䰱」之「䰱」釋「羹」的佳證。最後是詞性，陳劍指出〈容成氏〉「䰱不折骨」之「䰱」與「舂不毇米」之「舂」對言，庚兒鼎「用和用䰱」與徐

王糧鼎「用鬻魚腊」也都是動詞，而「羹」作動詞，意為「作羹」、「烹煮⋯⋯為羹」，古書和出土文獻都不乏其例。[83]陳劍釋「羹」之說提出後，雖有不少贊同與反對之聲，[84]不過綜合諸家考釋成果可知，張俊新釋「饎」與褚健聰釋「莘」兩說較難讀通所有文例，尤其是西周〈寓鼎〉的銘文，無論是「魚饎」、「魚莘」或「魚菜」均不辭，而陳劍釋「羹」之說關照層面較廣，同時得以保持春秋銘文的韻文通則，故可採納。

上述四字皆為春秋以後才出現的新見銘辭，經過學者研究，大致可知盬、鬻、鬻、鬻可分別通假為「孰」、「饎」、「烹」、「羹」，而這些詳細指陳食物烹煮方式的用詞，也是在目前所知的西周金文中所未見的，可以視為具有春秋特色的銘辭。

（二）用實稻粱、以歉稻粱、用盛稻粱

1. 用盬稻穛（糕）霝（糯）籽（粱），加（嘉）賓用饗。（曾叔與父盨，圖成 5655，西周晚期）

2. 從王征行，用盛穛（稻）籽（粱）。（史免簋，4579，西周晚期）

3. 用成（盛）粗（糕）穛（稻）霝（糯）粱，我用召卿事辟王，用召者（諸）老者（諸）兄。（伯公父簠，4628，西周晚期）

---

83 陳劍：〈釋上博竹書和春秋金文的「羹」字異體〉，《戰國竹書論集》，頁 231-260。

84 陳劍釋「羹」之說的回應中，較受注意是郭永秉的後續補充。其主要根據上海博物館所藏西周中期《寓鼎》（2756）銘文「錫作冊寓　　」，「　　」字雖然甚是殘泐，但通過字形比較仍可看出此字下部从「火」，而上部正是「鼎」或「鬲」形。至於除去鼎或鬲形及火形部分，郭氏認為只能是「采」，而從館方較清晰的攝影照片來看亦證實其推斷。換言之，　字應與鬻是同一個字。至於　字的釋讀又與前一字有關，郭永秉認為　字左下為「魚」旁，本義可能是一種魚名，而由此可以看出，緊接其後的「鬻」字，釋讀為動詞的「饎」或「莘」顯然是不行的；釋為名詞「菜」，也是不能成立，因此只有釋讀為「羹」才能對銘文作出較合理解釋，而古書和出土文獻載有不少「魚羹」紀錄，均可作為陳劍與郭永秉之看法的補充證據。詳見氏著：〈上博藏西周寓鼎銘文新釋－兼為春秋金文、戰國楚簡中的「羹」字祛疑〉，《古文字與古文獻論集》（上海：上海古籍出版社，2011 年），頁 1-22。

4. <u>吕歆稻粱</u>，萬年無彊。（叔朕簠，4620，春秋早期）

5. 以征以行，<u>用盛稻粱</u>，用養（孝）用言于我皇文考。（曾伯霥簠，4632，春秋早期）

6. 用征用行，<u>用鬻稻汃（粱）</u>，用旛釁壽。（叔原父甗，947，春秋早期）

7. <u>用實旛（稻）籽（粱）</u>，用飤者（諸）母者（諸）㲈（兄）。（邿召簠，圖成 5929，春秋早期）

8. <u>用成（盛）旛（稻）籽（粱）</u>，用速先後者（諸）㲈（兄）。（叔家父簠，4615，春秋早期）

「用△稻粱」一詞盛行於兩周之際，西周晚期見於三器，春秋早期則見五器，兩個時代所用的裝盛動詞略有不同。西周晚期以盛、鹽為主，春秋早期則較多元，有歆、鬻（饎）、實、盛等字，其中較需要有鹽、歆二字。

〈鄫叔奐父盨〉（圖成 5655）「用鹽稻穛糯粱」，鹽字作 形，學者對此字考釋尚無定論。有學者主張「鹽」、「鬻」音近，兩者相通。[85]但有人不同意此說者，認為「鬻」用於鬲，而鬲是烹煮工具而非裝盛工具，故「鬻」字意義當與用於盨的「鹽」字不同。[86]若從器物類型來看，〈鄫叔奐父盨〉當為裝盛食物的器具，推知「鹽」與「盛」義應類似。

除此之外，《叔朕簠》（4620）「以歆稻粱」之歆，清代學者已多有研究，

---

[85] 程燕：〈兽叔簋新釋〉，《古文字研究》第廿五輯（北京：中華書局，2004 年），頁 199-200。

[86] 張再興：〈近十年新發表西周金文中的若干新見字和新字形〉，《中國古代青銅器：最近發現、最近發展國際研討會》（美國：芝加哥大學，2010 年 11 月），頁 7。

諸家說法不盡相同，但可歸納出釋乳說[87]、釋飽說[88]、釋保說[89]、釋孚說[90]以及釋受說[91]等。基本而論，釋乳說因字形結構理解錯誤而可初步排除；釋飽說因與文例不合亦可不列入考慮；釋「保」之說雖就《說文》發展確實有據，然金文「保」多作𤽄或𤽄形；「孚」則作𤔲形，除戰國〈中山王𰯼方壺〉（9735）的「保」字作𤽄形外，其餘字形判然有別，故釋「𤖫」為「保」之說，恐有未安之處。此外，諸說多認為「𤖫」為形聲字，從孚聲，通作「保」或「受」，或訓作蓋敝，不過釋作「蓋敝」或顯得迂曲，但釋「受」卻同樣缺乏較關鍵的文例證據。

從文例來看，「𤖫」字當如郭沫若所言與「盛」或「饎」同義，而此字見於青銅簠，屬於裝盛食物之器，故「𤖫」字當有裝盛、填實一類的意思。「𤖫」字類似字形尚見於《上博七‧吳命》「佳余一人所豊，竆心𤖫憂」，整理者隸定為「𤣥」，讀為「撫」，並指出此字也見楚帛書，用為動詞，其義不明。古音「撫」為滂母魚部字，「孚」為並母幽部字，兩字聲韻相近可通，訓安撫之義。[92]陳偉則認為此字從爰從攴，似應釋為「援」，讀為「緩」，有

---

[87] 阮元：《積古齋鐘鼎彝器款識》7.4；吳式芬：《攈古錄金文》3.1.6；方濬益：《綴遺齋彝器款識考釋》8.5；劉心源：《奇觚室吉金文述》17.21。

[88] 劉心源認為此字從孚抱子，象㑂子形，字即抱、㑂、包，本為懷抱之字，用之為飽，省食耳。劉心源：《奇觚室吉金文述》17.21。

[89] 郭沫若認為此字與「盛」必然同義，此字右半所從當為「人」之奇字，為「俘」之異文。又指出《說文》分𤗕、俘為二字，以為𤗕為保之古文，但其以為俘字當為孚之後起字，發展順序由孚而成𤗕，再加人旁成為俘，據此認為俘與保同音，例可通假，俘、保不必然為一字，而本銘之𤖫正當讀為保。郭沫若：《兩周金文辭大系攷釋圖錄》（北京：科學出版社，2002 年），頁 229。

[90] 馬承源隸定為𤖫，認為是「俘」的繁體，通「覆」，有蓋敝之意。馬承源：《商周青銅器銘文選》（北京：文物出版社，1990 年），頁 503。

[91] 張再興則認為釋讀「飽」與文例不合，蓋敝之說則顯迂曲。郭沫若認為與「盛」同意，當是。唯讀為「保」亦屬曲為之解。此字字形從「孚」，當是聲符，孚、受上古都是幽部字，「以𤖫稻粱」與「用盛稻粱」結構相同，故張再興認為此字可能為受的通假字。〈近十年新發表西周金文中的若干新見字和新字形〉，《中國古代青銅器：最近發現、最近發展國際研討會》（美國：芝加哥大學，2010 年 11 月），頁 7。

[92] 馬承源主編：《上海博物館楚藏戰國楚竹書（七）》（上海：上海古籍出版社，2008 年），頁 319。

紓解之義。[93]郭永秉則指出此字與《楚帛書》「思攵奠四極」、《清華（壹）‧耆夜》「我憂以熙」的「攵」、「熙」都有「安定」、「安寧」一類的意思。[94]由此可知，無論欨、攵或熙可能都是從孚聲之字，故其通假亦多以音近字為主。

　　綜上所述，〈叔朕簠〉（4620）之「欨」或可通假為「捊」，訓聚。《說文》云：「捊，引取也。取，《玉篇》引《說文》作聚，从手，孚聲，或从包聲。」可知捊可訓為「引聚」，且另有一形作「抱」。傳世文獻《易‧謙》「君子捊多益寡」，俗本或作「裒」，注或作「取」或作「聚」。[95]又見於《詩‧小雅‧常棣》「原隰裒矣，兄弟求矣。」魯詩「裒」作「捊」，訓聚。[96]由此可知，「捊」可訓取、聚之義，而〈叔朕簠〉「以欨稻粱」或可解為「以聚稻粱」，此指用簠以聚取稻粱之意。

　　根據本節之整理，可發現春秋新見宴饗銘辭反映出兩種現象：

　　第一，宴饗對象範圍之擴大。從諸父、諸母、諸兄等銘辭之出現，足以說明春秋時期的社會仍是以「家族關係」為主之結構，器主藉由宴饗家族成員以強化龐大的人際結構，凝聚宗族向心力，是繼承西周而來的社交模式。不過隨著描述家族成員的銘辭頻繁出現，也顯示出過往作為溝通器主與過世先人的青銅器，逐漸轉變為連繫器主與家族成員感情的媒介。此外又如正卿、大夫、諸士等銘辭之出現，不僅顯示春秋時代政治結構產生明顯變化，同時也呈現出器主與各執政階層的互動關係，新興的執政階層之所以獲得器主甚至是諸侯國君的宴饗，正是反映了其逐漸提升的地位以及政治影響力。由此看來，隨著宴饗對象之範圍的擴大，實際上透露了春秋時期社會變化之歷史訊息，若能仔細爬梳，仍可在許多程式化套語中攫取不少西周時期未見之新材料。

---

[93] 陳偉：〈讀上博楚竹書〈吳命〉札記〉，《出土文獻與傳世典籍的詮釋—紀念譚樸森先生逝世兩週年國際學術研討會論文集》（上海：上海古籍出版社，2010年），頁322。

[94] 郭永秉：〈清華〈耆夜〉詩試解二則〉，《楚簡楚文化與先秦歷史文化國際學術研討會論文集》（武漢：湖北教育出版社，2013年），頁333-338。

[95] 【清】李道平：《周易集解纂疏》（北京：中華書局，2006年），頁196-197。

[96] 【清】王先謙：《詩三家義疏》，頁564。

　　第二，宴饗銘辭之多樣化。雖然在本節整理之中，只有兩組宴饗銘辭與西周呈現較顯著的差異，不過通過詳細考釋則可發現春秋時期對於食物的料理烹煮，甚至是青銅器盛裝之方法，皆存在比西周更加細膩繁雜的認識，也因此才能產生出更加多樣的詞彙。而過往研究認為，春秋時代因農耕技術之改良使得食物的種類與烹調方式更加多樣化，[97]這些新見銘辭可作為此歷史現象之佐證，儘管春秋彝銘對此方面的記載並不甚多，不過從少數可見的例證中仍可印證學者對春秋時代飲食演變的研究成果。

第三節　小結

　　本章回顧了春秋時期的新見嘏辭以及宴饗銘辭，發現春秋時人主要企求之內容與西周差異不大，不過在宴饗對象以及宴饗辭彙方面顯現出多樣化傾向。本章經過整理，發現值得注意之處有以下三個面向：

　　第一，詞面抽換與銘辭細緻化。例如，嘏辭的使用不外乎祈求年壽之久遠，或是福祿之繁多，但隨著時間發展或地域不同，相同意義的銘辭也會出現不同表現方式。又如，宴饗銘辭方面，不難發現春秋時期的銘辭，會隨著社會變遷而更加細膩繁複。以食物的料理烹煮或盛裝方法來看，春秋時代顯然因農耕技術之改良，使食物的料理或裝盛出現更多方式，進而反映在這些新見銘辭之中，或許可以視為春秋時代飲食發展史的一個有趣面向。

　　第二，觀念的調整與變革。雖然春秋時人的追求與西周人未見太大不同，但從少數特殊銘辭中仍可觀察到思想觀念的轉變。例如，求壽方面，西周人銘文僅僅是追求年壽的長考或是善終好死，但從春秋嘏辭表現，可以清楚看到到春秋時人不再滿足於年壽的長久，而是進一步希望避免死亡。類似的情況也見於求福，從春秋彝銘可以發現，「吉利」也逐漸成為春秋時人追求的內涵，儘管「吉」於西周仍偏向「安康」、「安穩」等義，不過到了春秋

---

[97] 關於中國古代飲食之發展，可參照張光直：〈中國古代的飲食與飲食具〉，《中國青銅時代》（臺北：聯經出版社，1983年），頁 249-284。

「吉」之意涵似乎專向「福」、「祿」一類能帶給器主好處之詞彙。由「吉」字的意義演變顯示出不同時代的人們追求之願望亦出現些微轉變。

　　第三，社會結構的變遷。通過對宴饗對象銘辭之整理與研究，不難發現春秋時期的社會仍是以「家族關係」為主之結構。器主一方面繼承西周而來的社交模式，藉由宴饗家族成員以強化龐大的人際結構，凝聚宗族向心力，另一方面也開始與地方首領、不同層級的人士交由。隨著描述宴饗對象銘辭的出現，也說明原來作為溝通器主與過世先人的青銅器，逐漸轉變為連繫器主與在世成員或友人感情的媒介。儘管宴饗對象銘辭的生難字詞並不多，但卻反映了春秋時代政治結構的變化，同時也呈現出器主與各執政階層的互動關係。新興的執政階層之所以獲得器主甚至是諸侯國君的宴饗，也許暗示著其逐漸提升的地位以及政治影響力。

　　綜上所論，銘辭的演化，一定程度地透露了春秋時期社會結構的變遷，若能仔細爬梳，便能揭開新見嘏辭與宴饗銘辭所乘載的歷史意義。

第三章 銘辭的新興與發展（二）

第一節 稱頌與讚揚：春秋新見頌揚銘辭

一篇春秋銘文的結構除嘏辭外，往往還有不少頌揚銘辭。《禮記・祭統》云：「夫鼎有銘，銘者自名也，自名以稱揚其祖先之美，而名著之後世者也。」[1]作器者不僅以銘文表達祈福求壽之願望，更藉此頌揚祖先或自身，以達到明於後世之目的。誠如金信周所言，製器鑄銘的主要目的為的就是「頌揚」，「頌揚」是最充分反映銅器銘文基本性質和作用的重要概念。[2]本節將針對春秋新見的頌揚銘辭進行討論，內容包括一般讚頌慶賞、聲名、功烈、威儀之頌揚銘辭，以及器物相關的狀聲、狀物銘辭，旨在探討春秋時代新見頌揚銘辭的使用情形與變化狀況，或進一步推斷兩周頌揚對象是否存在變革與轉化，並藉此了解頌揚銘辭所象徵之社會史與思想史意義。

一 春秋新見頌揚銘辭

（一）它它跎跎、皇皇跎跎

它它跎跎

1. 永保其身，<u>它它跎跎</u>，受福無彊。（晕公壺，9704，春秋早期）

2. 永儵其身，<u>它它跎跎</u>，壽老無彊。（夆叔盤、匜，10163、10282，春秋早期）

3. 室家是儵，<u>它跎跎</u>，男女無彊。（邾公牼盤，圖成14526，春秋中期）

4. 萬年無彊，<u>它它跎跎</u>，男女無彊。（齊侯鼎，圖成2363，春秋晚期）

5. 薑年無彊，<u>它它跎跎</u>，男女無彊。（齊侯匜，10283，春秋晚期）

---

[1] 【清】朱彬撰：《禮記訓纂》（北京：中華書局，2007年），頁732。
[2] 金信周：《兩周頌揚銘文及其文化研究》（上海：復旦大學博士學位論文，2006年），頁1。

6. 室家是傢，它它配配，妻□壽老無碁。（賈子叔子屖盤，圖成 14512，春秋晚期）
7. 我台樂我心，它它巳巳，子子孫孫，羕保用之。（甚六鐘，圖成 15520-15521，春秋晚期）

皇皇配配

1. 其音警警，聞於四方，韹韹配配。（徐王子旃鐘，182，春秋晚期）
2. 𠂤樂楚王、者（諸）侯、嘉賓及我父䂓（兄）、者（諸）士，趪趪趣趣。（王孫誥鐘，圖成 15606-15631，春秋晚期）
3. 余尃旬于國，皝皝趣趣。（王孫遺者鐘，261，春秋晚期）
4. 𠂤樂嘉賓及我父䂓（兄）、庶士，皇皇趣趣。（沇兒鐘，203，春秋晚期）
5. 用樂嘉賓、大夫及我倗友，數數趣趣。（許子䰍師鎛，153，春秋時期）

「它它」一詞最早見於西周中期〈伯康簋〉（4160）銘文「它它受茲永命，無疆純佑」；或作「阤」，見於〈㝬簋〉（4317）「阤阤降余多福」，郭沫若指出「也也即《孟子・離婁下》：「施施从外來」之施施。趙注云：「施施猶扁扁，喜悅之貌」是也。」[3]張政烺也認為「它它」與「阤阤」音義相同，即《孟子・離婁下》「施施從外來」，並引趙歧注：「施施猶扁扁，喜悅之貌。」[4]至於「配配」見於西周晚期〈㝨簋〉（4153）「㝨其洍洍其萬年無疆」，學者普遍認為「洍」可通假為「熙」，意為和盛之貌。正因如此，春秋時期開始連用的「它它配配」，學者便認為是指喜悅和樂的樣子。衡諸〈甚六鐘〉銘文「我以樂我心，它它巳巳，子子孫孫，羕保用之」，此處「它它巳巳」當

[3] 郭沫若：《兩周金文辭大系圖錄攷釋》（北京：科學出版社，2002 年），頁 46。

[4] 張政烺指出《說文》：「阤，小崩也。从阜，也聲。」《中山王壺》：「是有純德遺訓以阤及子孫」，《秦繹山刻石》：「阤及五帝」，皆讀為施。《伯康簋》：「也也受茲永命」，也也與阤阤音義相同。《孟子·離婁下》：「施施從外來」，趙岐注：「施施猶扁扁，喜悅之貌。」詳見張政烺：〈周厲王胡簋釋文〉，《甲骨金文與殷商史研究》（北京：中華書局，2012 年），頁 253-254。

是補充說明「我以樂我心」，故解釋為喜悅和樂貌顯然妥當。但目前看來，「它它巳巳」僅〈甚六鐘〉可釋為喜悅和樂之義，可見是春秋戰國發展而出的新意涵，具有一定程度的時代性特徵。

其餘春秋彝銘中的「它它巳巳」則多與「無期」同出，似乎難以理解為喜悅和樂之義。對此徐中舒認為「它它巸巸」並非喜悅和樂，而是無疆無期之意，「它它」取其不絕無窮之意，「巸巸」則取廣大眾多之意。[5]其實若是考慮〈伯康簋〉與〈猷簋〉銘文，二者「它它」都是作為受命、降福之狀語，不論器主受命或祈求先祖降福，似乎都與綿長無盡的意思較為切合。

徐中舒對「它它巸巸」的解釋獲得普遍學者認同，《爾雅・釋訓》「**委委佗佗，美也。**」邢昺《疏》引孫炎曰：「**佗佗，長之美也。**」陸德明《經典釋文》：「**佗本或作它。**」[6]可見「佗佗／它它」訓不絕無窮之美，有其文獻依據，再加上「它它巸巸」後多連用「受福無期」、「壽老無期」、「男女無期」等語，不難理解此句當是求福壽、後嗣子孫之綿長不絕。值得注意的是，「它它巸巸，男女無期」的連用僅見於齊侯四器與〈邿公典盤〉，[7]而齊國與邿國都是山東一帶的諸侯國，因此這種用法顯然是東方文化區的特殊習慣，頗具地域性特徵。

此外，春秋晚期尚見形態與「它它巸巸」相近的吉語—「皇皇巸巸」，徐中舒認為乃「它它巸巸」之變言，也是形容無期之辭，唯變它它為皇皇，是一組使用區域不同但意義相近的詞彙。[8]然而，「皇皇巸巸」未必是「它它

---

5 徐中舒：〈金文嘏辭釋例〉，《中央研究院歷史語言研究所集刊》第六本第 1 分（臺北：中央研究院歷史語言研究所，1963 年），頁 41。後收入《徐中舒歷史論文選集》（北京：中華書局，1998 年），頁 560-561。

6 王秀麗：〈金文疊音詞語探悉〉，《江漢考古》第 4 期（2010 年），頁 126。

7 林聖傑：〈公典盤銘文淺釋〉，《中國文字》新廿七期（臺北：藝文印書館，2001 年），頁 95。

8 徐中舒指出「皇大也，美也。古以皇為至尊之稱，帝曰皇帝，父曰皇考，祖曰皇祖，《詩》「有皇上帝」、「皇矣上帝」……凡帝與祖皆以皇形容之。蓋它它言其無窮極，皇皇言其至美大也。如以地域言之，「它它巸巸」為黃河流域，尤其齊東通行之語，「皇皇巸巸」則淮汝之間所盛行也。」：〈金文嘏辭釋例〉，《中央研究院歷史語言研究所集刊》第六本第 1 分，頁 42。

熙熙」之同義詞，銘文中的「皇」或作趨、韹、趨；「熙」多作趄，而且僅見於春秋晚期的青銅鐘銘文，從〈徐王子旃鐘〉（182）來看「皇皇熙熙」是一組形容聲音的詞彙。

此處之「皇皇」當即文獻之「鍠鍠」，朱駿聲《說文通訓定聲》：「鍠，鐘聲也。从金皇聲。《詩·執競》『鐘鼓鍠鍠』毛本作喤，《廣雅·釋詁四》『鍠，聲也。』《漢書·禮樂志》注『鍠鍠，和也。字亦作韹。』《爾雅·釋訓》『韹韹，樂也。』注『鐘鼓音，亦作鍠』。」[9]換言之，「皇皇」當形容鐘聲，而「皇皇熙熙」原指鐘聲宏亮和美之意。

在此基礎上，「皇皇熙熙」亦可進一步引申為和樂喜悅的樣子，若考慮到〈王孫誥鐘〉、〈沇兒鐘〉、〈許子牆師鎛〉的銘文內容，則「皇皇熙熙」也用以形容器主與嘉賓、父兄、朋友宴饗時的和樂情境，至於〈王孫遺者鐘〉銘文「余尃旬于國，皇皇趄趄」，此處之「皇皇趄趄」乃是形容「余尃旬于國」，可理解為「德政遍及於全國國民」，[10]若此為是，則「皇皇趄趄」應是形容國人喜悅和樂之貌。

（二）畏忌

1. 余嫻（彌）心畏誋，余四事是台。（䣄鎛，271，春秋中期）

2. 敓嬰趄趄，敬乎盟祀，永受其福。（王子午鼎，2811，春秋晚期）

3. 敓嬰趄趄，肅慎臧哉，聞于四國。（王孫誥鐘，圖成 15606-15631，春秋晚期）

4. 敓嬰趄趄，肅慎臧哉，惠于德政。（王孫遺者鐘，261，春秋晚期）

5. 余畢龏（恭）威（畏）忌，鑄辝龢鐘二堵。（邾公牼鐘，149-152，春秋晚期）

6. 余畢龏（恭）威（畏）忌，愳穆不象于乎身。（邾公華鐘，245，春秋

---

9 【清】朱駿聲：《說文通訓定聲》（北京：中華書局，1998 年），頁 918。
10 董楚平：《吳越徐舒金文集釋》（浙江：浙江古籍出版社，1992 年），頁 382。

晚期）

7. 女（汝）*少(小)*心畏諅，女（汝）不象夙夜。（叔尸鐘，272，春秋晚期）
8. 余邲（畢）龏（恭）威（畏）忌，余不敢諀。（配兒鈎鑃，426，春秋晚期）

　　「畏忌」一詞見於春秋中期以後銘文，字形表現甚異，或作畏諅、敢嫛、威忌等。「嫛」字也見於西周金文，多作人名使用，如〈不嫛簋〉（4329）之「不嫛」，而王國維認為「嫛」字像人跪而執事之形，可讀為「忌」。又指出〈王孫遺者鐘〉「敢嫛趄趄」與邾公華、邾公牼二鐘「翼龔威忌」、〈齊子仲姜鎛〉「彌心畏諅」語意相同。而「不嫛」之名如同傳世文線索見夏父弗忌、仲孫何忌、費無忌、魏公子無忌矣。[11]王國維的論點，從現今文字學的研究成果看來，恐不確，不過「嫛」讀為「忌」的看法仍需重視，因為「忌」作「嫛」是一種用字習慣。

　　春秋金文多見「畏忌」一詞，除〈王孫遺者鐘〉等器外，尚見於〈王子午鼎〉（2811）、〈配兒鈎鑃〉（426、427）等，「畏忌」之「忌」皆做「諅」（或嫛），應該是較早時代用字習慣的遺留。[12]簡言之，〈王孫遺者鐘〉、〈王孫誥鐘〉與〈王子午鼎〉銘文寫作「敢嫛」，可能受到西周用字習慣的影響，因此使用了「嫛」而非當時流行的「忌」，儘管兩者聲韻接近，當可通假，但不應視為同一字的不同寫法。

　　至於「畏忌」一詞亦見於傳世文獻，如《詩‧大雅‧桑柔》：「匪言不能，胡斯畏忌？」程俊英、蔣見元注析：「畏忌，害怕顧忌。」[13]《左傳‧昭公廿五年》「為刑罰威獄，使民畏忌，以類其震曜殺戮。」以及《儀禮‧士虞禮》：「夙興夜處，小心畏忌，不惰其身，不寧。」漢朝張衡《陳事疏》：「恭儉畏

---

[11] 王國維：〈不嫛敦蓋銘考釋〉，《王國維遺書》第四冊（上海：上海書店出版社，1983年），頁136-137。

[12] 郭永秉：〈商周金文所見人名補釋五則〉，《古文字與古文獻論集》（上海：上海古籍出版社，2011年），頁27。

[13] 程俊英、蔣見元：《詩經注析》（北京：中華書局，2009年），頁876。

忌，必蒙祉作」：「夙興夜處，小心畏忌，不惰其身，不寧。」又「恭儉畏忌，必蒙祉作。」此三處文獻所見的「畏忌」意義略有不同，《詩·桑柔》與《左傳》之「畏忌」，察其文意當有「畏懼顧忌」之義，而《儀禮·士虞禮》之「小心畏忌」則與金文所見之「畏忌」較接近，含有恭敬謹慎之義。伍仕謙考釋〈王子午鼎〉銘時曾云：「敄嬰趩趩即小心翼翼，即戒慎恐懼之意也。」[14] 趩趩，即文獻所見的「翼翼」，《詩·大雅·大明》「維此文王，小心翼翼」，鄭箋：「翼翼，恭慎貌。」換言之，「敄嬰趩趩」、「小心畏忌」皆指戒慎恭敬的樣子。

　　「小心」與「畏忌」之間的關係，也有學者進行過梳理。何樹環便指出〈王子午鼎〉等器的「畏忌趩趩」，忌字本作「期」，學界皆讀為「忌」，並謂「畏忌趩趩」猶小心翼翼。需特別說明的是，古代漢語中「小心」一詞是帶有恭敬之意的。〈叔尸鏄〉（272-278）：「余既尃乃心，汝小心畏忌，汝不墜夙夜，宦執爾政事。」，「小心」與「畏忌」連言，它銘中又往往與表示恭敬的詞語「畢恭」連言，如「畢恭威（畏）忌」、「邲（畢）龏（恭）威（畏）其（忌）」，凡此皆說明了「畏忌」、「小心」在銘文中都表示出「恭敬」此一意義。是以銘文所見「畏忌」，實際猶如上舉《大學》「畏敬」連言之意。[15] 由此可知，金文中的「畏忌」並非純然的害怕恐懼，而是包含一定的恭謹成分，因此往往亦跟「小心」、「趩趩」、「畢恭」等具有恭敬義的詞語連言。

　　再進一步分梳春秋彝銘所見「畏忌」一詞的使用時間及範圍，可知其始見於春秋中期的〈齊侯鏄〉（271），其餘皆為春秋晚期器，可見最顛峰的使用期當在春秋晚期。而上舉見「畏忌」諸器包含齊器二、楚器三、吳器一，亦知此詞彙的流行範圍當以東方與南方為主，甚至擴及吳越文化區，據此看來，「畏忌」一詞亦有作為斷代與分域標準之價值。

---

[14] 伍仕謙：〈王子午鼎、王孫誥鐘銘文考釋〉，《古文字研究》第九輯（北京：中華書局，2005 年），頁 281。

[15] 何樹環：〈金文「叀」字別解─兼及惠〉，《青銅器與西周史論集》（臺北：文津出版社，2013 年），頁 281-282。

（三）穆穆、虩虩遜遜、穆穆趄趄

1. 余雖小子，<u>穆穆</u>帥秉明德。（秦公簋，4315，春秋早期）
2. 擇其吉金，自作龢鐘之鈲（？），<u>虩虩</u>遜遜。（季子康鎛，圖成 15787，春秋中期）
3. <u>穆穆</u>曾姪朱姬之㝡（持）。（曾姪朱姬簠，圖成 5803，春秋晚期）
4. 余嚴敬茲禋盟，<u>穆穆</u>趄趄。（𢎨兵壺，圖成 12445，春秋晚期）
5. 籟（撫）文王母，<u>穆穆</u>豐豐。（蔡侯申壺，6010，春秋晚期）
6. 籟（撫）文王母，<u>穆穆</u>豐豐。（蔡侯申盤，10171，春秋晚期）
7. 又嚴<u>穆穆</u>，敬事楚王，余不畋不羡。（王孫誥鐘，圖成 15606-15631，春秋晚期）
8. 其音<u>穆穆</u>，闌闌龢鐘。（吳王光鐘殘片，224.1，春秋晚期）
9. 元鳴孔煌，<u>穆穆</u>龢鐘，㠯宴㠯喜。（許子牆師鎛，153，春秋時期）

　　金文中「穆穆」一詞始見於西周中期〈師望鼎〉（2812）、〈𢼸簋〉（2824）、〈長甶盉〉（9455）、〈遹簋〉（4207）等器，西周晚期至春秋時期仍然頻繁出現，屬於兩周金文常用銘辭之一。文獻亦多見「穆穆」一詞，大抵而言，「穆穆」有兩種方向的訓釋：一訓為「敬」，如《尚書·呂刑》「穆穆在上，明明在下，灼于四方，罔不惟德之勤。」以及《爾雅·釋訓》「穆穆，敬也。」或訓為「美」，可以形容人之儀容行為或是聲音。如《詩·大雅·文王》「穆穆文王，於緝熙敬止。假哉天命，有商孫子。」毛傳：「穆穆，美也。」或訓聲音的和美，如《詩·商頌·那》「於赫湯孫，穆穆厥聲」鄭箋：「穆穆，美也。」

　　西周金文中兩種意義均有使用，如西周中期〈𢼸方鼎〉（2824）「用穆穆夙夜，尊享妥（綏）福」；西周晚期的〈逨鼎〉（圖成 2503）「皇考其嚴在上，翼在下，穆穆秉明德」，此「穆穆」當訓為「敬」。西周中期的〈作毕方鼎〉（5993）「作毕穆穆文祖考尊彝」之「穆穆文祖」顯然同「穆穆文王」，當訓

為「美」。通過金文所見「穆穆」的比較，可以發現「穆穆」主要兩種義項，可依靠語序或詞性進行判斷：第一，在名詞前面作定語，一般以訓作「美」為宜。第二，在動詞前面作狀語，一般以訓作「恭敬」為宜。[16]

不過春秋以後，「穆穆」一詞發展出不少新型組合，如「穆穆遝遝」、「穆穆趄趄」、「穆穆霽霽」等，皆屬 AABB 的疊字詞結構，同時詞義使用的偏好也略有不同，像是以「穆穆」形容聲音和美的用法明顯增加，形式也未必僅限於名詞之前。綜觀上舉「穆穆」文例，可知春秋早期〈秦公鐘〉（4315）「穆穆帥秉明德」之「穆穆」因在動詞前作狀語，故訓「敬」，明顯承襲西周用法；而春秋中期〈季子康鎛〉「穆穆遝遝」之「穆穆」則是狀語，當訓為「美」，「遝遝」應讀為「爽爽」，乃形容鐘鎛之聲的清亮爽朗。[17]雖然此種用法常見於傳世文獻，但卻未見於西周金文，可屬春秋新見銘辭。春秋晚期「穆穆」用法前有所承，保留各式訓釋，如〈與兵壺〉（圖成 12445）「穆穆趄趄」，「穆穆」當訓「敬」；「趄趄」讀為「熙」，訓光明意，[18]乃言敬肅光明。

〈蔡侯申盤〉等器則見「穆穆霽霽」一詞，霽即《說文》之「沬」，銘文多作「眉壽」之「眉」，霽，明母之部；霽，明母微部，兩者音近可通。「穆穆霽霽」一詞正與《詩·大雅·文王》「亹亹文王，令聞不已。陳錫哉周，侯文王孫子。……穆穆文王，於緝熙敬止。假哉天命，有商孫子」相類，毛傳訓：「亹亹，勉也。」形容文王的勤勉不倦。《大戴禮記·五帝德》更見「亹亹穆穆，為綱為紀」王聘珍解詁：「亹亹，勉也；穆穆，敬也。」于省吾謂「亹亹穆穆」係敬恭黽勉之義。[19]其說可從。〈王孫誥鐘〉（圖成 15606-

[16] 謝明文：〈從語法角度談談金文中「穆穆」的訓釋等相關問題〉，《古籍研究》第 1 期（2013年），頁 53-56。

[17] 陳斯鵬：〈新見金文釋讀商補〉，《古文字研究》第廿九輯（北京：中華書局，2012 年），頁 271。

[18] 李學勤：〈春秋鄭器與兵方壺論釋〉，《中國古代文明研究》（上海：華東師範大學出版社，2006 年），頁 100。

[19] 于省吾：〈壽縣蔡侯墓銅器銘文考釋〉，《古文字研究》第一輯（北京：中華書局，2005

15631）與〈王子午鼎〉（2811）同見之「有嚴穆穆」,「穆穆」亦訓為敬,伍仕謙謂猶莊嚴而恭敬也。[20]

至於〈吳王光鐘〉之「其音穆穆」與〈許子䣄師鎛〉之「穆穆龢鐘」均屬名詞前之定語,可訓為「美」,乃指聲音之優美和諧。饒宗頤認為穆穆指和聲,古代鐘懸於四門,賓至金奏,以示克諧,故《堯典》云:「賓於四門,四門穆穆。」以往訓穆穆為敬,不知其兼指鐘磬和諧之音,故亦云「穆穆厥聲」。[21]由此可知,此處之「穆穆」乃指鐘聲的和諧暢美。整體看來,春秋時期「穆穆」一詞的訓釋較為複雜多元,不僅前承西周金文狀語前訓「敬」以及定語前訓「美」之規律,偶爾也會出現如「穆穆逸逸」這類雖置於狀語前,但指鐘聲和諧美好的例子。

（四）毋瘩毋㲋

現藏於臺北故宮博物院的春秋中期齊國青銅器〈國差罐〉（10361）銘文有「侯氏毋瘩毋㲋,齊邦㝢靜安寍」一句。由於「毋瘩毋㲋」僅見於本銘,所以學者考釋甚為分歧,此處將重新檢討相關說法,並從中選擇或推衍較合理的見解。

「毋瘩」一辭較無疑義,學者多通假為「無咎」,常見於《易經》等傳世文獻,意指沒有災咎。然而關於「毋㲋」的解釋則有相當不同之看法,至今莫衷一是,過往《集成》與中研院金文資料庫俱隸定為「瘉」,無說,但經過沈培對於古文字「祝」的詳細爬梳後,可知此字未必宜隸定為「瘉」,而應讀為「既」。雖然古文字中已有作兄的「𠙶」形,但古文字中仍有不少從覆手與不從覆手為同一字的例證,例如「考」可作𦥑或𦥯形。因此「兄」寫成「𠙶」形是容易理解的,也許它代表的就是一個年紀比較大的兄長的形象,

年）,頁 45。

[20] 伍仕謙:〈王子午鼎、王孫誥鐘銘文考釋〉,《古文字研究》第九輯,頁 285。

[21] 饒宗頤:〈隨縣曾侯乙墓鐘磬銘辭研究〉,《楚地出土文獻三種研究》（北京:中華書局,1993 年）,頁 44。

至於甲金文用「🦣」表示「兄弟」的「兄」，用「🦣」表示「貺」，可以看作是異體分工。[22]依照這個看法可知「🦣」應當是兄長的「兄」之異體，「貺」的表意初文，如此則〈國差𦉜〉之「🦣」顯然就不應按照《集成》隸定為「痟」，而需改隸定為「疷」。

至於「疷」字該如何釋讀，也讓學者感到疑惑，一般多通假為陽部的荒、殃等字，目前並無定論。值得注意的是，春秋時期〈晉公盆〉（10342）有「頓🦣」一詞，「🦣」下部所从之「兄」亦作「🦣」形，郭沫若將此字通假為陽部字的「讓」，[23]謝明文則通假為耕部字的「恭」，[24]認為即文獻所見之「卑恭」。由此看來，《國差𦉜》之「疷」字似乎未必僅能通假為陽部字，亦可能包含少部分的耕部字，同時與「瀞、寧」等字擔任本銘韻腳。然而必須進一步確認的是，「毋疷毋疷」之受事對象既為「侯氏」，那麼學者所通假之「無荒」或「無殃」是否適於施用對象，抑或是存在其他解釋的可能性？

郭沫若原釋作「無荒」，此詞在較重要的傳世文獻中共兩見，分別為《詩·唐風·蟋蟀》「好樂無荒，良士瞿瞿」及《書·文侯之命》「柔遠能邇，惠康小民，無荒寧，簡恤爾都，用成爾顯德。」詳考上述文獻語氣則可知「無荒」當為勸勉之詞。毛傳對「好樂無荒，良士瞿瞿」的解釋為「君之好樂，不當至於廢亂政事，當如善士瞿瞿然顧禮儀也。」[25]顯然語意是期許良士雖可好樂，但仍需不段荒寧地處理政事。又如「無荒寧」義同「無荒」，考其前後文乃是周王要晉文侯不可過度逸樂；至於《管子·戒》亦是勸勉不應有過分

---

22 沈培：〈說古文字裡的「祝」及相關之字〉，《簡帛》第二輯（上海：上海古籍出版社，2007 年），頁 1-30。不過關於《國差𦉜》之「疷」字，沈培還有一個比較特殊的看法，其認為此字有可能是從「祝」的。此看法主要由於上博楚簡〈曹沫之陣〉也有三個作「🦣」形之字，沈培認為都當理解為「祝」字，且上博簡與新蔡楚簡的「🦣」都是從甲骨文的「🦣」演變而來，只是原來的詭跪形變成了立人形，而此種立人形之「祝」字的出現源頭，就是《國差𦉜》的「🦣」形。

23 郭沫若：《青銅器銘文研究》，頁 126。

24 謝明文：〈晉公盤銘文補釋〉，《出土文獻與古文字研究》第五輯（上海：上海古籍出版社，2013 年），頁 244。

25 【清】王先謙：《詩三家義集疏》，頁 415。

荒、亡之行。相較之下，〈國差𦉢〉之「毋疕」的期許對象乃是器主服侍的長官－侯氏，而且與「無咎」連言，大義應是期許侯氏無災無難，似不當釋為有著強烈勸勉之義的「無荒」，故郭沫若此說恐不可通。

相較之下，「無殃」[26]或是可以考慮的選項，傳世文獻「無殃」見於《莊子・天地》「乘彼白雲，至於帝鄉；三患莫至，身常無殃；則何辱之有！」由此可知「無殃」當可形容其身無患，亦即沒有災難。除此之外，「殃」屬影母陽部字，與「兄」所屬之曉母較為接近，或可通假，然而文獻亦未見其他例證，故此說仍有待檢覈。綜上所論，目前說法各有其不足之處，均未能獲多普遍共識，儘管據前後文大致可知「毋瘩毋疕」當指期盼侯氏沒有災禍患難，不過究竟應如何訓解，尚有待更多出土材料方能加以證實。

（五）余恁𦧅心、永保𢖻身

兩周銘文「𦧅」字常見，有多種義項，而春秋時期出現數個帶「𦧅」字之銘辭，且訓釋較為特殊，以下針對相關文例進行討論：

1. <u>余恁𦧅心</u>，徝永余德。（王孫遺者鐘，261，春秋晚期）
2. <u>永保𢖻身</u>，子孫寶。（徐王義楚耑，6513，春秋晚期）
3. 用言台（以）孝，<u>于𦧅皇祖文考</u>。（鮑氏鐘，142，春秋晚期）

對上述三器較早進行考釋者為郭沫若，其認為「𦧅」、「𢖻」皆可通作「台」或「怡」，訓為我、予，是為領格，故「𦧅心」即「我的心」，「𢖻身」為「我的身」，而「𦧅皇祖文考」即「我的過世祖父、父親」。[27]由於郭沫若的說法

26　董珊之說見於陳新〈說「毋瘩毋疕」〉一文，陳文指出：「董珊先生看過本文的初稿後，提醒我考慮『毋瘩毋疕』能否讀為『毋咎毋殃』。『殃』、『兄』古音同屬陽部，一為影紐，一為曉紐，均屬喉音。『咎』應理解為《說文》所載本義『災也』，而『殃』《說文》亦訓『咎也』。『毋咎毋殃』即『無災無禍』。」董說雖未發表為正式文章，但為辨明此說出處，本文仍歸之於董珊創見，並附註於此。

27　郭沫若謂〈王孫遺者鐘〉「余恁𦧅心」之「恁」當訓「柔」，「𦧅」則為「以」字所從出，多用為「台，我也」之「台」，與「余」為對文。又認為〈徐王義楚耑〉之「𢖻」即「怡」

文從字順，獲得許多人的認同，而「訇」與「台」、「怡」在聲音或字形之關聯也有其他文章進行過詳細分析。不過值得注意的是，「訇」訓「我」之文例除上舉三例之外，尚見於戰國時期的〈冉鉦鍼〉（428）「余以政訇徒」，因此目前看來，「訇」最早出現「我」之義項當在春秋晚期以後。

關於〈徐王義楚耑〉「訇」字之訓釋，除「我」之外，還有另一種釋作人名的觀點。施謝捷考釋《古璽彙編》5532 的楚系單字璽時曾指出「郘王義楚耑用為第一人稱的『台』作『訇』，與此印文結構全同。在璽印鐘大概用作人名。黃賓虹先生釋『怡』，是。」[28]其另舉《周王孫季恕戈》（11309）之「恕」、《滕之不恕劍》（11608）之「恕」以及數例璽印、陶文，說明「恕」常用為「怠」或「怡」之異體，多作人名使用。[29]其後胡長春、闞緒杭按此思路，分析 2008 年安徽蚌埠雙墩一號鐘離墓出土之 M1:47 戈銘文「余（徐）子白（伯）訇（怡）此之元戈」，主張〈徐王義楚耑〉「永保恕身」之「恕」與〈王孫遺者鐘〉「余恁訇心」之「訇」皆為徐王「訇（伯）此」之專名。[30]

胡、闞二氏之說看似言之成理，證據繁多，但其中仍有不可解之處。較為明顯的是文中並未清楚說明不同名號之間關係為何，作者僅以「春秋時人往往有不同名號」一語以及傳世文獻的人名作為例證。然而傳世文獻所見之同人異名多能經由分析得知其稱號的性質或來源，彼此之間常有意義上的關聯，而作者並未清楚說明「義楚」、「訇（伯）此」、「遺者」與「恕」之間的關係，也未釐清何者為生稱、死諡、專名，甚至是封號。再細審文章內容，

字，假為「台，我也」之「台」，金文多以从台聲若㠯聲之字為之，且均用為領格。其考釋〈鮑氏鐘〉銘文時直接將「訇」通為「予」，無說。郭沫若：《兩周金文辭大系暨圖錄考釋》（北京：科學出版社，2002 年），頁 346-350。

[28] 施謝捷：〈說「訇訇訇」及相關諸字（上）〉，《出土文獻與傳世典籍的詮釋－紀念譚樸森先生逝世兩周年國際學術研討會論文集》（上海：上海古籍出版社，2010 年），頁 61。

[29] 施謝捷：〈說「訇訇訇」及相關諸字（上）〉，《出土文獻與傳世典籍的詮釋－紀念譚樸森先生逝世兩周年國際學術研討會論文集》，頁 60-65。

[30] 詳見胡長春、闞緒杭：〈徐王義楚耑「永保恕身」新解及安徽雙墩一號鐘離墓的年代推定〉，《古文字研究》第廿九輯（北京：中華書局，2012 年），頁 410-415。

亦可知作者無法確認「義楚」與「𠈰（俉）此」是否為同一位徐王，更遑論扣合「遺者」與「義楚」之關聯。由此可見，儘管「𠈰」字在春秋戰國出土文獻中多作為人名，但若未能將所出現之人名進行更詳細之爬梳，恐難輕易撼動「𠈰」訓「我」之觀點。

　　相較之下，上舉三例之訓解仍以郭說較勝，雖然例證不多，不過因僅見於春秋晚期與戰國時期的銘文，故可視為斷代的標準之一。

（六）余㝴靜朕猷、遠猷（邇）

　　現藏於上海博物館的春秋晚期〈文公之母弟鐘〉（圖成 15277）乃係整組編鐘的其中一枚，銘文亦僅存一段，據鄔可晶的釋讀與隸定如下：

> ▨不義（宜）有匿（慝）。余文公之母弟，余㝴（謐）靜朕猷遠猷（邇），用匿（宴）樂者（諸）父兄弟。余不敢柬（犯）睍（兇），余龏（恭）好朋友、氏（𨑒？—厥）尸（夷）僕▨[31]

　　首先，「余㝴（謐）靜朕猷遠猷（邇）」一句的釋讀涉及較多文字考釋與文例問題，故需特別針對此銘辭進行討論。首先討論「朕猷」之義，兩周銘文中多見描述「謀猷」的頌揚銘辭，西周時期或作宇誨、宇慕、大慕、逗慕、宇慕遠猷等，「誨」或「慕」可通假為「謀」，故宇誨、宇慕等辭皆應理解為「大謀」。除此之外，西周晚期〈訣鐘〉（261）「朕猷有成亡競」、春秋早期〈晉姜鼎〉（2826）「宣郖我猷」，二處之「朕猷」、「我猷」皆指「我的謀畫」，而〈文公之母弟鐘〉的「朕猷」顯然是承此而來。

　　既已確知「朕猷」之義，則需進一步思考如何理解「余㝴（謐）靜朕猷遠猷（邇）」的文意。通過銘文比對可以發現，類似的文例尚見其他青銅器或出土文獻，例如：〈大克鼎〉（2836）「㝴靜于猷」、〈晉姜鼎〉（2826）「經

雍明德，宣邲我猷」、〈國差罎〉（10361）「齊邦㝱靜安寧」以及《清華簡（壹）‧
耆夜》「恀情謀猷」。由於〈國差罎〉亦見「㝱靜」一詞，故鄔可晶謂「按『密』、
『謐』、『宓』古皆从「必」得聲，當「安」、「靜」講的「密」、「謐」與當「安
寧」講的『宓』無疑是音義皆近的同源詞，甚至有可能表示的是同一個詞。」
其後又進一步認為「清華簡〈耆夜〉『恀情』與『㝱靜』當是同一語的異寫，
顯然都應該讀為『謐靜』。」[32]

　　鄔氏指出密、謐、宓等字皆从「必」得聲的概念相當重要，將「㝱靜」
通讀為「謐靜」，訓「安靜」、「安寧」，固然可以順利解釋〈國差罎〉之「齊
邦㝱靜安寧」，但是否能訓解〈文公之母弟鐘〉的「㝱（謐）靜朕猷」以及
〈耆夜〉之「恀情謀猷」則有待進一步考慮。清華簡整理小組針對「恀情謀
猷」提出的解釋，認為宓讀為「恀」。《詩‧桑柔》：「為謀為恀，亂況斯削。」
毛傳：「恀，慎也。」情，讀為「精」。恳，「謀」之古文。謀猷，見於《書‧
文侯之命》：「越小大謀猷，罔不率從。」[33]由此可知，整理小組讀為「恀情
謀猷」，訓為「慎精謀猷」，「恀精」顯然有謹慎精當之意，當指使謀劃謹慎
精當。

　　其後，陳民鎮等人也提出「恀情」通讀為「恀靖」的看法，[34]但無詳說，
可能是指使計畫謹慎安定，而陳氏之見顯然來自於〈大克鼎〉「宓靜于猷」
與〈晉姜鼎〉「宣邲我猷」。過去學者多將〈大克鼎〉「宓」釋為「寧」的異
體字，認為「寧靜于猷」即指把國家的計畫安定，但金信周認為此種解釋並
不符合銘文文意，故主張遵從高田忠周的看法讀「宓」為「宇」，訓「擴大」、
「宣揚」之意，故「宓靜于猷」即指大大地安定國家的計畫。[35]至於〈晉姜
鼎〉的「宣邲我猷」，「宣」可訓宣揚、擴大之義；「邲」雖在甲、金文中多

---

[32] 鄔可晶：〈文公之母弟鐘補釋〉，《中國文字》新卅六期，頁58。
[33] 清華大學出土文獻研究與保護中心編：《清華大學藏戰國竹簡（壹）》（上海：中西書局，
　　2011年），頁153。
[34] 顏偉民、陳民鎮：〈清華簡〈耆夜〉集釋〉，復旦大學出土文獻與古文字研究中心（2011
　　年9月20日）網址：http://www.gwz.fudan.edu.cn/SrcShow.asp?Src_ID=1657
[35] 金信周：《兩周頌揚銘文研究》（上海：復旦大學博士學位論文，2006年），頁43。

作人名，不過在文獻中可訓「美」，郭沫若便持此訓；金信周則通「宓」，訓「安」，認為「宓」與「靜」義相似，理解成宣揚傳布並安定我的謀畫。[36]

　　綜上可知，「靜」顯然有平定、安定之義，西周晚期〈多友鼎〉（2835）銘見「女（汝）既靜京師」、「女（汝）靜京師」，此「靜」均讀作「靖」，指平定；至於「鼏」或「邲」則有訓「慎」與「安」兩說，而本文認為雖然〈文公之母弟鐘〉「鼏靜朕猷」與〈國差罐〉「齊邦鼏靜安寧」皆作「鼏靜」，但意義全然不同，前者當是形容如何處置我的謀猷，後者則是形容齊國謐靜安寧，因此「鼏靜朕猷」之「鼏（謐）」似當如〈耆夜〉通讀為「毖」，訓為「慎」；「靜」則通讀為「靖」，訓為平定，意指謹慎地謀定我的計畫，其用法與〈耆夜〉相同。

　　其次，關於「遠琢（邇）」一詞也有許多不同討論，鄔可晶僅對「琢」字的構形進行分析，並謂《近二》把「遠琢」二字直接釋讀為屢見於金文和古書的「遠邇」，正確可從。[37]不過其於文末又指出，陳英傑認為「朕猷」與「遠邇」可能是二事，「遠邇」所指可能與〈晉姜鼎〉「遠邇君子」或「柔遠能邇」義近。[38]「遠邇」一詞亦見於傳世文獻，如《尚書·盤庚》「丕乃敢大言，汝有積德，乃不畏戎毒于遠邇。」屈萬里注云：「遠邇，遠日與近日。」[39]又如《尚書·盤庚》「無有遠邇，用罪伐厥死，用德彰厥善。」以及《左傳·昭公卅二年》「己丑，士彌牟營成周，計丈數，揣高卑，度厚薄，仞溝洫，物土方，議遠邇……」據此可知「遠邇」可用以形容時間、血緣或是距離之遠近。由此推斷，銘文當將「朕猷」與「遠邇」分開視之，而「遠邇」可能是指遠近之事，亦即〈大克鼎〉（2836）、〈番生簋蓋〉（4326）所謂的「柔遠能邇」，故應斷讀為「鼏靜朕猷、遠邇」，翻譯為「謹慎地謀定我的計畫以及遠近之事」。

36　金信周：《兩周頌揚銘文研究》，頁45。
37　郭沫若：《兩周金文辭大系攷釋圖錄》，頁484。
38　鄔可晶：〈文公之母弟鐘補釋〉，《中國文字》新卅六期，頁59。
39　屈萬里：《尚書集釋》（臺北：聯經出版事業公司，2003年），頁65。

綜上所論，〈文公之母弟鐘〉「罪（謐）靜朕猷、遠豬（邇）」乃是承襲自西周晚期〈大克鼎〉的「窋靜于猷」、「柔遠能邇」而來，春秋早期〈晉姜鼎〉的「宣邲我猷」、「用康柔懷遠邇君子」則承其遺緒，直至〈文公之母弟鐘〉則發展出「余罪（謐）靜朕猷、遠豬（邇）」二者合一的句式，儘管遣詞用字略有不同，但通過清華簡〈耆夜〉「毖情謀猷」仍可知此概念或說法最晚延續至戰國時期。

第二節　狀聲與狀物：春秋新見形容銘辭

一　春秋新見狀聲銘辭

（一）鎗鎗鏓鏓，鏶鏶雍雍

1. 秦子作寶龢鐘，坒音[圖]雝雝。（秦子鐘，圖成 15231，春秋早期）

2. 霝音[圖]雝雝，呂匽皇公，呂受大福。（秦公鐘、鎛，262-269，春秋早期）

3. 虢季作為棥鐘，其音雝雝，用義其家，用與其邦。（虢季鐘，圖成 15361-15368，春秋早期）

4. 卑汝輪輪音音，龢龢倉倉，其登于上下，聞于四旁，子子孫孫永保是尚。（者減鐘，193-202，春秋中期）

5. 其音贏（贏）少（小）剴（則）湯（蕩），龢平均（韻）訛（諧）；需印（色）若華，敓者礚礚，至者長舒，迠平倉倉，詢者自喜。（𪙊鐘，新收 15351-15359，春秋晚期）

6. 卑若鐘鼓，外內剴辟，[圖]與與，達而倗剴。（叔尸鐘，272-281，春秋晚期）

7. 自作龢鐘，龢龢倉倉，子樂父兄，萬年無諆。（侯古堆鎛，圖成 15806-15813，春秋晚期）

8. 其音鏶鏶雍雍孔皇，呂卲雫孝言，呂受屯魯多釐，釁壽無疆。（秦公鎛，270，春秋晚期）

9. 自乍鑄游鍊(鐘)，玄鏐鋿鑐，乃為〔之音〕，灘灘。（莒叔之仲子平鐘，172-180，春秋晚期）

由於西周晚期青銅鐘開始盛行，因此用以形容鐘聲的詞彙亦隨之出現，由於單音節的字詞無法再勝任聲音的連續性，因此多需以疊音方式描繪聲音，於是模擬鐘聲之辭的疊音結構在春秋時期大量湧現。回溯兩周鐘銘所見之狀聲詞，目前最早見於西周晚期〈梁其鐘〉（187-190）、〈𫽃鐘〉（260）、〈戎生編鐘〉（圖成 15239-15246）等，多以「倉倉」、「鎗鎗」、「鏓鏓」、「鏞鏞」等詞表示聲音的美好，李學勤便言：「『鎗鎗』即《詩・烝民》的『鏘鏘』……悤古音為清母東部，從『甬』的字有的在邪母東部，彼此音近，鎗鎗鏞鏞實即鎗鎗鏓鏓。」[40]基本上，狀聲之銘辭因以形容聲音為主要目的，因此不拘字形，異體甚多，「鎗鎗鏓鏓」一詞始見於西周，行用於春秋，發展至後期或作「穌穌倉倉」、「會平倉倉」。

此外尚有另一組狀聲詞也見於上述西周晚期鐘銘，如〈梁其鐘〉（187-192）「鏶鏶」、〈𫽃鐘〉（260）「雝雝」、〈逨鐘〉（圖成 15634-15638）「雝雝」，發展至春秋早期見於〈秦子鐘〉（圖成 15231）「雝雝」與〈秦公鐘〉（262-269）「雝雝」，春秋晚期則有〈秦公鎛〉（270）「雝雝」以及〈莒叔之仲子平鐘〉（172-180）「灘灘」。

關於、、諸字的考釋，歷來看法分歧，學者普遍同意此字為形聲字，認為其聲符乃是「」，或從鳥、從隹、從金、從戈，但究竟該釋黍、央、者、侁、市、殺、鷖，則莫衷一是。[41]其中影響較大的是李家浩釋「殺」說，理氏認為〈叔尸鐘〉「」、〈莒叔之仲子平鐘〉「」與魏正始石經古文「（殺）」左半偏旁相近，故主張前二者當為古文「殺」的異體，並進

---

[40] 李學勤：〈戎生編鐘論釋〉，《保利藏金－保利藝術博物館精品選》（深圳：嶺南美術出版社，1999 年），頁 376。

[41] 相關說法詳見胡長春：〈釋鷖鷖雝雝〉，《古文字研究》第廿五輯（北京：中華書局，2004年），頁 135。

而將銘文的「殺殺」通為「嘁嘁」，訓為和鳴之聲。[42]

　　裘錫圭則認為此字是與「朮」音同或音近的一個字，用作聲旁時可以通用。[43]更進一步指出〈叔弓鐘〉與〈莒平鐘〉的寫法乃屬於一種變形，否定了李家浩釋「殺」說，認為上引各鐘銘文中用來形容鐘聲的从△聲之字，都應該讀為「肅」。△音與「朮」相同或極為相近。「朮」為書母覺部字，「肅」為心母覺部字，上古音也很相近。从△聲之字當可讀為「肅」。《老子》二十五章「寂兮寥兮」之「寂」，馬王堆帛書甲本作「繡」，乙本作「蕭」，亦可見「朮」、「肅」古音相近。《詩·周頌·有瞽》：「喤喤厥聲，肅雝和鳴，先祖是聽。」《禮記·樂記》：「《詩》云：『肅雝和鳴，先祖是聽。』夫肅肅，敬也；雝雝，和也。」鈇鐘、逨鐘、梁其鐘、秦公鐘、秦公鎛和莒平鐘，都以从△聲之字與「雝」字連用。讀从△聲之字為「肅」與古書密合。[44]裘錫圭讀作「肅肅雝雝」，顯然認為此詞是形容鐘聲的肅穆和諧。[45]儘管各家學者對於此字的釋讀尚未取得共識，不過相較而言，裘說較能關照字形與文例。

　　整體而言，鐘銘「鎗鎗鏓鏓」與「■■雝雝」都是用來形容鐘聲的清亮暢美，肅穆和諧。雖然流行時間很長，但從西周晚期至春秋晚期的變化並不明顯，唯有原本西周時从鳥或从隹的「■」字，在春秋則多从金，此現

42　李家浩釋「殺」說，詳見氏著：〈齊國文字中的「遂」〉，《著名中年語言學家自選集·李家浩卷》（合肥：安徽教育出版社，2002 年），頁 35-52。近年來，陳劍又對「殺」的字形演變進行梳理，繫連甲骨文「攺」字與「殺」之關係，推進學界對「殺」字的進一步認識。不過陳文並未提及上述諸字與「殺」之關係，故此處僅列為補充。詳見陳劍：〈試說甲骨文的「殺」字〉，《古文字研究》第廿九輯（北京：中華書局，2012 年），頁 9-19。

43　裘錫圭：〈戎生編鐘銘文考釋〉，原載《保利藏金─保利藝術博物館精品選》後收入《裘錫圭學術文集·金文及其他古文字卷》（上海：復旦大學出版社，2012 年），頁 116。

44　裘錫圭：〈戎生編鐘銘文考釋〉，原載《保利藏金─保利藝術博物館精品選》後收入《裘錫圭學術文集·金文及其他古文字卷》，頁 117。

45　裘錫圭於後文指出鄭剛 1996 年發表之〈古文字資料所見疊詞研究〉已將从金朮聲之字釋出，並讀為肅，認為叔叔雝即肅肅雝雝，並引《禮記·少儀》「鸞和之美，肅肅雝雝」為證。《裘錫圭學術文集·金文及其他古文字卷》，頁 120。鄭剛文章見《中山大學學報（社會科學版）》第 3 期（1996 年），頁 113。

象應當即如裘錫圭所言「大概跟『鎗』、『鍯』、『鏴』一樣，是由於用來形容鐘聲而加「金」旁的。」[46]另外，在使用頻率方面也大幅增加，而且主要見於秦國青銅鐘，顯示出春秋秦國銘文與西周銘文的密切關係。

（二）中翰且昜，元鳴孔皇

1. 穌鳴叚（且）敦(皇)，用宴用喜，用樂庶（諸）侯及我父兄。（楚大師登鐘，圖成 15511-15519，春秋早期）

2. 中（終）鞝（翰）叚（且）陽（揚），元鳴孔鍠；呂征呂行，勇（敷）聞四方。（登鐸，[47]春秋中期）

3. 中（終）訹（翰）叚（且）昜（揚），元鳴孔皇；其音訾訾，聞于四方。（徐王子旃鐘，182，春秋晚期）

4. 中（終）旗（翰）叚（且）旟（揚），元鳴孔諻，又嚴穆穆，敬事楚王。（王孫誥鐘，圖成 15606-15631，春秋晚期）

5. 中（終）訹（翰）叚（且）旟（揚），元鳴孔皇，用亯台孝。（王孫遺者鐘，261，春秋晚期）

6. 中（終）軓（翰）叚（且）昜（揚），元鳴孔皇，孔嘉元成。（沇兒鐘，203，春秋晚期）

7. 中（終）鞝（翰）叚（且）旟（揚），元鳴孔煌，穆穆穌鐘。（許子牗師鎛，153，春秋時期）

8. 自作訶（歌）鐘，元鳴無其（期），子孫鼓之。（蔡侯申歌鐘，210-216，春秋晚期）

「中軓（翰）且昜，元鳴孔皇」是一組春秋中、晚期習見的狀聲套語。

---

[46] 裘錫圭：〈戎生編鐘銘文考釋〉，原載《保利藏金—保利藝術博物館精品選》後收入《裘錫圭學術文集・金文及其他古文字卷》，頁 117。

[47] 「登鐸」在 2009 年 10 月出土於湖北襄陽沈崗墓地，相關資訊詳見：襄陽市文物考古研究所：〈湖北襄陽沈崗墓地 M1022 發掘簡報〉，《文物》第七期（2013 年），頁 7-14。

「中」下一字有多種形體，或作諴、旟、戟、鵫者，多从戟聲，故通假為「翰」。郭沫若是較早對「中翰且揚」這組銘辭進行釋義的學者，其主張「中鵫叔旟」當讀為「樅翰虞揚」。即《大雅・靈臺》「虞業維樅」或《周頌・有瞽》「設業設虞，崇牙樹羽」，是形容鐘之外貌，而「元鳴孔皇」則形容鐘之聲也。[48]儘管郭沫若對於「中鵫叔旟」的訓釋因略嫌迂曲而較少人採用，不過其將「鵫」字考釋而出並通讀為「翰」，卻是貢獻甚大。其後學者多從此說，唯對此四字意義的理解略有不同。

　　影響較大的解釋由徐中舒提出，其考釋〈䲷氏編鐘〉（157-161）銘文時認為「中戟（翰）且易」與《詩》「終風且暴」、「終溫且惠」、「終和且平」、「終善且有」，語法相同，而中、終音同，故得相通。「諴揚」則為干揚、激揚也。〈樂記〉云：「夫樂者，非謂黃鐘大呂弦歌干揚也。」鄭注以干揚為干戈戚揚之干揚，其說難通。賈誼〈鵩鳥賦〉云：「水激則旱。」旱有激意，干揚激揚也。終諴且旟，終既也（王引之釋），言既激且揚也。[49]徐中舒認為「中翰叔旟」是形容鐘鳴之聲高亢遠揚，其理解顯然與郭沫若謂「狀鐘鎛之形」迥異。由於此說較為通曉暢達，因此頗獲學者認同，其後多以鐘聲既高且遠揚之說來解釋「中翰叔旟」。

　　至於「元鳴孔皇」該如何理解，歷來較無爭議，學者多將「元」與「皇」釋為美，「孔」則作副詞，同於《小雅・鹿鳴》「我有嘉賓，德音孔昭」以及《老子》「孔德之容，惟道是从」，訓為甚、大之義，因此「元鳴孔皇」當可理解為「悠揚鐘聲非常美好」。

　　值得注意的是，春秋時期用來形容鐘聲美好的狀聲銘辭因時間早晚而略有不同，例如：春秋早期〈楚大師登鐘〉（圖成 15511-15519）即以「穌鳴且皇」形容，而「中翰叔旟，元鳴孔皇」多見於春秋晚期青銅鐘，僅有〈許

---

[48] 郭沫若：《金文叢考》（北京：人民出版社，1954 年）頁 186-187。
[49] 徐中舒：〈䲷羌編鐘考釋〉，《徐中舒歷史論文選輯》（北京：中華書局，1998 年），頁 213-214。

子牆師鐘〉（153）一器被定為春秋時期，是故也有學者認為「元鳴孔煌」此一習語乃是春秋晚期才出現的套語。[50]不過隨著湖北襄陽沈崗墓地〈登鐸〉的出土，「中翰戲鍚，元鳴孔皇」一詞的使用時間似可提前至春秋中期，考古報告指出：

> 沈崗墓地及其周邊地域於公元前 678 年楚滅鄧後始為楚轄地，因此可以推斷此墓下葬的年代上限為公元前 678 年，亦即春秋中期早段。墓葬出土大量銅器為我們推定下葬年代提供了依據。鼎、簋、浴缶、盤、匜為楚系青銅器第二、三期的基本組合。……此墓出土銅器的紋飾主要有蟠螭紋、竊曲紋、重環紋、波曲紋、垂鱗紋、陶紋、獸面紋、蟬紋等，這些紋飾均為春秋早中期較為流行的紋飾。其中部分銅器的年代較早，如鼎、簋、盤等，約當春秋早期。盤、匜不相匹配，匜似為後來補配，與下寺 M8 出土的以鄧匜形制相似。綜合考慮以上因素，此墓下葬年代應為春秋中期中段。[51]

考古隊從歷史、青銅器組合形式以及紋飾等方面推論此墓下葬年代為春秋中期中段，應當可信。據此則知，「中翰戲鍚，元鳴孔皇」一詞至少在春秋中期就已開始使用，並非春秋晚期以後才出現之習語，而且地域分布為徐國器（二件）、楚國器（三件）、許國器（一件）、蔡國器（一件，使用「元鳴」），可知此套語大體流行於於南方文化區，因此可以將「中翰戲鍚，元鳴孔皇」視為春秋中、晚期南方文化圈用以形容鐘聲的習語之一。

（三）贏少則蕩、和平韻詤、需色若華

　　河南淅川下寺十號墓出土春秋晚期的〈䣄鐘〉、〈䣄鎛〉（圖成 15351-

---

[50] 張連航：〈「元鳴孔煌」新解〉，《古文字研究》第廿二集，頁 126。

[51] 襄陽市文物考古研究所：〈湖北襄陽沈崗墓地 M1022 發掘簡報〉，《文物》第七期（2013年），頁 17-18。

15359）共十七件，其中紐鐘九件，鎛鐘八件。[52]鐘、鎛銘文全同，內容有「歔擇吉金，鑄其反鐘。其音贏少劓湯，龢平均訧；需印若華。」，其中「其音贏少劓湯，龢平均訧；需印若華」乃是形容鐘鎛之聲音與樣態，學者曾對此有過詳細考證。

「贏少劓湯」，趙世綱引裘錫圭說，謂「贏」當釋「嬴」，通假為盈，與後面的「少」相對，指音樂的高低。[53]「劓湯」或作「戠煬」，「戠」可通假為「熾」，取其盛義，指鐘聲的高亢嘹亮。[54]「湯」或「煬」，學者或假為「蕩」、「盪」、「揚」，[55]若對照春秋中、晚期另一套形容鐘聲的套語「中翰叔煬」，則可知此字當釋「揚」較佳，同指鐘聲的高亢遠揚。

「龢平均訧」，「龢平」即古書多作之「和平」，形容聲音的協和舒平。[56]「均訧」，李家浩認為「均」疑讀為「韻」，「訧」原從音從光，當是「韹」之異體。「韹韹」於古書多見，訓為和、樂之意，故鐘銘之「韹」字也應該是樂聲之和的意思。[57]

「需印若華」當讀為「需色若華」，楚文字多以「印」為「色」，信陽楚

---

[52] 河南省文物研究所：《淅川下寺春秋楚墓》（北京：文物出版社，1991 年），頁 257-286。

[53] 趙世綱：〈淅川下寺春秋楚墓青銅器銘文考索〉，《淅川下寺春秋楚墓（上）》（北京：文物出版社，1991 年），頁 362。

[54] 張亞初主張通為「熾」，但訓為猛烈。詳見張亞初：〈金文新釋〉，《第二屆國際中國古文字學研討會論文集》（香港：香港中文大學，1993 年），頁 303-309。馮勝君也主張通為「熾」，取其盛義，指鐘聲高亢嘹亮。參見馮勝君：〈歔鐘銘文解釋〉，《吉林大學古籍整理研究所建所十五周年論文集》（長春：吉林大學出版社，1998 年），頁 41。

[55] 趙世綱與李家浩均通為「蕩」，趙文認為指聲音的廣大深遠，李文則認為是放蕩。張亞初則認為有兩種可能，一指聲音飄揚，一讀為「盪」，訓為動、震盪和廣大，並傾向於後者。李零則認為當釋為「揚」，馮勝君、李匯州從此說，但馮文認為是形容聲音激越飛揚，而李文認為是指鐘聲能傳到很遠的地方。參見李匯州：〈歔鐘銘文疏證〉，《簡帛網》（2009 年 6 月 16 日發表），網址：http://www.bsm.org.cn/show_article.php?id=1087

[56] 本解釋乃綜合李家浩、趙世綱及張亞初之說。李家浩認為「龢平」即古書所見的「和平」，參見李家浩：〈歔鐘銘文考釋〉，《著名中年語言學家自選集·李家浩卷》（合肥：安徽教育出版社 2002 年），頁 72。趙世綱釋「平」為平舒，「和平」乃形容鐘聲之平舒柔美。趙世綱：〈淅川下寺春秋楚墓青銅器銘文考索〉，《淅川下寺春秋楚墓（上）》，頁 363。張亞初則認為「和」訓為「協和」。參見張亞初：〈金文新釋〉，《第二屆國際中國古文字學研討會論文集》，頁 303-309。

[57] 李家浩：〈歔鐘銘文考釋〉，《著名中年語言學家自選集·李家浩卷》，頁 72-73。

簡和睡虎地秦簡〈日書〉都有相同的寫法。「霝印（色）若華」，古代「霝」、「令」二字皆有「善」義，音近相通，故鐘銘之「霝色」當即「令色」，指鐘的顏色；至於「華」也是指鐘的顏色美麗。[58]「霝印若華」整句是在形容青銅鐘外表的華美。

　　綜上可知，本組銘辭相較於其他狀聲詞較為特殊，所運用的詞彙也更加多元豐富。儘管只有一例，不過仍能藉此看到春秋晚期南方文化區狀聲銘辭方面的發展，相較於承襲西周銘文而來的「倉倉雍雍」，或是流傳度較廣之「中韄且揚，元鳴孔皇」，此階段的銘辭更具地域性與時代性，展現出時人對於美好鐘聲之描述與追求。

二　春秋新見狀物銘辭

（一）鬧鬧

1. 余不畍（畏）不若（差），惠于政德，思（淑）于威儀，<u>鬧鬧</u>█████。（王子午鼎，2811，春秋晚期）

2. 其音穆穆，<u>柬柬龢鐘</u>，鳴陽條虡。（吳王光鐘殘片，224.1，春秋晚期）

3. <u>鬧鬧龢鐘</u>，用宴呂喜，呂樂楚王、者（諸）侯、嘉賓及我父兄（兄）、者（諸）士。（王孫誥鐘，圖成 15606-15631，春秋晚期）

4. <u>鬧鬧龢鐘</u>，用匽（宴）台喜，用樂嘉賓、父兄（兄）及我倗（朋）友。（王孫遺者鐘，261，春秋晚期）

　　「鬧鬧」一詞始見於春秋晚期，作「柬柬」或「鬧鬧」，于省吾指出「柬柬，王孫遺者鐘作鬧鬧，柬、鬧、簡、閑古並通。」[59]「鬧鬧和鐘」，多形容鐘聲之和；又有作「簡簡」者，《商頌・那》「奏鼓簡簡」，亦言樂聲之和。

　　「鬧鬧██」一詞除〈王子午鼎〉外，亦見於戰國中期的〈令狐君嗣子

---

58 李家浩：〈齱鐘銘文考釋〉，《著名中年語言學家自選集・李家浩卷》，頁 73。

59 于省吾：《雙劍誃吉金文選》（北京：中華書局，2009 年），頁 158。

壺〉（9720），其銘作「柬柬嚻嚻」，郭沫若讀為「闌闌肅肅」，主張「柬柬」
猶「闌闌」，和樂也。「嚻嚻」當讀為「肅肅」，敬也。均康樂之形容。[60]伍仕
謙從此說，認為「闌闌██」猶言和平恭敬，臨事不苟。[61]李零則讀為「闌
闌嘽嘽」，訓舒暢喜樂的樣子。[62]可以發現上述學者對於「闌闌嚻嚻」一詞
多解釋為和樂貌，惟對訓讀何字有不同看法。

　　1993 年出土的郭店楚簡〈性自命出〉見「有其為人之節節如也，不有
夫柬柬之心則采」一句，學者對「柬柬」一詞多有考釋，[63]其中廖名春讀「柬
柬」為「簡簡」，引《淮南子·時則》「優優簡簡，百怨不起。」高誘注：「優
簡，寬舒之貌。」認為「柬柬之心」即寬大之心、與人為善之心。此外又將
〈王子午鼎〉（2811）與〈令狐君嗣子壺〉（9720）之「柬柬嚻嚻」釋讀為「簡
簡優優」，並謂「簡簡優優」亦即「優優簡簡」，為古代熟語。[64]廖說頗獲學
者認同，如吳鎮烽《金文通鑑》便將「嚻嚻」通讀為「優優」；劉釗則更進
一步指出「優優簡簡」即「優簡」，亦今言「悠閒」，乃從容不迫之貌。[65]

　　綜上可知，目前「闌闌嚻嚻」可有二解，一讀為「闌闌嚻嚻」，訓和樂
恭敬貌；一讀為「簡簡優優」，訓寬舒從容貌。若根據古文字「單」、「嚻」
互為替換之情形來看，則據字音將《王子午鼎》「██」通假為肅、嚻、優
等字恐不可信，故仍當从「單」聲，理解作和樂之貌。至於流傳使用方面，
春秋所見「闌闌」相關詞語僅限於晚期的楚、蔡二國器，亦即本文所謂的南
方文化區。不過根據《河南吉金圖志媵稿》可知戰國中期的〈令狐嗣子壺〉

---

[60] 郭沫若：《兩周金文辭大系圖錄考釋》（北京：科學出版社，2002 年），頁 504。

[61] 伍仕謙：〈王子午鼎、王孫誥鐘銘文考釋〉，《古文字研究》第九輯（北京：中華書局，2005 年再版），頁 282。

[62] 李零：〈論東周時期的楚國典型銅器群〉，《古文字研究》第十九輯（北京：中華書局，1992 年），頁 173-174。

[63] 趙建偉疑讀為「絕絕」，認為義猶斷斷，專一首善之貌；陳偉讀「簡簡」訓質樸、平易；李零則認為疑讀為「謇謇」，似乎是形容人的誠信。總之各家說法不一，看法分歧。詳見陳偉等著：《楚地出土戰國簡冊[十四種]》（北京：經濟科學出版社，2009 年），頁 232。

[64] 廖名春：《新出楚簡試論》（臺北：台灣古籍出版社，2001 年），頁 161。

[65] 劉釗：《出土簡帛文字叢考》（臺北：台灣古籍出版社，2004 年），頁 64。

出土於洛陽太倉（今孟津縣平樂鎮）古墓，並被郭沫若歸為晉國器，因此「闌闌哥哥」與「闌闌」相關銘辭之流傳範圍或許不僅限於南方文化區，而其全面情況究竟為何，目前尚限於文例過少而不易判斷，有待更多相關證據出土方能推知。

（二）玄鏐鏞鋁

1. 弭中乍寶![印章符號]（璉），羇（擇）之金，鉼（礦）銑鎛鋁（弭仲簠，4627，西周晚期）

2. 余羇（擇）吉金黃鑢（鋁），余用自乍遊匜。（曾伯霖簠，4632，春秋早期）

3. 黿太宰欉子敦自乍其□鐘，□□吉金膚呂。（黿太宰鐘，86，春秋早期）

4. 雁（應）侯之孫丁兒羇（擇）其吉金，玄鏐鑢鋁（丁兒鼎蓋，圖成2351，春秋晚期）

5. 吳王光□之穆贈舒金，青呂尃皇。（蔡侯申甬鐘，223，春秋晚期）

6. 吳王光穆贈辟金，青呂尃皇。（吳王光鐘殘片，224.1，春秋晚期）

7. 黿公牼羇（擇）聥（厥）吉金，厶鏐膚呂，自作龢鐘。（黿公牼鐘，149，春秋晚期）

8. 莒叔之仲子平，自鑄游鐘，厶鏐鋿鋁。（仲子平鐘，172，春秋晚期）

9. 余購遝兒得吉金鎛鋁，以鑄酥（龢）鐘。（僕兒鐘，183，春秋晚期）

10. 吉金鈇（鍪）鎬，玄鏐錛鋁。（叔尸鐘，277，春秋晚期）

11. 余獸乳武，乍為余鐘，玄鏐鏞鋁。（呂緐鐘，225，春秋晚期）

12. 黿公華羇（擇）聥（厥）吉金，玄鏐赤鏞，用鑄聥（厥）龢鐘。（黿公華鐘，245，春秋晚期）

13. 斁（選）羇（擇）吉金鈇（鍪）喬（鎬）錛鋁，用攸鑄其寶鎛。（叔尸鎛，285，春秋晚期）

14. 羇（擇）聥（厥）吉金，鉉鏐鏞鋁。（配兒句鑃，426，春秋晚期）

15. 玄夫鑄用之。（玄夫戈，11091，春秋晚期）

16. <u>玄鏐夫鋁</u>之用。（玄鏐夫鋁戈，10970，春秋晚期）

17. 吉日壬午，乍為元用，<u>玄鏐鋪呂</u>，朕余名之。（少虡劍，11696，春秋晚期）

18. 鍾離公敄擇其吉金，<u>玄鏐純呂</u>，自作隼鼓。（鍾離公鼓座，429，春秋晚期）

　　春秋銘文常見「玄鏐鐬鋁」一詞，此乃對銅料的具體稱呼，關於「玄鏐」的說法，學界討論甚夥，初步整理大致有五種，羅列如下：

　　第一，銅料說。支持者為郭沫若、唐蘭、容庚、曹錦炎等學者，咸認為「玄鏐」是銅料的一種。[66]

　　第二，錫料說。支持者為華覺明、黃錫全。華覺民認為「玄」指顏色，為青色或介於青赤、赤黑之間的顏色，與錫的顏色相當，而且金文的「玄鏐」也是指錫料。[67]

　　第三，錫礦說。聞廣據《說文》「黑色有赤者為玄」，認為玄色者當為錫礦而非金屬，而錫石顏色帶紅棕或黑，正是玄色，故「玄鏐」應指玄色錫礦。[68]

　　第四，鉛料說。支持者為岑仲勉、杜迺松等人，杜氏認為《說文》言「鉛，青金也。」「青」除青色外，尚有黑色含意，故「青金」當指黑色的金屬，而「玄鏐」之「玄」亦為黑色，同時青銅為錫鉛銅合金，故「玄鏐」當為鉛或鉛之美者。[69]

[66] 郭沫若：《兩周金文辭大系圖錄考釋》（上海：上海書店出版社，1990 年重印 1957 版），頁 190；唐蘭：〈中國古代社會使用青銅農器的問題初步研究〉，《唐蘭先生金文論集》（北京：紫禁城出版社，1995 年），頁 427-465；容庚：〈鳥書考〉，《中山大學學報（哲學社會科學版）》第 1 期（1964 年），頁 75-91；曹錦炎：《鳥蟲書通考》（上海：書畫出版社，1999 年），頁 21-40。

[67] 華覺民：《中國古代金屬技術—銅和鐵造就的文明》（鄭州：大象出版社，1999 年），頁 290-291。黃錫全：〈「夫鋁」戈銘新考—兼論鑄器所用金屬原料之名稱〉，《古文字與古貨幣文集》（北京：文物出版社，2009 年），頁 190-202。

[68] 聞廣：〈中國古代青銅與錫礦〉，《地質評論》第 4 期（1980 年），頁 339。

[69] 岑仲勉：〈周鑄青銅器所用金屬之種類與名稱〉，《兩周文史論叢》（北京：商務印書館，1958 年），頁 105-120；杜迺松：〈青銅器銘文中的金屬名稱考釋〉，《科技考古》第 2 輯（北京：中國科學技術大學出版社，2000 年），頁 211。後收入氏著《吉金文字與青銅文化論集》（北京：紫禁城出版社，2003 年），頁 14-16。

　　第五，合金說。黃盛璋認為鏐、鏞、鋁的主要成分都是銅，如果單用一種作為鑄器材料，不管是玄鏐、赤鏞、黃鋁都只能是已經調劑之銅與錫或鉛混合之金鏷，亦即未能成器之青銅原料。如合在一起，則屬套語部分，不能細分。[70]易德生則認為學界普遍將「膚鋁」（或與「膚」通假而組成的專有名詞）視為銅料，但從兩周時期青銅合金配置的角度而論，「玄鏐」當為鉛錫合金的可能性頗大。[71]

　　上述五種說法，基本涵蓋了「玄鏐」各種可能的解釋，然而究竟何者較為可信？尚需思考學界對於「膚鋁」一詞的討論成果，兩相比較後再參照文獻以及音韻學原則，才能得出較為合理之結論，故宜先檢討「膚鋁」一詞的研究情形。

　　通過上舉辭例可以發現「膚鋁」或作「鏞鋁」、「鋪鋁」、「鑪鋁」、「鎛鋁」、「錛鋁」，此外金文尚見「黃鏞」、「鏷鏞」、「鍋鏞」等詞。唐蘭較早指出膚、鏞、鋪、鑪、鎛、錛皆屬音近通假，涵義相同，後來多數學者同意此看法，但是「膚鋁」一詞該如何分析，卻有許多不同說法。其中較具影響力的說法是李家浩認為「膚（鏞）」當讀為「盧」或「鑪」，訓為黑色，「呂（鋁）」是金屬名稱，又「呂」、「膚」音近古通，故金文見「黃鏞」、「赤鏞」、「鍋鏞」等詞則是假鏞、鑪為鋁，與表示顏色的膚、鏞、鑪、鎛等字同形而義異；[72]春秋銅器銘文本有膚、呂相通之例，如莒國之「莒」又作「簹」或「�」，顯見李家浩之說可從。

　　華覺明也持相同看法，認為「黃鏞」即「黃鋁」；「鏷鏞」則是鏞的一種；本意即指銅料。其又進一步指出「錛」為黃白色，鏞、鎛、鋪均為黃色，故「錛鋁」為黃白色銅料，「鏞鋁」、「鎛鋁」、「鋪鋁」為黃色銅料；[73]李建西、

[70] 黃盛璋：〈（撻）齊及其和兵器鑄造關係新考〉，《古文字研究》第十五輯（北京：中華書局，2005年），頁258-268。

[71] 易德生：〈金文玄鏐新探〉，《江漢論壇》第9期（2013年），頁121-124。

[72] 李家浩：〈攻五王光韓劍與虛王光征戈〉，《古文字研究》第十七輯（北京：中華書局，1989年），頁141-143。

[73] 華覺民：《中國古代金屬技術－銅和鐵造就的文明》（鄭州：大象出版社，1999年），頁290。

李延祥等人則認為「膚鋁」是指銅料及銅合金。[74] 據上所論，學界對「膚鋁」有一致的理解，乃指帶有顏色的銅料或銅合金名稱。此外，「鎏鎬」、「鎏鋁」一詞也可注意，過往學界多將「鈇」字隸定為「鈇」，並將之視為「膚鋁」一詞另一種通假寫法，但近來謝明文重新考釋此字，指出此字右半與「夫」字有別，應當改釋為「夭」，而此字就是「鎏」的初文，《說文》云「鎏，白金也」，顯然也是一種金屬原料的名稱，而「鎏鎬」、「鎏鋁」則是指兩種金屬原料之連稱。[75]

整體看來，「玄鏐膚鋁」當由兩組「顏色詞＋金屬名」偏正結構結合而成的銘辭，「玄」、「膚」皆可表示顏色；「鏐」、「鋁」則表示金屬名稱，而學界多半認為「鋁」是銅料或銅合金，若考慮青銅合金的成分內容，則「鏐」的確極有可能為易德生所認為的是鉛錫合金之名稱。此組銘辭乃是古人對青銅成分的具體描述，雖然在中國青銅工藝的發展歷程中，春秋已屬時代較晚且較成熟之階段，但此前的商周銘文中僅有「金」、「吉金」之類較模糊的形容詞彙，而「玄鏐膚鋁」之出現，反映出時人對青銅材質已有更深刻的認識與理解。

（三）不帛不羊，不濼不清

春秋吳國器〈者減鐘〉（193-202）出土於清乾隆二十六年（1761 年）江西臨江，共十一件，其中一件無銘文，其銘文內容載「......擇其吉金，自作謠鐘，不帛不羊，不濼不清。」過去學者對於「不帛不羊，不濼不清」的解讀大致不錯，唯文字考釋仍有若干歧異，以下即對這組銘辭的研究歷程進行檢討。

不帛不羊，郭沫若最早通作「不白不驊」而無說。[76]驊，小篆作「驊」從

---

[74] 李建西、李延祥：〈銅料名稱鏽鋁考〉，《江漢考古》第 2 期（2010 年），頁 124-130。

[75] 謝明文：〈釋金文中的「鎏」〉，《中國文字》新 39 期（臺北：藝文印書館，2013 年），頁 117-124。

[76] 郭沫若：《兩周金文辭大系圖錄攷釋》（北京：科學出版社，2002 年），頁 157。

馬从羊，云：「騂，馬赤色也。从馬鮮省聲。」又《詩經‧魯頌‧駉》「有騂有騏，以車伾伾」，毛亨注云：「赤黃曰騂」，孔穎達疏云：「言赤黃者，謂赤而微黃，其色鮮明者也。」[77]由此看來，郭沫若顯然認為「不帛不羊」是形容〈者減鐘〉的顏色美麗，不僅亮白更紅中帶點微黃。後世學者多從其說。

　　西周金文常見「帛」通「白」之例，如西周中期的〈舍父鼎〉（2629）「辛宮錫舍父帛金」，此處「帛金」則當理解為「白金」。至於「羊」作為顏色詞的用法起源很早，見於甲骨的黃組與無名組卜辭，例證如下：

　　叀羊牛□吉。　　　　　　　　　　　　　　　　　《合》29514

　　丙午卜，貞：康祖丁祊，其牢，羊。　　　　　　　《合》36003

　　從甲骨文文例可以看出，「羊」可用來形容牛，也可單獨使用。卜辭常以「叀牢」與「叀羊」對貞，如果「牢」讀為「勿牛」，則「羊」似應讀為「羊（騂）牛」。[78]「羊」讀為「騂」，指涉顏色或是赤黃色的牛隻，已是商代存在的語說法。西周金文也持續使用「羊」字，西周中期的〈大簋〉（4165）有「芻羊犅」一詞，指用芻草餵養的赤黃色公牛，用法明顯與甲骨文相似。值得注意的是，一般「羊（騂）」字多是用來修飾牛隻或犧牲的顏色詞，如〈者減鐘〉銘文表示銅質色澤的用法僅此一見，推測可能是吳國較為特殊的用語習慣。

　　不鑠不清，郭沫若原釋作「不鑠不彫」，鑠讀作鑠。[79]楊樹達謂凋當讀為凋，《說文》云：「凋，半傷也。」不鑠不凋，言其質地之堅美也。[80]不過，第四字釋「凋」恐有誤，故《集成（修訂版）》出版時已改釋為「不鑠（濁）

---

[77] 【清】王先謙：《詩三家義集疏》，（北京：中華書局，2011年），頁1065。

[78] 裘錫圭：〈釋「勿」、「發」〉，《裘錫圭學術文集‧甲骨文卷》（上海：復旦大學出版社，2013年），頁154。

[79] 郭沫若：《兩周金文辭大系圖錄攷釋》，頁157。

[80] 楊樹達：《積微居金文說》，頁224。

不清」，[81]學者多從此釋，而需要進一步探討的是「不濼不清」其義為何？

《集成（修訂版）》隸定為「不濼（濁）不清」，濼，來母屋部；濁，定母屋部，二者韻部相同，音近可通，顯然認為此句為形容音質之優美。然而其他出土文獻或是傳世文獻皆並未出現濼、濁通假之例，加上考慮銘文後已有「俾汝轤轤音音，龢龢倉倉，其登于上下，聞于四旁（方）」等形容鐘聲之詞語來看，將「不濼不清」通假為形容聲音的「不濁不清」似乎文意未安，而疏通上下文意可發現，「不濼不清」的主詞似乎仍指謠鐘本身，較有可能如「不帛不羋（駢）」是形容鐘的外型樣貌。若依此理路推之，則「濼」仍當讀作「鑠」，《詩·周頌·酌》「於鑠王師」，注云：「鑠，美也。」至於「清」則通讀作「青」，春秋金文中〈蔡侯殘鐘〉（224）見「青呂專皇」、〈番君伯敢盤〉（10136）見「青金」，可見「青」作為形容金屬質地的顏色詞確實存在。《說文》云：「青，東方色也；木生火，從生丹。」許慎從五行理論解釋「青」字，無法輕易辨別究竟形容何種顏色，但汪濤認為「青」是一種靠近黑色的顏色，而「青呂（鋁）」、「青金」也應該是表示一種接近黑色的金屬，[82]〈者減鐘〉之「青」則當指接近黑色的金屬顏色。

綜上所論，「不帛不羋，不濼不清」都是在形容〈者減鐘〉呈現的顏色樣貌，應讀作「丕白丕駢，丕鑠丕青」，可翻譯為：亮白赤黃，閃耀青黑。此組銘辭雖然少見，但具有強烈的地域性，且能展現出春秋時期吳國人對於青銅鐘的審美追求。

（四）黃鑊

「黃鑊」一詞僅見於春秋晚期〈哀成叔鼎〉（2782），銘文作「余鄭邦之產，少去母父，作鑄飤器黃鑊。」張政烺認為黃鑊供烹煮肉類，乃言飤器。

---

[81] 中國社會科學院考古研究所：《殷周金文集成》（修訂增補本）（北京：中華書局，2007年），第214頁。

[82] 汪濤：《顏色與祭祀—中國古代文化中顏色涵義探幽》（上海：上海古籍出版社，2013年），頁239。

[83]，「黃」指黃顏色，至於「鑊」則指烹煮肉類的青銅器，此處即指「鼎」本身。

「黃」作為顏色詞的起源相當早，商代甲骨文已見用「黃」來形容青銅原料，例證如下：

丁亥卜，大☐其鑄黃呂☐凡利。叀☐　　　　　　　　　《合》29687

王其鑄黃呂，奠盂。叀今日乙未利。[84]　　　　　　　《英藏》2567

學者普遍認為此處指「黃呂」並非真正的黃金，而是指某種顏色近黃的青銅合金。兩周金文中也有很多以「黃」來形容青銅合金的例子，列舉如下：

（1）弭仲作寶璉，擇之金，鐷鐈鐷鐪，其㠱，其玄其黃。（弭仲簠，4627，西周晚期）

（2）伯太師小子伯公父作簠，擇之金，唯鐈唯盧，其金孔吉，亦玄亦黃。（伯公父簠，4628，西周晚期）

上舉二例都是用「黃」來形容青銅的原物料，而非青銅器本身，至於像〈哀成叔鼎〉銘文以「黃」形容青銅鼎的用法，未曾見於其他銘文。青銅器物名稱常常冠以「黃」字以作修飾，以炫耀材質之美。如保存大量商周之際原始文獻的《周易》中多處有「得金矢」和「得黃矢」的記載，「黃矢」即「金矢」，也就是青銅簇；《逸周書》中的「黃鉞」即青銅鉞，可見黃色金屬光澤和純銅的紅色是古人心目中銅質優良的標誌。[85]由此可知，「黃鑊」乃指黃顏色的青銅烹飪食器，至於何以要特別強調「黃」色，或許正是想彰顯作器

83　張政烺：〈哀成叔鼎釋文〉，《張政烺文集・甲骨金文與商周史研究》（北京：中華書局，2012 年），頁 264。

84　本條卜辭釋文，參見裘錫圭：〈說殷墟卜辭的「奠」—試論商人處置服屬者的一種方法〉，《裘錫圭學術文集・古代歷史思想文化卷》（上海：復旦大學出版社，2012 年），頁 169。

85　李建西、李延祥：〈銅料名稱「鐈鋁」考〉，《江漢考古》總 115 期（2010 年第 2 期），頁 127。

者選用了優質銅料進行鑄造。

（五）喬喬其龍、既旃■虡

　　春秋晚期晉國青銅器〈郘䵂鐘〉（225-237）銘文見「喬喬其龍、既旃■虡」一句，學者多認為此乃描述懸掛鐘磬架子的銘文。

　　這句銘文的問題焦點在於「■」字，過往諸家多釋為「邑」，讀為「暢」，或訓「長」，或訓「開暢」。[86]其後裘錫圭認為此字作「■」，與「邑」作「■」形不合，進而主張釋作「恩」，通讀為「樅」，「恩」、「樅」皆清母東部字，《大雅·靈臺》：「虡業維樅，賁鼓維鏞。」鐘銘之「樅虡」疑即指樅與虡二物。不過其亦指出「樅無疑與懸掛樂器有關，但究竟為何物難以肯定。」又疑「恩虡」或當讀為「從虡」或「崇虡」，意即高虡。[87]最後裘先生放棄其說而缺疑，但無論「■虡」當讀為「長虡」、「暢虡」、「樅虡」、「從虡」或「崇虡」，可以確定的是，此詞乃是相當罕見的形容懸掛鐘磬架子之銘辭。若就字面而論，「喬喬其龍、既旃■虡」除「■」一字較難解外，劉釗釋「旃」為「陳」則文從字順，[88]乃形容鐘磬之懸虡飾以矯矯龍紋，陳列其上。

　　春秋銘文關於「虡」之描述除〈郘䵂鐘〉（225-237）之外，尚見於〈吳王光鐘〉殘片（224.1），銘文作「闌闌和鐘鳴陽（揚）条虡…孜叔青，翇孜叔紫……」，由於此器出土時已是殘片，故學者的理解略有不同，或將「条虡既」與「孜」連讀，「既」與「翇」之間另編聯三字；或將「条虡既」與「孜」連讀，但「翇」字卻沒有編聯進鐘銘；也有編聯為「条虡既翇」，讀為「条虡既設」，認為意同於「既旃■虡」。[89]總之，〈吳王光鐘〉殘片應存在

---

[86] 馬承源假「邑」為「暢」，認為指虡之長。詳見馬承源主編：《商周青銅器銘文選（四）》（北京：文物出版社，1990 年），頁 592。郭沫若亦讀為「暢」，但認為「暢虡」為「開暢之豎虡」。參見《兩周金文辭大系圖錄攷釋》（北京：科學出版社，2002 年），頁 493。

[87] 裘錫圭：〈釋古文字中有些「恩」字和从「恩」、从「兌」之字〉，《裘錫圭學術文集·金文及其他古文字卷》，頁 452。

[88] 劉釗：〈晉系金文札記二則〉，《中國文字研究》第十七期（2013 年），頁 30-31。

[89] 關於吳王光鐘銘文「条虡」相關斷句，詳見程鵬萬：〈試論吳王光鐘「条虡既翇（設）

一句形容懸虡之銘文，然因銘文過於殘泐，因此難以推定其具體內容。

　　傳世文獻中可見關於「虡」的記載及造型理論，《周禮·考工記》云：「天下之大獸五：脂者、膏者、蠃者、羽者、麟者。宗廟之事，脂者、膏者以為牲；蠃者、羽者，麟者以為筍虡。」又云：「厚脣弇口，出目短耳，大胸燿後，大體短脰：若是者謂之蠃屬……銳喙決吻，數目顅脰，小體騫腹：若是者謂之羽屬……小首而長，摶身而鴻，若是者謂之鱗屬，以為筍。」[90]可見裝飾筍虡造型者按禮儀有其限定，而「矯龍」可歸麟屬，確實適合裝飾於筍虡之上。

　　值得注意的是，戰國早期曾侯乙墓出土鐘虡之立柱作人形，學者稱之為「鐘虡銅人」，[91]秦漢傳世文獻對於「鐘虡銅人」多有記載。如《漢書·郊祀志》「建章、未央、長樂宮鐘虡銅人皆生毛，長一寸所，時以為美樣」，可見此後鐘虡以人形為之形成風氣，並沿用至漢代。換言之，曾侯乙墓出土之鐘虡造型當有其劃時代的意義，若《周禮·考工記》與〈邵鸞鐘〉銘所言不差，則此前多以動物造型裝飾鐘虡，約在戰國時代開始以人形裝飾，並形成新的流行風氣。由此觀之，「喬喬其龍、既旆■虡」不僅紀錄了早期鐘虡裝飾之模樣，同時亦可作為《周禮·考工記》鐘虡造型理論的佐證。

　　綜觀商周彝銘，雖然數量龐大，記述內容也相當廣泛，但用以描繪青銅器物本身形制或紋飾的銘辭者卻寥寥可數，狀聲、狀物之銘辭往往遲至西周晚期，乃至於春秋以後方始多見。根據整理可之，春秋時期狀聲銘辭之發展又較狀物銘辭更為興盛，因此「喬喬其龍、既旆■虡」雖僅一例，且其內容不難理解，但仍有其特殊的意義與價值。

的連讀〉，《古文字研究》第廿九輯（北京：中華書局，2012 年），頁 398-401。

90　【清】阮元刻、【唐】賈公彥疏：《周禮》，《十三經注疏》（臺北：藝文印書館，2001 年），頁 637-638。

91　張振新：〈關於鐘虡銅人的探討〉，《中國歷史博物館館刊》第 0 期（1980 年），頁 35-38。

第三節　春秋新見銘辭的斷代分域意義

在春秋青銅器銘文演變過程中，銘辭的改換最能展現春秋時期的過渡性質。從歷時性角度考察銘辭使用差異，或藉由爬梳各銘辭的意義以及接受狀況，便可構築出一項用以分辨西周與春秋青銅器的斷代標準。不僅如此，這些新見銘辭的地域性特徵也可能作為辨識春秋時期各地域青銅器群的參考，幫助我們更加了解春秋青銅器銘文如何在「從統一到分裂」的過程中所扮演的角色。正因如此，本章的目的並非僅在呈現一個銘辭在不同時期的樣貌，而是希望藉由調查銘辭之使用情形，進一步了解其背後所代表的社會變遷過程。

近年來已有學者注意到研究銘文詞彙的重要性，且不約而同地提到詞彙研究在整體金文研究史中的缺乏與空白，[92]並且試圖從語言史角度分別對西周與春秋銘文進行初步的整理與分析。儘管這些著作都是從詞彙學的角度進行討論，與本文所指涉的銘辭略有不同，不過其結論都指向銘辭是具有高度研究價值的課題。只是，在這些面貌不同的資料上應當如何詮釋，方能使我們更深入理解西周春秋的社會樣貌？

長期關注商周用詞問題的張懋鎔指出，對於文明時代而言，書面常用的字詞作為文化的內涵之一，具有鮮明的特徵。不同的時代，使用的字詞有所不同，隨著時代的變遷而變化，但是字詞變化的動因是什麼呢？例如西周時期的一些常用字詞和殷商時期的一些常用字詞有所不同，其原因在於作為西周文化主體的周族文化和作為殷商文化主體的商族文化的不同。這一點

---

[92] 楊懷源指出「甲骨文語言研究在語言、詞彙、語法等方面都有了長足進展，但金文語言研究，特別是詞彙研究，卻仍很缺乏。」又說：「筆者還未曾見到有關金文詞彙研究的專著，單篇論文也少，從目前幾部漢語詞彙史名著來看，大都以為銅器銘文對語言研究很重要，但在具體的研究論證中，卻對銅器銘文取材甚少。」詳見楊懷源：《西周金文詞彙研究》（成都：巴蜀書社，2007 年），頁 17-18。徐力也指出「一直以來，在金文研究中，語言層面和詞彙系統的研究是一個薄弱環節，這也是大多數古文字研究體系裏出現的一個共通問題。」詳見徐力：《春秋金文詞彙系統研究》（上海：華東師範大學碩士學位論文，2007 年），頁 6。

在商周之際表現得比較突出。[93]書面字詞的使用會隨著不同時代而有所變化，所以從銘文字詞的變革不僅可以看出商周民族的文化差異，更可以建立辨析商周民族之文化表現的參考標準。

張氏的觀點具體落實在其著名的〈周人不用日名說〉一文，藉由研究祖先稱名是否使用日名之差異，進一步辨析外貌相近的商周青銅器，而此標準確實也具備一定程度之效果，並為學界所接受。如此看來，諸侯勢力崛起的春秋時代，似乎也適合從時代或地域文化之觀點，進一步考察西周與春秋金文的用詞差異，我們是否可能利用新見春秋銘辭之研究，尋找出屬於春秋青銅器的時代特徵？抑或是進一步探討社會文化面貌之差異？

基於這個目的，本節將聚焦於春秋新見銘辭的斷代分域意義，其不僅具備強烈時代特徵，同時也能展現一定程度的地域特色，是十分理想之材料。除突顯春秋時代銘辭特出之處外，尚須進一步探問的是何種動因造成如此演變？若其作為斷代與分域的標準之一，又該如何有效地運用在青銅器銘文的辨別工作方面？而根據前文的分析，新見銘辭大致可分以下二大類：一類是同時具備時代與地域特徵者，另一類則是僅具時代特徵者。

一　具時代及地域特徵的新見銘辭

同時具備時代與地域特徵的銘辭多為新見嘏辭。春秋時期，銘文開始出現許多過往未見的求壽求福之辭，這些嘏辭所代表之祈求目的雖與西周時代大致相同，但運用的詞面已與前朝明顯不同，如，大壽、壽老、眉考、考命、考壽等，同時又往往與「無期、毋已」等銘辭進行組合，表達出時人對於無窮無盡之福壽的想望。藉由這些嘏辭不難察覺春秋時人對福壽之想望似乎比西周來得更加強烈，如同杜正勝所言，春秋中晚期出現的「壽老毋死」「永保其身」，到底是禱請祝嘏之辭，和西周中晚期以降的「萬年」「無期」

93　張懋鎔：〈試論商周之際的字詞演變—商周文化比較研究之一〉，《古文字與青銅器論集（第三輯）》（北京：科學出版社，2010 年），頁 227。

一樣，帶有相當的誇張性，也不一定認真相信人可以不死，但他們追求長壽的觀念肯定比西周更為積極。比較落實的期望大概如戰國人所謂的「終其天年」，與保身有關。[94]

　　春秋中晚期對於長壽之追求是更加渴望的，而如「壽老無期」、「壽老毋死」、「萬年無期」、「大寶無期」、「男女無期」、「受福無期」、「霝命無期」、「眉壽毋已」、「毋疾毋已」等銘辭，都反映了杜正勝所謂的積極長生觀，同時也可看到春秋時代的理想追求，是承自西周並再進一步發展。相較於西周流行的「眉壽萬年」，春秋的「無期」、「毋死」、「毋已」呈現出更明確強烈的想望，同時還將期望擴大至大寶、男女、健康等方面。簡言之，這些銘辭傳達了春秋時人對各方面無窮無盡庇佑的想望。

　　由於春秋時期「無期」、「毋已」乃是西周「眉壽萬年」的誇大版本，故可通過發展次序推知，「無期」、「毋死」、「毋已」等銘辭出現時間必當晚於西周的「萬年」，兩者有明確的先後順序，故可視為具有時代特徵的斷代依據，同時「無期」的不同組合也有地域分佈之差異，與「萬年」、「大寶」搭配者多屬南方，與「男女」、「受福」、「霝命」搭配則為東方。由此觀之，「無期」系列詞語便同時具有斷代與分域的功能。另一種情況則是限定於特定國別、時段的銘辭，典型如曾、黃兩國的「永祜福」、「祜福」。此二國在西周時期並不十分顯眼，但卻在春秋早期銘文中表露出該地域的特殊用語，顯示部分諸侯國不僅相當熟習青銅器的製造方式，同時也開始擁有創造新銘辭之能力。然而隨著春秋諸侯勢力的變化，曾、黃二國青銅器開始受到南方文化區的影響，逐漸喪失原有的自我特色，而這也使得為數不多的「永祜福」、「祜福」有著鮮明的時代與地域特徵。

　　據此而言，春秋列國諸侯在追求福壽的共同目標下，也隨不同的地域而發展出意思相近，詞面相異的銘辭。只要通過詳細的爬梳與整理，便能大致

---

[94] 杜正勝：〈從眉壽到長生—中國古代生命觀念的轉變〉，《中央研究院歷史語言研究所集刊》第 66 本第 2 分（臺北：中央研究院歷史語言研究所，1995 年），頁 437。

對各青銅器所屬的時代與區域進行判斷，達到協助斷代分域的效果。

二 具時代特徵之新見銘辭

具時代特徵的銘辭多見於春秋新見宴饗對象，藉由對這些銘辭的分析，足以觀察春秋社會結構乃至於政治權力之改變。例如：西周銘文從未見過的正卿、大夫、諸士、士庶子等政治集團，此時成為作器者重要的宴饗對象，並取代過往常見的周王以及王畿卿士。此現象並非僅僅反映銘辭的興起或演變，也象徵新興統治階層的崛起，成為當時貴族最為重視的拉攏對象，在不起眼的銘辭變化背後，政治權力之交替正隱約顯現。

承上所見，正卿、大夫、諸士作為春秋時代最重要的政治集團，自然具備一定程度的時代特徵，因此當這些詞彙見諸青銅器銘文時，便可成為判斷該青銅器所屬時代的條件之一。除此以外，春秋時期新見宴饗對象尚有「大酉」一詞，亦即蠻夷首領。不同於西周多以周王朝為中心向周邊幅散之視角，春秋時代的「大酉」不僅成為莒國貴族的宴饗對象，甚至也有自行鑄造青銅兵器之能力，顯見此時青銅資源已廣泛流通至各處，而青銅器的製造能力亦為各國諸侯與週邊民族所熟習，更重要的是，從「大酉」被宴饗一事可呈現春秋時期各地區的互動情形，有助於了解春秋時期華夏諸侯與週邊民族的交流狀況。

除此之外，銘文往往因社會結構改變而產生新意義，因此宴饗銘辭之新見也暗示著一個分工加強的社會。我們可以發現許多新見銘辭是用來描述更細緻的煮食、裝盛食物方式，說明春秋時代對於食物的認識與料理方式有著更加進步的發展，反映了春秋時代飲食的詳細情形。可惜的是，宴饗銘辭因例證數量較少，不若宴饗對象具有明確的斷代意義，往往難以確知此用法究竟屬於偶然的詞面改換抑或是時代因素之影響，例如，〈徐王糧鼎〉（2675）與〈庚兒鼎〉（2715）俱見的「鬻」字，雖兩者皆屬徐國器，但因沒有其他相關例證，故無法確定此字是否只行用於徐國地區。同樣情形還有春秋早期

的〈叔朕簠〉（4620）「㪟」字，因僅此一例，亦無法藉此判知其使用時代與範圍。據此論之，春秋時代新見宴饗銘辭雖不如新見嘏辭適合作為斷代分域標準，不過卻十分適合進行觀察，並藉此認識春秋社會結構的變遷以及青銅器功能之轉向。

至於春秋頌揚銘辭方面，不難發現其具有較鮮明的時代性特徵，適合作為青銅器斷代的參考標準之一。春秋頌揚銘辭大多是前有所承，只是經過發展產生幾種不同的表現方式，例如，「它它熙熙」、「皇皇熙熙」原承自西周的「它它」、「熙熙」，雖然詞義改變不大，但其組成方式卻是西周所未見，因此可視為春秋時代的限定用語。又如「畏忌」一詞僅見於春秋中、晚期，屬於典型的新見銘辭，而且多見於東方與南方文化區的有銘青銅器，可推定其當為特定時期與區域之用詞。再如，「穆穆」一詞的演變，呈現出兩周銘辭典型的發展過程，該銘辭雖見於西周、春秋銘文，但兩個時期的用法略有不同，尤其春秋時代出現較多元的組合，包括疊字結構或形容聲音的用法，都足以根據其不同表現辨析青銅器的時代，具有一定的斷代意義。

除此之外，春秋時代新見狀聲與狀物銘辭也呈現鮮明的時代特徵，隨著青銅鐘的大量增加，狀聲銘辭亦隨之出現，可用於對青銅鐘所屬時代的初步判斷。至於狀物銘辭的情況也類似，而且時代性更為鮮明，例如，「玄鏐鎛鋁」一詞便不見於西周或戰國銘文，加上例證甚多，故可視為春秋時代限定使用銘辭，成為協助斷代的標準之一。其餘銘辭雖較為罕見，但從整體發展大致可推知，春秋時代出現較多形容青銅器的銘辭，除過往習見「吉金」外，隨著人們對青銅器的了解越深，相關的狀物銘辭也更加多樣，因此春秋時代的狀聲與狀物銘辭不僅具有斷代意義，同時也能反映出銘文演變之過程。

第四節 小結

本章討論了春秋新見頌揚銘辭、形容銘辭以及銘辭的斷代分域意義。

首先，頌揚銘辭主要繼承西周頌揚銘辭，多是詞面抽換，而意義未見明

顯不同。但值得注意的是，雖然少數特殊銘辭的文字考釋尚無定論，但其所反映之觀念卻是具備顯著的時代性，故需加以討論。

其次，狀聲銘辭之興盛主要受到春秋青銅鐘大量出現的影響，因此新增許多西周銘文未見之狀聲詞，過往學者對此也相當關注。本書的側重於梳理狀聲銘辭的發展過程，儘可能將新材料納入，以重新檢視其分布狀況。

其三，狀物銘辭的新興亦是春秋時期較顯著之現象，過往雖然不乏研究成果，但較少進行系統性之整理。經過整理，不難發現春秋時人對青銅器之認識遠比西周時期更加細緻，而此現象不僅反映在青銅成分的敘述，同時亦反映於青銅器顏色、紋飾或相關器具的形容中。通過對春秋頌揚銘辭的仔細爬梳，將有助於研究者認識春秋銘文的性質以及春秋時人的觀念，同時亦能了解春秋銘辭於漢語詞彙史中所產生的意義。

最後，青銅器銘文一直都是青銅器斷代的重要依據，然而過往的研究焦點多在於銘文所呈現之時間記錄、歷史事件或是重要人名，再藉由這些資訊所提供之線索進行系聯，對青銅器進行精確的斷代。此三要素固然是判斷有銘青銅器所屬時代最重要的線索，然而近年通過學界對兩周銘文的細膩分析，逐漸建立出字體行款、篇章結構等方面的發展脈絡，使這些元素提升為青銅器斷代的佐證或是參照。

本書通過對春秋新見銘辭的討論，主張銘辭亦可如字體行款或篇章結構一樣成為青銅器斷代分域的參考標準。由於銘辭多隨著時代不同而有所差異，部分用語甚至只流行於特定時期或地區，因此具備顯著的時代與地域特徵。若能熟悉銘辭的演變脈絡，便能較準確地對出現特定銘辭之青銅器進行斷代，儘管並非決定性之標準，但是對於理解春秋青銅器及銘文仍能產生不少的助益。

第四章　書寫的轉換

　　青銅器銘文構形研究隸屬古文字構形學範疇，亦是學者過往關注較多的主題。古文字構形學是研究古文字產生、構成及發展演變的學問，既然稱為「構形學」，就是指研究古文字的形體構成。形體構成主要包括兩個方面：一是原始形體的構成原則，即選用什麼形體來記錄語言的理念和方式；二是形體發展的演變規律，即形體是如何發展變化的。這兩方面一個是平面的，靜態的；一個是歷時的，動態的。[1]

　　由於春秋銘文前承西周金文，下啟戰國文字，因此若欲研究其構形，則多聚焦於形體的演變規律以及承先啟後之定位。換言之，本書所欲討論之春秋青銅器銘文構形乃是構形學中較歷時、動態的部分，亦即其演變與發展。過往已有不少學者針對春秋銘文構形或書風進行過專門研究。[2]因此毋須重複前人之研究成果，而是在此基礎上進行更具系統性、理論性之探討，深入分析春秋青銅器銘文構形的演變因素，以推進當前學術進程。

　　本章所探討的內容共分三小節，第一節為春秋銘文構形字例分析，主要延續前人研究方法，分析文字形體的演變現象，並藉由研究新收字例修正或補充過往缺漏之處。第二節則是探討春秋銘文的時代特徵，擬從漢字發展史之角度觀察，藉由對比西周金文與戰國文字，探究春秋銘文的時代特徵及其歷史意義，真正落實銘文演變研究之主旨。第三節將針對春秋銘文地域性特

---

[1] 劉　釗：《古文字構形學》（福州：福建人民出版社，2006 年），頁 1。

[2] 構形方面以羅衛東《春秋金文構形系統研究》及吳國升《春秋文字研究》較具影響力，雖然此成書時間較早，不過吳國升至今仍關注春秋文字的發展問題，故其後所撰之〈春秋金文字形的時代特徵〉、〈春秋文字字形區域性特徵的初步考察〉以及〈春秋文字字形訛變現象的考察分析〉等文，均是在《春秋文字研究》的基礎上進行更深人之分析。書風方面則有張曉明《春秋戰國金文字體演變研究》，該書較全面地探討春秋戰國金文字體的演變問題，不過其關注點並非構形，而是書體的變化，提供研究者討論春秋銘文的不同視角。以目前研究成果看來，春秋青銅器銘文乃至於字體的演變情形與資訊，多數已獲得系統性的整理分析，受其影響的戰國金文構形，也可以通過相關學位論文如王穎的《戰國中山國文字研究》或是張娜《戰國中山國文字構形研究》等論著進一步瞭解。

徵進行考察，主要立足於吳國升〈春秋文字字形區域性特徵的初步考察〉文章基礎上，進行更深入的區域性分析，並從本書的分域架構探究春秋銘文整體面貌。

第一節　春秋銘文的構形表現

本節主要針對春秋銘文特殊構形字例進行分析，並修正或補充過往研究的缺漏之處。由於僅是在前人研究基礎上提出幾處補充例證或說明，為方便討論，將不再重申文字構形的基礎概念，而是直接沿用學界熟知的演變原則，從省簡、增繁、替換、訛變與新增等五大現象分別申論之。[3]

一　春秋銘文省簡與增繁現象

省簡與增繁是春秋銘文演變過程中最醒目的兩大部分。省簡，乃指文字的省略與簡化，其目的在於便於書寫，亦是文字發展過程中最令人熟知的演變規律。增繁，指文字在既有字形上增添新的構形要素，但字義並未產生改變之現象，也是東周時期常見的演變方式。

（一）省簡

關於春秋文字的省簡，大致可包含「偏旁部件省簡」以及「筆畫省簡」兩大類，「偏旁部件省簡」是指省略既有字形的部分偏旁或偏旁部件；「筆畫省簡」則指筆畫的省略或簡化，甚至是包含平直化與線條化趨勢。不過由於簡省並非春秋銘文的主要演變現象，因此無論偏旁部件省簡抑或是筆畫省簡的例證，多半未得到文字系統的接受。

吳國升曾對這類省簡文字做過分析，指出絕大多數字的省簡和寫法皆沒有被文字系統所接受，真正產生影響者僅有「嚴」字的省簡寫法，至於

---

[3] 吳國升：《春秋文字研究》（合肥：安徽大學博士學位論文，2005 年），頁 3。

「鑄」、「寶」二字雖出現為數不少的省簡寫法，但終究未被文字系統所接受，只能視為春秋時代的偶然變化。相同情形亦見於筆畫省簡部分，除了「文」、「方」、「果」等字的省簡形體流傳至今外，其餘多無法進入文字系統。[4]整體而論，目前所見的簡省字例中，排除偶然或個別寫法後，真正在文字演變過程中產生意義的僅有「嚴」、「鑄」、「寶」、「文」、「方」、「果」六例，可見此一演變原則對春秋文字構形發展的影響較為有限。

雖然此結論距今已有十年，2005 至 2014 年間又不斷出現新見春秋有銘青銅器，不過春秋銘文省簡情形仍未有太大不同，屬於較次要的演變現象。偏旁部件省簡的部分，例如：「廡」，春秋銘文基本繼承西周寫法作「🈪」或省斤之形「🈪」，不過春秋晚期的〈郘公釳鐘〉（102）有省「單」之形作「🈪」。「徒」，西周晚期或春秋早期的〈魯司徒仲齊盨〉（4440-4441）「徒」省略下部的「止」，作「🈪」。造，西周金文寫法有「🈪」與「🈪」二形，春秋以後多有省形，〈滕侯耆戈（11077-11078）、〈羊子戈〉（11089-11090）、〈郘大司馬戈〉（11206）繼承第一形省宀旁作「🈪」；〈莒大史申鼎〉（2732）、〈敔之造戈〉（11046）則繼承第二形省宀旁作「🈪」。上述雖是過往較少提及的字例，然情形並無太大不同，僅有「造」字的省略寫法為文字系統所接受，其餘皆為書寫時偶然的省略現象。

至於筆畫簡省部分，較明顯之變化多半展現於筆劃的平直化與線條化，例如：「隹」，西周下部明顯從爪作「🈪」，西周晚期爪部逐漸消失成「🈪」，春秋以後筆畫明顯拖長作「🈪」形。又如：「正」，西周金文上部原從點作「🈪」，後上部變短橫為「🈪」，春秋以後只見後者，部分字形則再加一短橫飾筆作「🈪」。「貞」，西周時期多作「🈪」，鼎上兩端明顯做兩耳形，而春秋以後「🈪」的兩耳基本消失，可見其筆畫平直化現象。「克」，西周金文「克」字上一豎畫中部多呈點形作「🈪」，春秋以後圓點演變為橫畫，呈十字形，作「🈪」。

---

4 吳國升：《春秋文字研究》，頁35。

　　裘錫圭曾指出西周金文形體演變的主要趨勢是線條化、平直化，[5]而春秋文字繼承了這種變化，不僅西周時期作粗筆或團塊的寫法相繼線條化，一些曲折或不相連的線條也出現平直化寫法。[6]從目前所見的春秋銘文中，大致可推知在其演變歷程裡，偏旁部件省簡並非主要演變方式，雖然少數省略寫法為文字系統所接受，不過多數省簡字均消失於歷史洪流中。至於筆畫平直化與線條化部分反而較為文字系統所接受，此現象顯然是繼承西周金文的發展趨勢而來，同時亦對戰國文字簡化現象以及小篆書寫原則產生影響。

（二）增繁

　　過往學者對於文字增繁現象也有過深入研究，並試圖歸納出文字增繁的理論原則。[7]關於文字增繁現象，涉及「有義增繁」與「無義增繁」以及各種性質不同的增繁分類，本書基於補充說明之立場，仍將「增繁」定義為不影響記詞功能的偏旁部件或筆畫新增情形，且分為「偏旁部件增繁」以及「筆畫增繁」，至於改變記詞功能的增繁則留待新增字部分再行討論。

偏旁部件增繁現象

　　首先探討偏旁部件的增繁現象，春秋文字常見的偏旁部件增繁，以增添意符者最多。例如：增彳、止、辵；增又、攴；增皿；增升、酉；增金；增臣；增心；增土；增艸；增玉；增貝等。[8]其次為增添聲符。例如：「鼙」到

5　裘錫圭：《文字學概要》（北京：商務印書館，2004 年），頁 46。

6　吳國升：《春秋文字研究》，頁 40。

7　何琳儀將戰國文字的增繁現象分為有意繁化與無意繁化兩大類，並就形式與功能再細分為增繁同形偏旁、增繁無義偏旁、增繁標義偏旁與增繁標音偏旁四小類，每一類型又續分為各小項。詳見氏著：《戰國文字通論（訂補）》（南京：江蘇教育出版社，2003 年），頁 213-226。林清源則主要關注增繁筆劃的部分，分為增添義符、增添音符、增添同形、增添贅旁、增添贅筆五大類型。詳見氏著：《楚國文字構形演變研究》（臺中：東海大學博士學位論文，1997 年），頁 81-118。吳國升則在林清源的五大類型基礎上，再加上「增繁區別」和「鳥蟲文飾」兩類，詳見氏著：《春秋文字研究》，頁 41。

8　黃德寬等著：《古漢字發展論》（北京：中華書局，2014 年），頁 259-260。

春秋中晚期則增添聲符「兄」。最後有少數增添區別性線條、增添羨餘篇旁以及增添羨餘符號的例子。[9]

　　春秋銘文新見的增添意符例子。如：春秋晚期〈曾侯與鐘〉「臨」字作「🔲」，與西周晚期的「🔲」形相較，顯然增添義符「見」，欲強調觀看之意。又如：「霝」，西周金文原作「🔲」，但春秋以後開始增加義符，〈秦公鎛〉（267）即添加心旁作「🔲」，用以形容「霝音」，似乎是認為鐘樂靈美之聲當能影響人之心理活動。增添聲符的例子則有「亂」字，西周金文原作「🔲」，春秋晚期的〈曾侯與鐘〉作「🔲」，其所增加之「𥅆」為聲符，此後簡帛文字多是帶聲符的「🔲」形（包山2.192）。

　　至於增添羨餘偏旁之例則如：「哉」，西周金文多不從口作「🔲」，春秋以後則多增添口形即作「🔲」（邾公華鐘，245）。而「台」之構形亦同，西周不從口作「🔲」（毛公鼎，2841），但春秋以後多增添口形作「🔲」（邾公華鐘，245），且從口之形後為文字系統所接受，成為主流寫法。另有少數特殊增繁例證，例如：「彌」，西周春秋金文多作「🔲」（史牆盤，10175），齊、蔡國則增添日旁作「🔲」（鑢鎛，271）與「🔲」（蔡姞簋，4198）。「聞」，西周金文原作「🔲」，春秋金文或增添「女」旁作「🔲」形（徐王子旃鐘，182）。這些例證雖增添偏旁，但往往不具有表意或表音的功能，大概是出於一種書寫習慣，因此有些增加羨餘偏旁的字在使用過一段時間後，依然為原來通形的字所替代，如上述的「🔲」、「🔲」，而真正進入文字系統的仍屬少數。

　　以現今眼光來看，過往對於春秋文字偏旁部件增繁的分析大致不誤，可惜僅將演變字例整理歸類，未針對背後的原因進行深入探討。綜合學者研究可知，增添義符的字例較增添聲符豐富，其中又以增皿與增金之偏旁部件最多，具深入討論之價值。春秋銘文增皿之字有：匜、鼎、隥、叚、般、醴等；增金之字則有：盉、缶、匜、盂、戈、彝、敦、𠤳等字。

　　根據本書整理，增添皿旁之字者尚有「盛」字，西周中期雖有〈師湯父

鼎〉（2780）「盛弓」一詞，不過此處之「盛」乃是修飾弓的形容詞。具有裝盛義的「盛」字顯然是自「成」演變而來，西周晚期〈弭仲簠〉（4627）有「用成（盛）稻粱」，其後春秋早期多作「盛」，故「盛」可視為「成」增添「皿」旁之字，顯然是為強調器皿的盛裝功能。「成」、「盛」字義隨發展逐漸區別，最後「盛」為文字系統所接受，用以專稱「裝盛」之義。此例反映的是為強調器皿功能而增添「皿」旁，但有時是為了標誌器物性質，例如：「醴」之本義為甜酒，而〈曾伯陭壺〉（9712）作「醯壺」，顯然是藉由「皿」旁加強說明盛裝醴酒之性質。又如「薦」，本義為進獻，春秋晚期〈邵王之諻簋〉（3634-3635）作「盧簋」，也是強調盛裝進獻物之性質。總體而言，雖然春秋銘文繁形字義往往與本形無別，但亦有如「成」與「盛」之例，繁形隨時間發展得以自成一格，成為具有獨立字義的新增字。

　　至於增添金旁之字亦有新見例證，例如：肆，〈洹子孟姜壺〉（9730）從「金」作「鉾」。易，春秋早期〈曾伯霖簠〉（4632）作「鍚」。膚，〈邾太宰鐘〉（86）、〈邾公牼鐘〉（149-152）等器均作「膚」，而〈曾伯霖簠〉（4632）、〈莒叔之仲子平鐘〉（172-180）、〈邵鸞鐘〉（225-237）、〈邾公華鐘〉（245）則從金作「鐪」。監，〈羕伯庸盤〉（10130）、〈吳王夫差鑑〉（10294-10296）作「監」，〈智君子鑑〉（10288-10289）、〈吳王光鑑〉（10298-10299）則作「鑑」。鏐，春秋晚期習語有「玄鏐鐪鋁」一詞，〈玄鏐戈〉（10970）作「鏐」，其他銘文或增添金旁作「鏐」。䜌，西周金文多作此形，但春秋早期〈尹小叔鼎〉（2214）作「鑾」。

　　增添金旁當是強調該器物的金屬性質，例如：〈邾公牼鐘〉（149-152）的「鍺」，銘文內容為「鑄辝鉌鍾（鐘）二鍺」，可知「鍺」為鐘之數量詞。至於「鐪」與「鏐」之情形稍有不同，西周時期乃至春秋早期僅見「膚」、「鏐」二字，其後為標誌青銅製作材質「玄鏐膚鋁」，故先使用「膚」、「鏐」，稍晚才逐漸形成增添金旁的「鐪」、「鏐」，專指青銅原料。由於此發展情形，使得「膚」與「鐪」、「鏐」與「鏐」的詞義在春秋早期一度無別，不過到了

中、晚期逐漸分化，形成不同意義之字。

　　由上可知，本形增添「皿」旁或「金」旁可能象徵春秋時人對於青銅器功能與性質的進一步認識。春秋時期對青銅器物的分類與描述比西周更加詳盡細緻，而此發展不僅展現在出現更多的狀物銘辭，亦可從字形增添「金」旁得到印證。這類增繁意符的文字在春秋時期大量出現，不僅有助於文字構形意圖的表達，同時也象徵漢字逐漸朝形聲構形方向發展。[10]

筆畫增繁現象

　　其次討論筆畫增繁問題，春秋文字主要表現在贅筆之增加，亦是此時期最醒目的特色之一。林澐指出東周銅器上往往有在文字筆畫上加點或增加其他純裝飾性筆畫的做法，可以解釋為美化。但普遍存在的在文字上方加點的做法，至今還沒人能圓滿地作出解釋。」[11]春秋文字贅筆樣式繁多，顯示出強烈的裝飾性格，而贅筆的類型主要有兩種，分別是「增添區別性符號」以及「增添羨餘符號」。

　　學者已將絕大多數筆畫增繁的字例整理完成，[12]後續新增者不多，而本書僅進行字例補充。例如：晉，西周中期原寫作「𣈩」（格伯簋，3952），西周晚期下方口部內往往多加一短橫飾筆作「𣊭」，春秋延續此新寫法，最後為文字系統所接受，故小篆字形作「𣊫」。又如「光」字，西周春秋時期普遍作「𠈑」（史牆盤，10175）或「𠈑」（虢季子白盤，10173），唯春秋左右各加一飾筆作「𤉥」（吳王光鑑，10298），甚至影響戰國時期的作「𤉥」形（中山王䂤鼎，2840）。聖，西周金文多作「𦕡」（大克鼎，2836），春秋以後下部「壬」往往多一短橫飾筆作「聖」（曾伯霥簠，4632），或是多一圓點作「𦕥」（䣄鎛，271），亦為文字系統接受。金，西周「金」豎畫旁多作二點

10　黃德寬等著：《古漢字發展論》，頁260。
11　林澐：《古文字研究簡論》（吉林：吉林大學出版社，1986年），頁96。
12　詳見黃德寬等著：《古漢字發展論》，頁261-264。

作「全」（舀鼎，2838），春秋以後「金」的豎畫旁則多作三點「金」（曾伯陭壺，9712），春秋晚期以後更出現作四點的「金」（吳王夫差鑑，10296），同時西周的點狀發展至春秋晚期多變為兩節短畫。雖然「金」字發展演變歷程並非完全按此線性發展，西周時期亦見有作三點、四點者，不過當時仍以兩點為主流，春秋時期則是多以三點或四點為主流，故就整體趨勢而論，仍有二點至三點，三點至四點的主流趨勢更迭過程，展現出一定程度的時代特性。

筆畫增繁多半無法取代原字形，只有少數沿用至今，因此有學者認為只是春秋時期的一種流行寫法。[13]儘管筆畫增繁現象之文字確實是春秋時代主要流行趨勢，然而是否僅因書寫習慣所造成？何以春秋大量銘文書寫者均培養出如此相同之書寫習慣？此一流行是否存在時代或環境之影響？其背後可能仍有相關環境因素。

若考察春秋青銅工藝與銘文，則可發現文字增繁現象往往與青銅工藝的發展趨勢相當，兩者或有相互影響之關係。前文已論及，春秋青銅器除早期仍延續西周青銅器風格之外，中期以後逐漸確立自我風格，故此時選擇以雕鏤細密的蟠螭紋與盤虺紋為主要紋飾，呈現華麗繁複之感。同時春秋以後銘文之功能已略為轉變，逐漸成為彰顯青銅器物的附加物或搭配，而書寫者可能為呼應裝飾性極強的青銅器風格，使銘文構形之表現趨向繁複化。因此部分筆畫較少或是佈局不平均之文字，為能與青銅工藝相互輝映，多被加上不影響記詞功能的贅筆，以營造出繁複華麗的美感，達到內外兼美之平衡效果。

---

[13] 吳國升：《春秋文字研究》，頁 64。吳國升其後又指出，春秋時其大多數增加飾筆的寫法流行過一段時期後，最終被淘汰；也有一些傳承下來，例如：亥、上、下、余等字皆成為定型；宮、魯、曾、壽、庶、麻的寫法，後來進一步演進為小篆寫法；西、角的新寫法在春秋時期得以流行，亦成為演進到後來定型寫法的中間重要環節。詳見黃德寬等著：《古漢字發展論》，頁 265。

二　春秋銘文替換與訛變現象

　　替換，乃指文字構形中位置或偏旁部件的換用，其中位置換用是文字系統尚不穩定時較易產生之現象，相較於甲骨文或西周金文，春秋銘文位置換用的情形已減少許多，不過偏旁部件換用其實涉及較複雜的用字心理及區域特色，因此本段將深入討論春秋為數不多的替換字例。訛變，乃指對文字原有結構或組織偏旁缺乏正確理解下，錯誤破壞原構造或改變偏旁的字體變異現象。[14]此種演變現象乃肇因於對文字結構的不理解，而出現「無理」的異構，故僅能就演變現象進行整理，但無法就其背後使用心理進行詮釋或描繪。

（一）替換

　　偏旁部件替換是造成春秋銘文出現新構形的原因之一，主要替換類型包括「意符替換」與「聲符替換」。「意符替換」乃指用意義相近或相關之意符相互代換，亦即裘錫圭所謂的「形旁代換」，其指出：「有不少形聲字的偏旁，既可以用甲字充當，也可以用乙字充當；或者先用甲字，後來改用乙字。」又說：「為形聲字選擇形旁時，如果對文字所指的事或物有不同的著眼點，所選擇的形旁就會不一樣。這也是造成形旁代換現象的一個原因。」[15]裘錫圭所討論的形旁代換乃是針對形聲字而言，其後吳國升研究春秋文字時，便將形旁代換擴大為意符替換，其中不僅包含「義近意符代換」也涉及「相關意符替換」。[16]「義近意符代換」通常是指偏旁中原本就可通用的義符替換，對字義本身影響不大；「相關意符替換」則是藉由意符的替換產生程度或著眼點不同的強調作用。本書認為吳文分類較符合春秋青銅器銘文之狀況，故以下論述便在此研究架構下直接進行字例補充。

14　林澐：《古文字研究簡論》，頁 103。
15　裘錫圭：《文字學概要》，頁 168。
16　黃德寬等著：《古漢字發展論》，頁 267。

在新收字例之中，「義近意符代換」者僅有少數例證，如「彳、辵」替換：春秋早期〈曾侯仲子斿父鼎〉（2423）「斿」字從彳從斿，作「𣃟」形，春秋晚期〈蔡侯盤〉則以辵旁替換彳旁，作「𣃟」形。「又、攴」替換：西周〈史喜鼎〉（2473）「祭」作「𥙊」，東周銘文普遍從之；或以攴旁取代又旁，如〈徐王義楚觶〉（6513）「𥙊」。「日、月」替換：西周金文「昔」多從日作「𣈇」，〈徐王鼎〉（2675）則從月作「𣈇」，《說文》籀文亦作「𣈇」。上述字例皆為吳文未提及之例證，但這些意符替換在春秋銘文演變脈絡中均屬常見的替換現象。

「相關意符替換」則新增三例，第一例為「禋」，此字西周從火，〈史牆盤〉（10175）作「𤈦」，但春秋晚期〈蔡侯申盤〉（10171）省略宀旁，且以土旁替換火旁作「𡎚」、春秋晚期的〈哀成叔鼎〉（2782）則是以土旁替換火旁，以火旁替換示旁作「𤈦」，與籀文「𤈦」同。此置換情形較為複雜，禋即禋，乃文獻所見之禋祀，《周禮·春官·大宗伯》：「以禋祀祀昊天上帝，以實柴祀日月星辰，以槱燎祀司中、司命、風師、雨師。」鄭玄注：「禋之言煙。周人尚臭，煙氣之臭聞者。」由此可見，「禋」從示顯然是標明其祭祀性質，而從火乃是說明此祭祀與火有關，而春秋晚期蔡國文字將土、火旁置換，使「禋」成為形聲字「禋」；鄭國文字則維持聲符「𡈼」，而將義符示旁置換為火旁，依舊標明此祭祀與火之密切關係。

第二例則為「盤」，春秋銘文多延續西周之形作「𦉡」，惟〈蔡侯申盤〉（10171）以酉旁替換攴旁作「𦉡」。此例是攴與酉之義符置換，情況較為複雜，過往多將蔡侯申盤的「𦉡」釋為「盤」，不過近來亦有學者認為此字當理解為文獻中的「舟」，其主要證據為現藏於上海博物館的西周時代〈晉韋父盤〉銘文作「晉韋父作寶舟」，故推定「舟」乃盤之本名，而〈蔡侯申盤〉的「𦉡」就是在舟的基礎上，累加「皿」和「酉」的義符而成，除此之外，西周早期的〈始尊〉（6000）亦見從凡從舟從皿的「盤」字。「舟」這類盤形器的功能，主要是與尊搭配使用，用來乘載尊，並在裸饗禮中作為酒器，故

可以「皿」和「酉／卣」為義符。[17]由此可知，目前學者對於「盤」字的發展過程有重新檢討之意圖，雖證據方面僅有〈晉韋父盤〉一器銘文，不過此例卻點出文字義符替換的現象有時不若表面單純，往往會牽涉更細緻的器物或文字演變問題。

第三例的替換現象則相對單純，即齊國〈䣄鎛〉（271）「妣」字或以示旁替換女旁作「祉」。〈䣄鎛〉銘文為「用言用考（孝）于皇祖聖弔（叔）、皇祉聖姜，于皇祖又成惠弔（叔）、皇祉又成惠姜」，據前後文清楚可知「祉」即為「妣」，而其不僅以「示」旁替換「女」旁，更將「比」替換為「匕」，究其替換原因，當與皇妣聖姜、皇妣又成惠姜已成器主之祭祀對象有關，而「比」與「匕」同聲，則當可視為聲符替換之例證。

至於「聲符替換」，通常指以音近或音同的偏旁部件進行改換。除過往已整理之部分，目前僅新見一例，即西周〈禹鼎〉（2833）的「肅」作「𦘔」，春秋晚期〈王孫遺者鐘〉（261）承襲西周寫法作「𦘕」，而齊國〈䣄鎛〉（271）則以竹旁替換聿旁作「𥷚」。關於「肅」字之分析，何琳儀、黃錫全認為從聿得聲，「聿」亦可歸為定母幽部字，而「竹」則可歸入知母覺部字。[18]由於從聿得聲之字尚包括知母幽部字之「晝」，古舌上歸舌頭，知母可歸入端母，端、定皆屬舌尖音，當可通，而「竹」亦可讀作端母，同時幽、覺僅為陰聲與入聲之差，故「竹」與「聿」在上古當屬音近或音同之字，由此看來，齊系文字從竹從𦘬之「肅」當是典型的聲符改換之例。

整體而論，部件偏旁替換形成同時期較多的異寫字或異構字，但並非春秋銘文主要演變現象，因此以新部件偏旁替換原有部件偏旁的文字，往往最終未被文字系統所接納，形成區域性或偶然性較強的特殊例證。若文字演變

---

[17] 何景成、王彥飛：〈自名為「舟」的青銅器解說〉，《古文字研究》第卅輯（北京：中華書局，2014年），頁162-167。

[18] 關於「竹」的上古韻部，根據《漢字古今音資料庫》主要有兩種說法，王力系統歸入覺部，李芳桂系統則歸入幽部，若「竹」屬幽部，則與「聿」之韻部相同，更能證明兩者音近或音同之說。

脈絡來看，部件偏旁的替換或許涉及不同文化或地區之人對於該文字所指涉內涵的不同想像，雖然短期內造成大量異體字之出現，而不利於形成穩定的文字系統，不過另一方面也反映出文字構形演變過程下的多元面貌。

（二）訛變

關於古文字的訛變現象討論甚多，各家定義基本大同小異，主要差異在於材料範圍界定之不同。[19]導致文字訛變的基本因素，是由於文字本義變得不清晰以及與其構件形似之偏旁的存在，使此基本因素隨著符號簡化、抽象字義之引申、同音假借增多而產生訛變現象，此現象又以春秋戰國時期最為劇烈。[20]也有些訛變是對文字原有結構和組成偏旁缺乏正確理解的情況下，錯誤地破壞了原構造或改變了原偏旁，屬於「無理」的改造。此現象原本可能只是書寫了錯別字，不過若因大多數人都寫錯，使得異體的錯字成為公認之字，甚至取得正體地位，便須視為文字演變中的現象而非偶然寫錯。[21]

然而吳國升並不同意以往學者的論述，並認為過往多將書寫中的錯字現象與漢字發展演變中的訛變混而不分；或將圍繞著字音、字義而進行的改造也視為訛變。但書寫中的錯字往往只有偶然性或個人性，其寫法並不為社會和文字系統所接受，對文字的發展傳承不帶來實際影響，應該作為另一個問題探討。真正的訛變，是指那些在歷時演進過程中致訛並在文字系統中相沿傳承下來的字形演變，既排除那些偶然的、個別的錯字現象，同時也排除

---

19 較重要的相關論述可見，唐蘭：《古文字學導論》（濟南：齊魯書社，1981 年），頁 250-260。林澐：《古文字研究簡論》（吉林：吉林大學出版社，1986 年），頁 103-107。張桂光：〈古文字中的形體訛變〉，《古文字研究》第十五輯（北京：中華書局，2005 年），頁 153-184。湯餘惠：〈略論戰國文字形體研究的幾個問題〉，《古文字研究》第十五輯（北京：中華書局，2005 年），頁 9-100。林清源：《楚國文字構形演變研究》（臺中：東海大學博士學位論文，1997 年），頁 119-154。劉釗：《古文字構形學》（福州：福建人民出版社，2006 年），頁 139-158，等等。

20 張桂光：〈古文字中的形體訛變〉，《古文字研究》第十五輯，頁 161。

21 林澐：《古文字研究簡論》（吉林：吉林大學出版社，1986 年），頁 103-104。

那些有意的字形改造。[22]

　　吳氏對春秋文字訛變現象，曾有兩次較深入之分析。第一次在 2005 年，其於博士學位論文《春秋文字研究》之中，分為「狹義訛變」與「一般訛錯」，「狹義訛變」又包含形體離析、形近混同與筆畫訛誤三種類型，共歸納出 21 例；「一般訛錯」則屬於較偶然或個別的文字訛誤，共有 26 例。第二次則是 2010 年，於〈春秋文字字形訛變現象的考察分析〉分為「形體離析」、「部件黏合」以及「形近混同」進行考察。最後是在 2014 年出版的《古漢字發展論》第五章「春秋文字」中，修正為「形體離析」、「形體黏合」以及「形近混同」三大類。[23]

　　據其所定義之「訛變」可知，一般訛錯的文字已不予討論，故總結出春秋時期有明確線索之訛變字 25 例，其中 9 例在春秋時期已成定型，7 例為定型字形成過程中的重要環節，其餘 9 例僅流行於一定時期或地域。[24]再就兩者發表時間來看，第二次討論應是補充此間新發表之訛變例證，經過比對可以發現，形體離析除原有的烏、宜、穆、伐、是、龍六例外，新增「丘」、「章」二字，本屬形近混同的「往」以及筆畫訛誤的「巫」，也改入形體離析；本屬形近混同的「丞」與一般訛錯的「君」改入形體黏合例；而形近混同則除原有之董、庶、具、則、年、配、得、樂、明、盟等十例外，新增「老」字。由此看來，排除因界定不同而改入他類的少數字例後，此五年間真正新增之訛變例證僅有丘、章、老三字，可見春秋銘文的訛變現象並不多見。

　　除上述字例之外，本書亦發現少數未論及之字。首先，形體離析者有「監」，此字之構形乃會意人面向器皿照鑑自己的容顏，故甲骨文作「𩫖」（合 27742），西周金文多作「𥈗」（頌簋，4333），不過西周晚期人之目形

---

[22] 吳國升：〈春秋文字字形訛變現象的考察分析〉，《古籍整理研究學刊》第 3 期，頁 95-96。

[23] 吳國升：《春秋文字研究》，頁 86-93。吳國升：〈春秋文字字形訛變現象的考察分析〉，《古籍整理研究學刊》第 3 期，頁 99。黃德寬等著：《古漢字發展論》，頁 275。

[24] 吳國升：〈春秋文字字形訛變現象的考察分析〉，《古籍整理研究學刊》第 3 期，頁 99。後收入黃德寬等著：《古漢字發展論》，頁 273-278。

與身體逐漸脫開，形成「🗿」（頌壺，9731），目形幾乎寫作「臣」形，及至春秋早期則逐漸定形，如〈鄧孟壺蓋〉（9622）作「🗿」，「臣」形與「人」形比例相同，已難以想像「臣」本是人形的其中一部位，其後又更為省簡，如春秋早期的〈昶伯庸盤〉（10130）就直接省去人形，僅保留「臣」形與「皿」旁作「🗿」；而春秋晚期的〈吳王夫差鑑〉（10296）也出現縮小人形的「🗿」。雖然「監」字的主要變革發生在西周晚期，不過定形卻是在春秋時期，而且為文字系統所接受，因此本文認為此字當可歸入春秋銘文的訛變例證。

其次，形體黏合例為「嬴」，西周金文此字从羸从女作「🗿」（伯衛父盉，9435），左旁部件呈獸形，而且此神獸有明顯的翅膀與身體，春秋以後翅膀與身體逐漸黏合混同，不再明顯區隔，如〈樊夫人龍嬴匜〉（10209）作「🗿」，便是簡化了翅膀造型；類似的寫法尚見於同時期的〈楚嬴匜〉（10273）「🗿」；而春秋中晚期〈羕伯受簠〉（4599）則作「🗿」形，可以看出神獸身體與翅膀已完全黏合，無法分辨兩者之不同，而同時期的〈鄦子妝簠〉（4616）「🗿」形寫法亦頗為相似，兩者對於小篆「🗿」字寫法都產生一定程度的影響。上舉二字皆為過往較少提及的例證，在此僅作為補充，以佐證春秋銘文之訛變現象。

總體而言，春秋銘文訛變現象並不常見，並非此時文字主要演變現象。不過這些為數不多的訛變例仍有其重要性，吳國升在討論形體離析例時，曾經指出：「這些漢字在春秋時期發生形體離析，是漢字發展到該時期圖繪性不斷減弱，符號性不斷加強的結果與反映。」[25]本書則認為不僅形體離析例是此種因素造成，多數訛變現象都來自於文字圖像性降低之影。尤其春秋銘文處於由較統一的西周銘文發展至多樣繁盛的戰國文字之過渡階段，故此時文字不斷朝線條化、平直化的方向發展，而原本圖像性、寫實性較強的偏旁部件便會產生變異，或藉由形體的離析與黏合達到更方便快速的書寫效果，或趨同於形體類似但更便於書寫的部件。雖然訛變現象往往破壞或忽略

---

[25] 吳國升：〈春秋文字字形訛變現象的考察分析〉，《古籍整理研究學刊》第 3 期，頁 97。

了文字構形的原意，形成「無理」的結構，致使後世研究者難以分析其文字結構，不過部分偶然或突發性的訛變文字反而呈現強烈時代性與地域性，展現春秋銘文多采多姿的書寫樣態。

三　春秋銘文的新增字

新增字是春秋時代最顯著的文字演變現象之一，此時所見金文單字1672字，其中承自殷商、西周有1047字，約佔62.6%；新增字625字，約佔37.4%。見於《說文》小篆者有1217字，佔總數72.8%，其中傳承字入《說文》者有949字，新增字入《說文》者有268字，約佔43%，顯見其比例甚高。[26]

新增字的來源有兩種：一是基於已有字的分化，二是直接創制新字。[27]分化字又包含兩種情形，分別是從本義或引申義分化的新字以及藉由假借分化的新字。要從文字演變軌跡中分辨出一個時期中新增字的分化字有時相當困難，僅能就較經典的字例進行分析，而其中最具時代特色的分化字乃是一批地名、國名用字，其於假借字加「邑」旁造成新的專用字，其次則是加「金」、「疒」、「言」、「心」旁之字。

學者認為通過這些相關偏旁研究，可對春秋時代的政治制度、金屬分類、疾病甚至人類行為心理都有更深刻的認識，本書擬在過往研究成果的基礎上，集中研究較典型的春秋新增字，以過往較少論及的從邑、言、心旁之字為中心，分析其產生背景與歷史意義。

（一）加「邑」旁的新增字

根據整理可知，從「邑」旁之字在春秋時期增長最多，共有42字，約

---

[26] 黃德寬等著：《古漢字發展論》，頁286-287。
[27] 吳國升：《春秋文字研究》，頁24。

佔春秋新增字 10%。[28]若再聚焦於銘文資料，春秋時期從「邑」旁新增字則有 34 例，分別為邦、郍、鄉、部、邛、鄎、都、邗、鄭、鄯、䣄、鄧、鄦、郤、鄝、鄒、鄀、鄶、沵、鄲、鄦、邾、鄄、郙、邶、邵、邺、鄔、鄆、鄱、邔、郴、郊、䣍等字，除鄶、鄄之外，其餘皆是地名或國名，可見性質相當類似。

值得注意的是上舉部分地名或國名並非春秋時期以後才出現，亦有見於西周金文的國名，不過文字構形卻多有不同，例如：用以代表邦國之「邦」，西周晚期〈邦伯鬲〉（589-591）作「畤」或〈邦季故公簋〉（3817-3818）作「寺」，不過同時期〈邦仲簋〉（圖成 5893-5894）開始出現從「邑」旁的「邦」字，春秋以後多從此形。此外，郍國之「郍」，西周晚期〈郍祁鬲〉（634）作「朋」，右半略殘但似為邑旁，著錄多隸定「鄩」；春秋以後則從邑旁作「鄩（郍）」。

類似情況尚見其餘邑旁之字，如「邛」字最早見於西周晚期的〈叔姬簋〉（4598）「邛媯」，其餘只見於春秋器，但從「邛媯」的名字結構推知「邛」作為地名或國名應該在西周晚期已經行用。又如「都」，專指都國，西周晚期〈都公諴簋〉（4600）作「蜡」，春秋以後多從邑旁作「都」。鄭，專指鄭地或鄭國，西周晚期至春秋早期多作「奠」，春秋中期〈與兵壺〉（圖成 12445）則作「鄭」。鄧，專指鄧國，西周至春秋早期多作「登」或「昇」，春秋中期「以鄧」器群作「鄧」。鄋，專指筥國，西周中期的〈筥小子簋〉（4036-4037）作「筥」，春秋晚期〈筥侯少子簋〉（4152）則從邑旁作「鄋」。鄦，亦即文獻所見許國之「許」，西周金文從皿作「無」，春秋銘文則從邑旁作「鄦」或「鄦」。

由此可見，春秋時期不僅出現許多過去未見的從邑新增字，亦於舊有之字再增添「邑」旁，遂與本字逐漸產生區隔，成為國名或地名專用之新增字，此乃春秋時期最具時代意義的文字演變現象。新增字不僅數量甚多，所指涉

---

[28] 吳國升：《春秋文字研究》，頁 27。

之範疇亦相當明確，因此如同吳國升所言，這些新字的迅速出現折射出春秋時期社會政治歷史變化。[29]然而究竟「邑」在西周春秋時期又帶有什麼樣的歷史意義？此乃本書所欲進一步探究之課題，以下則藉助歷史學研究成果嘗試挖掘春秋時期大量使用從邑之字的深層因素。

若欲探究春秋時期從邑之字大量出現的由來，則必須瞭解「邑」在西周春秋社會象徵什麼特殊意義？基本而論，西周春秋時期人們居住之處被稱作「邑」，日本學者伊藤道治較早針對「邑」之構成進行探討，其認為殷周時期的邑大多是農村聚落，邑的居民是由血緣集團方式構成，它們在邑周圍的田裡耕作，戰時組成軍隊，編入邑統治者即諸侯的軍團。但是西周後期，邑內部分裂，向地緣化方向發展，邑的居民變成了以個人為單位，接受諸侯統治。[30]

不過伊藤文章中僅對「邑」進行初步探索，關於殷周時期「邑」的性質與構成皆未提及。其後松丸道雄進一步將「邑」與國家結構結合，認為殷周時期國家結構乃是所謂的「邑制國家」，亦即國家乃由成千上萬個「邑」所構成，並可根據規模與影響力區分為大邑、族邑與屬邑。在這個體系中，不同「邑制國家」的首領被看作是商族祖先名義上的子孫及商王的兄弟，他們偶爾會受到商王的賞賜，並且將商王的父祖當作自己的父祖進行祭祀。另一方面，周人借助先前存在的「邑制國家」結構實行了真實的血族關係，通過派遣王室成員控制地方諸侯。[31]然而由於研究材料的限制，松丸道雄未能仔細討論「邑」的內部構造與具體型態，因此「邑制國家」的具體構成內容仍未獲討論。

李峰則在此基礎上提出「權力代理的親族邑制國家」的概念解釋西周國

---

[29] 吳國升：《春秋文字研究》，頁 27。

[30] 伊藤道治：〈邑の構造そとの支配〉，《中國古代王朝の形成》（東京：創文社，1975 年），頁 172。中文則轉引自江村治樹：〈古代城市社會〉，《殷周秦漢史學的基本問題》（北京：中華書局，2008），頁 22。

[31] 松丸道雄：〈殷周國家構造〉，《岩波世界講座歷史‧古代 4》（東京：岩波書店，1970 年），頁 55-60。

家問題。其認為西周乃是通過委任法則（delegative rules）將統治權力暫時授予周天子的親族，並由親族實際落實各地區的政治權力。值得注意的是，由於西周國家並非是一個由邊界線所界定的地理整體，而是由成千上萬個「邑」所構成的，而國家即存在於這些「邑」之中，故青銅器銘文中不加區別地稱作「邑」的聚落，既是基本的社會實體，也是國家控制力所能到達的基本地理單元。[32]故周天子的親族即通過政治權力的委託，而控制著土地上大小不一的邑，形成所謂的「邑制國家」。由此可知，「邑」不僅是商周時期的居住單位，同時也很有可能是政治治理的基本單位，而此種構成乃始於殷商，成熟於西周時期。換言之，「邑」在整個商周時期是具有特殊意義的概念，西周青銅器中亦可見「邑」、「新邑」、「商邑」、「五邑」等詞彙，這不僅可作為歷史學家推想殷周國家制度的基礎，同時也可推知春秋時代人民對「邑」字隱含的理解與想像。

　　至於春秋時期的社會型態則略有不同，春秋時代「邑」所指涉之政治地理單位可能比西周更為明確。從春秋銘文的記載可知，見「邑」字的有銘青銅器僅有春秋晚期的三件齊器，分別為〈齊侯鎛〉（271）「鮑叔又成勞于齊邦，侯氏賜之邑，二百又九十又九邑，與鄩之民人、都鄙」、〈洹子孟姜壺〉（9729）「齊侯洹子孟姜喪，其人民都邑，董（謹）㝱無。」以及〈庚壺〉（9733）「公曰：甬（勇）！甬（勇）！賞之以邑，司衣裘、車馬。」除〈洹子孟姜壺〉外，其餘二器的「邑」都是諸侯賞賜予臣下之土地，尤其是〈齊侯鎛〉銘中侯氏賞賜給鮑叔的「二百又九十九邑」，說明此邑之規模必然不大，與西周時期所言之「五邑」不可同日而語，顯見春秋晚期社會對於「邑」的理解可能與西周已略有不同。

　　江村治樹指出春秋諸侯國多是不受周王朝統治的獨立國家，可能與希臘的「城市國家」類似，此時的「城市國家」是以周宗族的姬姓部族為中心，

32　李峰：《西周的政體—中國早期的官僚制度和國家》（上海：上海古籍出版社，2007年），頁 299-300。

包括被征服的殷商民族的士兵集團所構成。同時這樣的士兵集團作為核心，統治著附近分布居住在農村的土著民族的農業共同體。[33]從目前考古遺址來看，春秋時代的城市規模已較西周更為明確，其作為「都市國家」的條件更加充分。儘管只從城市遺址考慮該時代的城市特性可能仍有疑慮，不過整體看來，無論從文獻或是銘文皆可證明，春秋時期正是從邑制國家邁入其他國家型態的過渡階段。

雖然從各方面研究均證明春秋時代的社會型態已邁入轉變階段，不過其具體發生時間恐非春秋早期，從目前多數材料皆屬春秋晚期的情形而論，春秋時代走出「邑制國家」的可能時間當是春秋中期以後。換言之，「邑」作為統治勢力的最基礎地理單位仍是歷史相當悠久之事，其自殷商至春秋時期皆顯示出作為政治單位的特殊意義。

從新增「邑」旁的文字中，可以看出春秋時人心中「邑」字仍然象徵著此種政治單位意義。相應於當時社會情勢，由於諸侯國之崛起，開始擁有更多的自主權，加之城市勢力的快速興盛，使時人城市意識更加強烈，故此時原具有表示政治地理單位的「邑」字很容易成為此類分化字的加注義符。正因殷周時代的「邑」早有此字義，故對於春秋時人而言，但凡加注「邑」義符之字，便很容易聯想到地理政治單位，所以正可解釋何以春秋時期加注「邑」旁的地名、國名如此之多，甚至成為新增字的數量之冠。

（二）加「言」與「心」旁的新增字

春秋時期除從邑、金、水旁之外，從言與從心旁的新增字數量亦不少。根據統計，春秋銘文中從言旁的新增字共 16 字，從心旁則有 15 字，從言和從心旁之字的增加，反映了人們對言語、心理活動體察的日益細微，人們思維水平進一步提高。[34]可見文字演變並非單純的表面現象，同時亦涉及社

---

[33] 江村治樹：〈古代城市社會〉，《殷周秦漢史學的基本問題》，頁 24。
[34] 吳國升：《春秋文字研究》，頁 28。

會體制之變動或人民思維狀況，因此下文將就春秋銘文中從言與從心旁的新增字進行探討，並藉以觀察春秋時期的思想變化。

從言之字

目前所見的春秋銘文中，從言旁的新增字分別有：詯、語、諱、讕、訴、諧（譆）、詐、訶、詨、譽、諴、譸、詣、記、諻、託等 15 字。王寧認為有些表義構件所表示的構意是一種類別，部首相同者多屬同類或相關事物，此種表現在許慎《說文解字》特別明顯，如《說文》的〈言部〉所收全部與人的言語行為有關，可見「言」具有表示人的言語行為的類別表義功能。[35]然而此種歸類究竟是到漢代《說文解字》才較為明顯？抑或此前「言」旁已有表示人類言語行為之功能？春秋新增的從言之字是否能印證此論述？上述問題有必要做進一步的討論。

欲了解上述從言旁的新增字字義，可根據前後文意進行推測，而少數「讕」、「詣」等字為人名可不論之外，尚有一部分從言之字看來雖是分化字，但字義卻與本字沒有太大差別，可能是純粹記音的假借字。例如：諴，春秋銘文中有一組銘辭為「中諴且揚」，諴或作諴，學者多通假為「翰」，無論是諴、諴或翰，主要記的都是「倝」聲，因此「諴」從言未必能表示其與人類言語活動有關。相同的情況也見於「詯」與「諻」，「詯」字見於春秋晚期齊國的〈鎛鎛〉（271）：「余彌心畏詯」；「諻」則見於春秋晚期楚國的〈王孫誥鐘〉（圖成 15606-15631）「元鳴孔諻」，而「畏詯」與「元鳴孔諻」都是春秋晚期相當常見的銘辭，詯或作忌；諻則或作皇、煌，儘管從言旁的「詯」、「諻」字顯然是從「忌」與「皇」字分化而出，不過從目前所見的春秋銘文中難以感受到「詯」、「諻」與「忌」、「皇」在表現上有何不同，也看不出「詯」、「諻」有特別表示人類言語活動的詞義，除此之外尚有於詐、譽、譸、記等

---

35 王寧：《漢字構形學講座》（臺北：三民書局，2013 年），頁 94-95。

字亦存在同樣情形。

　　由此可知，春秋銘文中真正涉及人類言語活動者，可能僅有諱、訢、諧（謿）、訶、託等字，其中「諱」、「訢」、「諧（謿）」、「託」等字均見於春秋晚期的〈蔡侯申盤〉（6010）「**不諱考壽**」、「**恩憲訢暢**」、「**康諧（謿）穌好**」以及「**需頌託商**」，其中于省吾認為「諱」通「違」，乃指不違失老壽之意，故可知此處之「諱」並非忌諱之意，而是「違」的通假字。訢，《說文》云：「喜也，從言斤聲」，故知其本義為喜悅，其義同於「欣」，不過此處乃指大孟姬的德性恩憲訢暢，可能包含言語跟行為方面的表現。「諧（謿）」於此處當指和吳國關係之和好，但此為引申義，若究其源頭則「諧」本指言語或聲音的和好，而此處當是指言語和好，並進一步引伸為關係的和好。

　　至於「託」字，學者看法不一，或通假成「妊」，或如字讀，[36]不過普遍認為此句話乃是讚美大孟姬的容貌，可能跟言語表現未有太大關係。由此看來，蔡國文字似乎出現較多從言旁的新增字，儘管真正與人類言語活動有關者只有訢、諧二字，不過其好用言旁的現象似乎形成一種較獨特之地域風格。最後是「訶」，「訶」字見於春秋晚期的〈齜鎛〉（圖成 15797-15804）「**訶樂以喜**」，多數學者直接將「訶」通假為「歌」，因其本為「歌」之古字，而「訶」雖非言語活動卻仍從言旁，可能是春秋時人尚未區分歌唱與言語之不同，而認為「歌」亦與人類口部活動有關，故從之。

　　根據上述分析可知，春秋銘文中真正涉及言語或口部活動者，其實僅有語、訢、諧、訶四字，僅占從言旁新增字中的 26%，比例並不算高。

從心之字

　　目前春秋銘文從心旁的新增字分別有：憲、思、恁、愈、忘、愆、惕、恩、懋、想、恣、恧、惷、惶、惥、憿 等 16 字。龐樸認為從心旁之字可能

36　相關考釋意見可參考：祝振雷：《安徽壽縣蔡侯墓出土青銅器銘文集釋》（吉林：吉林大學碩士學位論文，2006 年），頁 36-37。

涉及人類對於心理活動的認識，其於〈郘燕書說─郭店楚簡中山三器心旁文字試說〉一文分析了眾多戰國楚文字與金文所見的心旁文字，並主張這些心旁文字多半與人類心態或心理活動有關。[37]

　　儘管龐樸的論點未獲太多古文字學者的回應，但此說仍得夏含夷支持，其認為許多不見於後世的從心之字可能反而保留作者想要表達之意，而多數研究者卻往往將這些字強行對應於漢代或後代文字，反而淹沒作者的本意，也忽略了中國古代豐富的心理活動概念。[38]本書基於此立場，決定重新檢證春秋銘文所見的 16 個從心旁之字，並觀察其究竟紀錄了哪些春秋時人的心理活動，又或者僅僅是如其他古文字學者所想，並不具備如此明確的辨識功能，可輕易為其他偏旁所替換。

　　根據整理可知，春秋銘文中有少數從心旁之字是指人名或國名，如「憲」、「愈」、「想」、「㤅」、「懍」等字；又如「㥰」，目前學者多訓「柔」，且未對字形進行分析；同樣如「惄」，學者對此字構形亦未有共識，故暫不討論。除此之外，其餘 11 字皆可通過銘文內容了解其字義是否與人類心理活動有關。

　　首先「惄」字見於春秋晚期〈王孫遺者鐘〉（261）、〈沇兒鎛〉（203）以及〈王子午鼎〉（2811）三器的「惄于威義」。從目前所見材料可知，西周中期〈寡子卣銘〉（5392）已見「辜不弔（淑）」，可知「惄」當是「弔」增添心旁的分化字，學者普遍認為「惄」是「淑」之初文，有美善之意。然而心旁與「美善」之關係並不明朗，僅能從傳世文獻如《儀禮・士冠禮》「敬爾威儀，淑慎爾德」、《詩・邶風・燕燕》「終溫且惠，淑慎其身」以及《詩・大雅・抑》「淑慎爾止，不愆于儀」等句，推知「惄（淑）」除用以形容君子之威儀外，亦可形容德性，故或許心旁仍與美善之意存在一定的關聯。

---

37 龐樸：〈郘燕書說─郭店楚簡中山三器心旁文字試說〉，《郭店楚簡國際學術研討會論文集》（湖北：湖北人民出版社，2000 年），頁 37-42。
38 夏含夷：《重寫古代文獻》（上海：上海古籍出版社，2012 年），頁 19-29。

　　其次是「忘」，此字另見「惕」形，見於〈蔡侯申鐘〉（211）、〈吳王光鑑〉（10298）以及〈鄦夫人嬭鼎〉（圖成 2425），其中除〈蔡侯申鐘〉銘「余非敢盜忘」之「忘」當通假為「荒」之外，其餘銘文皆表示遺忘之「忘」。西周時期已有文字表示「遺忘」之義，但金文中多用「望」或「諲」假借，如西周中期〈冉簋〉（圖成 4869-4870）「王弗望應公室」以及西周早期〈獻簋〉（4205）「十世不諲獻身在畢公家」等，而春秋以後顯然因需求量大增需另造新字以記錄「遺忘」之意，為表示此乃人類的某種心理活動，故新造的形聲字「忘」與「惕」都選擇增添心旁。

　　其三，「愆」、「惕」、「息」三字均見於春秋晚期蔡侯器，銘文內容分別是〈蔡侯申鐘〉（211）「豫令祗祗，不愆不貣」、「休有成慶，既息于心」以及〈蔡侯盤〉（10171）「上下陟否，虔敬不惕」、「息害（憲）訢暢，威義遊遊」，其中「愆」因與《說文》「愆」之古文「僭」形似，故學者多認為「愆」即為「愆」的初文，有過錯之意；至於「虔敬不惕」一辭亦見於〈蔡侯申鐘〉，但作「虔敬不易」，所以學者均將「惕」通假為「易」，指改變之意。「愆」雖從心旁，不過從字義看來似乎尚難以與人類心理活動有所關聯；至於「惕」，從前文提及「虔敬」來看，當指心中的虔誠敬意不輕易改變，或許因此緣故而增添心旁。另外比較值得注意的尚有「息」字，裘錫圭曾對此字構形有較詳細之說解，其指出：

　　　　古「息」字在「心」形的上口加點或短豎，比照「本」、「末」、「亦」
　　　　等一般所謂指事字的構造方法來看，其本義似應與心之孔竅有關。
　　　　「囪」、「息」、「聰」同音，蓋由一語之分化。「囪」指房屋與外界相
　　　　通之孔。「息」和「聰」本來大概指心和耳的孔竅，引申而指心和耳
　　　　的通徹；也有可能一開始就是指心和耳的通徹的，但由於通徹的意思
　　　　比較虛，「息」字初文的字形指能通過強調心有孔竅來表意。古人以
　　　　心為思想器官。《春秋繁露・五行五事》：「聰者能聞事而審其意也。」

「聞事」靠耳之聰,「審其意」就要靠心之「惠」了。[39]

由此可知,「惠」無論是本義或引申義都與人的心或心理活動有密切關係,而春秋銘文所見的「既惠于心」以及「惠害（憲）訢暢」,前者顯然是指心的通徹清明,後者則是形容大孟姬的聰明惠敏,可知「囪」增添心旁確實存在表示人類心理活動之用意。

最後討論「戁」、「尚」、「憲」三字。「戁」字見於〈王孫誥鐘〉（圖成 15606-15631）「誨戁不飤」,同文例見於〈王孫遺者鐘〉（261）作「誨猷不飤」,故可知「戁」、「猷」相通,兩者意思相同。「尚」字見於春秋中期的〈季子康鎛〉（圖成 15787-15791）「子子孫孫永保是尚」,相同文例也見於春秋早期的〈者減鐘〉（194-198）、〈陳公子叔原甗〉（947）等器,不過均作「尚」,故可知「尚」、「尚」字義相同;至於「憲」字僅見於〈秦公鎛〉（267）「憲音鏉鏉雝雝」,西周金文多見「龢」字,相關銘辭如「龢鐘」、「龢聞」、「龢命」等,多有美善之意,不過「憲音」僅見此處。根據文獻可知,古人認為音樂與人心關係密切,《禮記·樂記》「凡音之起,由人心生也。」又云:「樂者,音之所以由生也,其本在人心之感於物也。」由此可知,「龢音」固然也能表示美好的鐘聲,但增添心旁之「憲」顯然又能表達「音由心生」的特殊意義,或許傳達了作器者對於音樂的不同看法。整體而言,春秋銘文從心旁之字真正涉及人類心理活動者,僅有忘、惠、憲三字,約 18%,比例較從言旁者更低。

形旁本身的意義跟形聲字字義之間的關係是多種多樣的,情況很複雜,而形旁表意往往有片面性。[40]從上述討論可以發現,春秋時代青銅器銘文的偏旁表意狀況尚不如《說文》明確整齊,儘管從邑旁的新增諸字多半與國名、地名有關,亦可藉由增添偏旁進一步觀察西周春秋的社會體制狀態,間接佐

---

[39] 裘錫圭:〈說字小記—說「惠」「聰」〉,《裘錫圭學術文集·金文及其他古文字卷》（上海:復旦大學出版社,2012 年）,頁 415。

[40] 裘錫圭:《文字學概要》（臺北,萬卷樓出版社,1993 年）,頁 189。

證日本學界所提出的「邑制社會」概念。不過從言與從心旁之字則較難看出這種現象，兩者真正涉及人類言語心理的新增字均未達總數的一半，多數詞義都無法證明存在春秋時人對言語或心理之認識，因此過去學者僅對偏旁進行分析整理，即推斷此新增現象代表社會對言語或心理活動深刻認識，則稍嫌草率攏統。

綜上所論，春秋時期大量出現以形聲為主的新增字乃是不容忽視之事實，不過並非所有形旁皆存在明確的表意分類功能，此種不平均的發展現象對於漢字發展過程有很大的啟示作用，說明《說文》藉由偏旁分類之概念，可能更多地受到編纂概念之影響，而春秋銘文除了揭示更實際的文字分化現象之外，亦展現出過渡時期強烈的不穩定狀態。

第二節　春秋銘文構形的時代性特徵

所謂時代性特徵，乃指文字構形於不同時期所展現具有區別意義之變化。張振林曾指出：「由於文字內部發展的不平衡性，不同時期總有一些變化較大的字或變化較大的偏旁，儘管為數不會很多，但它卻可以造成不同時期的文字風格。將所有這些變化收集起來，排除掉一些偶然因素（如錯別字，偏旁未發展成熟的試用等），就可以找出時代特徵的標誌來。」[41]在此理論基礎下，學者展開對殷商到戰國銘文形體演變的考察，也獲得不少成果，而本節將試圖從較宏觀之視野觀察春秋銅器銘文的時代變化，就春秋早、中、晚三期進行綜合性說明，以了解各階段有何不同的發展趨勢。

一　春秋早期銘文構形特徵

過去學者多認為春秋早期（770B.C.～650B.C.）的銘文是延續西周晚期

---

[41] 張振林：〈試論銅器銘文形式上的時代標記〉，《古文字研究》第五輯（北京：中華書局，2005 年），頁 53。

金文的寫法，[42]總體差異並不明顯。這個結論雖大致不差，然而少數銘文仍出現轉變跡象，其中一部分不僅影響春秋中、晚期的書寫方式，甚至進一步成為戰國銘文的書寫基礎。經過整理所得，銘文構形曾於兩周之際產生改變的字例有：曾、余、君、正、虘、具、鬲、事、賓、克、者、明、金、孟等14字。其大致可分為以下三種型態。

第一種型態為早期偶然出現的新寫法，影響春秋中、晚期書寫的構形。這類型態又可就不同演變進行區分，首先是筆畫的增添。例如：「曾」，〈曾者子鼎〉（2563）之「 」以及〈曾伯霖簠〉（4623）之「 」形，乃此二形是在西周晚期「 」形上加一短橫飾筆，或加於下部口形內之例，而其未見於西周晚期銘文，在春秋早期亦屬少數。但在春秋中、晚期銘文中卻可以發現「 」形的比例逐漸增加，戰國早期〈楚王酓章鎛〉（85）甚至發展出上部與口部均添加短橫飾筆的「 」字寫法。又如：「余」，在目前所見春秋早期的三個字例之中僅有〈郳太宰簠〉（4623）作「 」形，其餘二例皆延續西周晚期寫法作「 」形，不過春秋中期、晚期只見增添「八」形的「 」形，可知「 」形已徹底取代「 」形，並為文字系統所接受。

其次為筆畫的分合。例如：「君」，春秋早期的寫法多半延續西周晚期，僅有〈番 伯者君盤〉（10139）作「 」形，其上部之「尹」已略為變形，右手持杖之勢已呈左右對稱之姿，而此種寫法在春秋晚期明顯增加，〈郳公鈦鐘〉（102）「 」、〈鄐侯少子簠〉（4152）「 」以及〈智君子鑑〉（10289）「 」均作此形。此種寫法在春秋晚期所見「君」字中約占50%，戰國時期的銘文與簡帛文字則全作左右對稱之形，成為最主流的寫法。又如：「賓」，目前所見的春秋早期三個字例中，僅有〈徐王糧鼎〉（2675）作「 」形，此乃在西周晚期「 」的「万」上加一短橫飾筆，而下部的「貝」開始不帶耳，演變成「目」形。這種寫法雖然早期並不常見，但在春秋晚期成為主

---

[42] 裘錫圭指出「春秋時代各國的金文，在開始的時候大體上都沿襲西周晚期金文的寫法。後來各地區逐漸形成了自己的特色。」詳見《文字學概要》，頁63。

流，像是〈嘉賓鐘〉（51）「」、〈齊鲁氏鐘〉（142）「」、〈王孫遺者鐘〉（261）「」均作增添一短橫飾筆之形。上述四字皆是春秋早期較少見之新寫法，最後發展成主流寫法的例證，由此可知某些文字構形的差異雖然不大，卻已展露出變革的端倪。

　　第二種型態是春秋早期新、舊寫法並行，但新寫法對構形影響亦大者。例如：「正」，西周晚期有兩種寫法，分別是「」與「」，前者在春秋早期已幾乎消失，僅有後者流傳。春秋早期更出現上部增添短橫飾筆的「」，此兩種寫法在春秋早期同時流行，所佔比例各半，春秋中期大致不變，不過春秋晚期「」的數量明顯增加，目前所見的八例中有六例作此形，約佔 75%。又如：「事」，春秋時期主要延續西周晚期是「」與「」兩種寫法，不過〈秦公鎛〉（261）的「」形已有上下分離之趨勢，此寫法影響到春秋晚期〈公子土折壺〉（9709）「」、〈洹子孟姜壺〉（9729）「」以及〈王孫誥鐘〉（圖成 15606-15631）「」，可清楚看出上下分離之勢愈趨明顯的演變過程。

　　再如「者」字的構形乍看十分多樣，不過西周金文多作「」或「」形，其特徵在於上部有一豎筆貫穿，下接「口」或「甘」形。此種舊體在春秋時期依然行用，不過春秋早期〈者減鐘〉（198）另見新構形「」，其特徵在於中間豎筆並不貫串，與下接之口形分離，豎筆下方兩旁小撇也消失，形成口旁兩點，而上部則趨近「止」形。此種寫法亦見於春秋中期的〈曾子仲宣鼎〉（2737）「」、春秋晚期〈王孫遺者鐘〉（261）「」以及〈郘令尹者旨型盧〉（10391）「」。由此可見，新構形亦發展成另一套穩定的系統，而春秋時期「者」形乃是新舊共存，並無顯著的興衰之分。

　　此外，西周金文的「孟」主要作「」形，而春秋早期除延續傳統舊體之外，也形成添加「八」形作「」形的新體，在目前所見六個字例中，四例為新體，二例為舊體，而新舊寫法所佔比例至春秋中、晚期亦無明顯變化，甚至在相關字例較多的春秋晚期反而舊體較新體多見，說明整個春秋時

期「盂」字的兩種形體當是同時並行之情形。此型態與第一類不同之處在於新寫法出現後即佔有一定的使用率，雖未能完全取代舊體，但其所具備之時代特徵仍然相當顯著。

第三種型態是春秋早期即成主流之新構形，也是最具強烈時代性特徵者。首先是構形出現較明顯的增繁或是改變者，例如：「龏」，西周晚期金文主要有兩種構形，一者為傳統的「」形，一者則是加上聲符「兄」後的「」形，春秋早期開始全面使用後者，雖然偶見省略的形體，但目前所見時代最晚的「」形至少行用至戰國中期。由此可勾勒出「龏」字構形大致的發展脈絡，亦即西周晚期出現的新寫法，在春秋早期成熟定型，春秋中、晚期持續行用，最後淘汰傳統寫法成為主流，而藉由聲符「兄」的添加與否亦可判定該字的書寫時代，顯然具備強烈的時代性特徵。

又如：「鬲」，西周金文的寫法較為穩定，多作「」形，下部从似「羊」之形，不過春秋早期開始出現變化。〈郳伯鬲〉（596）作「」形，上部兩旁增添手形；〈樊夫人龍嬴鬲〉（675）作「」形，上部多兩耳，下則从火形；〈魯伯愈父鬲〉（692）作「」，下从井形；〈昶仲鬲〉（714）作「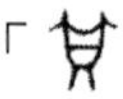」形，均與西周晚期寫法明顯不同。雖然「鬲」字在春秋早期呈現新、舊體並行的狀態，不過由於此時各地寫法紛呈，反而與大同小異的西周銘文有明顯區隔，展現出強烈的時代性特徵。

其次為受到春秋文字平直化、線條化影響而具有時代性特徵者。例如：「具」，「貝」字筆畫合併後成為「目」乃是古文字發展中常見的演變現象，因此凡是从貝之字，例如：得、鼎等字也有類似情形，不過發生訛變的時間不一，主要集中在西周晚期與春秋早期兩階段。經過對「具」形的仔細比對，可以發現西周晚期多作「」形，發展至春秋早期已演變而作「」、「」形。至於从「鼎」形之「具」則在西周晚期就已由「」演變為「」。由此可見，部份兩周之際產生變化的字形實難以歷史時期劃分，唯有仔細觀察該字形之發展脈絡，方能細緻掌握其變革之時間點。

又如：「克」，西周金文多作「🔣」或「🔣」，上部為一豎畫下接口形，或是於豎畫增添圓點裝飾，不過春秋早期「克」字豎畫上的圓點多呈短橫狀，上部形成似「十」之形，見於〈秦公鎛〉（269）「🔣」、〈曾伯霥簠〉（4623）「🔣」等器，而春秋晚期〈鄦公克敦〉（4641）「🔣」亦是如此。值得注意的是，目前所見戰國銘文的「克」字反而多延續西周寫法，上部從「十」的寫法僅見於春秋銘文，雖難以判別春秋時代流行的形體是否已消失，但以目前所見字例看來，該寫法確實具備強烈的時代性特徵。

再如：「明」，此字在春秋早期最大變革乃是左半部「囧」形的線條化，西周金文原作「🔣」形，乃在圓圈中以三小點示之，但春秋早期後三小點逐漸拉長成線條，或作「🔣」形，或作「🔣」形，甚至是「🔣」形，可以從諸形變化中明顯地觀察其線條化之傾向，而此從囧從月之「明」字發展至春秋晚期〈沇兒鎛〉（203）作「🔣」形，戰國以後則多從日從月，故此種寫法具備強烈的時代性特徵。

最後是「金」字的構形，其演變屬於佈局方面的調整，比起其他字例則較為單純。西周金文多從一點作「🔣」，或從兩點作「🔣」，僅有〈師袁簠〉（4313）從四點作「🔣」、〈史頌簋〉（4229）與〈師㝬簋〉（4324）則從三點作「🔣」，不過春秋早期以後則多從三點或四點，已不見僅從一點或兩點者，而此情形延續至戰國晚期成為主要的書寫型態。

嚴格而論，春秋早期銘文真正發生構形變異的例子相當稀少，所謂新寫法多是筆畫的調整或修正，大抵延續西周晚期傳統構形。儘管如此，少數銘文卻開始發生變化，顯露新時代、新風格之徵兆，即便多是偶然或單一的個案，卻意外地為春秋中、晚期之構形特徵奠定基礎，甚至進一步影響戰國文字的構形。因此春秋早期銘文雖然仍是延續西周晚期的舊傳統，但就演變歷程而論，實已產生明顯契機，故可稱此時期為「第一次變革期」。

二 春秋中期銘文構形特徵

春秋中期（650B.C.～550B.C.）的有銘青銅器數量甚少，一般多與材料豐富的春秋晚期一併視之，不常獲得獨立討論的機會，然經仔細分析後發現，春秋中期仍有少數字例的變化值得深入分析。根據整理可知，此時期產生變革並影響構形發展的文字分別為：皇、是、隹、其、至、西、母，而這些字例又可分為兩種類型：

第一種屬構形略有變化者，以「皇」、「至」、「西」、「是」4字為例，前三字變化皆為增添羨餘符號。[43]首先「皇」在西周金文相當多見，普遍寫法為「𤇃」，下從「土」形，春秋早期仍延續此種寫法而沒有太大改變，不過春秋中期開始，下部往往多加一橫畫而呈「𡶇」形（䣄鎛，271），春秋晚期銘文多使用新寫法，雖零星可見傳統從「土」的構形，但在目前所見8例中僅占2例，顯然已非主流寫法。

「至」的發展情形與「皇」字略同，皆在春秋中期時出現字形下部增添飾筆的寫法，由原本的「𡄿」形變為「𡄿」形（䣄鎛，271），甚至進一步影響到春秋晚期的寫法。不過可以注意的是，在春秋中期僅見的兩字中《晉公盆》（10342）的「𡄿」卻是維持舊有寫法，顯示出此時並非全面革新，而是新舊並行。

至於東周所見的「西」字較於西周金文相對減少，春秋早期幾乎完全不見相關材料。儘管欲建構金文「西」的發展脈絡並不容易，不過見於春秋中期〈秦公簋〉（4315）之「𢆴」寫法明顯比西周金文「𢆴」的上部多一橫畫，而此種寫法又是西周金文眾多「西」字例所未見的，其後戰國銘文多遵從春秋中期出現之新寫法，可見仍產生一定的影響力。由於「西」的東周相關字例仍然相當缺乏，難以判斷「西」構形變革的切確時期，不過就目前所見字

---

[43] 「增添羨餘符號」乃是吳國升之分類，其中包含加短橫、加圓點等方式，是春秋文字中比較流行的現象。詳見黃德寬等著：《古漢字發展論》，頁262-265。

例可知，至少在春秋中期已存在新寫法，而且其關鍵變革期之下限必然在春秋中期以前。

最後為「是」，春秋時期「是」的形態相對多樣，學者將此字分成Ａ、Ｂ、Ｃ、Ｄ四型，Ａ型從早從止作「」形，而Ｃ型「」則是在Ａ型基礎上添加飾筆發展而成。[44]此二形西周金文已有之，而春秋新構形乃是見於春秋中期〈鱎鎛〉（271）的Ｄ型「」，此型顯然是以Ｃ型為基礎發展而成，其特色在於「早」與「止」形上下黏合，而不若西周金文分離，類似寫法尚見春秋晚期的〈喪史實瓶〉（9982）「」。儘管此種型態並非春秋晚期的主流，不過若從歷時性分析仍可勾勒出從春秋中期至晚期的發展脈絡，說明春秋中期部分地域之銘文正試圖突破舊傳統，探索更多新穎的書寫方式。

另一方面，春秋中期尚有一類構形不變但書寫風格與整體佈局改變的銘文，頗值得注意，其特色在於構形相同但出現結體拉長之現象，呈現出與西周銘文迥異之風格。此類銘文在體勢漸趨規整的長方，結體也更講究長方勢下的均衡與對稱，重心居中偏上，部分縱向筆畫帶有引筆的痕跡，直畫的平直化也比較明顯。除此之外，文字風格的多樣化也始於此時，齊、楚字體都偏修長纖細，但齊國較為高雅端莊，而秦國則是追求字體方正的和筆畫的方折，顯示出不同地域的各種審美特徵。[45]字形特別狹長、筆畫作宛曲之狀的情形確實是在春秋中期明顯出現的改變，典型例證如：佳、其、母等字。

首先是「佳」字，其於西周時期與春秋早期多半都作「」形，儘管有少數寫得較修長者，如〈虢季子白盤〉（10173）的「」，但整體而言未見特別拉長的寫法。不過春秋中期開始，結體明顯拉長且筆畫更加彎曲，如〈鱎鎛〉（271）「」與〈庚兒鼎〉（2761）「」，兩者均將鳥尾部分拉長，同時增加文字上部的緊密程度，形成細瘦狹長的新穎美感。此種寫法顯然影響了春秋晚期的書寫風格，如〈子璋鐘〉（114）「」、〈沇兒鎛〉（203）「」，

---

[44] 吳國升：〈春秋文字字形區域性特徵的初步考察〉，《安徽大學學報》第 5 期，頁 92。
[45] 張曉明：《春秋戰國金文字體演變研究》，頁 83-84。

而且風格更加強烈。

　　其次是「其」，此字之特色在於西周金文寫法多作「□」形，下方以兩點為主；春秋早期則略有變化，或作「□」形，可以看出下方「丌」形不僅兩點變為兩撇，還呈略彎曲狀。及至春秋中期則有更明顯之改變，目前所見的兩例作「□」（裏鼎，2551）與「□」（沇兒鎛，203）形，兩者下部「丌」形更為狹長，且佔據比例亦明顯增加，尤以〈裏鼎〉之例特別明顯，其下部兩撇刻意拉長以形成秀美之感。雖然春秋中期的例證不多，但此新風格並非偶然出現，春秋晚期也有類似風格如〈寬兒鼎〉（2722）「□」，顯示此新型態已逐漸被接受。不過嚴格而論，此種狹長寫法需至戰國才真正成為主流，故春秋中期之新寫法恐未能影響主流風氣，僅可視為此流行之先聲。

　　最後是「母」，其多見於兩周金文，西周時期的寫法有兩種，早期作「□」形，腿部明顯作彎曲跪坐狀；中期以後腿部逐漸省略，呈「□」形，並持續到西周晚期。春秋早期寫法多半承襲前朝而來，僅有〈干氏叔子盤〉（10131）「□」形較特別，其左邊手部下拉至與腿部齊長處，使此字象形意味明顯降低。春秋中期此傾向則更加鮮明，〈䋲鎛〉（271）「□」形不僅手部拉長，甚至向右內收，腿部亦作此狀，即所謂的「故作宛曲之態」。此種寫法於春秋晚期甚為流行，如〈禾簋〉（3939）「□」或〈蔡侯盤〉（10171）「□」，甚至戰國早期〈驫羌鐘〉（161）「□」亦受其影響。

　　整體而論，春秋中期由於材料數量較少，難以觀察銘文的演化或變革，不過因文字構形多延續春秋早期而來，故可稱為「延續期」。在上述所舉兩種變革類型裡，前者雖可視為構形變化，不過多是在原有基礎上添加飾筆，對於文字構形的發展影響並不大；後者則屬於書寫風格的變化，春秋中期以後逐漸出現狹長宛曲之型態，顯示出新興的銘文審美眼光。銘文書體之轉變雖在春秋中期的展現不多，卻對春秋晚期銘文風格產生了重要影響，尤其是在南方與吳越文化區盛行的鳥蟲書，其形成原因恐與此時銘文的狹長化、美術化傾向有密切關聯。

三　春秋晚期銘文構形特徵

　　春秋晚期（550B.C.～476B.C.）是春秋有銘青銅器數量最多的階段，因此無論銘文構形或書體風格都較受關注。本期特色在於區域性青銅文化逐漸成熟，銘文伴隨此潮流不僅透露地域化端倪，像是文字線條化、平直化或是形體拉長、宛曲等趨勢都較前期更加成熟穩定，形成更加鮮明的時代性特徵。根據統計，除過往已論及的字例外，尚有「是」、「商」、「尹」、「旨」、「侯」、「樂」、「庶」、「女」、「姜」、「姬」、「民」、「氏」、「我」等 13 字值得深入分析。

　　春秋晚期銘文較明顯的特徵可分為「構形改變」與「書風改變」兩種類形，其中構形改變者為：是、商、尹、旨、樂、庶、氏、厥、我等 9 字。首先是前段已提過的「是」字，其在春秋中期流行過「🦯」形，此乃在西周晚期舊型基礎上發展而出的新構形，春秋晚期則發展出新穎的「𠯑」形。此形特徵在於「早」與「止」共用豎劃而黏合，下部作「正」形或近似「正」形，見於中原鄭、晉及南方吳、舒諸國，戰國楚文字延續此構，且為小篆所本。[46] 有趣的是，此形當是春秋晚期才逐漸形成的新寫法，主要見於春秋晚期〈余贎诶兒鐘〉（184）「𠯑」與「𠯑」、〈哀成叔鼎〉（2782）「𠯑」以及〈林氏壺〉（9751）「𠯑」。不過由於同時見於中原與南方文化區，故難以斷定其流傳狀況，惟可確定的是，春秋晚期形成的新寫法進一步影響了簡帛文字，故楚簡多作「𠯑」形、秦簡則作「𠯑」或「𠯑」形，最後成為小篆「𠯑」的寫法。此形雖非春秋晚期唯一的寫法，卻對「是」字構形發展最具影響力的，顯示出春秋晚期銘文對於文字構形發展的重要性。

　　其次為「商」，此字演變情況相對單純，目前所見的春秋銘文中僅有早期與晚期例證，中期缺失，早期基本延續西周寫法作「🦯」（秦公鎛，267）或「🦯」形（商丘叔簠，4557），前者甚至與西周早期〈隩作父乙尊〉（5986）

---

[46] 吳國升：〈春秋文字字形區域性特徵的初步考察〉，《安徽大學學報》第 5 期，頁 91。

的「䛬」字頗為類似。春秋晚期「商」字則多與後者相近，惟在豎劃處增添一短橫飾筆或圓點，作「䜌」（庚壺，9733）或「䜌」形（蔡侯盤，10171），或於上部兩端增添兩耳，以加強其美感。此種在豎筆處增添飾筆之習慣延續至戰國早期，故〈曾侯乙鐘〉（286）的「䜌」字顯然就是承襲此寫法，唯兩端不作耳形。由此可見，春秋晚期出現的新構形儘管未能取得全面優勢，但仍然影響了戰國銘文的書寫習慣，形成獨立且明確的演變脈絡，與傳統寫法並行於當世。

其三為「尹」，其演變與春秋早期的「君」相同，皆為右手持杖形變化為左右對稱，此形主要集中見於春秋晚期，如：〈郘齮尹征城〉（425）作「尹」、〈王子午鼎〉（2811）作「尹」以及〈郘令尹者旨型盧〉（10391）「尹」。若比照「君」字的演變發展，則不難想見「尹」字變化的時間點也應在春秋早期，不過由於目前未見到任何直接證據，故不妄下結論。至於春秋晚期所見的左右對稱寫法，其後為簡帛楚文字所繼承，在包山、郭店、上博等楚簡文字都可以看到作「尹」的寫法，說明此左右對稱之變化確實影響後來的書寫方式。

第四是「旨」，此字數量不多，卻可觀察到明顯的變革現象。西周時期與春秋早期均作「旨」形，春秋中期未見字例，而春秋晚期則有〈郘令尹者旨型盧〉（10391）「旨」形以及〈國差罎〉（10361）「旨」形。不難發現，春秋晚期明顯在「匕」形中增加一短橫飾筆，而戰國時期越國銘文亦從此構作「旨」，不同載體的郭店楚簡亦作「旨」形，顯示出新寫法對南方文化區構形發展產生一定影響力。

第五為「樂」，此字西周時期作「樂」，下部基本從「木」形，春秋早、中期未見相關例證，但春秋晚期除新傳承舊寫法之外，亦呈多種面貌。例如：〈子璋鐘〉（113）「樂」形，下從「火」；〈齊鎛氏鐘〉（142）「樂」及〈徐王子旃鐘〉（182）「樂」皆從似「大」之形；〈樂子簠〉（4618）則下部從木作「樂」形，且兩端的「幺」形改作「白」形。由此看來，春秋晚期的「樂」

字不僅延續傳統，也發展出各種不同的新形態，而且為楚文字繼承，如：包山楚簡就有作「樂」的寫法，而新蔡楚簡則見「樂」之寫法，皆可與春秋銘文相互連結。儘管最終小篆是承襲西周的舊有寫法，但通過簡帛文字的例證分析，仍可感受春秋晚期構形變革對楚國「樂」字書寫之影響。

第六為「庶」，此字情形較為單純，西周時期主要流行三種型態：分別為「庶」、「庶」與「庶」。春秋早期僅見「庶」一例，與第三形相同作；春秋中期則未見字例；春秋晚期多作第二形，同時出現「火」形中間加一短橫飾筆者，如〈沇兒鎛〉（203）「庶」或〈蔡侯紐鐘〉（211）「庶」，此種寫法對戰國早期的〈者汈鐘〉（126）「庶」形產生一定的影響。除此之外，包山楚簡和九店楚簡也有類似的「庶」形，不過此形與「樂」字相同，最後都未被文字系統所接受，僅成為「庶」字於春秋戰國間具時代特徵的一個異體。

至於「民」和「氏」的演變情形都較為單純，但兩者仍略有不同，「民」在整個西周時期以及春秋早、中期都作「民」或「民」，豎劃中增添一圓點或短橫飾筆，春秋晚期以後則演變為兩小撇飾筆，形成「民」形，由於同時見於〈王孫遺者鐘〉（261）以及〈洹子孟姜壺〉（9729），可知南方文化區與東方文化區都接受此種寫法，其後戰國銘文兩種寫法並行，甚至簡帛文字亦是如此。「氏」之發展則較為細微，西周晚期始有作圓點飾筆之「氏」以及作短橫飾筆之「氏」兩種型態，這股潮流延續至春秋中期，至春秋晚期多使用短橫飾筆之「氏」，未見以圓點為飾筆者。由此可知，春秋時期銘文儘管構形並無太大不同，但本為圓點的飾筆此時變為線條，可視為春秋文字線條化之典型例證。

最後討論「我」字，此字於西周時期原作「我」形，右半明顯从戈。春秋早期開始出現些許變化，如〈秦公鎛〉（267）作「我」形，其右半最下一撇與左半最末筆相連成一筆畫，使得戈形不再獨立清楚，然而同時期的〈曾伯霥簠〉（4623）「我」則勉強保留了右邊戈形。春秋晚期多延續〈秦公鎛〉寫法，右半戈形逐漸抽象化，甚至作「我」形（沇兒鎛，203），幾

乎已難以辨認原本的構件形式。

　　另一類型的變化為構形基本不變，但書風或佈局明顯不同者，以「侯」、「女」、「姜」、「姬」4字為例。「侯」在春秋晚期最主要的改變為字體結構拉長，筆畫普遍變得纖細，此前多半作「㑃」形，結體較方正，分布亦較平均。春秋晚期所見形態則為「㑃」、「㑃」、「㑃」、「㑃」、「㑃」，前四者為蔡侯器銘，故風格較為接近，最後一字則見於〈鄶侯少子簠〉（4152），此五例均呈極瘦長狀，尤其是「矢」形雙足處往望特別拉長，上部相對集中，儘管構形並未產生改變，但展現出與前期相當不同之風格。雖然新型態頗為強勢地佔據主流位置，不過偶爾仍見舊形，只是目前多為齊國青銅器，如〈洹子孟姜壺〉（9729）「㑃」及〈齊侯盤〉（10159）「㑃」，較早則有〈國差𦉜〉（10361）「㑃」，主要延續西周時代結體方正的特色。由此可見，「侯」字在齊國可能保留了較多舊式風格，而此現象在銘文變化相對顯著的東方文化區而言算是相當特殊。

　　至於「女」、「姜」、「姬」等字皆從「女」旁，故出現較為一致的變化風格。如同「母」字的發展情形，「女」也出現左邊手部下拉至與腿部齊長處之的寫法，如〈蔡大師鼎〉（2738）「㑃」及〈齊侯盤〉（10159）「㑃」。若比對「母」字演變趨勢，則不難想見「女」字極有可能亦是同步變化，不過由於未見春秋中期直接證據，故變革時間暫訂於春秋晚期。此外「姜」、「姬」的書寫風格亦隨「女」旁變化而有所不同，尤以「姬」字較為明顯，其多作「㑃」、「㑃」、「㑃」、「㑃」形，與春秋早期的「㑃」大不相同，尤其是「臣」的筆劃明顯更加彎曲、細瘦，甚至豎筆下方再作上鉤狀，形成柔媚之風。由此可見，僅是偏旁之變化也可能影響字形表現，正由於「女」字在春秋晚期產生較明顯的風格轉換，故從「女」旁之字開始朝向纖細瘦長方向發展。

　　整體而論，春秋晚期銘文構形變化比中期更加鮮明，但又與早期略有不同。通過比較，可以發現春秋早期銘文之演化與變革多集中於飾筆添加之有無或是線條的平直化。春秋中期雖延續早期的構形，不過書體風格方面逐漸

朝結體拉長、筆畫彎曲之方向發展，透露出新時代的端倪。春秋晚期則延續此趨勢並加以發揚，因此出現更多具備纖細瘦長風格的銘文書寫方式，同時也由於各區域青銅文化益發成熟，致使不同地區的文字構形各具特色。由此而論，春秋晚期承襲前二階段的變化成果，並受到外部環境因素影響，因而展現出同中有異的變化風格。這些演變又往往影響戰國文字之書寫，故可稱之為「第二次變革期」。

第三節　春秋銘文構形的地域性特徵

所謂地域性特徵，乃指因地域不同而產生具有區別意義之銘文構形。眾所周知，戰國文字無論在書體風格與字形結構方面都具有明顯的地域性差異，甚至可依照不同區域獨立視為單一研究課題，例如：齊系文字、燕系文字、晉系文字、楚系文字等等，而本節欲討論之重點則是：在紛然多樣的戰國文字之前，前一階段的春秋銘文又是何種面貌？是否也已顯現地域性格局之端倪？這些問題皆是接下來擬藉由字例討論並試圖回應的部分。

在前賢研究方面，春秋銘文地域性特徵之研究歷史相較於時代性更加悠長，郭沫若曾將東周銘文分為南、北二系，以江淮諸國為南系，認為此系「尚華藻，字多秀麗」，而以黃河流域為北系，認為其「重事實，字多渾厚」。[47]儘管以現今觀點來看，郭氏不僅未區分春秋與戰國文字之差異，分域亦相當粗略模糊，批評較為主觀，不過卻已點出東周文字具有強烈地域性特徵的最大特色。其後，不少學者在此基礎上對春秋乃至於東周文字進行更細緻之研究，[48]這些學者對於春秋乃至於東周銘文之分域大抵相同，且多言及春秋時期的東方與南方諸國具備較明顯地域性特徵。由於本書已建立一套春秋

---

[47] 郭沫若：《兩周金文辭大系圖錄攷釋》（北京：科學出版社，2002 年），頁 4-5。

[48] 唐蘭：《中國文字學》（濟南：齊魯書社，1981 年），頁 33；張振林：〈試論銅器銘文形式上的時代標記〉，《古文字研究》第五輯，頁 49-88；裘錫圭：《文字學概要》，頁 63；何琳儀：《戰國文字通論》（南京：江蘇教育出版社，2003 年）；羅衛東：《春秋金文構形系統研究》，頁 42-50；吳國升：《春秋文字研究》，頁 111-117。

銘文的分域架構，故以下進行論述，便不再複述前賢學者已完成之結論，僅就焦點問題進行探討。

一　東方文化區之銘文特徵

　　所謂東方文化區主要包含齊、魯、莒、滕、邾、薛、紀、祝等國，本區銘文的地域性特徵較早為學者所關注。過往研究此區文字時多稱之為「齊系文字」或「齊國題銘」，[49]原因在於春秋中葉以後莒、滕、邾、薛等國多在齊魯的政治文化影響下，逐漸形成具有鮮明齊地特點的文字體系。[50]然而本書一方面探討對象不侷限於文字構形的演變，另一方面也希望上溯至西周晚期至春秋早期銘文，而此時齊魯在文化或文字方面尚未形成足以影響其他諸國的優勢，故採用原已擬定的分域架構，著重討論東方文化區所逐漸形成的文字演變特徵。

　　吳國升曾指出「壴」、「老」、「女」、「壺」、「者」、「朕」、「鐘」、「萬」、「保」、「無」、「歲」、「年」、「釁」等字皆有明顯地域性特徵。[51]不過由於此結論僅是初步考察，並未提及個別文字之間的細微差別，而經過進一步查核，發現可再作分析者有「老」、「朕」、「鐘」、「萬」、「歲」等字。

　　首先，吳國升認為春秋時期「老」字為單字或作偏旁，上部有兩種型態：A、；B。A型始見於西周晚期，為春秋齊、魯、夆、莒、鑄、邿、杞、費山東朱國特有寫法，戰國時期仍延續這種特點。齊、邿等銘文中，單

---

[49] 「齊系文字」乃是何琳儀所定義，其認為春秋中葉以後以齊國為中心的齊、魯、郳、任、滕、薛、莒、紀、祝等國形成一種頗具特色的東方文字體系。這與其他地區乃至西周文字都有明顯區別，並影響至戰國。何琳儀：《戰國文字通論訂補》（南京：江蘇教育出版社，2003 年），頁 86。孫剛所謂的「齊系題銘」也指相同範圍，只是其並不以文字構形為主要研究對象，而是主要關注銘文內容本身所反映的歷史訊息，故採用「齊系題銘」的說法。孫剛：《東周齊系題銘研究》（吉林：吉林大學博士學位論文，2012 年），頁 2。

[50] 孫剛：《齊文字編》（福州：福建人民出版社，2010 年），頁 1。

[51] 吳國升：〈春秋文字字形區域性特徵的初步考察〉，《安徽大學學報》第五期，頁 89-93。吳氏所討論之字例後收入《古漢字發展論》第五章〈春秋文字〉第四節「春秋文字的地域特徵」，除上舉各自外尚加入「保」字，並云「上增從『玉』，見於齊、夆、邿、毛」，其餘論述均無改變。詳見黃德寬等著：《古漢字發展論》，頁 304-307。

字「老」下部或從「止」，如 （齊侯鎛）。[52]此觀察固然正確，以齊魯為主的東方區域銘文在寫「老」字上部時出現與其他地區明顯不同的寫法，不過若實際檢視字例，則可發現帶有此特徵的「老」字除〈鰰鎛〉，271）外，僅有〈夆叔匜〉（10282）「」一例。

至於莒、鑄、邿、杞、費等國銘文又見於何處？這些具備強烈地域性特徵的寫法主要見於「壽」字，此字在西周晚期多作「」形（頌壺，9731），而同時期的〈薛侯盤〉（10133）則作「」形，頭部即是吳氏所言「」形。薛國早在西周晚期就已出現此種特殊寫法，而春秋時期東方諸國應是受其影響所致，故春秋早期〈魯大宰邍父盤〉（3987）作「」形、〈鑄叔作嬴氏盤〉（4560）作「」形、〈鑄公簠篹蓋〉（4574）作「」形、〈杞伯每刃壺蓋〉（9687）作「」形；春秋晚期則有〈莒叔之仲子平鐘〉（173）「」形、〈弗（費）奴父鼎〉（2589）作「」形，其上方部件確實皆作「」形。邿國目前見有的「壽」字則為〈邿伯鼎〉（2602）及〈邿譴篹〉（4040）「」形，此外〈邿子姜首盤〉（圖成 14526）作「」形，可見此國當是兩種寫法並行。由此可知，春秋時期東方文化區確實存在「」形的特殊寫法，且非僅見「老」、「壽」二字，而是所有帶此部件之字亦都呈現同樣趨勢，也使得本區相關字形帶有鮮明的地域特徵。

其次是「朕」字，「朕」在西周時期多作「」形，然西周晚期〈薛侯盤〉（10133）出現新構形作「」，其右上「」形部件此前未見，而春秋早期從此構形的字數量變多，顯然也是受到薛國寫法的影響。如〈魯伯俞父鬲〉（690）「」、〈冕伯㝅父盤〉（10081）「」、〈毛叔盤〉（10145）「」均作此形；春秋晚期〈齊侯作孟姜敦〉（4645）「」、〈薛侯匜〉（10263）「」亦是如此，由於薛、魯、冕均位於山東地區，故此形可能流行於齊魯山東諸國。[53]不過若按時序繼續觀察，則可發現戰國早期越國器〈者汈鐘〉

[52] 吳國升：〈春秋文字字形區域性特徵的初步考察〉，《安徽大學學報》第五期，頁 90。
[53] 吳國升：〈春秋文字字形區域性特徵的初步考察〉，《安徽大學學報》第五期，頁 92。

（121）亦作「⿰」形，而戰國晚期北方的中山王器亦見作「⿰」者，其形可能前承〈魯少司冠盤〉（10154）「⿰」而來。換言之，「⿰」或「⿰」形雖在春秋早期是東方文化區的特殊構形，但隨時間發展此構形逐漸取得主流優勢並向外傳佈，因此戰國時期不僅可見於中山國器以及越國器，更影響簡帛文字與小篆寫法，最後取代原構形為文字系統所接受。

其三為「鐘」字，吳國升認為春秋時期齊魯諸國及舒等國流行一種承續西周時期從金重聲之「鍾」的構形，作「⿰」形。[54]不過若仔細檢視，則可發現此形主要見於邾國器，如〈邾君鐘〉（50）「⿰」、〈邾公䥏鐘〉（102）「⿰」、〈邾公牼鐘〉（150）「⿰」、〈邾公華鐘〉（245）「⿰」，其餘二例則是春秋晚期的〈洹子孟姜壺〉（9729）「⿰」以及〈鼄羌鐘〉（166）「⿰」，然而〈鼄羌鐘〉並非東方諸國之器，可見此字是否可輕易歸為東方文化區的銘文特色，似乎仍有討論空間。除此之外，位於山東地區的莒國更有從金從東之「⿰」形，可見東方文化區「鐘」字之寫法可能較為複雜多樣，而從金重聲之形固然亦見於齊國器，但就目前所見字例而言，較能肯定其為邾國的特殊構形。同樣僅見於莒國的從金從東之形是否為該國特有之寫法，亦須待更多相關例證。

其四，東方諸國的「萬」字構形也存在鮮明的地域性特徵，萬增從「土」作「⿱」形，為春秋晚期黿國金文特有寫法。邁，「萬」旁和「止」旁共用豎筆黏連為一體作「⿰」形，為齊、夆器銘文常見的一種寫法。[55]由此看來，似乎邾、齊、夆等國都有較特殊之寫法或構形，若仔細分析可發現不同面貌，春秋早期東方文化區的「萬」字出現兩種構形：一者為「萬」字典型寫法，如〈郜公平侯鼎〉（2772）「⿰」、〈魯伯俞父簠〉（4568）「⿰」、〈鑄公簠蓋〉（4574）「⿰」等器。與此同時，〈齊侯盤〉（10159）則是採用豎筆黏連的從萬從止之「⿰」形，此構形雖與傳統的「萬」形不同，但仍前承西周而來，

---

[54] 吳國升：〈春秋文字字形區域性特徵的初步考察〉，《安徽大學學報》第五期，頁92。
[55] 吳國升：〈春秋文字字形區域性特徵的初步考察〉，《安徽大學學報》第五期，頁92。

- 228 -

如西周晚期〈史頌匜〉（10220）「」與〈伯正父匜〉（10231）「」均作此形。可見春秋早期仍以繼承西周舊體為主，並無創新變革出現，而春秋中期銘文也多作傳統的「萬」形，未見太大突破，及至春秋晚期从萬从土之「」形才出現，而且僅見於〈郑公𨊠鐘〉（149）一器。通過對「萬」字的分析，可以看到春秋時期的構形仍多以繼承舊體為主，儘管也有出現新構形，不過由於例證過少，應視為偶然出現的特殊寫法或是已具備地域性特徵，似乎還尚待更多證據說明。

最後討論「歲」的構形，吳國升在整理春秋文字時指出「」為春秋齊文字寫法，[56]其當是根據〈國差𦉜〉的「」形所作的推論。此形最早見於西周中期〈曶鼎〉（2838）「」，西周晚期的〈毛公鼎〉（2841）則寫作「」，而〈國差𦉜〉（10361）的寫法明顯繼承〈曶鼎〉，可知並非新構字而是舊有字。除〈國差𦉜〉外，1963 年山東臨朐出土的春秋晚期〈公子土折壺〉（9709）亦作「」形。至於戰國時代見「歲」字之青銅器以齊、楚二國為主，齊國始終都延續西周傳統寫法「」，而楚國「歲」字則寫作「」。相較於楚文字寫法，齊國並非發展出「歲」之新構形，而是維持西周舊有形體，不過由於其他地區的寫法已產生變化，故其之不變反而形成另一種地域特色，因此若從共時視角觀之，「」形反而具備鮮明的地域性特徵，成為東方文化區的特殊構形。

另外，補充「𦆑」、「堇」兩字作為東方銘文地域性特徵之說明。首先為「𦆑」，又作「𦄂」，此字西周未見，春秋早期見於〈齊良壺〉（9659）「」以及〈夆叔匜〉（10282）「」，辭例皆為「眉壽無期」之「期」，顯然是齊、夆一帶特殊的構形。不過春秋中期以後使用範圍逐漸變廣，見於徐、蔡、楚等國之器，同時出現頻率也最高，達 21 次。[57]顯見此字僅有早期具備較鮮明的地域性特徵，晚期以後可能隨著流行而逐漸南下，成為南方普遍流行的

---

[56] 黃德寬等著：《古漢字發展論》，頁 306。
[57] 黃德寬等著：《古漢字發展論》，頁 292-294。

寫法之一。

最後是「堇」字，此字西周銘文多見，往往作從火的「⿱𦰩火」或「⿱⿱𦰩灬」形，即使發展至西周晚期亦未見太大改變。春秋戰國兩代各見一例，且皆為齊國文字，其一為春秋晚期〈洹子孟姜壺〉（9729）「⿱⿱⿱⿱⿱」，其二為戰國早期〈齊陳曼簠〉（4595）「⿱⿱⿱⿱」。此二例可以清楚發現齊國銘文的上部與西周時期「⿱⿱⿱⿱」（黃）寫法幾乎相同，下部則訛為「土」形，乃西周未見之構形。儘管春秋戰國時期其他地域不見「堇」字例，因此難以判斷此種構形是否為齊國特有，不過材料顯示，春秋戰國時期的齊國銘文「堇」字呈現與傳統構形相當不同之面貌，提供一定程度的辨別條件。

整體而言，春秋時期東方文化區諸國確實出現少數具地域性特徵的文字構性，且足以作為區別。至於內部發展方面，春秋時期仍是諸國紛呈之面貌，即便是傳統觀點認為較小的國家，也可能產生影響全區的特殊構形，例如：薛國在西周晚期出現的特殊寫法，及至春秋時期已成為本區共同特色。相對來看，過往認為影響力較大的齊、魯二國似乎尚未躍升至主導位置，雖然已出現部分特殊寫法，但足以改變東方諸國寫法的字例數量並不多，需至戰國時期才有比較顯著的例證。

二　南方文化區之銘文特徵

（一）南方諸國之銘文特徵

根據分域架構所示，所謂南方文化區包括楚、陳、蔡、江、息、黃、唐、厲、鄀、鄧、曾等國，主要是由楚國與江淮流域一帶的小國組成，形成一處受楚文化影響之區域。前文已述及，相對於東方文化區而言，南方文化區的銘文特徵不僅更加顯著，字例也更為豐富，說明此區較早就開始發展出獨立的地方特色。過往學者已討論過的例證「壴」、「竹」、「丮」、「者」、「朕」、「盟」、「鐘」、「姬」、「邑」、「樸」、「無」、「是」、「歲」、「年」等字，本段不

再贅述。[58]以下主要聚焦於特殊構形例證或補充其未論及之字，並進行更深入之分析，下列例證大致可分為兩類。

　　第一類為構形並無明顯不同，但細部出現差異者，如：「福」字。「福」在西周時期主要有兩種寫法，分別作「福」或「福」，差別在於右半部件的「畐」下從田或是從目之不同，不過春秋以後「福」字開始產生變化，如春秋早期〈曾伯霥簠〉（4623）作「福」形；中期的〈曾子斿簠〉（4528-4529）作「福」與「福」形，不難察覺到「畐」字上半原有的兩橫被省略，形成中空之形。此種省略寫法並非曾國文字的偶然訛誤，因為在春秋晚期的楚國〈王子午鼎〉（2811）「福」以及燕國〈杕氏壺〉（9715）「福」都可以看到相同構形，甚至戰國晚期的〈中山王礜方壺〉（2840）「福」亦作此形。由此可見，春秋早、中期原本屬於曾國的「福」字特殊寫法，發展至晚期不僅改變楚國「福」字形體，也對位於北方的燕國、中山國都產生影響，甚至不再有顯著的地域性特徵，成為一種跨越地域的普遍表現形式。

　　第二種類型為構形明顯不同者，如：𧘣（祈）、德、敗。首先討論「𧘣（祈）」，此字在西周、春秋的主流構形為從斿從單之「𧘣」，無論年代早晚或地域南北均可看到，不過不同地域也出現特殊省形或構形。例如：東方文化區的番國有從日之「𧘣」、邾國有省形「𧘣」。至於南方的楚國則有從言從斿之形「𧘣」。此構形雖不見於春秋晚期其他文化區，但其源頭可能來自西周晚期另一別構「𧘣」，見於〈大師盧豆〉（4692）「𧘣」以及〈伯𧘣簠〉（3943）「𧘣」，兩者差異只在於是否包含部件「斤」。從言之「𧘣」並非西周時期的主流寫法，楚國銘文可能是繼承此種異構後加以繁化，形成具有地域性特徵的特殊構形「𧘣」。

　　又如：「德」字在兩周金文雖多見，但西周早期多無「心」旁，中期以

---

[58] 吳國升所論之南方諸國包含本論文的吳越文化區，其於〈春秋文字字形區域性特徵的初步考察〉所得出的南方諸國文字特徵結論，亦收入黃德寬等著：《古漢字發展論》，頁 304-309。

後多作「德」形，亦見少數省略「彳」旁者，晚期〈散氏盤〉（10176）出現從「辵」之形。值得注意的是，春秋早期〈秦公簋〉（4315）仍作「德」，而〈叔家父簠〉（4615）之「德」則從辵，雖然金文常見從彳和從辵替換的現象，不過〈散氏盤〉和〈叔家父簠〉的寫法後為南方文化區所繼承，春秋晚期的〈王孫遺者鐘〉（261）以及〈王子午鼎〉（2811）均見從辵之德，形成相當鮮明的地域性特徵，而此種構形影響簡帛文字之「道」（信陽楚簡1.05）。

再如「畏（畏）」字，西周的「畏」字共四見，均作「𤰞」形，然春秋中期的〈䣄鎛〉（271）則作「𤰞」，下部從口形，其形甚異。最值得注意的還有春秋晚期屬南方文化區〈王孫遺者鐘〉（261）、〈王子午鼎〉（2811）以及〈王孫誥鐘〉（圖成15606-15631）所見之「畏」，其右旁均增添「攴」形作「𤰞」，從諸器一致增添「攴」旁之情形來看，此種寫法極有可能是楚國流行的某種特殊形體。

（二）蔡國銘文地域性特徵

蔡國春秋青銅器銘文的研究材料，主要是來自1955年5月在安徽壽縣出土蔡侯墓葬的有銘青銅器。此墓葬之隨葬物約五百多件，其中有銘青銅器約七十餘件，大部分銘文多在10字以內，而篇幅較長且完整者為〈蔡侯申編鐘〉（201-224）、〈蔡侯盤〉（10171）、〈蔡侯尊〉（6010）以及〈吳王光鑑〉（10298），由於其銘文字數多超過50字，甚至出現近百者，對於認識蔡國銘文特徵及相關歷史均十分重要。

前文述及，春秋銘文構形變化早已獲得多數學者之關注，而經過初步整理可發現東方文化區與南方文化區逐漸嶄露的地域性特徵。不過春秋時期蔡國青銅器銘文特徵似乎難以歸入任一文化區系統，部分銘文呈現相當獨特的構形方式。此現象于省吾亦在〈壽縣蔡侯墓銅器銘文考釋〉一文指出：

就銘文中的文字來看，其屬于繁文異構者，如「差」（左）之作「𢇍」，

「為」之作「𤔲」,「乒」之作「唔」,「德」之作「諥」,「作」之作「詐」,「塍」之作「嬞」,「盤」之作「盬」,「鼎」之作「鬲」,等等。其偏旁之孳乳變化,較之西周金文尤為氾濫無方,其屬于新收現者,如「深窩」之「窩」,「愿(怨)忒」之「愿」,「禋祭」之「禋」,「保祐」之「祐」,「禬(齋)戒」之「禬」,「訢(欣)喜」之「訢」,「遊行」之「遊」,「依託」之「託」,「蕃盛」之「蕃」,「昌明」之「昌」,「期限」之「期」,「銚(郭釋礦)物」之「銚」,「往來」之「往」,「君后」之「后」,「膚續」之「膚」,「沐浴」之「沐」(以上二字為唐序所釋)等等,都不見于以前的金文,已開戰國文字的先驅,並且,有的與小篆相合,以上所列舉的異體文字和新收現的文字,都是研究古文字之發展變化規律者所當予以注意的。[59]

儘管從現今眼光觀之,于氏部分舉例與目前考釋結論不盡相同,不過絕大部分繁文異構或是新收字形確實都須加以注意,而目前似乎尚未見到將蔡國銘文置於春秋晚期時空加以比較之研究。有鑑於此,本段將針對蔡國構形較特殊之銘文如:「轙」、「唔」、「諥」、「詐」、「嬞」、「盬」、「愿」、「禋」、「期」、「銚」、「往」等字為例進行討論。

如同于省吾所分類,蔡國青銅器銘文大致可分為「繁文異構」以及「新見字形」兩種。繁文異構者如:「轙」,此字見於〈蔡侯鐘〉銘「轙右楚王」以及〈蔡侯盤〉「肇轙天子」,故學者多通「轙」為「左」,大致不誤。然而兩周銘文「左」字多見,或作「左」,或作「㝡」,亦有以「差」通假為「左」者,但未有如蔡侯器作從車從差者,此添加車旁乃是蔡國獨有之構形。

又如:「諥」,兩周金文亦多見此字,或作「德」、「徝」、「遚」、「悳」者,唯不見從言之德,陳夢家認為西周金文作『德』,戰國金文省『彳』,此則從

---

[59] 于省吾:〈壽縣蔡侯墓銅器銘文考釋〉,《古文字研究》第一輯(北京:中華書局,2005年),頁 53-54。

言。此德字字形上的變更，在意義上亦有所不同。[60]不過也有學者認為「**既息于心，延中厥諲**」是蔡侯頌揚楚王之詞，也合乎道德之行，顯然與「德」字無異，[61]當是一種異構。

相同情形亦見於「詐」字，其銘文為「**用詐大孟姬媵彝盬**」，故可知「詐」當通為「作」，「用作」一詞雖在西周春秋銘文多見，但「作」多寫作「乍」形，未見從言旁者。值得注意的是，春秋時期雖無與蔡國銘文構形、用法相同者，但是戰國晚期的〈中山王**𦎫**鼎〉（2840）卻見相同用法，其銘為「**隹十四年中山王𦎫詐貞（鼎）**」，此處之「詐」顯然亦通為「作」，而類似情形亦見於戰國早期的曾侯乙器，其「作」之構形乃從音不從言，由此可見不僅「詐」通「作」顯示春秋晚期蔡國銘文特徵，同時可以發現此種異構精神以及型態確實影響戰國銘文。

至於「媵」，于省吾很早就指出此字為「媵」之異構，而「媵」也作「朕」、「塍」、「娑」、「縢」、「佚」等形。[62]經過字形比對可知，西周晚期到春秋晚期作「媵」者數量最多，其餘字形相對較少，而可以說〈蔡侯盤〉的「媵」字很明顯亦是「媵」的異構之一。由於此字的異構較多，各國似乎均出現過不同寫法，如：鄭國作「朕」、秦國亦見作「拳」者，因此蔡國作「媵」也僅僅是其中一種區域性的構形。

最後是「盬」，此字構形較為特殊而且僅見於蔡侯器，因此值得加以討論。由於「盤」字在文獻和銅器銘文中都有許多異體，因此過往學者逕將「盬」通假為「盤」，加之器形比對，多數人均無疑義。近來有學者提出此字當讀為「舟」之看法，並認為此字當分析為從皿從酉舟聲，並非「盤」之異構，而是「舟」的繁文異構。[63]然而無論「盬」究竟是「盤」抑或是「舟」之異

---

[60] 陳夢家：〈壽縣蔡侯墓銅器〉，《考古學報》第二期（1956 年），頁 110。

[61] 于省吾：〈壽縣蔡侯墓銅器銘文考釋〉，《古文字研究》第一輯，頁 42。

[62] 于省吾：〈壽縣蔡侯墓銅器銘文考釋〉，《古文字研究》第一輯，頁 44。

[63] 何景成、王彥飛：〈自名為「舟」的青銅器解說〉，《古文字研究》第卅輯（北京：中華書局，2014 年），頁 162-163。

構，可以確定的是蔡侯盤自名之字乃是相當獨特之構形，未見於其他地區之青銅器，因此仍可說是具有相當鮮明的地域性特徵。總體而論，蔡國銘文中存在不少繁文異構之字，這些例證不僅能對文字演變研究提供新的認識，同時也進一步突顯蔡國銘文獨特之處。

整體而論，南方文化區銘文的變異現象雖然較東方文化區明顯，個別字例也有較顯著的地域性特徵，但大多還是屬於比較零星的例證，真正對於文字系統產生影響者並不多。除此之外，還可以注意到春秋時期楚國對於周邊諸國的影響也不如戰國時代來得鮮明，此階段如曾、蔡等國都還能保有較獨特的銘文特徵，甚至有機會進一步影響南方諸國，由此看來，南方文化區的各國在文字構形方面仍保有獨立發展的空間，並未形成完全以楚國為中心的地方青銅文化。

（三）南方與吳越文化區之銘文交融現象

根據前言所述，學界對於東方與南方諸國的銘文區域性特徵已有較深入的分析，過往亦多將吳越文化區中的吳、越、徐、舒四國劃入南方諸國內，[64]就文字體系方面而論，兩地確實存在較深刻的交融現象，部分特殊構形也共見於兩區，故當視為同一文字體系。然因本段所討論之課題並不限於文字構形，故需區隔南方與吳越文化區之不同，而此處則就兩區較明顯共見的寫法進行討論。

首先需要說明的是「樂」字，吳國升將之歸入春秋文字的訛變例證，認為是「木」訛成「大」或「火」的現象。[65]西周時期「樂」字確實僅見从木之寫法，作「樂」形，春秋早、中期未見相關字例，春秋晚期則出現不少此字的特殊寫法，如：〈子璋鐘〉（113）「樂」、〈齊鞄氏鐘〉（142）「樂」、〈徐

---

[64] 吳國升討論春秋時期南方諸國的文字時，雖未明言南方諸國具體指涉，但舉例時均將吳、越、徐、舒四國包含在內。詳見黃德寬等著：《古漢字發展論》，頁 304-311。

[65] 黃德寬等著：《古漢字發展論》，頁 278。

王子旃鐘〉（182）「⊕」、〈余購㳠兒鐘〉（182）「⊕」、〈沇兒鎛〉（203）「⊕」、〈王孫遺者鐘〉（261）「⊕」〈王孫誥鐘〉「⊕」、〈配兒句鑃〉「⊕」以及〈姑馮昏同之子句鑃〉（424）「⊕」等器。上述諸器除〈齊鞌氏鐘〉之外，〈徐王子旃鐘〉、〈余購㳠兒鐘〉以及〈沇兒鎛〉為徐國器，〈王孫遺者鐘〉為楚國器，〈姑馮昏同之子句鑃〉則為越國器，由此可見下部不從木之構形主要流行於楚、徐、舒等國，是典型共見於南方文化區與吳越文化區的地域性構形。

其次是「差」與「追」字，春秋晚期的「差」字見於宋、齊、楚、吳等國有銘青銅器，其中〈宋公差戈〉（11289）以及〈國差繪〉（10361）下部從工，作「⊕」形，與小篆相同；而〈王子午鼎〉（2811）、〈吳王夫差鑑〉（10296）以及〈攻敔王夫差劍〉（11637）下部則從口，作「⊕」。由此看來，下部從口之「差」可謂是南方與吳越共有之特殊構形，足以與其他文化區進行區隔，具備鮮明的地域性特徵。至於「追」字，西周金文多作「⊕」形，春秋時期亦未見明顯改變，不過春秋晚期的〈余購㳠兒鐘〉（184）卻作「⊕」形，上部明顯多出左右兩劃，與傳統舊形有別，而同樣字形又見於戰國早期的〈陳財簋蓋〉（4190）。〈余購㳠兒鐘〉雖屬徐國器，但因例證不多，故難以確認是否為南方文化區的特殊寫法，由於徐、陳分屬吳越文化區與南方文化區，推測可能是一種南方較廣為流行的寫法。

最後討論吳越文化區特殊構形的部分，主要研究材料為〈吳王光鑑〉。雖然此器出土於安徽壽縣，但根據銘文「吳王光擇其吉金玄銑白銑，台（以）乍（作）弔（叔）姬寺吁宗彝（彝）薦鑑」，可知此器當為吳王光作予其女叔姬之媵器。故其所見之繁文異構或是新見字形當屬吳國文字，而非蔡國銘文。于省吾在討論蔡侯諸器特殊構形時已指出不少例證，其中如「寫」、「祐」、「訢」、「遊」、「託」等字都有清楚說明，故不再贅述。需要進一步探討者為「愁」，銘文僅此一見，而諸家皆通為「愁」，其原因在於《說文》所列籀文作「⊕」形，亦即從㑰從言。由此可知，「愁」在春秋晚期就已出現從㑰從心之形，而戰國時期《包山楚簡》2.85 簡亦見此字作「⊕」，故此字形極有

可能是起源於吳國，進而影響楚文字的寫法。

　　除此之外，于省吾更歸納出「期」、「銧」、「往」等三個新見構形，也都見於〈吳王光鑑〉。首先為「期」，前文已言「無冀」一詞多見於齊、魯、夆等東方文化區諸國，亦見於徐、蔡等較南方之諸侯國，不過無論東方或南方之構形均從日從其，作「（圖）」或「（圖）」，唯有〈吳王光鑑〉始見從月從其之「（圖）」。[66]綜觀春秋銘文可知從月之「期」顯然是一種異體，其流行範圍大概不廣，目前僅見一例，不過此字卻為秦國所吸收而歸入文字系統，最後成為現今所寫之「期」。由此可知，即便是春秋時期偶然出現的地域性異構字，仍不宜輕易忽視。

　　其次為「銧」，此字亦僅見於〈吳王光鑑〉，屬於新見字，郭沫若釋「礦」甚是。不過無論「銧」或「礦」在兩周金文皆前所未見，此為第一次出現以「銧（礦）」形容青銅器材質之銘文，《說文》亦未見此二字，僅見「磺」，故整體而言，「銧」確實為新見字形。由此字可知，吳國青銅器銘文在構形以及用詞方面都有其特殊之處，過往甚少可見形容青銅器材質之用詞，春秋以後雖「玄鏐膚鋁」逐漸興盛，但以「玄銧白銧」稱之者卻不曾得見，可見吳越文化區無論對青銅器之認識或是描述可能都有別於其他文化體系。

　　最後為「往」，此字多見於甲骨卜辭，但兩周金文卻僅見於《吳王光鑑》與《鄂君啟節》，而且戰國中期的《鄂君啟節》之構形仍與甲骨文相同，均作從止從土之「（圖）」，僅有《吳王光鑑》於其左旁增添「彳」形作「（圖）」，以強調行走之意。吳國「（圖）」字的構形雖不難理解，可視為單純的繁文異構，只是春秋時期卻不見於其他文化區，而戰國時期郭店楚簡〈老子·丙本〉即作「（圖）」，構形顯然與《吳王光鑑》相同，而〈尊德義〉則是從辵作「（圖）」，可視為更進一步的繁文構形。由此可見，本例也可以視為吳國特殊構形影響

---

[66] 吳國升認為「冀」春秋中期出現，行用地域範圍最廣，頻率最高。「期」春秋晚期始見，蓋係「冀」的後出異體。戰國時期，秦作「期」、齊璽作「𣍘」、楚作「昇」。由於秦的統一，最終「期」取代「冀」做為專用字保留流傳。黃德寬等著：《古漢字發展論》，頁294-295。

楚文字書寫的典型。

第四節 小結

本章探討春秋銘文在書寫方面產生什麼樣的變革與特色。第一部分先就省簡、增繁、替換與訛變等四大演變現象進行討論，由於學界對此課題的關注較多，故本書採取對前人論述進行修正或補充的研究立場，同時回顧至今為止的研究成果。

其次，針對春秋文字最顯著的演變現象－新增字進行深入討論，著力分析新增字的形成因素，聚焦於增添邑、言、心旁之字，並從歷史學與文字學研究脈絡重新看待新增字之出現。例如：過去已注意到春秋時期出現大量增添「邑」旁之字，且多為地名與國名，故可結合日本歷史學界對商周「邑制國家」之研究成果，觀察「邑」字在春秋人們心中的位置。此外進一步推測，春秋時期的「邑」字仍是某種具特殊意義的地理政治單位，當社會面臨諸侯國崛起，城市興盛變遷之時，人們自然選擇「邑」作為地名或國名新增字的增添義符。藉由結合不同領域的研究成果，可以為特定新增字的大量出現提供深入解釋，也使文字構形分析不再停留於形體差異之分類，而能更進一步探究其生成因素。

其三，從歷時性與共時性角度進行考察，分別討論春秋銘文的時代性與地域性特徵。歷時性考察是分析春秋早、中、晚三期銘文所呈現的不同演變歷程，並從中瞭解春秋銘文如何在西周晚期餘緒中，發展出屬於自己的特色。研究表明，春秋共經歷了第一次變革期、延續期以及第二次變革期，最終於晚期奠定多采多姿的書寫樣態，並進一步影響戰國文字甚至是小篆。共時性方面則是針對東方文化區、南方文化區以及蔡、吳二國之銘文進行考察，其中東方與南方文化區之銘文較早展現鮮明的地域性特徵，向來不乏研究，至於蔡、吳二國之銘文情形雖類似，但過去較少論及。有趣的是，春秋時期蔡、吳二國銘文特徵似難以歸入任一文化區系統，部分銘文呈現相當獨

特的構形方式，具體表現在繁文異構，例如：「轊」、「諟」、「醢」等字，又如「作」寫為「詐」之習慣亦影響戰國銘文。

　　雖然過往學者多將吳越文化區與南方文化區視為同一個文字體系，但經過細究，便可發現兩區域其實是相互影響、交融的關係，吳國銘文不僅有其地域特徵，少數寫法更足以影響楚文字構形。由此看來，春秋銘文雖已透露地域性格局的端倪，但各文化區彼此交流或融合仍相當密切頻繁。

第五章　鳥蟲書的出現與流行

「鳥蟲書」是春秋戰國最具時代特色的新興字體，此時開始，文字從記錄語言的符號，逐漸轉變成具裝飾作用的藝術紋飾，不僅象徵漢字風格受到了猛烈衝擊，也反映出時人對文字所產生的不同想法與態度。

「鳥蟲書」最早被稱為「蟲書」，許慎《說文解字‧序》：「自爾秦書有八體：一曰大篆，二曰小篆，三曰刻符，四曰蟲書，五曰摹印，六曰署書，七曰殳書，八曰隸書。」[1]〈序〉又提及王莽時代復古改制，稱「蟲書」為「鳥蟲書」，用以書幡信也。[2]由此可見，「蟲書」或「鳥蟲書」一名乃是漢代人給予此種特殊字體的專名。至於「鳥蟲書」所指究竟為何？段玉裁注《說文》時曾有一段說明，其云：「上文曰蟲書，此曰鳥蟲書，謂其象鳥或象蟲，亦稱羽蟲也。」[3]換言之，此種造型像鳥或蟲的字體皆可廣義地被稱作「鳥蟲書」。

不過專門研究鳥蟲書的曹錦炎指出，事實上春秋戰國時期盛行的鳥蟲書，真正用以裝飾圖案的只有鳥形一種。傳世文獻所謂蟲形，目前除了一件〈王子匜〉的銘文「之」字下附加兩個「虫」字以及河南南陽新收土的銅鈹銘文用類似蜘蛛形裝飾可算外，其餘大多數的構形均是以字體之筆畫作盤旋彎曲，或是在筆劃首尾另飾若干線條來表現的。這類構形，有的仍可以看出是由簡化的鳥形變來，但大都確無法指明是象何種動物之形。過去的學者，把這種多彎曲盤旋的書體構形視作象蜿蜒乳動的爬蟲之形，並非沒有道理。或者正基於此，漢人才將這種書體稱之謂「蟲書」。[4]可見所謂「鳥蟲書」不必然是那些形體中帶有明確鳥形或蟲形的文字，春秋戰國之際出現許多

---

[1] 【漢】許慎著【清】段玉裁注：《說文解字注》（臺北：洪葉文化事業股份有限公司，2001年），頁766。
[2] 【漢】許慎著【清】段玉裁注：《說文解字注》，頁769。
[3] 【漢】許慎著【清】段玉裁注：《說文解字注》，頁769。
[4] 曹錦炎：《鳥蟲書通考（增訂版）》（上海：上海辭書出版社，2014年），頁3。

筆劃呈彎曲盤旋狀，具有強烈裝飾性的字體，往往也被視作「鳥蟲書」。

關於鳥蟲書的研究與名稱之辨證，前輩學者已做過不少整理，[5]此處不再贅言，不過需要說明的是，學者至今對於「鳥蟲書」一詞的看法雖仍有分歧，但因本節重點在探討春秋末葉銘文字體的美術化與裝飾化傾向，為行文方便，將採用傳統說法，一律稱此種新興字體為「鳥蟲書」。

過去的研究多將鳥蟲書獨立於一般銘文之外，裘錫圭曾云：「那種文字美術化的風氣，對當時日常使用的文字想來是不會有多大影響的。」[6]由此可以看出，獨立研究鳥蟲書而不涉及同時期的春秋戰國金文，雖然是目前大多數學者的作法，不過若欲全面理解春秋銘文的演化與變遷，仍不能輕易忽略興起於春秋晚期的鳥蟲書。即便其發展過程與傳統的文字體系並不密切，或對銘文構形發展並未造成顯著影響，但鳥蟲書所象徵的裝飾性傾向，卻是強烈地反映出當時代對於銘文與青銅器的看法。

有鑒於此，本章的主要研究即是將鳥蟲書置於兩周金文的發展脈絡之中，觀察其於演變情形，並聚焦於文字構形差異、美術化、裝飾化等方面的傾向，同時分析不同地域是否造成鳥蟲書形體之差異，從歷時性與共時性的

---

[5] 關於鳥蟲書的定義與理解，各家學者仍略有不同。林素清討論時以「美術字體」稱之，但也說「添加鳥、蟲形飾的美術字體，春秋中晚葉已頗流行，漢代另有「鳥蟲書」、「鳥書」、「蟲書」等專門名稱，漢魏以降，更推衍出一系列魚書、龍書、鳳書、龜書等花體篆來，而添加點、畫一類簡單飾筆之美術字，也於春秋末葉陸續出現，然而，大規模且呈系統地運用繁飾於特定的部位，則是戰國才形成的。」由此觀之，林素清的「美術字體」亦包含漢人所言的「鳥蟲書」。詳見氏著：〈春秋戰國美術字體研究〉，《中央研究院歷史語言研究所集刊》第六十一本第一分（臺北：中央研究院歷史語言研究所集刊，1991年），頁31。近年來，趙誠對於過往引許慎所謂之「鳥蟲書」比附春秋戰國的美術字體有不同看法，其指出「其實，我們今天所看到的春秋戰國時代銅器銘文中的所謂鳥書與鳥蟲書，許慎均未見過（他老人家如果見到，我們就恐怕見不到了），所以他只說秦書八體、新莽六體。就此而言，似不宜用春秋戰國時代的所謂鳥書或鳥蟲書來比附許氏所說新莽六書的『鳥蟲書』……就這種意義而言，這種用鳥形作裝飾的文字，最好似乎可以叫做『鳥形裝飾字』，而不宜稱之為『鳥書』，因為鳥形不是作為筆畫在用，當然更不宜和許慎所說之『鳥蟲書』混而為一。」趙誠提出之看法確實有進一步探討之價值，故此處引文加以說明。詳見氏著：〈關於「鳥蟲書」〉，《古文字研究》第廿八輯（北京：中華書局，2012年），頁319。

[6] 裘錫圭：《文字學概要》（臺北：萬卷樓圖書有限公司，1993年），頁64。

角度，探究鳥蟲書在漢字演變史中所產生的意義與價值。

第一節　裝飾文字：鳥蟲書的興起

一　鳥蟲書的起源

關於鳥蟲書的起源，歷來學者多有討論，但並未理出結論或共識。董作賓曾認為鳥蟲書起源於殷代，其於〈殷代的鳥書〉一文中主張鳥蟲書最早見於〈玄婦方壺〉以及卜辭「高祖王亥」，由於卜辭「王亥」之「亥」字上有增添鳥形，寫作「 」，故其認為這即是鳥蟲書的源頭。[7]不過此說並未得到學者的認同，胡厚宣就認為卜辭「亥」字增添鳥形乃肇因於商民族的鳥圖騰崇拜，與鳥蟲書無關，[8]加上西周金文未見類似構形的寫法，因此鳥蟲書的起源似不宜輕易上推至商代。

至於鳥蟲書真正的起源究竟為何？目前似乎未見理想的解釋，畢竟從現象上來講，若鳥蟲書是承襲商代甲骨卜辭，而增添鳥形又是象徵商民族對於鳥類圖騰之崇拜，那麼對於春秋戰國時代鳥蟲書的興盛與流行，也僅能用以解釋殷商後裔的宋國使用鳥書之原因，難以說明鳥蟲書為何會在南方文化區以及吳越文化區形成如此廣泛且繁盛的流行，以及鳥蟲書發展最成熟的吳國和越國又是如何繼承此種信仰或圖騰崇拜？若欲強硬連結春秋戰國之際的鳥蟲書與甲骨卜辭增添鳥形的習慣，恐怕反而衍生更多無法解釋之問題，因此目前多數學者仍傾向將兩者分別視之，僅就春秋戰國之際出現的鳥蟲書進行討論與研究。

若撇除鳥蟲書與甲骨卜辭、氏族圖騰崇拜的關係，單從春秋銘文發展的背景來探究鳥蟲書可能興起的原因，必須先閱讀郭沫若在〈周代彝銘進化

---

[7] 董作賓：〈殷代的鳥書〉，《大陸雜誌》六卷第十一期（1953 年），頁 345-347；王桓餘：〈淺說蝌蚪文和鳥蟲書〉，《中國文字》第四十二冊（臺北：國立臺灣大學文學院中國文學系，1971 年），頁 1。

[8] 胡厚宣：〈甲骨文所見商族鳥圖騰的新證據〉，《文物》第 2 期（1977 年），頁 84-87。

觀〉的著名論述，其指出春秋銘文在文字發展過程中，扮演著改變本質的重
要角色，其云：

> 要之鐘鼎銘文在其進化之階段有書史之性質。此性質以西周彝器為
> 最著，自春秋之中葉以降而衰微，蓋竹帛之用已繁，文史亦逐漸茂密，
> 不能為鼎彝所容也。有周而後，書史之性質變而為文飾，如鐘鎛多韻
> 語，以規整之款式鏤刻於器表，其字體亦多作波磔而有意求工；又如
> 齊「國差𦉜銘」亦韻語，勒於器肩，以一獸環為中軸而整列成九十度
> 之扇面形，凡此均於審美意識下所施之文飾也。其效用與花紋同。中
> 國以文字為藝術品之習尚當自此始。[9]

根據郭沫若的敘述，可以發現西周到春秋銘文有著從書史到裝飾的發展傾
向，春秋中葉以後，文字開始形成一股美術化、裝飾化的風氣，此風氣導致
銘文表現有幾種具體的變化，例如：鐘鎛多韻語、款式更加規整、字體多作
波磔而有意求工，甚至如〈國差𦉜〉銘文更刻意整列成九十度的扇面型。這
些現象都反映春秋時人更加追求銘文形體與青銅器物在視覺上的搭配，而
這種對於審美的講究和追求，發展至極致便是文字的紋飾化、美術化，不難
想見鳥蟲書即是在此種流行趨勢下孕育而成。

　　春秋中葉大概是銘文形體產生變化的一個重要階段，除了郭沫若注意
到整體風氣的改變之外，林素清也在 1990 年發表之〈春秋戰國美術字體研
究〉做了更進一步的論證。其指出春秋中葉以後字體普遍有瘦長化的傾向，
主要流行於東、南方各國。如〈齊侯盤〉、〈齊侯鎛〉、〈子璋鐘〉、〈沇兒鐘〉、
〈王孫遺者鐘〉、〈禺邗王壺〉、〈許子簠〉、〈蔡侯盤〉、〈蔡侯鐘〉等。從時代
先後看來，這種形體似乎源自齊、徐，然後漸次影響至南方楚、蔡等地。[10]

---

9 郭沫若：《青銅時代》（北京：科學出版社，1960 年），頁 317-318。
10 林素清：〈春秋戰國美術字體研究〉，《中央研究院歷史語言研究所集刊》第六十一本第
　　一分（臺北：中央研究院歷史語言研究所，1990 年），頁 30。

林素清直接將鳥蟲書的起源追溯至春秋中葉的字體瘦長化傾向，並認為此種傾向首先發端於北方，再漸次影響至南方，最後於南方形成鳥蟲書字體。

不過，該文也表明北方的字體瘦長化的傾向，雖然和南方鳥蟲書存在相互影響關係，但並不表示這類字體等於鳥蟲書銘文。從目前所見的春秋中期銘文材料進行分析，不難發現瘦長化的銘文除文中的舉證之外，尚包含〈鯀鎛〉（271）「　」、「　」、〈邿公典盤〉（圖成 14526）「　」、「　」、〈楚王酓審盞〉（圖成 6056）「　」、「　」以及〈與兵壺〉（圖成 12445）「　」、「　」等字。以上字例只有〈楚王酓審盞〉屬於南方的楚國，其餘則為東方的齊、邿以及中原的鄭國，南、北方的數量並不平均，可見文字瘦長化傾向確實較早發生於長江以北的地區。

研究春秋戰國字體演變的張曉明也持類似看法，其認為春秋中期乃是銘文美化修飾與地域化的萌芽階段。這個時期的銘文開始朝向體勢修長、筆畫均勻且漸趨纖細的方向發展，同時這些纖細的筆劃也開始強調彎曲，而此種纖細彎曲的現象逐漸與實用性字體發展趨向相反，形成一股美化裝飾之風。[11]只不過張曉明並未直接將這種風氣與鳥蟲書連結，但也指出「**當楚地狹長字體得到充分發展，趨於成熟之際，也將出現對於風格多樣化的追求，這就是春秋晚期鳥蟲篆字體大量出現的原因。**」[12]

由此來看，鳥蟲書的起源不需追溯至殷商，其更有可能是在春秋中葉文字裝飾化、美術化與瘦長化的風氣下產生。此種風氣使得人們更加追求文字的細長柔美，試圖以曲折的筆劃創造視覺美感，而鳥蟲書正是南方文化區在這股對銘文華美的追求中，所能達到的最極致表現。

二 春秋戰國的鳥蟲書

首先對春秋戰國鳥蟲書進行系統性研究的學者是容庚，其〈鳥書考〉、

---

[11] 張曉明：《春秋戰國金文字體演變研究》（濟南：齊魯書社，2006 年），頁 82-84。
[12] 張曉明：《春秋戰國金文字體演變研究》，頁 85。

〈鳥書考補正〉以及〈鳥書三考〉三篇文章，[13]共收錄了 33 件鳥書器。1964 年增添新資料所作的〈鳥書考〉，[14]更對整個春秋戰國之際鳥蟲書的興衰作了簡單勾勒。

根據容庚的分析，可供考證的鳥蟲書人名材料，最早為吳王子于（即位於 526B.C.）、楚王孫漁（卒於 525B.C.），其次為宋公欒（514B.C.－451B.C.）、楚王畲璋（488－435B.C.）、蔡侯產（471－457B.C.）、越王者旨於賜（464－459B.C.）、越王丌古北（450－404B.C.），終於越王州勾（448－412B.C.）。假定王子于及王孫漁作器於公元前五五四年，至宋公得之卒於公元前四○四年，則鳥書之流行不過一百五十年。其有國名可考者，為越、吳、楚、蔡、宋五國，而以越國所作器為最多。[15]根據當時所見的 44 件帶鳥蟲書之青銅器進行分析，容庚認為鳥蟲書的流行時間約始於西元前六世紀下半葉至西元前五世紀末葉共一百五十年之間，而流行地區顯然是以南方文化區與吳越文化區諸國為主。

曹錦炎在 2014 年出版的《鳥蟲書通考（增訂版）》一書則是在容庚觀點基礎上，參考新出資料再作進一步分析。其指出：

> 從容先生著文至今，又過去近五十年，陸續出土和刊佈的鳥蟲書材料已多達 391 件。根據現有的資料分析和筆者的研究，鳥蟲書主要流行於長江中下游地區，影響波及中原一帶。以先秦國別而言，見於越、吳、蔡、楚、曾、宋、晉、許、陳、應、郳、齊、徐等國；就年代可考者，最早的應屬楚王子午鼎（公元前 558 年），最晚的為越王不光劍（越王不光即越王翳，公元前 411-前 376 年在位），流行時間已接

---

[13] 容庚於 1934 年《燕京學報》發表〈鳥書考〉一文，隨後又於 1935 年、1938 年在同刊的 16 期、23 期發表〈鳥書考補正〉與〈鳥書三考〉二文，共考釋出鳥書 44 字，對於鳥蟲書研究有重要影響。

[14] 容庚：〈鳥書考〉，《中山大學學報》第 1 期（1964 年），頁 75-113。

[15] 容庚：〈鳥書考〉，《中山大學學報》第 1 期（1964 年），頁 88。

近二百年。[16]

曹錦炎從目前可見的三百餘件材料中，分析出鳥蟲書的流行時間應上溯至西元前六世紀中葉〈王子午鼎〉，終結於西元前五、四世紀之交，同時流行的國度增加了曾、晉、許、陳、應、郳、齊、徐諸國。除此之外，鳥蟲書的數量以越國器最多，因此若從材料看長江中下游鳥蟲書起源，楚國和吳越地區都是不宜忽視。[17]

綜觀容庚與曹錦炎的結論，可知春秋戰國鳥蟲書大約興起於春秋晚期。或許是受到春秋中期銘文字體瘦長化傾向的影響，最早的鳥蟲書銘文－春秋晚期〈王子午鼎〉（2811），其表現方式如：「永」作「🐍」、「吉」作「🔧」、「子」作「⬛」，都可以清楚看到筆畫刻意轉折、拉長或是增加飾筆的現象。儘管〈王子午鼎〉的銘文與直接增添鳥形的鳥蟲書仍有不同，不過這種將文字形體或筆畫盡可能拉長蜷曲的傾向，確實可以視為鳥蟲書發展的先聲。

以「王」字為例，〈王子午鼎〉的「🔨」字寫法必然影響到〈楚王酓肯盤〉（10100）「🦅」的表現，「🦌」的寫法也呈現鳥形。由此可知，在鳥蟲書的形成過程中，楚國銘文瘦長化是尤其不可忽視的因素，除〈王子午鼎〉外，如同樣出土於淅川下寺的〈敬事天王鐘〉（73）、〈倗之簠〉（4471）、〈蔡侯盤〉、〈䣄鐘〉（圖成 15351-15359）等器也都鑄勒著相似形態的銘文，不難想見此風氣經過一定時間的發展，鳥蟲書便在楚文化的影響之下，於南方與吳越文化區逐漸成熟、定型。

除此之外，值得進一步探究的問題是，鳥蟲書銘文興盛後是否存在歷時性演變？春秋與戰國兩階段的鳥蟲書有何不同？關於此點，林素清曾提出過論述，其認為春秋末葉以前所見之鳥書，附加鳥形之字通常只占全篇之少

---

[16] 曹錦炎：《鳥蟲書通考（增訂版）》（上海：上海辭書出版社，2014 年），頁 5-6。

[17] 曹錦炎指出：「從數量上統計，僅屬於越國器者就超過半數。無論在時間上，還是在空間上，或者是在數量上，都有較大突破。從材料看，對於長江中下游鳥蟲書的起源，楚國和吳越地區都是不宜忽視的。」《鳥蟲書通考（增訂版）》，頁 5。

數，而所附加之鳥形往往較容易與本字拆離，不加鳥飾之字也少作變化，很容易分辨出附加鳥形與不加鳥形之字來。如：吳季子之子劍、楚王孫漁戈等。戰國以後鳥蟲書則不然，不僅鳥飾增加，鳥飾與本字之結合也較為密切，不易拆離。很明顯的不同更在於那些不加鳥飾之字也作部分變化，以與鳥蟲書體相配合，其變化方式通常是：刻意盤旋迴繞，或增加簡單彎曲線條，使通篇文字更趨一致，且更為流麗生動。如：楚王畬璋劍、越王丌北古劍、蔡侯產劍等。[18]

儘管林文發表至今已二十餘年，此間亦有不少新出鳥蟲書材料，不過就目前所見之有銘青銅器來看，其結論仍大致不誤。如以吳國銘文為例，除〈攻敔王光戈〉（11151）「　」以及〈吳王光趄戈〉（11257）「　」字稍作盤旋迴繞之姿外，其餘則作一般王形；或如〈王子于戈〉（11207）「　」，雖然乍看之下繁複華麗，但若將字體上下分別，則可輕易拆離「王」字與鳥形。又如「用」字在春秋晚期雖有各種增添鳥形的寫法，不過不管是作「　」、「　」、「　」、「　」、「　」、「　」等形，都可輕易拆離本字與鳥形。「用」字在戰國時期的寫法則作「　」、「　」、「　」，可明顯感受到筆畫纏繞且與鳥形融為一體的趨勢，其後更發展出「　」、「　」等形，直接將「用」形轉化為鳥體的一部分，完全無法拆離鳥形與本字。由此可見，春秋晚期絕大多數的鳥蟲書銘文確實可以輕易辨識出本字，相對於戰國鳥蟲書刻意將文字線條盤旋迴繞，以致與鳥形融為一體的風格，顯得較為疏朗明確，而此差異正可作為判別春秋與戰國鳥蟲書的主要標準。

藉由上述文獻回顧與例證統整，大致可勾勒出春秋晚期鳥蟲書的興起脈絡。我們大約可以說，春秋中葉的中原與東方文化區逐漸形成一股銘文瘦長化的風氣，此時的銘文線條被拉長，形體也漸趨長方，少數筆畫甚至為求美觀而作蜷曲狀，使銘文不再是單純的記事或記史文字，同時也有裝飾美化

---

[18] 林素清：〈春秋戰國美術字體研究〉，《中央研究院歷史語言研究所集刊》第六十一本第一分，頁49。

的功能。此現象說明漢字的結構發展至此已漸趨穩定,書寫者得以在規範化的架構底下進行各種變化與修飾。雖然目前所見的春秋中期有銘青銅器數量並不多,不易說明此種銘文瘦長化風氣的具體流行範圍及狀況,不過由例證看來,這股風氣極有可能是漸次往南發展,進而影響另一個成熟且廣泛的青銅器文化區,亦即南方文化區。

春秋晚期以後發展出成熟的鳥蟲書,我們可以在不少南方諸侯國的青銅器上看到筆畫蜷曲之銘文。若根據曹錦炎之觀點,鳥蟲書的發端當為楚國的〈王子午鼎〉(2811),從其鼎銘可知春秋晚期尚未發展出增添鳥形的美術字體,而是強調筆畫之蜷曲與細長,因此不難連結〈王子午鼎〉銘文與春秋中期銘文瘦長化風氣之關係。

類似情況也可在春秋晚期的曾國青銅器中獲得印證,雖然曾國是被視為使用鳥蟲書的國度之一,不過春秋晚期的曾國銘文也很少增添鳥形,多半是將筆畫拉長並作捲曲狀,表現形態較接近〈王子午鼎〉。相較於南方文化區諸國,此時期吳越兩國已發展出增添鳥形的鳥蟲書,但其表現如林素清所言,雖然因增添鳥形而使銘文顯得極度美術化,但仔細分析後仍可發現鳥形與本字較易拆離,且增添鳥形的銘文在整體比例上亦不算多。換言之,即使鳥蟲書在春秋晚期已明顯邁向成熟穩定,不過仍面臨如何協調鳥形與本字關係的問題,而兩者真正達到穩定完美之平衡則須至戰國時期。

第二節　邁向華美:鳥蟲書的區域發展

春秋晚期鳥蟲書在南方文化區與吳越文化區頗為盛行,形成強烈的地域性特徵,同時影響了戰國銘文的表現。過去學者對這方面討論已相當豐富,但需進一步探問的是,鳥蟲書形成之後,各地域間是否存在表現上的差異?鳥蟲書的流行區域除南方文化區與吳越文化區外,尚包含宋、齊等諸侯國,何以位於長江以北的國家也出現鳥蟲書銘文?該地之鳥蟲書與南方流行之鳥蟲書關係為何?是否存在彼此影響之關係?凡此種種疑問皆為本節

欲進一步討論之處。

　　過往的研究者曾試圖從鳥蟲書的構形或風格差異，辨析各地區的書寫特色，林素清經過初步整理發現，增添鳥、蟲形或簡化鳥蟲紋飾的寫法，以吳、越、楚、蔡等地文字最為常見，齊魯、三晉以及西秦均未見，故此當是東南地域特有的繁飾。若再仔細區分，也不難發現各地也有若干差異，其中鳥形或鳥頭紋飾僅加在文字上方者為越地獨有，且越文字所附加鳥形往往更接近水鳧之形。至於鳥紋類似獸頭者則僅見吳、宋。簡化的鳥紋和彎取線條交錯使用的方式，以吳、越地域所見較多，楚地次之。蟲爪形紋飾的添加以楚文字最多。[19] 由此可知，吳、越、楚、宋等國雖都使用鳥蟲書，但在細微處仍呈現出差異。

　　顯然不僅各國對於鳥形描摹的風格迥異，連增添鳥形或蟲爪形亦隨國家之不同而各有異趣，甚至連鳥形與本文之間的安排也略有不同。由此可知，即使鳥蟲書的使用集中於南方與吳越文化區，但各國似乎也有屬於自己的獨特風尚，一般習見增添鳥形於上方的鳥蟲書可能只是越國特殊風尚，而吳、宋的鳥形紋飾則表現在其他位置，不過彼此之間究竟有何細部之不同？而鳥蟲書之構形究竟又有哪些？便需要再做進一步的討論。

　　學者很早就開始關注鳥蟲書的構形方式，並對此展開討論，其中最早針對鳥蟲書構形進行分類者亦是容庚。其於〈鳥書考〉一文曾將鳥蟲書分為三類，分別是：原字之外加一鳥或二鳥以為紋飾者、鳥紋與筆畫混合而易分離者、筆畫作簡單鳥紋者。[20] 不過可惜的是，容庚並未進一步處理構形差異與國別之間的關係，其後馬國權也採取相同模式，再細分為十三種類型，[21] 然

---

[19] 林素清：〈春秋戰國美術字體研究〉，《中央研究院歷史語言研究所集刊》第六十一本第一分，頁 39-41。

[20] 容庚：〈鳥書考〉，《中山大學學報》第 1 期（1964 年），頁 88。

[21] 馬國權共分為以下十三類：一、寓鳥形於筆畫者；二、寓雙鳥形於筆畫者；三、附鳥形於字上者；四、附鳥形於字下者；五、附鳥形於字左者；六、附鳥形於字右者；七、附雙鳥形於字上者；八、附雙鳥形於字之下者；九、附雙鳥形於字之上下者；十、附雙鳥形於字之左右者；十一、寓雙鉤鳥形於筆畫者；十二、附雙鉤鳥形於字旁者；十三、附

馬氏分類過於瑣碎且未討論構形與地域之關係，故學者較少採用其說。林素清則是統整為四大類，大類下再區分若干小類，詳細內容如下：

（一）增一全鳥形：鳥形添於字下、鳥形添於字上、鳥形添於字左、鳥形添於字右

（二）增雙鳥形：雙鳥分置字之左右、增雙鳥於字上、增雙鳥於字下

（三）增簡化之鳥、蟲形紋飾

（四）增蟲、爪形[22]

林文不僅對鳥蟲書構形進行分類，更於各小類中分析各國不同的構形差異，例如：鳥形添於字上者多為越國字、增蟲、爪形者則多為楚國字。藉此看出不同鳥蟲書構形與地域之間的差異，只不過林文並未另立專章針對各國的鳥蟲書作更進一步的討論，因此曹錦炎的《鳥蟲書通考（增訂版）》除在林氏分類基礎上增加「寓鳥形於筆畫中」以及「增其他紋飾」二類之外，[23]更對各國鳥蟲書構形進行簡單概說，並論述彼此的差異與交互影響關係。本節將立基於前賢的研究成果，分別從南方文化區、吳越文化區與其他文化區等三方面切入，勾勒春秋晚期鳥蟲書在各地的發展情形。

一 南方文化區：楚、蔡、曾國鳥蟲書

春秋晚期南方文化區鳥蟲書的分布以楚、蔡、曾、許[24]等國為主，而楚國更是挾帶著強大政治優勢成為影響周邊各國的文化強權，因此若欲瞭解

鳥形於二字之間者。詳見氏著：馬國權：〈鳥蟲書論稿〉，《古文字研究》第十輯，頁149-152。

[22] 林素清：〈春秋戰國美術字體研究〉，《中央研究院歷史語言研究所集刊》第六十一本第一分，頁38-39。

[23] 曹錦炎：《鳥蟲書通考（增訂版）》，頁16-17。

[24] 許國鳥蟲書見於1990年河南淅川徐家嶺M9出土之《許公戈》（新收531），其字體纖細彎曲、增添肥筆或圓點造成對比效果，當也是在楚國影響下形成。然因例證較少，故不於正文論述，茲以註腳說明之。詳見曹錦炎：《鳥蟲書通考（增訂版）》，頁443。

南方文化區鳥蟲書的發展情形，必需先認識楚國鳥蟲書。基本而論，楚國鳥蟲書風格多樣，其繁飾構形既有寫實的鳥，也有簡化的鳥、蟲飾，更有添肥飄逸的所謂「蚊腳書」。[25]雖然看似難以統一出特定風格，不過大致可歸納出兩個特點：

　　第一，字體修長、豎筆收筆作人跪坐姿勢的筆法。此種表現以春秋晚期的〈王子午鼎〉（2811）銘文最為典型，而其對蔡、越等國的影響更是顯而易見，例如：〈蔡公子加戈〉（11148）「　」、〈者沪鎛〉（120-132）「　」等字，其收筆跪坐之姿與增添肥筆的方式均有相似之處。第二，為鳥形特徵與吳國類似，多鳥嘴較尖而往前凸出者，但楚國鳥尾大多較長，有的甚至長於鳥身兩倍，[26]如〈楚王孫漁戈〉（11153）「　」。值得注意的是，雖然春秋晚期已出現〈楚王孫漁戈〉等鳥蟲書銘文材料，不過數量仍然偏少，因此第二種特色遲至戰國時期才逐漸顯露，春秋時代並沒有太多增添鳥形的銘文。儘管如此，在鳥蟲書發展史當中仍不能輕易否定春秋晚期楚國銘文的影響力，畢竟如〈王子午鼎〉彎曲跪坐的書體風格仍深刻地影響了南方與吳越文化區的國家。

　　至於蔡國的鳥蟲書正是在楚國勢力影響下發展出自我風格，其多半字體修長，富有藝術美感。筆畫方面則採取繁複的裝飾手法，即在字體中段或收筆處彎曲周折，以加強字形的長度和圓轉之美，如〈蔡侯盤〉（10171）「　」、〈蔡侯申鐘〉（210）「　」、〈蔡公子義工簠〉（4500）「　」。部分銘文更以增加肥筆來取得對比效果，[27]如〈蔡公子加戈〉（11148）「　」、「　」，加上構形十分自由，充分表現出濃厚的裝飾美化意味。

　　除此之外，蔡國鳥蟲書最大的特色在於似龍似鳥的花紋，其鳥嘴多不尖，與常見的尖嘴鳥飾相當不同，而且鳥形裝飾與本字往往相互分開，容易

---

[25] 曹錦炎：《鳥蟲書通考（增訂版）》，頁 19。

[26] 許仙瑛：《先秦鳥蟲書研究》（臺北：國立臺灣師範大學，1999 年），頁 115。

[27] 曹錦炎：《鳥蟲書通考（增訂版）》，頁 18。

拆離，如〈蔡侯產劍〉（11602）「󰀀」、「󰀁」；但也有相互交錯者，如〈蔡公子加戈〉（11148）「󰀂」即是「用」字與鳥形融為一體。整體而言，蔡國的鳥蟲書的筆劃極為修長，豎筆收筆曲折處也如人跪坐之姿，顯然與楚國在春秋戰國之際的字體特點相近。[28]值得注意的是，春秋晚期蔡國鳥蟲書除了呈現字體修長以及彎曲豎筆特色之外，兵器上也有不少增添鳥形的銘文，例如：〈蔡侯申戈〉（11142）「󰀃」、〈蔡公子果戈〉（11146）「󰀄」等；至於春秋晚期的〈蔡侯劍〉（11601）「󰀅」、「󰀆」等字，則是以增添肥筆取得對比效果。大抵而言，蔡國鳥蟲書雖是受到楚國文化影響才逐漸形成，但其演變似乎比楚國來得快速且具有自我風格，因此在春秋晚期蔡國銘文中已能看到鳥蟲書的各種表現。

西周晚期到春秋中期的曾國銘文基本延續宗周文化，字體方正，線條平直規整，[29]但是春秋中期以後曾國銘文的書寫風格明顯受到楚國影響，然表現卻與蔡國完全不同。春秋晚期曾國銘文的字體變得特別細長，線條均勻彎曲，明顯朝藝術化的方向發展，更承襲了楚國銘文的特色。相較於蔡國鳥蟲書的發展快速，此時期的曾國鳥蟲書很少看到增添華麗的鳥形紋飾，一般都選用簡單鳥形或稍微變形之蟲形，起筆處用像矢鏃的紋飾，使得長筆畫帶有變化。[30]同時筆畫中使用小圓點飾筆之情形也比較少，多半呈現字體細長並略作捲曲之形，如：〈曾侯與鐘〉「󰀇」、「󰀈」，〈曾媵朱姬簠〉（圖成 5803）「󰀉」、「󰀊」、「󰀋」，〈曾都尹定簠〉（圖成 5783）「󰀌」、「󰀍」等器。至於典型的鳥蟲書，張昌平認為大約春秋戰國之際才在曾國真正形成，[31]因此我們可以曾侯乙墓出土的編鐘和青銅兵器上見到，例如：〈曾侯戉戈〉（圖成 16753-16754）「󰀎」、「󰀏」。大抵而言，曾國增添鳥形的鳥蟲書數量並不多，且多採較易與本字拆離的寫法，鳥形添加於本字下方，風格上比較接近春秋末葉的

---

[28] 曹錦炎：《鳥蟲書通考（增訂版）》，頁 110。
[29] 張昌平：《曾國青銅器研究》，頁 244。
[30] 曹錦炎：《鳥蟲書通考（增訂版）》，頁 118。
[31] 張昌平：《曾國青銅器研究》，頁 244。

表現。

　　整體而論，春秋晚期南方文化區的鳥蟲書多在楚國影響下發展而成，如蔡、曾二國都繼承了〈王子午鼎〉銘文瘦長、豎筆捲曲之風格，而蔡國更承襲了使用肥筆增添對比效果之特色，顯示南方文化區鳥蟲書的特殊共性。除此之外，春秋晚期乃是鳥蟲書萌芽階段，儘管楚國部分青銅兵器已出現成熟的鳥蟲書，蔡、曾二國也開始受到楚國銘文美術化傾向影響，但各國的發展進程似乎略有不同。蔡國顯然比較順利地接受增添鳥形或肥筆的新興風尚，並於春秋末業已發展出成熟的鳥蟲書銘文；而曾國並未受到楚國使用肥筆的影響，增添鳥形的銘文也遲至戰國早期才開始出現，且表現形式不如蔡國來得華美。由此可見，雖然曾、二國都屬同一文化區範圍，但隨著國情的不同，其發展次序亦有先後之別。

二　吳越文化區：吳、越鳥蟲書

　　吳、越二國是鳥蟲書發展最為興盛的地區，共同處在於都受到楚國的影響，也承襲了瘦長、增添鳥形等銘文特徵，故許多學者論及鳥蟲書時多將二國一併觀之，不過現今也有學者認為兩國鳥蟲書有其不同之處，應當分別觀之。

　　若論及兩國鳥蟲書最大的差異，曹錦炎就認為當在越國鳥蟲書多以尖嘴、寫實性的鳥形為飾筆，但也有以幾何化線條或簡化的鳥、蟲飾筆來取代寫實的鳥飾者；至於吳國則喜用肥筆，且其構形主流與越國有明顯差別，反而與宋、蔡較為相近，同時尚有一系列數量較少但與越國鳥蟲書毫無二致的形式。[32]這段敘述點出了吳、越兩國互相交融卻又各自不同的鳥蟲書樣態。除此之外，許仙瑛也對於吳、越兩國鳥蟲書有過更詳細的分析，其指出越國鳥蟲書像小鳥張口之形，鳥形像浮於水中的狀態，且整個字形比他國小一

---

[32] 曹錦炎：《鳥蟲書通考（增訂版）》，頁 19。

點，而佈局大部分以正方形為主。[33]而吳國的鳥蟲書則有兩大特點：一者為鳥嘴凸出而尖銳，多為立鳥之形，而且筆劃都很柔美；二者則是有些字形用雙鳥對稱的結構。整體說來，吳國鳥蟲書的鳥形很明顯，而且富有宛蜒柔美之感。[34]由此可見，吳、越兩國不僅對鳥形的偏好、描繪方式不同，其呈現出的書體風格也各具差異，越國似乎較為方正謹飭，吳國則較為細長柔美。

　　若根據施謝捷《吳越文字編》的彙整，不難發現除鳥形和字體風格差異外，吳、越兩國鳥蟲書的表現還有幾處區別：

　　第一，越國使用鳥蟲書之比例明顯較吳國高，像是越國較常以鳥蟲書呈現的「　」、「　」、「　」、「　」等字，在吳國均較為罕見，而且總體數量亦遠不及越國。此數量之差別可能肇因於吳國的覆滅時間較早，林素清曾指出文字添加繁飾，較早期有春秋中晚葉的鳥蟲書體，以及春秋中晚以來零星散見的一些增添圓點和橫畫字體，而大規模成體系地增添裝飾性筆畫，無疑是戰國以來特有的習向。[35]鳥蟲書之發展亦是如此，其成熟於春秋戰國之際，真正的興盛時間是進入戰國以後，而吳國覆滅於西元前 473 年，距離〈王子午鼎〉（2811）的製作時間（西元前 558 年）僅僅不過 85 年。況且〈王子午鼎〉銘只是在筆畫上更加宛蜒曲折，尚未發展出一般習見的增添鳥形銘文，因此嚴格定義下的鳥蟲書當要更晚才會出現，因此吳國的鳥蟲書數量自然比國祚多延續 167 年的越國要來得更少。

　　第二，吳、越二國鳥蟲書在文字與鳥形的構成方面亦見寫實與抽象之不同，若以「用」字為例，則可發現越國鳥蟲書多作下表之形：

---

[33] 許仙瑛：《先秦鳥蟲書研究》，頁 95。
[34] 許仙瑛：《先秦鳥蟲書研究》，頁 103。
[35] 林素清：〈春秋戰國美術字體研究〉，《中央研究院歷史語言研究所集刊》第六十一本第一分，頁 31。

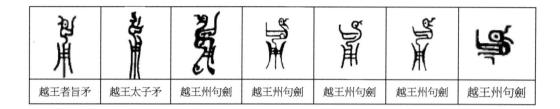

越王者旨矛	越王太子矛	越王州句劍	越王州句劍	越王州句劍	越王州句劍	越王州句劍

吳國鳥蟲書則作下列之形：

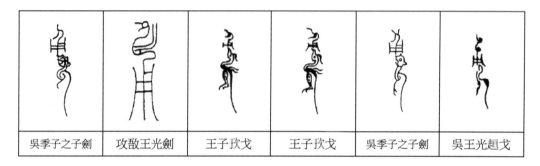

吳季子之子劍	攻敔王光劍	王子玖戈	王子玖戈	吳季子之子劍	吳王光趞戈

通過列表可以比較明顯的看出，越國銘文的鳥形除加於本字之上外，甚至出現融本字於鳥形之中的例證；而吳國銘文之鳥形除加於本字之上外，尚有加於本字之下者，形成纖細柔美之風。同時兩國在鳥尾的表現方面也有所不同，越國鳥尾往往短而上翹，顯得方正而剛強，吳國鳥尾則下垂而修長，較為婉約柔媚，更似楚國鳥蟲書風格。至於兩國在鳥形本身之表現確實也有所不同，如同學者所言，越國鳥蟲書較傾向展現寫實的張嘴之鳥形，比起鳥形則更接近梟形，而吳國則多為立鳥尖喙之鳥形，但也有少數鳥形作風與越國十分相似，甚至不易辨認者，而這類例證學者早已整理，故此處不再贅舉。

　　整體而論，吳越文化區鳥蟲書雖受楚國影響，但經過發展仍與南方文化區存在較明顯的差異。吳、越二國多喜好增添鳥形或肥筆的寫法，較少見到豎筆末端彎曲成跪坐狀之風格，尤其是越國鳥蟲書更維持方正謹飭的雄渾風格，與楚、蔡、曾、吳等柔美之姿呈現強烈對比。由此看來，春秋晚期雖是鳥蟲書逐漸形成之階段，但各地已開始嶄露不同特徵，呈現出一幅既相近又具有個性之圖景。

三 其他文化區：宋、齊鳥蟲書

　　過去觀點認為春秋戰國的鳥蟲書僅流行於南方，不過近來學者陸續指出中原地區或其他文化區之國家也有使用鳥蟲書的例證。例如：曹錦炎通過對〈玄鏐戈〉的研究，試圖修正傳統認為鳥蟲書僅是流行於南方諸國，而不見於中原地區的看法。[36]此外，根據日本大阪市立美術館所藏的〈徐王義楚鍴〉、〈齊象邑戈〉、〈應侯啟戟〉等銘文，也發現其他地區有鳥蟲書的痕跡，只不過沒有長江中下游地區如此盛行。[37]由此看來，曹錦炎顯然認為徐國、宋國、齊國和應國等非南方或吳越文化區諸國，其實都曾出現鳥蟲書銘文，只是數量較少而且無法形成流行風氣。然而在曹氏所舉的列國鳥蟲書中，部分例證仍有疑慮，學者未必完全認同，例如：宋、齊是否存在鳥蟲書便曾引發過論戰，故以下針對兩國的鳥蟲書進行討論。

　　首先，宋國可見的鳥蟲書材料，目前有〈宋公得戈〉（11132）、〈宋公欒戈〉（11133）二器，雖然可參照的例證不多，不過從「𩫖」、「𩫖」兩字看來，宋國似乎較喜歡使用對稱鳥形，或寫實或簡略，而鳥形和本字也有融合的情形，如：「宋」字的宀旁便與鳥形融為一體。由此看來，宋國銘文確實曾出現過增添鳥形的寫法，只是表現方式與南方諸國或吳、越二國略有不同，至於此種增添鳥形之寫法是否曾於宋國形成風尚？實因可參照之器物材料過少，故難以對之作進一步的探討。

　　其次，齊國是否存在鳥蟲書也是曾經爭論不休的問題。曹錦炎在 1999 年出版的《鳥蟲書通論》最早指出《商周金文錄遺》曾著錄一件「齊象邑戈」，認為乃是齊國象邑地方所造，銘文 4 字，其中二字為鳥蟲書。此二字分別為「齊」與「象」，銘文中「齊」字下端飾鳥足、尾；「象」字改造原有筆畫成

---

[36] 曹錦炎整理目前所見之《玄鏐戈》，認為出土於河北曲陽、邢臺；河南新鄭、南陽；山西忻州；陝西洛南等地之《玄鏐戈》都屬於三晉地區，且製造國也應為三晉地區之國家，據此證明春秋戰國時期該區當有鳥蟲書流傳。詳見曹錦炎：《鳥蟲書通考（增訂版）》，頁 21-56。

[37] 曹錦炎：《鳥蟲書通考（增訂版）》，頁 19。

為鳥足、尾，曹氏又指出「**儘管其鳥形裝飾手法顯得那樣的幼稚，但其構形屬鳥蟲書則是無可非議的。**」[38]此觀點在 2014 年重新收版的《鳥蟲書通論（增訂版）》仍被保留，可是其依舊認為此例是一個足以證明齊國鳥蟲書的明確根據。

曹錦炎所謂的「齊象邑戈」即是後來收錄於《殷周金文集成》10989 號的「齊□造戈」。施謝捷曾對此戈進行過詳細考釋，認為戈銘當釋作「齊城鄘」，並指出銘文首字「　　」中間部分的鳥首形，當屬添加的裝飾性符號，與銘文無關。文末又言：「**此戈可能是目前所知首件帶鳥蟲篆的齊器，不過從楚戈銘借「鄘」為「造」的情況看，此戈為楚佔領齊城後所製的可能性似乎也不能排除。**」[39]換言之，雖然從器銘看來當屬齊國之器，但施謝捷顯然認為不能據此斷定齊國已有鳥蟲書。

正因此疑慮，劉偉傑也曾撰文表達類似看法，其主要針對曹錦炎之論述提出批評，認為「**鳥書是以鳥頭為標誌的，如果某字中有鳥足或鳥尾的形狀，也應在整個作品的其他字中有鳥頭的情況下，纔可斷為鳥書。像這樣只據鳥足、尾就認定戈銘有二字為鳥蟲書，與一般的認識有很大的出入的。**」[40]劉氏顯然認為戈銘僅有鳥足、尾之形象，似乎不同意銘文首字「齊」中間部分為鳥首形。不過其後如張振謙等學者便予以反駁，認為「齊」字中間確為鳥首形，且第二字「城」字左側也確實有爪形符號。[41]若仔細觀察〈齊城鄘戈〉之拓片，則可發現施謝捷、張振謙等學者所言不誤，戈銘前二字的確存在明顯的鳥首與爪形，故此戈帶有鳥蟲書當是無可疑議之事，然而需進一步探問的是，是否得據戈銘判定齊國有屬於自己的鳥蟲書？

雖然施謝捷準確地考釋出〈齊城鄘戈〉（10989）銘文，不過其對於齊國

---

38 曹錦炎：《鳥蟲書通考》（上海：上海書畫出版社，1999 年），頁 20；《鳥蟲書通考（增訂版）》，頁 20。

39 施謝捷：〈東周兵器銘文考釋（三則）〉，《南京師大學報》第二期（2002 年 3 月），頁 158-159。

40 劉偉傑：〈所謂齊國鳥蟲書及相關問題〉，《管子學刊》第一期（2007 年），頁 42-44。

41 張振謙：〈齊國鳥蟲書考〉，《古文字學論稿》（安徽：安徽大學出版社，2008 年），頁 272。

鳥蟲書則保持較謹慎之態度，而張振謙有不同看法，其認為：

> 上戈銘中剩餘的一字「造」字，沒有裝飾性的鳥蟲書符號，嚴格來講
> 是不大能算是鳥蟲書的。但既然「齊」、「城」兩字為標準的鳥蟲書，
> 那麼同是來自一篇銘文的文字，其書法風格就無法簡單地一刀斷開。
> 也就是說，齊國的鳥蟲書並非像吳、越、徐、楚、蔡等國那樣嚴格、
> 那樣整齊劃一的，而是只有個別字，或者個別字的部分偏旁是鳥蟲書
> 書體，或呈現出鳥蟲書書體特徵。[42]

相對於其他學者，張振謙的結論較為中肯。其雖對齊國鳥蟲書持肯定態度，
但也注意到〈齊城鄑戈〉呈現出與吳、越、楚、蔡截然不同之風格，並將之
視為齊國鳥蟲書的地域性特徵。其又指出戰國時期與齊國東南相鄰者，乃是
盛行鳥蟲書之越國，同時補充一件出土於山東省沂水縣的鳥蟲書戈，不過認
為此為越國兵器。換言之，張振謙似乎認為齊國鳥蟲書較有可能受到越國影
響，主要原因是戰國時期越國勢力北上進入山東東南部，齊國受其文化影響
而產生具地域性特徵之鳥蟲書。

綜觀而言，齊、宋二國鳥蟲書文化都存在因材料不足而難以進一步判斷
流傳情形的問題，而在發現大量相關材料之前，筆者仍傾向較保守地看待二
國鳥蟲書使用狀態，暫不妄作推論。不過需要注意的是，林素清已指出春秋
中期齊、宋二國銘文皆有瘦長化傾向，此傾向又間接地造就南方與吳越文化
區鳥蟲書之出現與盛行，若由此觀點切入，或許正因齊、宋二國已然具備對
鳥蟲書的審美意向，因此較容易接受這個新興風氣。況且宋國鳥蟲書材料見
於春秋晚期，若南方諸國挾帶已然成熟的鳥蟲書文化北上，使得齊、宋受其
影響而將之應用於自造之青銅器，亦是不難理解之事。

---

[42] 張振謙：〈齊國鳥蟲書考〉，《古文字學論稿》，頁 272。

第三節　鳥蟲書的漢字文化史意義

本節的研究目的乃是將鳥蟲書置於春秋時代文字演變脈絡下進行觀察，企圖從宏觀視角考察春秋文字構形演變特徵。前兩節的研究表明，春秋中期銘文的瘦長化傾向間接造就了鳥蟲書誕生，雖然兩種書寫習慣仍有一定差距，不過從目前所見最早的鳥蟲書銘文〈王子午鼎〉（2811）卻可看出彼此之間的密切關係。有鑑於此，本節將再次以〈王子午鼎〉為基準，從字體的角度探究鳥蟲書對漢字書寫所造成的影響，乃至於鳥蟲書形成的社會背景其及所反映之時人心態。

一　鳥蟲書與漢字書寫

欲論及鳥蟲書與漢字書寫之關係，首先需再次細究〈王子午鼎〉（2811）銘文的書寫特徵，並以此為基準點，下推吳、越、楚、蔡等地的鳥蟲書，旁涉其他地區同時期的彝銘，以下即從文字的構形與線條兩方面討論之。

（一）飾筆或部件的增加

銘文構形方面而言，〈王子午鼎〉銘文對傳統構形未有太大衝擊，其主要特色在於飾筆、偏旁的增加，為方便討論，將援引同時期的〈與兵壺〉（圖成 12445）銘文進行比較與參照。

〈與兵壺〉乃春秋中晚期的鄭國器，器主雖自稱「鄭太子之孫與兵」，但史籍未載，不知具體為何人。〈與兵壺〉字體瘦長，明顯受到春秋中期書寫風尚的影響，可視為中原文化區的代表，而其所呈現之書體特徵又與〈王子午鼎〉相當不同，以兩者同見之字為例，列表如下：

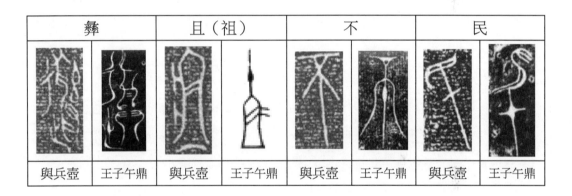

隹		王		睪（擇）		用	
與兵壺	王子午鼎	與兵壺	王子午鼎	與兵壺	王子午鼎	與兵壺	王子午鼎

彝		且（祖）		不		民	
與兵壺	王子午鼎	與兵壺	王子午鼎	與兵壺	王子午鼎	與兵壺	王子午鼎

　　從以上八個同見字例中，不難發現兩器銘文風格雖不盡相同，但構形上未有太大不同，頂多是飾筆或部件的處理方式各有異趣。多數增添飾筆的字例差異不大，例如「子」、「且（祖）」、「不」等字都僅是將筆畫填實或增添圓點，而其中區別較顯著者為「隹」、「用」、「彝」、「民」四字，以下詳細分析：

　　〈與兵壺〉的「隹」是在傳統字形下作向下拉長的處理，使尾端顯得特別細瘦，而〈王子午鼎〉的尾端也是特別拉長，此外更在中段部分以迴圈表示，同時集中右方四筆並拉長捲曲，營造鳥羽之形，使整個「隹」字彷如一隻斂羽休息的長尾鵲鳥。「用」字的處理方式亦是如此，〈與兵壺〉的「用」字也僅將中間豎筆拉長、集中抬高三筆橫畫，以形成簡練細長的風格。不過〈王子午鼎〉並未刻意將橫畫抬高，而是增添豎筆的肥筆，更將中間豎筆彎曲，下部捲作鳥形，甚至增添類似鳥羽的筆劃，此種處理方式已接近下部增

添鳥形的鳥蟲書，可視為先聲之作。

　　至於「彝」字的處理方式也很特殊，兩者都从糸部，且對右半部件都有進行調整。〈與兵壺〉「彝」字右半已幾乎無法辨別反縛人形，下方的「廾」也不見雙手之形，而〈王子午鼎〉「彝」字上半更為抽象，雖然下方讓保留「廾」形，但兩者都為了維持字形的美觀與均衡，對右半反縛人形進行了相當程度的變造，以致於幾乎無法辨認出原始寫法。最後從〈王子午鼎〉的「民」字表現方式，不難發現其上部頂端刻意拉長分岔為鳥頭之形，使得整個字彷若一隻鳥正站立在十字支架上休憩，清楚感受到朝鳥蟲書發展的傾向與企圖。

　　嚴格而論，〈王子午鼎〉真正增添類似鳥形部件的只有「用」字，而「隹」與「民」則是藉由筆畫的變化，營造出鳥形意味。可以說狹義鳥蟲書在〈王子午鼎〉銘文中的比例相當低，而學者之所以認為其為鳥蟲書的開端，應當就是以此三字為基準，視其為最主要的標竿。

（二）筆畫的變化與流轉

　　鳥蟲書為漢字帶來最大的影響就是線條，除了為求字體瘦長化而拉長延伸的筆畫之外，蜷曲蜿蜒也是相當重要的特色。以下選擇〈與兵壺〉與〈王子午鼎〉構形相同，但筆畫處理方式不同之字例，以便於說明：

其		王		自		言	
與兵壺	王子午鼎	與兵壺	王子午鼎	與兵壺	王子午鼎	與兵壺	王子午鼎

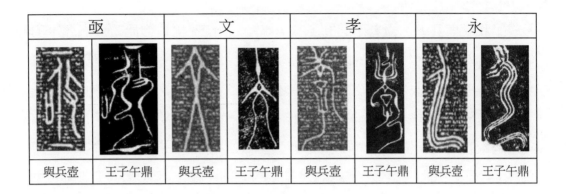

亟		文		孝		永	
與兵壺	王子午鼎	與兵壺	王子午鼎	與兵壺	王子午鼎	與兵壺	王子午鼎

　　在上舉的八例文字之中，都未見明顯的構形差異，但字體均形成截然不同風格。風格差異較小者為「王」、「言」、「文」、「永」四字，「王」字從西周開始即是上部兩橫畫較為集中的寫法，〈王子午鼎〉基本延續此習慣，僅在下部橫畫的兩端向上延伸，並加以捲曲；〈與兵壺〉的「王」字寫法雖然筆直簡練，但結構布局卻呈現較晚期的風格。「言」字的差異更小，但可以明顯看出〈王子午鼎〉寫法更為纖細狹長。至於「文」字的風格差異，更可看出兩者審美之不同，〈與兵壺〉的「文」基本由四條直線交會組成，然〈王子午鼎〉的「文」字不僅將頂端拉長為直畫，更於中間增添圓點飾筆；下部交叉的兩筆則是刻意彎曲，具有一種柔媚之感。最後是「永」字，不難看出兩者構形完全相同，但〈王子午鼎〉「永」字明顯追求彎曲，並藉由筆畫的曲折，營造圖畫形象，宛如一人跪坐之姿。

　　上舉字例風格差異較大者為「其」、「自」、「亟」、「孝」四字。兩器「其」字的差異相當明顯，〈與兵壺〉即是在春秋典型寫法下稍作瘦長的變化，但〈王子午鼎〉卻於許多細節處作出更動，例如「其」上端展開的兩筆畫，刻意拉長彎曲如兩條觸角，表畚箕意的交叉處也改為網狀，下端更分解連筆，改由兩筆微捲構成，使整個「其」字彷如一昆蟲形。「自」的處理方式較易辨認，除上端豎筆增添圓點外，下方連筆處也被分解為兩筆微捲，可見〈王子午鼎〉對於這類筆畫皆會以相同方式處理。「亟」字則是相當有趣的例子，〈王子午鼎〉大量採用曲筆與肥筆，雖然因此使字體結構顯得有些鬆散，卻

形成了和〈與兵壺〉極為不同的風味。「孝」字情況也是如此，通過曲筆與肥筆的相互配合，〈王子午鼎〉的「孝」字重心明顯下降，而〈與兵壺〉原本相當集中的上部筆畫，在此處則增添許多變化的空間。

上述研究表明，〈王子午鼎〉雖已被視為鳥蟲書的起始，但絕大多數銘文僅是筆畫的曲折變動，構形方面除了增添飾筆外，並未見太大改動。整體而言，〈王子午鼎〉確實奠定鳥蟲書發展的方向，即在不破壞漢字結構的規範下，朝增添飾筆與彎曲線條的方式發展，最終發展出極為華麗繁複的鳥蟲書。

二 鳥蟲書的歷史意義

春秋晚期出現的鳥蟲書，可說是春秋銘文個性化的代表。不僅反映出春秋時代一股文字美術化與裝飾化的浪潮，更體現地域文化的崛起，因此鳥蟲書並非只集中體現在南方文化區，中原、北方及東方也都逐漸發展出不同美化修飾文字的技巧。關於這股美飾浪潮，過往學者已有詳細論證，故不再贅述，以下僅針對春秋鳥蟲書如何造成戰國文字乃至於漢字意義的影響進行討論，並嘗試說明其興起的意義與象徵。

多數學者認為鳥蟲書是時人有意的對漢字進行變造，反映當時的審美取向。從春秋中期開始，銘文字體越來越講究規整、勻稱，體式也逐漸加長，其萌芽時間大致與本書所謂「彝銘觀的變遷」相同，顯然在此巨大的變遷趨勢之下，人們除了思考銘文與青銅器之間的關係外，也對於漢字書寫與呈現方式有了不同思考與喜好。配合春秋晚期地域文化的成形，不同文化區對於漢字美化妝飾的方式也逐漸有了差異，不難發現南方鳥蟲書的流行，是以楚文字的美化為基礎，進階發展而成的。這股風潮吹向鄰近各國，並在吳、越的兵器銘文上做了最極致的發揮，甚至持續影響至戰國時期。

春秋鳥蟲書是如何影響往後的文字表現？從目前所見的字例看來，大致有兩種方向：首先是延續春秋晚期南方、吳越文化區已然成熟的鳥蟲書。

除春秋末期被滅國的吳國之外，楚、蔡、曾、越均出土大量戰國早期的鳥蟲書銘文，其寫法大致與春秋晚期的吳越鳥蟲書沒有太大不同，可見這股浪潮在此地應是很快速地蔓延開來。其次則是飾筆的廣泛流行。從上述研究可知，春秋中晚期少數銘文已有增添圓點或肥筆的傾向，成熟的鳥蟲書出現以後則是增添鳥形或爪形，但是大規模成體系地增添裝飾性筆畫，則無疑是戰國以來特有的習向。[43]戰國文字中普遍可見裝飾性圓點、裝飾性短橫畫，乃至於裝飾性兩橫畫的添加，不同地域也形成差異甚大的增添方式，這是漢字發展史上相當特別的一個階段，而學者們對於此種文字現象也有許多深入的研究與探討。

由此可說，鳥蟲書的出現雖然沒有改動漢字從甲骨文以來的組成結構，不過卻是帶動了春秋戰國字體美術化、裝飾化的風氣。我們並不能僅侷限於南方或吳越文化區所流行的狹義鳥蟲書，而須將思考放入整個漢字史脈絡，便可進一步思考文字美術化、裝飾化所反映的歷史意義究竟為何。若將眼光放回春秋中晚期萌芽的鳥蟲書來看，不難發現其出現代表著銘文的美術化與裝飾化。這個結論在許多學者的論述中已清楚表明，然而需要進一步思考的是，此種美飾傾向究竟只是代表春秋戰國時代的某種流行風尚，抑或是象徵著銘文的意義產生了改變？

仔細觀察鳥蟲書與青銅器之間的關係，可以發現一個有趣的現象。以被視為鳥蟲書萌芽的〈王子午鼎〉（2811）為例，其出土自河南淅川下寺春秋中晚期墓葬，而同出的有銘青銅器〈䱸子受鐘〉（圖成 15161-15169）及〈鄬子孟青嬭簠〉（圖成 5795）銘文都以鳥蟲書撰寫而成。同時期於浙江紹興出土的徐國器〈之乘辰鐘〉（新出 1409）也是由十分成熟、精美的鳥篆鑄成。上述器物以食器、樂器為主，屬於禮器的範疇，銘文所記述的內容也維持春秋習慣，敘述著器主擇其吉金、用饗賓客或先祖等事蹟。然而，春秋晚期開

---

[43] 林素清：〈春秋戰國美術字體研究〉，《中央研究院歷史語言研究所集刊》第六十一本第一分，頁 31。

始更多成熟、華麗的鳥蟲書並非見於禮器之上，而是兵器較多。以吳國為例，其所有鳥蟲書都見於劍、戈等兵器，而禮器如〈吳王光鑑〉（10298）、〈吳王夫差鑑〉（10294）則採用一般的銘文字體書寫。類似的情形也見於蔡、曾、越等國，尤其是越國格外明顯，除戰國早期少數鐘銘採用鳥蟲書之外，多半僅見於劍格等兵器零件。

上述現象說明著一股新的趨勢，亦即鳥蟲書的出現象徵著銘文逐漸失去追述祖先、記錄功績的功能，而是更進一步地與紋飾結合，形成一種以視覺為主要導向的美術字體。儘管過往學者多將鳥蟲書視為特殊美術字體，往往將之置於漢字發展史的脈絡之外，但是我們反而認為鳥蟲書的出現正是總結著整個春秋銘文的發展，並且體現出新的時代性與地域性，指引了戰國文字的發展方向。以發展脈絡來看，原來萌芽於禮器銘文的鳥蟲書，雖包含了許多令人炫目的飾筆技巧，然其仍然乘載著春秋普遍流行的鑄勒功名內容。不過很快地，鳥蟲書便退出禮器，而主要見於兵器之中，其內容除了表明兵器擁有者的身分地位之外，例如：在越國劍格內，僅作為標誌器主稱號姓名之用。更多時刻，鳥蟲書的功能是負責妝點青銅器，使之看來更為繁複華麗，像是更多的筆畫盤旋，以及蔡國的錯金鳥蟲書都令人強烈感受絢爛的視覺效果。

鳥蟲書的出現說明銘文已開始與紋飾融合，其主要功能已不再是述說先人或器主的功績，供人閱讀的考量在此逐漸消失。雖著日後的發展，我們可以看到戰國銘文越來越隨意的一面，包括刻銘的產生、鑄刻工名的傾向，說明著西周以來銘文神聖性與宗教性的衰落。即使距離銘文的衰亡還有一段時間，不過燦爛炫目的鳥蟲書是銘文藝術的頂峰，卻也是銘文走下坡的第一響喪鐘。

第四節　小結

本章的研究主題，乃是將鳥蟲書置於春秋時代文字演變脈絡下進行觀

察。從歷時性演變與地域性發展兩方面切入，主張春秋中期銘文的瘦長化傾向間接地造就鳥蟲書的誕生。雖然銘文瘦長化發展到實際增添鳥形仍有一段距離，不過從目前所見最早的鳥蟲書銘文〈王子午鼎〉卻可看出彼此的密切關係。此外研究表明，雖然鳥蟲書集中見於南方與吳越文化區，但各國實有各自風尚，通過分析可看出楚國鳥蟲書對周邊小國之廣泛影響，曾、蔡二國鳥蟲書都深具楚風；吳越文化區則有著互相交融又各自不同的鳥蟲書樣態，吳國偏細長柔美，越國則是嚴謹方正。

　　過往多認為鳥蟲書之流行僅限於南方地區，但近來已有學者針對宋、齊等國出現的相關材料撰文討論，甚至指稱已有所謂的「齊國鳥蟲書」。雖然本書對宋、齊二國是否存在仍抱持保守態度，但主張應考慮春秋中期二國銘文瘦長化傾向與鳥蟲書之關係。最後是從漢字史的角度觀察鳥蟲書，認為鳥蟲書的出現雖然沒有改動漢字從甲骨文以來的組成結構，但是帶動了春秋戰國字體美術化、裝飾化的風氣；而鳥蟲書的流行也說明了銘文開始與紋飾融合，述說先人、器主功績或供人閱讀的考量逐漸消失，甚至隨著發展可以看到銘文越來越隨意的一面，西周以來銘文神聖性與宗教性明顯衰落。從此角度而論，鳥蟲書可說在銘文演變脈絡中正扮演著轉折的角色。

第六章　結語

　　從西元前 771 年周平王東遷開始，到西元前 435 年三家分晉為止，春秋時期共經歷了 336 年。然而在春秋時期結束以後，戰國時期又延續了 214 年，在這 550 年間，通過許多地方性力量的相互競逐傾軋，最終孕育出一個具有實質支配權的政治力量─秦漢帝國。若將眼光拉遠來看，這是西周王朝為犬戎攻破鎬京之後，周人一次天翻地覆的轉變。周王室隨著東遷自權力頂端摔落，其後所形成之混亂而嶄新的局面，更使得人們進一步追求新的政治對抗以及社會關係。儘管春秋諸國看似仍服膺於周王室的治理之下，但因戰亂而離開家鄉鎬京的西周貴族們，早已在東部建立新的據點，重新開始不同以往的政治運作，這使得春秋成為充滿著既熟悉又陌生的過渡時期，即使有人曾試圖大聲疾呼，希冀返回榮耀的西周，然而新時代的巨輪仍不斷地向前滾動，一場周人社會的重構風暴，就在這三百餘年間輪番上演，直到新的政治局面與價值體系再度形成。

　　春秋時期在中國歷史上所留下的影響是全面且難以磨滅的，無論在政治、社會、思想與文化方面，都寫下前所未有璀璨而豐富的一頁。尤其是儒家思想的形成以及《詩經》、《左傳》等重要著作的流傳，不僅記錄了當時的歷史發展、思想觀念，更對後來的中國價值觀的塑造，乃至於整體文化產生巨大而顯著的影響。本書雖以青銅器與銘文作為切入的觀察視角，仍認為跳脫歷史文物的侷限，從更宏觀的角度來勾勒春秋歷史圖景是有其必要的。此處無意重新述說春秋時代對中國歷史所產生的種種重大影響，而是通過前幾章整理而得的結論，來看待春秋時期所出現的變化或某些端倪。

　　本書以考察春秋青銅禮器銘文演變與特色為主題，特別針對銘文外在形式、篇章減省、文辭表現以及文字構形等方面進行討論，試圖重構春秋銘文的發展脈絡，並使此研究得以進一步深化。試圖結合文字學、考古學、

歷史學以及藝術史學等領域之成果，呈現春秋青銅器銘文在漢字發展史中的定位，表明春秋銘文不僅繼承西周建立起來的銘文傳統，同時也開啟了戰國文字的多樣面貌。此論調貫串各個章節，為理解春秋銘文乃至於為漢字發展過程提供較全面的視角。綜上所論，本書大致可梳理出以下幾個成果及結論：

第一項成果乃是彙整 2014 年 12 月以前所公布的春秋有銘青銅器，並加以整理製表，共得 1007 筆可供研究資料。表格除登錄各青銅器器名外，尚包含著錄號、銘文字數、銘文鑄勒位置、出土地點、分域以及分期情況，不僅提供本書論述基礎，亦可作為認識春秋銘文或進行相關研究的參考。

春秋青銅器特色在於較以往強烈的地域性，加上春秋分期斷代不似西周爭議頗多，因此已有不少學者對青銅器的分期分域進行過理論性分析，甚至將之系統化運用於研究。然而目前多數分期分域架構仍多以青銅器為主，較少針對有銘青銅器進行專門討論，使得春秋銘文研究與當前建立之分期分域系統產生隔閡，影響進一步的深化工作。

本書第二個成果在於重新檢討相關成果，並調整出一套符合銘文發展脈絡的分期分域架構。通過分析前人建立的方法與標準，有效運用於春秋青銅器銘文分期之方法，選擇以「**標準器斷代法**」為主，「**考古類型學斷代法**」為輔進行討論，最後參考「**考古地層學斷代法**」，以建立符合本書需求之分期分域架構。分期方面得出「春秋」一朝起訖年代為 770B.C.～476B.C. 之結論，再區分早、中、晚三期，春秋早期為 770B.C.至 650B.C.，春秋中期為 650B.C.至 550B.C.，春秋晚期則是 550B.C.至 476B.C.；至於分域方面則是依據文字構形與風格之差異，建立中原、東方、南方、吳越、西秦等五大文化區，以便於其餘章節之進行與論述。

本書第三個成果乃是考察春秋青銅器銘文形式體裁之演變，並針對現象提出可能解釋。首先，通過銘文鑄勒位置的調查，突顯春秋與西周銘文相異之處，同時建構銘文與青銅器的相互關係。研究表明，春秋銘文表現

方式與西周傳統不甚相同，開始出現鑄勒於青銅器外部之情形，而且足以勾勒出銘文鑄勒位置由青銅器內部向外部移動的發展歷程。本書亦嘗試對此演變現象提出解釋，認為其或與周王權威之下降，諸侯貴族實力上升的社會背景有關，由於春秋貴族企圖通過青銅器彰顯自身功業，以獲得觀看者閱讀與認同，致使春秋時人面對青銅器的態度產生改變，亦令銘文由紀念意味轉向宣揚性質，進而使原本多鑄勒於器內底或器內壁的銘文逐漸朝青銅器外部移動。然過往研究對此討論並不甚多，故本書特別提供另一種觀察視角，以重新思考春秋銘文鑄勒位置所反映的歷史意義。

其次，從歷時性角度分析，可發現銘文的象徵意義及重要性，在西周晚期達到高峰後便逐漸降低，致使春秋銘文普遍存在篇幅減省之現象。由於春秋銘文已非記載器物製作背景或是宣揚器主身分的主要媒介，加上青銅器銘文歷經商周兩代發展已久，西周晚期的長篇銘文又將其表現推向極致，使得春秋銘文失去寬廣的新變空間，不僅顯得固定化與格式化，可讀性也逐漸降低。除此之外，從春秋時期青銅藝術之復興可推知，春秋時人似乎認為形制、紋飾所傳達出來的視覺效果遠比起長篇銘文強烈，更適合作為宣揚器物主社會地位或財富的象徵。因此為了符合青銅器整體特性，西周以來的長篇銘文傳統遭到拋棄，而春秋銘文篇幅最終走上減省短小之道路。

其三，春秋銘文與西周銘文所記載之主題亦不盡相同，過往論述雖有提及但過於零散，故本書就軍事與冊命、器主曰開篇銘文等主題進行考察。軍事與冊命銘文側重衰落原因之討論，指出西周政權之興衰發展與其關係密切，一旦中央政府型態發生轉變，無法繼續有效控制地方諸侯與貴族，則軍事與冊命主題銘文亦隨之減少，顯示此二主題的急遽衰落不僅象徵西周中央政府之崩潰，也反映春秋時期周王室與貴族、諸侯關係的變化。至於器主曰開篇銘文存在較明顯的遞嬗或並存關係，顯示春秋時代因個人意識之覺醒，不再將個體生命與宗族祖先完全結合，故西周銘文的述祖成分

進入春秋時代以後明顯減少。相反地，呈現作器者地位功名、人際關係的主題取而代之，時人顯然認為若欲穩固當時逐漸崩壞的宗族關係，凝聚相對渙散之宗族情感，與其悼念亡故祖先倒不如宣揚己身功業、確認在世的事蹟，正因如此，春秋時代可以看到更多揚己主題的銘文。述祖與揚己兩大銘文主題之遞嬗，說明春秋時代的精神面貌已然改變，西周以來追孝傳統逐漸衰退，取而代之是對地位功名的重視。本書認為銘文主題之興衰正體現春秋一朝封建制度加速崩解，逐步邁向列國競逐的時代現象。

　　本書第四個成果是從文字學角度考察銘辭演變情形，並分析春秋銘文對漢字演變史所產生之意義。首先討論春秋時代的新見銘辭，「新見銘辭」是指「已見於西周時期，但春秋時期始成為主流」或是「出現於兩周之際、春秋時期」之銘文辭彙，因其流傳與使用時間皆以春秋時代為主，故稱之為「新見」。這些銘辭多半具有較強烈的時代特徵，同時能反映春秋時代的社會結構與思想文化，因此本書選擇從嘏辭、宴饗銘辭、頌揚銘辭、形容銘辭等方面開展，通過歷時性與共時性角度檢視，辨析辭銘是否於不同時期或地域也有使用之異同，同時藉由考証銘辭的意義、發展與流動，觀察古人思想之變化，提供社會史、思想史或文化史之研究另一種觀看視角。更重要的是，希冀通過新見銘辭之分析，探討其作為斷代分域之標準的可能性，發現春秋不少新見銘辭雖具備時代性或地域性，但尚無法成為分期斷代的絕對標準，僅能提供一定程度的佐證或者是相對的時代區隔。不過若能熟悉銘辭的演化與變革脈絡，亦可快速地對出現特定銘辭之有銘青銅器進行斷代，對於判別東西周銘文仍具有重要的指標性作用。

　　第五個成果乃是梳理春秋銘文構形的演變情形，由於此課題已有較多學者進行系統性研究，因此本書僅是延續前人研究方法，通過春秋銘文字例分析，勾勒文字形體演變現象，主要立基於對過往研究的修正或補充。除此之外，本書亦試圖從較宏觀之角度探討春秋銘文演變，就時代特徵與地域特徵兩方面進行綜合討論，一方面從歷時性角度觀察，分析春秋早、

中、晚三期不同的構形特徵，再通過西周金文、春秋銘文與戰國文字之對比，釐清春秋銘文的時代性特徵及其歷史意義。研究表明，春秋晚期銘文構形變化比春秋早、中期來得更加顯著，春秋早期銘文之特徵多集中於「飾筆添加之有無」或是「線條平直化」方面；春秋中期主要延續早期特徵，但形體逐漸朝拉長、細瘦、筆畫彎曲之方向發展，透露出新時代的端倪；春秋晚期則繼承此風格並加以發揚光大，出現更多纖細瘦長風格的銘文。此外，本書亦對春秋銘文地域性特徵進行考察，主要配合已建構之分域系統探究東方與南方文化區之構形特徵，同時另立蔡、曾國銘文特徵一段，說明春秋蔡、曾國青銅器銘文具備較特殊構形，雖未對後來文字構形造成明顯影響，不過仍反映出春秋時期各地域豐富而多樣的銘文風格。

最後關注春秋時期崛起之美術字體－鳥蟲書，過往關於鳥蟲書之研究甚多，因此本研究選擇從歷時性與共時性角度探究鳥蟲書的發展情形。進一步發掘鳥蟲書在盛行地區間所展現的不同風格，分析楚蔡、吳越、宋齊等地區之差異，主要目的在於將鳥蟲書置於漢字發展史之脈絡下，探究其演變與發展情形，並了解鳥蟲書與春秋銘文的橫向關係，盡可能確立其歷史意義。

綜上所論，本書的主要目的乃是呈現春秋青銅器銘文的複雜性及其過渡性，表明其不僅是前人的文化記憶，同時也保留當時代的口語表達甚至是思想觀念。通過研究銘文外在特徵、銘文辭例甚至是文字構形的演變過程，勾勒出一幅不同於史籍所載的春秋社會圖景。事實上，銘文性質與意義在春秋時期產生變化，其所透漏之歷史訊息與文化意義亦有所不同，而本書企圖以更具體之方式觀看銘文，進而察覺其形式與文本背後所蘊藏之時代特徵。

附錄　春秋有銘青銅器資料暨著錄總表

編號	集成號	圖成號	器名	字數	銘文位置	出土地	分域	時代
0001	0001	15104	於殘鐘	1	鉦間	江蘇吳江	吳越	春秋晚期
0002	0003	15106	其台鐘	2	鉦間			春秋晚期
0003	0005-0006	15121-15122	天尹鐘	5	左欒	河南洛陽	中原	春秋早期
0004	0007	15123	自鐘	5	鉦間			春秋
0005	0008-0013	15751-15756	宋公戌鎛	6	鉦間		中原	春秋晚期
0006	0019	15128	旨賞鐘	8	鉦間右欒	江蘇六合	吳越	春秋晚期
0007	0031	15140	芮公鐘	10	鉦間		中原	春秋早期
0008	0032-33		芮公鐘勾	8			中原	春秋早期
0009	0037	15154	景平王鐘	12	鉦間左鼓	湖北當陽	南方	春秋晚期
0010	0038	15155	荊曆鐘	12	前後鼓部	河南信陽長臺關	南方	春秋晚期
0011	0047	15178	鑄侯求鐘	17	兩欒		東方	春秋早期
0012	0050	15175	邾君鐘	16	鉦間兩欒		東方	春秋晚期
0013	0051	15179	嘉賓鐘	17	鉦間右鼓			春秋早期
0014	0052	15188	王子嬰次鐘	20	鉦間左鼓		南方	春秋晚期
0015	0053	15184	楚王頷鐘	19	鉦間左右鼓		南方	春秋晚期楚
0016	0059	15189	郘公敄人鐘	20餘	鉦間左鼓		南方	春秋早期
0017	0072	15247	楚邜仲嬭南和鐘	29	鉦間		南方	春秋早期
0018	0073-0081	15222-15230	敬事天王鐘	24	鉦間鼓部	河南淅川下寺	南方	春秋晚期
0019	0086	15276	邾太宰鐘	36	鉦間鼓部欒		東方	春秋早期
0020	0087	15319	邾叔之伯鐘	43	鉦間鼓部欒		東方	春秋
0021	0093-0101	15278-15286	臧孫鐘	37	鉦間鼓部	江蘇六合	吳越	春秋晚期
0022	0102	15275	邾公釸鐘	36	鉦間鼓部		東方	春秋晚期

0023	0113-0119	15324-15330	子璋鐘	46	鉦間鼓部		吳越	春秋晚期
0024	0140	15784	邾公孫班鐘	47	鉦間鼓部樂		東方	春秋晚期
0025	0142	15416	鮑氏鐘	52	鉦間鼓部		東方	春秋晚期
0026	0149-0152	15421-15424	邾公牼鐘	57	鉦間鼓部		東方	春秋晚期
0027	0153-0154	15792-15793	許子牆師鎛	65	鉦間鼓部		中原	春秋
0028	0155-0156	15785-15786	能原鎛	48	鉦間鼓部	江西高安		春秋晚期
0029	0173-0180	15502-15510	仲子平鐘	68	鉦間	山東莒縣	東方	春秋晚期
0030	0182	15532	徐王子旃鐘	75	鉦間鼓部		吳越	春秋晚期
0031	0183-0186	15528-15531	僕兒鐘	74	鉦間鼓部		吳越	春秋晚期
0032	0193-0202	15542-15551	者減鐘	83	鉦間左鼓	江西樟樹	吳越	春秋中期
0033	0203	15819	沇兒鐘	82	鉦間鼓部	湖北荊州	吳越	春秋晚期
0034	0210-0216	15533-15537	蔡侯申歌鐘	82	鉦間鼓部樂	安徽壽縣	南方	春秋晚期
0035	0210-0216	15538-15541	蔡侯申行鐘	6	右鼓	安徽壽縣	南方	春秋晚期
0036	0219-0222	15820-15823	蔡侯申鎛	82	鉦間兩樂	安徽壽縣	南方	春秋晚期
0037	0223	15369	吳王光鐘	存40	鉦間兩樂	安徽壽縣	吳越	春秋晚期
0038	0224	15370-15414	吳王光鐘殘片	34		安徽壽縣	吳越	春秋晚期
0039	0225-0237	15570-15582	邵鐘鐘	86	鼓部	山西滎河	中原	春秋晚期
0040	0245	15591	邾公華鐘	93	鉦間鼓部樂		東方	春秋晚期
0041	0261	15632	王孫遺者鐘	117	鉦間鼓部	湖北荊州	南方	春秋晚期
0042	0262-0266	15565-15569	秦公鐘	86	鉦間鼓部樂	陝西寶雞太公廟	西方	春秋早期
0043	0267-0270	15824-15827	秦公鎛	135	鼓部	陝西寶雞太公廟	西方	春秋中期
0044	0271	15828	鎛鎛(齊侯鎛)	175	鉦間鼓部	山西滎河	東方	春秋中期
0045	0272-0285	15552-15564	叔尸鐘	85	鼓部	山東臨淄	東方	春秋晚期
0046	0350-0355	15216-15221	仲高鐘	23	鼓部樂	山東沂水	南方	春秋中期

0047	0421-0422	15981-15982	其次句鑃	31	兩欒	浙江武康山	吳越	春秋晚期
0048	0423	15987	喬君鉦鍼	33	體腔面	安徽宿縣	南方	春秋晚期
0049	0424	15983	姑馮昏同之子句鑃	39	兩欒	江蘇常熟	吳越	春秋晚期
0050	0425	15988	徐諮尹鉦鍼	42	兩欒	江西高安	吳越	春秋
0051	0426-0427	15984-15985	配兒鉤鑃	60餘	兩欒	浙江紹興	吳越	春秋晚期
0052	0429		九里墩鼓座	150	鼓座座沿	安徽舒城	南方	春秋晚期
0053		15161-15169	鄬子受鐘	15	各處	河南淅川	南方	春秋中期
0054		15176	奇字鐘	16	正背面		吳越	春秋晚期
0055		15186-15187	鍾離君柏鐘	20	鉦間	安徽蚌埠	南方	春秋中期
0056		15200-15215	子犯編鐘	132	鉦間		中原	春秋中期晉
0057		15231	秦子鐘	24	鉦間鼓部		西方	春秋早期秦
0058		15239-15246	戎生編鐘	31	鉦間鼓部		中原	春秋早期
0059		15255-15263	鄱子成周鐘	31	鉦間鼓部	河南固始侯古堆	南方	春秋晚期
0060		15277	文公之母弟鐘	37	鉦間兩欒			春秋晚期
0061		15289	徐王之孫鐘	38	鉦間鼓部	江蘇邳州	吳越	春秋晚期
0062		15351-15359	籲編鐘	49	鉦間鼓部	河南淅川下寺	南方	春秋晚期
0063		15361-15368	虢季編鐘	51	鉦間左鼓	河南三門峽	中原	春秋早期
0064		15511-15519	楚大師登鐘	69	鉦間左鼓		南方	春秋早期
0065		15520-15521	甚六鐘	72	鉦間鼓部欒	江蘇丹徒	吳越	春秋晚期
0066		15606-15631	王孫誥鐘	113	鉦間鼓部	河南淅川下寺	南方	春秋晚期
0067		15757	滕侯賕鎛	6	鉦間		東方	春秋晚期
0068		15759	秦公鎛	7	鼓部	甘肅禮縣	西方	春秋早期
0069		15771	秦子鎛	28	鼓部	甘肅禮縣大堡子	西方	春秋早期
0070		15772-15779	鄬子受鎛	28	鉦間鼓部	河南淅川和尚嶺	南方	春秋中期

0071		15783	叔巢鎛	44	鉦間鼓部樂	江蘇邳州	吳越	春秋晚期
0072		15787-15791	季康子鎛	64	鉦間鼓部篆	安徽鳳陽	南方	春秋中期
0073		15794-15796	甚六鎛	72	鉦間鼓部樂	江蘇丹徒	吳越	春秋晚期
0074		15797-15804	斁鎛	78	鉦間鼓部樂	河南淅川下寺	南方	春秋晚期
0075		15806-15813	侯古堆鎛	48	鉦間鼓部	河南固始侯古堆	南方	春秋晚期
0076		15960	兼子伯受鐸	6	器身	河南桐柏	南方	春秋晚期
0077	0579	2783	鄭叔蒦父鬲	7	口沿		中原	春秋早期
0078	0580-0581	2809-2810	鄭刑叔蒦父鬲	8	口沿		中原	春秋早期
0079	0601	2811	宋眉父鬲	8	口沿		中原	春秋早期
0080	0592	2812	伯毅鬲	8	口沿	湖北隨縣	南方	春秋早期
0081	0593	2801	魯姬鬲	8	口沿		東方	春秋早期
0082	0595	2863-2865	衛夫人鬲	11	口沿	濬縣辛村	中原	春秋早期
0083	0600	2892	紀侯鬲	13	口沿	山東黃縣	東方	春秋早期
0084	0596	2813	郳姞□母鬲	8	口沿		東方	春秋早期
0085	0611	2821	王鬲	9	口沿	陝西歧山	中原	春秋早期
0086	0608	2824	戴叔慶父鬲	9	勁內壁			春秋早期
0087	0626	2839	樊君鬲	10	口沿		中原	春秋早期
0088	0630	2843	番伯□孫自鬲	10	口沿		南方	春秋早期
0089	0624	2844	黃夫人鬲	10	頸部	河南光山	南方	春秋早期
0090	0625	2845	曾子單鬲	10	口沿	湖北京山	南方	春秋早期
0091	0661-0662	2886-2888	虢季氏子組鬲	15	口沿	河南或陝西	中原	春秋早期
0092	0670	2885	邾來佳鬲	13	口沿		東方	春秋早期
0093	0675-0676	2889-2890	樊夫人龍嬴鬲	13	口沿	河南信陽	中原	春秋早期
0094	0690-0695	2901-2906	魯伯愈父鬲	14	口沿		東方	春秋早期

0095	0714	2928	羕仲無龍鬲	15	頸內壁		南方	春秋早期
0096	0674	2929	叔牙父鬲	15	口沿			春秋早期
0097	0677	2930	江淑□鬲	15	內壁	河南淅川	南方	春秋中期
0098	0678	2993	司工單鬲	13	內壁			春秋早期
0099	0685-0686	2936-2937	齊趫父鬲	16	口上	山東臨朐	東方	春秋早期
0100	0687	2945	黃子鬲	16	頸外壁	河南光山	南方	春秋早期
0101	0705-0706	2975-2976	陳侯鬲	17	口上		中原	春秋早期
0102	0707	2927	魯宰駟父鬲	15	口上		東方	春秋早期
0103	0713-0714	2977	羕仲無龍鬲	15	頸內		南方	春秋早期
0104	0731	2978	鄭師遽父鬲	17	口上		中原	春秋早期
0105	0732-0733	2990-2992	番君酏伯鬲	18	口上		南方	春秋早期
0106	0735	2979	鑄子叔黑宦鬲	17	口上		東方	春秋早期
0107	0742	3011	鄸子子奠伯鬲	22	頸內			春秋早期
0108		2695	王鬲	4	內壁	河南洛陽	中原	春秋早期
0109		2727	子犯鬲	5	口沿		中原	春秋中期
0110		2762-2763	邾秦姬鬲	6	口沿	山東棗莊	東方	春秋早期
0111		2764	鄒子受鬲	6	內壁	河南淅川	南方	春秋中期
0112		2782	邾慶鬲	7	口沿	山東棗莊	東方	春秋早期
0113		2822-2823	虢宮父鬲	9	頸內壁	河南三門峽	中原	春秋早期
0114		2825	祝姬鬲	9	口沿	山東泰安	東方	春秋早期
0115		2861	曾伯鬲	11	口沿	湖北隨州	南方	春秋早期
0116		2866-2868	郳慶鬲	11	口沿	山東棗莊	東方	春秋早期
0117		2884	芮公鬲	13	口沿	陝西韓城	中原	春秋早期
0118		2895-2897	芮太子鬲	14	口沿	陝西韓城	中原	春秋早期

0119		2898-2899	芮太子白鬲	17	口沿	陝西韓城	中原	春秋早期
0120		2931	薦鬲	15	口沿	河南淅川	南方	春秋晚期
0121		2938-2943	郳友父鬲	16	口沿	山東棗莊	東方	春秋早期
0122		2944	繁伯武君鬲	13	口沿	安徽宿縣		春秋早期
0123		2980-2982	芮太子白鬲	17	口沿	陝西韓城	中原	春秋早期
0124		2946-2953	虢季鬲	16	頸內壁	河南三門峽	中原	春秋早期
0125		3015-3022	競之定鬲	22	口沿		南方	春秋晚期
0126		3023-3024	國子碩父鬲	24	頸內壁	河南三門峽	中原	春秋早期
0127		3036	競孫與也鬲	41	內壁	河南上蔡	南方	春秋晚期
0128	933	3337	尌仲甗	13	內壁			春秋早期
0129	938	3342	伯高父甗	15	內壁			春秋早期
0130	939	3345	魯仲齊甗	16	內壁	山東曲阜	東方	春秋早期
0131	943	3352	曾子仲誨甗	19	內壁	河南新野	南方	春秋早期
0132	945	3353	邕子良人甗	21	內壁			春秋早期
0133	946	3357	王孫壽甗	33	內壁			春秋早期
0134	947	3361	陳公子叔邍父甗	36	內壁		中原	春秋早期
0135		3136	□甗	1	內壁	安徽潛山		春秋早期
0136		3300	仲姜甗	8	內壁	陝西韓城	中原	春秋早期
0137		3301	虢姜甗	8	內壁	河南三門峽	中原	春秋早期
0138		3313	黃仲酉甗	9	內壁	湖北隨州	南方	春秋晚期
0139		3346	小子吉父甗	20	內壁	河南三門峽	中原	春秋早期
0140		3343	陳樂君甗	17	內壁	山東海陽	東方	春秋早期
0141		3354	申五氏孫矩甗	22	內壁	山西聞喜	中原	春秋早期
0142	970		羕仲無龍匕	4	內壁		南方	春秋

0143	1219	0291	告鼎	1	內底	廣西恭城		春秋
0144	1241	0363	S鼎	1	內壁	傳西安		春秋
0145	1249	0290	巳鼎	1				西周晚或春秋早
0146	1348	0701-0703	國子鼎	2	內壁	山東臨淄	東方	春秋晚或戰國早
0147	1926	1262	叔鼎（叔作蘇子鼎）	4	內壁	河南三門峽	中原	春秋早期
0148	1935	0704-0705	國子中官鼎	4	內壁	山東臨淄	東方	春秋晚或戰國早
0149	1955	1330	鄔戎鼎	4	內壁			春秋中期
0150	1990	1327	㪤之行鼎	4	內壁	湖北隨縣	南方	春秋晚期
0151	2082	1465	虖北鼎	5	內壁			春秋早期
0152	2083-2084	1466-1469	連迁鼎	5	內壁、耳上	湖北隨縣	南方	春秋
0153	2085	1471	登鼎	5		湖北京山	南方	春秋晚期
0154	2087	1473	蔡子鼎	5	蓋上	傳河南輝縣		春秋晚或戰國早
0155	2203	1644	史宋鼎	6				春秋晚期
0156	2214	1655	尹小叔鼎	6	內壁	河南三門峽	中原	春秋早期
0157	2215-2116	1578-1580	蔡侯申鼎	6	內壁	安徽壽縣	南方	春秋晚期
0158	2218-2220	1581-1583	蔡侯申殘鼎	6	內壁	安徽壽縣	南方	春秋晚期
0159	2221-2225	1584-1588	蔡侯申殘鼎蓋	6	內壁	安徽壽縣	南方	春秋晚期
0160	2226	1589-1590	蔡侯申殘鼎	存4	內壁	安徽壽縣	南方	春秋晚期
0161	2227	1656	耶它人鼎	6	蓋內		東方	春秋
0162	2231	1668	楚子超鼎	6	內壁	湖北當陽	南方	春秋晚期
0163	2233	1564	宋公欒鼎	6	內壁		中原	春秋晚期
0164	2234	1661	鄧尹疾鼎	6	器內、蓋內	湖北襄陽	南方	春秋晚期
0165	2235	1659	鄧子午鼎	6	內壁		南方	春秋晚期
0166	2279	1747	仲義君鼎	7	口沿			春秋

0167	2283	1746	卑梁君光鼎	7	內壁			春秋中期
0168	2284	1742	喬夫人鼎	7	蓋面	安徽合肥	南方	春秋早期
0169	2285	1744	子陳□之孫鼎	存 7	蓋面			春秋
0170	2286	1751	盅子蠶鼎蓋	7	蓋面			春秋晚期
0171	2287	1745	猷侯之孫斂鼎	7	內壁		南方	春秋早期
0172	2288	1748	邵王之諻鼎	7	內壁		南方	春秋晚期
0173	2289	1749	王子致鼎	7	蓋內		南方	春秋晚或戰國早
0174	2354	1834	魯小臣床生鼎	8	器內		東方	西周晚或春秋早
0175	2355	1841	洀叔鼎	8	內壁	湖北隨縣	南方	春秋中期
0176	2356	1842	盅鼎	8	內壁	湖北隨縣	南方	春秋中期
0177	2357	1845	楚叔之孫倗鼎	8	蓋內	河南淅川	南方	春秋晚期
0178	2358	1846	宋君夫人鼎蓋	8	蓋內		中原	春秋晚期
0179	2359	1847	吳王孫無土鼎	8	器底、蓋內	陝西鳳翔	吳越	春秋晚期
0180	2390	1883	余子余鼎	9	口沿	山東費縣	吳越	春秋中期
0181	2391	1882	江小仲母生鼎	9	內壁	河南郟縣	南方	春秋早期
0182	2392	1878	叔姬鼎	9				春秋早期
0183	2421	1975	鄭子石鼎	10	內壁		中原	春秋早期
0184	2422	1976	郜造邍鼎	10		山東東平	東方	春秋早期
0185	2423-2424	1918-1919	曾侯仲子斿父鼎	10	內壁	湖北京山	南方	春秋早期
0186	2426	1977	邾訧鼎	10			東方	春秋早期
0187	2428	1920	杞子每刃鼎	存 10	內壁		東方	春秋早期
0188	2430	1922	自鼎	存 10	內壁			春秋早期
0189	2443-2447	1938-1942	伯氏鼎	11	內壁			春秋早期
0190	2448-2449	1945-1946	芮大子鼎	11	內壁		中原	春秋早期

0191	2450	1944	曾子伯誩鼎	11	內壁		南方	春秋早期
0192	2452	1949	吳買鼎	11	內壁			春秋
0193	2474	1978	鑄司寇獸鼎	12	內壁		東方	春秋
0194	2475	1973	芮公鼎	12	內壁		中原	春秋早期
0195	2476	2035	專車季鼎	12	內壁	江西南昌		春秋早期
0196	2477	1982	虎釛君鼎	12	內壁			春秋晚期
0197	2478	1983	鎬鼎	存12	未知			春秋
0198	2493	2008	鄭饔原父鼎	13	內壁		中原	春秋早期
0199	2494-2495	2061-2062	杞伯每刃鼎	13	內壁		東方	春秋早期
0200	2496	2007	芮大子伯鼎	13	內壁		中原	春秋早期
0201	2497	2003	黃君孟鼎	13	頸外	河南光山	南方	春秋早期
0202	2498	2011	鄬子羃嚢鼎	13	蓋面			春秋早期
0203	2502	2009	圉君婦媿霝鼎	存13	內壁			春秋早期
0204	2513	2079	伯筍父鼎	16	內壁			西周晚或春秋早
0205	2517	2124	芮子仲殿鼎	15	內壁		中原	西周晚或春秋早
0206	2519	2037	君季鼎	存14	未知			西周晚或春秋早
0207	2520	2085	鄭勇句父鼎	14	內壁		中原	春秋早期
0208	2522-2523	2091-2092	武生毀鼎	14	內壁			春秋早期
0209	2524	2036	倗戠生鼎	14	內壁	山東棲霞	東方	春秋早期
0210	2525	2086	邾伯御戎鼎	14	內壁		東方	春秋早期
0211	2526	2089	蘇冶妊鼎	14	內壁		中原	春秋早期
0212	2550	2060	曾伯從寵鼎	15	內壁		南方	春秋早期
0213	2551	2065	褒鼎	15	蓋內			春秋晚期
0214	2552	2132	師麻孯叔鼎	15	內壁	陝西鳳翔	中原	春秋

0215	2563	2123	曾者子鼎	16	內壁		南方	春秋早期
0216	2564	2090	曾仲子敨鼎	16	內壁	湖北襄樊	南方	春秋早期
0217	2565	2088	黃季鼎	16	內壁	湖北隨縣	南方	春秋早期
0218	2566	2087	黃子鼎	16	內壁	河南光山	南方	春秋早期
0219	2567	2038	黃子鼎	14	口沿外	河南光山	南方	春秋早期
0220	2568	2095	鑄叔鼎	16	內壁		東方	春秋早期
0221	2569	2133	瘝鼎	16	內壁			春秋早期
0222	2570-2571	2130-2131	羕鼎	16	內壁		南方	春秋早期
0223	2573	2093	鄧公乘鼎	16	蓋內、內壁	湖北襄陽	南方	春秋晚期
0224	2587	2128	鑄子叔黑臣鼎	17	內壁		東方	春秋早期
0225	2588	2179	趩亥鼎	17	內壁		中原	春秋中期
0226	2589	2126	費奴父鼎	17	內壁	山東鄒縣	東方	春秋早期
0227	2591	2177	□魯宰兩鼎	17	內壁			春秋早期
0228	2592	2129	魯大左司徒鼎	存17	內壁		東方	春秋中期
0229	2593	2156	魯大左司徒元鼎	18	內壁		東方	春秋中期
0230	2601	2194	郆伯鼎	18	口沿		東方	春秋早期
0231	2602	2195	郆伯寺鼎	18	口沿		東方	春秋早期
0232	2603-2604	2154-2155	奚子宿車鼎	16	蓋內、內壁	河南羅山	南方	春秋早期
0233	2605	2127	許大邑魯生鼎	18	內壁		南方	春秋早期
0234	2606	2157	曾孫無𩰾鼎	18	內壁		南方	春秋晚期
0235	2607	2159	乙鼎	18	內壁			春秋晚期
0236	2617-2618	2175-2176	番昶伯者君鼎	19	內壁	河南信陽	南方	春秋早期
0237	2620	2214	曾子仲誨鼎	19	內壁	湖北襄陽	南方	春秋早期
0238	2621	2178	渫伯鼎	19	未知			春秋

0239	2622	2215	羕伯戁鼎	19	內壁		南方	春秋早期
0240	2632-2633	2234-2235	□者生鼎	20	內壁			春秋早期
0241	2639	2236	魯仲齊鼎	20	內壁	山東曲阜	東方	春秋早期
0242	2640-2641	2237-2238	郑義白鼎	20	內壁	山東滕縣	東方	春秋早期
0243	2642	2213	杞伯每亡鼎	21	內壁	山東滕縣	東方	春秋早期
0244	2643	2192	伯氏姒氏鼎	20	內壁	陝西武功	中原	西周晚或春秋早
0245	2644-2645	2217-2218	伯歸墓鼎	20	內壁	湖北隨縣	南方	春秋早期
0246	2646	2197	叔夜鼎	20	內壁			春秋早期
0247	2650	2212	陳侯鼎	21	內壁		中原	春秋早期
0248	2652	2216	伯辰鼎	21	內壁	湖北枝江	吳越	春秋早期
0249	2657	2251	叔單鼎	22	內壁			春秋早期
0250	2667	2287	鄭伯士叔皇父鼎	23	內壁		中原	春秋早期
0251	2668	2263	鐘伯侵鼎	23	內壁	陝西渭南	中原	春秋
0252	2669	2252	叔液鼎	23	內壁			春秋早期
0253	2675	2309	徐王糧鼎	24	內壁		吳越	春秋早期
0254	2679	2294	鷹叔樊鼎	26	內壁	山西長治	中原	西周晚或春秋早
0255	2683-2689	2280-2286	宗婦都嬰鼎	25	內壁	陝西鄠縣	中原	春秋早期
0256	2690-2692	2305-2307	戴叔朕鼎	27	內壁			西周晚或春秋早
0257	2714	2333	鄀公湯鼎	28	內壁	湖北隨州	南方	春秋早期
0258	2715-2716	2325-2326	庚兒鼎	存28	內壁	山西侯馬	吳越	春秋中期
0259	2717	2343	王子吳鼎	29	內壁		南方	春秋晚期
0260	2722	2335	寬兒鼎	30	蓋內		中原	春秋晚期
0261	2732	2350	莒太史申鼎	32	內壁		東方	春秋晚期
0262	2737	2371	曾子仲宣鼎	33	內壁		南方	春秋早期

0263	2738	2372	蔡大師鼎	33	器身		南方	春秋晚期
0264	2750	2381	上曾大子鼎	37	內壁		東方	春秋早期
0265	2753	2397	郘公諴鼎	39	內壁		南方	春秋早期
0266	2757	2388	曾子斿鼎	存40	內壁		南方	春秋早期
0267	2771-2772	2417-2418	郘公平侯鼎	46	內壁		南方	春秋早期
0268	2782	2435	哀成叔鼎	54	內壁	河南洛陽	中原	春秋晚期
0269	2811	2468	王子午鼎	84	內壁	河南淅川	南方	春秋晚期
0270	2826	2491	晉姜鼎	121	內壁	陝西韓城	中原	春秋早期
0271		1326	王鼎	4	內壁		中原	春秋早期
0272		1328-1329	克黃鼎	4	內底	河南淅川	南方	春秋中期
0273		1331-1337	倗鼎	4	內壁	河南淅川	南方	春秋晚期
0274		1470	楚旗鼎	5	蓋內、內壁	湖北麻城	南方	春秋晚期
0275		1555-1563	秦公鼎	6	內壁	甘肅禮縣	西方	春秋早期
0276		1577	曾侯戉鼎	6	內壁	湖北隨州	南方	春秋晚期
0277		1657	曾孫定鼎	6	蓋內、內壁	湖北隨縣	南方	春秋晚期
0278		1658	孫宋鼎	6	內壁			春秋
0279		1660	鬮尹䣄鼎	6	蓋內	河南淅川	南方	春秋晚期
0280		1662-1663	鄬子受鼎	6	內壁（陽文）	河南淅川	南方	春秋晚期
0281		1664-1665	鄬子昃鼎	6	蓋內、內壁	河南淅川	南方	春秋晚期
0282		1666-1667	彭子射鼎	6	內壁	河南南陽	南方	春秋晚期
0283		1743	樊夫人龍嬴鼎	8	內壁	河南信陽	中原	春秋早期
0284		1750	曾太師奠鼎	7	蓋內	河南淅川	南方	春秋晚期
0285		1835-1838	仲姜鼎	8	內壁	陝西韓城	中原	春秋早期
0286		1839	虢姜鼎	8	內壁	河南三門峽	中原	春秋早期

0287		1840	曾太師賓樂與鼎	8	內壁	湖北京山	南方	春秋早期
0288		1843-1844	楚叔之孫倗鼎	21	蓋上、器肩		南方	春秋晚期
0289		1848	鄒子孟升孄鼎	8	蓋內、內底	河南淅川	南方	春秋晚期
0290		1884	黃仲酉鼎	9	蓋內	湖北隨州	南方	春秋晚期
0291		1910	芮子仲鼎	10	蓋內		中原	春秋早期
0292		1923	宋左太師睪鼎	10	蓋內	山東淄博	中原	春秋晚期
0293		1948	兒慶鼎	11	內壁	山東棗莊	東方	春秋早期
0294		1974	黃季鼎	12	內壁	湖北隨縣	南方	春秋早期
0295		2002	衛伯須鼎	13	內壁	湖北襄陽	中原	春秋早期
0296		2004	黃君孟鼎	15	頸外	河南光山	南方	春秋早期
0297		2005-2006	曾亙嫚鼎	13	內壁	湖北襄陽	南方	春秋早期
0298		2010	仲滋鼎	13	內壁	陝西永壽	中原	春秋中期
0299		2039	襄膊子湯鼎	14	肩部	安徽六安	南方	春秋晚期
0300		2059	魯侯鼎	15	內壁	山東泰安	東方	春秋早期
0301		2063	鑄司寇鼎	15	內壁		東方	春秋早期
0302		2064	為甫人鼎	13	內壁		中原	春秋早期
0303		2096	尊父鼎	16	蓋沿	陝西韓城	中原	春秋晚期
0304		2121	圖公鼎	17	內壁		中原	春秋早期
0305		2122	寶登鼎	17	內壁	河南登封		春秋早期
0206		2144	蔡侯鼎	18	內壁		南方	春秋晚期
0207		2146-2153	虢季鼎	18	內壁	河南三門峽	中原	春秋早期
0208		2158	彭公之孫無所鼎	18	蓋面、器肩	河南南陽	南方	春秋晚期
0209		2193	甘辜鼎	20	內壁	山東章丘	東方	春秋早期
0210		2216	徐大子伯晨鼎	28	內壁	湖北枝江	吳越	春秋早期

0211		2221	楚叔之孫倗鼎	8	蓋面、內壁	河南淅川	南方	春秋晚期
0212		2239	發孫□鼎	22	內壁	湖北襄陽	南方	春秋晚期
0213		2253	子耳鼎	23	內壁			春秋早期
0214		2262	伯□鼎	24	內壁	河南洛陽		春秋早期
0215		2264	彭子射兒鼎	24	內壁	河南南陽	南方	春秋晚期
0216		2288	以鄧鼎	25	蓋內、內壁	河南淅川	南方	春秋中期
0217		2289	與子具鼎	25	蓋面外圈	四川茂縣		春秋晚期
0218		2310	義子曰鼎	27	內壁	河南南陽		春秋晚期
0219		2319	揚鼎	28	內壁			春秋晚期
0220		2324	佫侯慶鼎	存5	蓋面、腹內	山東滕州	東方	春秋早期
0221		2334	叔左鼎	30	內壁	河南洛陽		春秋中期
0222		2347-2348	伯怡父鼎	32	內壁			春秋晚期
0223		2351	丁兒鼎蓋	32	內壁		中原	春秋晚期
0224		2363	齊侯鼎	34	蓋內		東方	春秋晚期
0225		2403	鄧公孫無忌鼎	44	內壁	湖北襄陽	南方	春秋早期
0226		2408-2409	鄭莊公之孫鼎	47	內壁	湖北襄樊	中原	春秋晚期
0227		2410	甚六之妻鼎	47	蓋內	江蘇丹圖	吳越	春秋晚期
0228		2425	鄯夫人嬰鼎	49	肩部		南方	春秋晚期
0229		2469-2474	王子午鼎	85	內壁	河南淅川	南方	春秋晚期
0230	3590-3591	4391-4392	鄧公牧簋	6	內壁		南方	春秋早期
0231	3592-3599	4393-4400	蔡侯申簋	6	內壁	安徽壽縣	南方	春秋晚期
0232	3634-3635	4471-4472	昭王之諻鼎	7	內壁		南方	春秋晚期
0233	3707-3709	4575-4577	芮公簋	9	內壁		中原	春秋早期
0234	3896	4852	邢姜大宰巳簋	15	內壁	內蒙古		春秋早期

0235	3897-3902	4854-4860	杞伯每刃簋	15	內壁		東方	春秋早期
0236	3903	4827	陳侯簋	15	內壁		中原	春秋早期
0237	3939	4811	禾簋	16	內底			春秋晚期
0238	3974	4863	魯伯大父簋(作季姬)	18	內底	山東歷城	東方	春秋早期
0239	3987	4919	魯大宰原父簋	19	內底		東方	春秋早期
0240	3988	4861	魯伯大父簋(作孟姜)	17	蓋內		東方	春秋早期
0241	3989	4862	魯伯大父簋(作仲姬)	19	內底		東方	春秋早期
0242	4014-4015	4982-4983	蘇公子簋	22	內底、蓋內		中原	春秋早期
0243	4016-4017	4980-4981	鄩公簋	20	內底	湖北隨州	南方	春秋
0244	4018	4974	卓林父簋蓋	22	蓋內			春秋早期
0245	4019	4977	曹伯狄簋蓋	20	蓋內		東方	春秋
0246	4040	5021	郘讟簋甲	22	內底、蓋內		東方	春秋早期
0247	4076-4087	5037-5048	宗婦都嬰簋	25	內底、蓋內	陝西鄠縣	中原	春秋
0248	4120	5110	為尋簋	29	內底			春秋早期
0249	4127	5126	鑄叔皮父簋	32	內底		東方	春秋早期
0250	4128	5105	復公仲簋蓋	30	蓋內		南方	春秋晚期
0251	4152	5149	鄶侯少子簋	30	內底		東方	春秋晚期
0252	4183	5201	上鄀公敄人簋蓋	42	蓋內		南方	春秋早期
0253	4245	5279	三兒簋	69	內底			春秋
0254	4315	5370	秦公簋	123	內底、蓋內		西方	春秋早期
0255		3951	□簋	1	蓋外口沿	安徽壽縣		春秋早期
0256		3952-3959	君簋	1	內底			春秋晚期
0257		4250-4251	秦公簋	5	內底、蓋內	甘肅禮縣	西方	春秋早期
0258		4386	芮公簋	6	內底	陝西韓城	中原	春秋早期

0259		4387-4390	秦公簋	6	內底	甘肅禮縣	西方	春秋早期
0260		4465-4470	虢季簋	8	內底、蓋內	河南三門峽	中原	春秋早期
0261		4532-4535	仲姜簋	8	內底	陝西韓城	中原	春秋早期
0262		4578	鄬子倗簋	存9	蓋內	河南淅川	南方	春秋晚期
0263		4712-4713	晉侯簋	14	內底	陝西韓城	中原	春秋早期
0264		4978-4979	競之定簋	22	內底		南方	春秋晚期
0265		5166	有兒簋	39	內底	河南上蔡	中原	春秋早期
0266		5172	秦子簋蓋	40	蓋內		西方	春秋早期
0267	4379	5554	陳姬小公子盨	10	內底、蓋內		中原	春秋中期
0268	4406	5590	為甫人盨	存13	內底	陝西西安	中原	春秋早期
0269	4423	5607-5608	鑄子叔黑臣盨	17	內底	山東桓臺	東方	春秋早期
0270	4424	5612	單子白盨	16	內底			西周晚或春秋早
0271	4428	5620-5621	滕侯穌盨	19	內底		東方	西周晚或春秋早
0272	4440-4441	5640-5641	魯司徒仲齊盨	28	內底	山東曲阜	東方	春秋早期
0273	4442-4445	5631-5634	晨伯子姪父盨	26	內底、蓋內	山東黃縣	東方	春秋
0274	4458	5656	魯伯悆盨	37	內底、蓋內	山東曲阜	東方	春秋早期
0275	近出 493-495	5520-5523	虢季盨	8	內底、蓋內	河南三門峽	中原	春秋早期
0276	4470	5751	鑄簠	1	未知			春秋
0277	4471	5752-5753	倗簠	3	內底、蓋內	河南淅川	南方	春秋晚期
0278	4472	5754	□之簠蓋	3	蓋內			春秋晚期
0279	4475	5758	□簠	4	未知			春秋晚期
0280	4486	5770	微乘簠	6	內底			春秋早期
0281	4487	5777	樊君簠	6	內底		中原	春秋早期
0282	4488-4489	5778-5779	曾子遌簠	6	內底		南方	春秋晚期

0283	4490-4493	5771-5776	蔡侯申簠	6	內底	安徽壽縣	南方	春秋晚期
0284	4499	5792	衛子叔旡父簠	8	內底		中原	春秋早期
0285	4500	5793	蔡公子義工簠	8	內底	河南橫川	南方	春秋晚期
0286	4501	5794	王孫霝簠	8	內底、蓋內	湖北當陽	南方	春秋晚期
0287	4502	5796	慶孫之子㟟簠	8	內底、蓋內			春秋晚期
0288	4504	5800	京叔姬簠	9	內底			春秋早期
0289	4505	5801	大司馬孛尤簠	9	內底、蓋內			春秋早期
0290	4517-4520	5816-5819	魯士序父簠	10	內底、蓋內		東方	春秋早期
0291	4525	5824	伯膚漁父簠	11	內底			春秋早期
0292	4526	5828	伯彊簠	11	內底			春秋
0293	4527	5825	尹氏叔緜簠	11	內底	北京海淀		春秋早期
0294	4528-4529	5926-5827	曾子㬎簠	11	內底、蓋內		南方	春秋晚期
0295	4531	5831	芮公簠	12	內底		中原	春秋早期
0296	4532	5846	冑簠	14	內底	山東鄒縣		西周晚或春秋早
0297	4535	5833	伯壽父簠	12	內底			春秋早期
0298	4534	5832	姅仲簠	14	內底	山東曲阜	東方	春秋早期
0299	4537-4538	5847-5848	芮太子白簠	14	內底		中原	春秋早期
0300	4539	5849	奢虎簠	14	內底、蓋內			春秋早期
0301	4540-4541	5850-5851	旅虎簠	14	內底			春秋早期
0302	4542-4543	5791(5839)	郜于子斯簠	8	未知		南方	春秋早期
0303	4544	5840	叔狀父簠蓋	存13	內壁			春秋晚期
0304	4545	5841	鄒子簠	13	內底		東方	春秋晚期
0305	4546-4548	5855-5857	薛子仲安簠	14	內底、蓋內	山東滕縣	東方	春秋早期
0306	4556	5871	走馬薛仲赤簠	17	內底	山東滕縣	東方	春秋早期

0307	4557-4559	5872-5875	商丘叔簠	15	內底、蓋內			春秋早期
0308	4560	5883	鑄叔簠	15	內底、蓋內		東方	春秋
0309	4561-4562	5876-5977	□侯簠	17	內底			春秋早期
0310	4566-4568	5860-5862	魯伯俞父簠	16	內底		東方	春秋早期
0311	4569	5895	郜公簠簠	16	內底		南方	春秋早期
0312	4570-4571	5881-5882	鑄子叔黑臣簠	17	內底、蓋內	山東桓臺	東方	春秋早期
0313	4573	5892	曾子原彝簠	18	內底	湖北隨縣	南方	春秋晚期
0314	4574	5905	鑄公簠蓋	21	蓋內		東方	春秋早期
0315	4581	5913	伯其父慶簠	20	內底			春秋早期
0316	4582-4587	5914-5919	番君召簠	18-22	未知		南方	春秋晚期
0317	4588	5920	曾子□簠	20	內底		南方	春秋晚期
0318	4589-4590	5904-5905	宋公欒簠	20	內底、蓋內	河南固始	中原	春秋晚期
0319	4591	5921	曾孫史夷簠	22	內底、蓋內		南方	春秋晚期
0320	4592	5926	叔虎父簠	23	內底			春秋早期
0321	4593	5929	曹公簠	23	內底		東方	春秋晚期
0322	4594	5932	子季嬴青簠	24	內底、蓋內	湖北襄陽	南方	春秋晚期
0323	4597	5935	陳公子仲慶簠	25	內底	湖北隨縣	南方	春秋中期
0324	4598	5936	曾侯簠	26	內底		南方	春秋早期
0325	4599	5941	鄴伯受簠	26	內底、蓋內	湖北江陵	南方	春秋中期
0326	4600	5942	郜公諴簠	27	內底		南方	春秋早期
0327	4601-4602	5944-5945	召叔山父簠	26	內底		中原	春秋早期
0328	4603-4604	5937-5938	陳侯簠	26	蓋內		中原	春秋早期
0329	4605	5946	嘉子伯昜臚簠	28	內底、蓋內			春秋晚期
0330	4606-4607	5939-5940	陳侯作孟姜簠	27	內底		中原	春秋早期

0331	4608-4609	5950-5951	考叔脂父簠	30	內底、蓋內	湖北枝江	南方	春秋早期
0332	4610-4611	5958-5959	申公彭宇簠	30	內底	河南南陽	南方	春秋
0333	4612	5960	楚屈子赤目簠蓋	31	內底	湖北隨縣	南方	春秋晚期
0334	4613	5957	上鄀府簠	31	內底、蓋內	湖北襄陽	南方	春秋中期
0335	4614	5961	曾□□簠	31	內底			春秋晚期
0336	4615	5955	叔家父簠	31	內底			春秋早期
0337	4616	5962	許子妝簠	31	蓋內		中原	春秋
0338	4617	5965-5969	許公買簠	35	內底、蓋內		中原	春秋晚期
0339	4618	5971-5972	樂子簠	34	內底			春秋晚期
0340	4620-4622	5973	叔朕簠	36	內底			春秋早期
0341	4623-4624	5979	邾大宰簠	38	內底		東方	春秋晚期
0342	4625	5973	長子沬臣簠	39	內底、蓋內		南方	春秋中期
0343	4631-4632	5979-5980	曾伯霥簠	92	內底、蓋內		南方	春秋早期
0344		5757	可簠	4	內底、蓋內	湖北隨州	南方	春秋晚期
0345		5781	鄴子大簠	6	內底、蓋內		南方	春秋晚期
0346		5782	醓祇想簠	6	內底、蓋內	河南淅川	南方	春秋晚期
0347		5783	曾都尹定簠	7	內底、蓋內	湖北隨州	南方	春秋晚期
0348		5790	虢季簠	8	內底、蓋內	河南三門峽	中原	春秋早期
0349		5795	鄴子孟青爛簠	8	內底、蓋內	河南淅川	南方	春秋晚期
0350		5802	黃仲酉簠	9	內底、蓋內	湖北隨州	南方	春秋晚期
0351		5803	曾嫚朱姬簠	9	內底、蓋內	河南淅川	南方	春秋晚期
0352		5834	曾孟嬴剮簠	12	內底	湖北襄陽	南方	春秋早期
0353		5835	楚子棄疾簠	12	內底、蓋內	河南南陽	南方	春秋晚期
0354		5852	魯侯簠	15	內底、蓋內	山東泰安	東方	春秋早期

0355		5853	子皇母簠	15	內底、蓋內	山東棗莊	東方	春秋早期
0356		5854	曾子義行簠	15	內底、蓋內	江蘇六合	南方	春秋晚期
0357		5863	飤簠	10-16	內底、蓋內	河南淅川	南方	春秋晚期
0358		5872-5875	商丘叔簠	15	內底、蓋內	山東泰安	東方	春秋早期
0359		5878-5879	邾慶簠	17	內底、蓋內	山東棗莊	東方	春秋早期
0360		5880	虢碩父簠	17	內底、蓋內	河南三門峽	中原	春秋早期
0361		5884	彭子射兒簠	17	內底、蓋內	河南南陽	南方	春秋晚期
0362		5897	叔姜簠	19	內底、蓋內	湖北鄖縣	南方	春秋晚期
0363		5898	鍾離君柏簠	19	內底	安徽蚌阜	南方	春秋
0364		5902-5903	魯酉子安母簠	20、16	內底、蓋內	山東棗莊	東方	春秋早期
0365		5906	無所簠	21	內底、蓋內	河南南陽	南方	春秋晚期
0366		5907-5908	邾公子害簠	21	內底	山東棗莊	東方	春秋早期
0367		5912	畢仲弁簠	22	內底、蓋內	山東棗莊	東方	春秋早期
0368		5922	發孫虜簠	22	內底	湖北襄陽	南方	春秋晚期
0369		5929	郙召簠	23	內底、蓋內	山東長清	東方	春秋早期
0370		5927-5928	仲改衛簠	24	內底	河南淅川	南方	春秋中期
0371		5933-5934	蔡侯簠	24	內底、蓋內		南方	春秋晚期
0372		5943	申文王之孫簠	27	未知			春秋晚期
0373		5947-5949	原氏仲簠	30	內底	河南商水	中原	春秋早期
0374		5952-5954	何次簠	30	內底、蓋內	河南淅川	南方	春秋中期
0375		5956	蔡大膳夫簠	31	內底、蓋內	湖北宜城	南方	春秋早期
0376		5970	上郜公簠	36	內底、蓋內	河南淅川	南方	春秋中期
0377	4635	6057	滕侯昃敦	6	蓋內	山東滕縣	東方	春秋晚期

0378	4636	6059	賹于盞	6	內底、蓋內	湖北隨州	南方	春秋晚期
0379	4637	6062	楚子敦	7	內壁	湖北襄陽	南方	春秋晚期
0380	4638-4639	6064-6065	齊侯敦	11	內底、蓋內		東方	春秋晚期
0381	4640	6066	歸父敦	11	口沿	河北唐縣		春秋晚期
0382	4641	6067	郘公𩵋敦	11	內壁		東方	春秋晚期
0383	4642	6069	荊公孫敦	15	蓋內		南方	春秋晚期
0384	4643	6071	王子申盞	17	內底		南方	春秋晚期
0385	4644	6073	拍敦	26	內壁			春秋晚期
0386	4645	6076	齊侯敦	30	內壁		東方	春秋晚期
0387		6054	仲姬敦	5	內壁、蓋內	河南淅川	南方	春秋晚期
0388		6058	許子佗敦	6	內底、蓋內	河南南陽	中原	春秋晚期
0389		6056	楚王酓審盞	6	內壁		南方	春秋晚期
0390		6060	工尹坡盞	6	蓋內		南方	春秋晚期
0391		6063	慍兒盞	8	內底、蓋內	湖南岳陽	南方	春秋晚期
0392		6068	襄王孫盞	13	口沿	湖北榖城	南方	春秋晚期
0393		6070	荊公孫敦	15	內壁		南方	春秋晚期
0394		6072	益余敦	25	內底		中原	春秋
0395		6074	宋右師延敦	30	內底、蓋內	河南南陽	中原	春秋
0396		6075	□子盞	32	內底、蓋內	湖北襄陽	南方	春秋早期
0397	4650		哀成叔卮	5	內底	河南洛陽	中原	春秋晚期
0398			王卮	1	內底	湖北麻城		春秋晚期
0399	4654-4657	6104-6107	公豆	2	內底	山東沂水	東方	春秋
0400	4659	6112	穌貉莆（豆）	5	內底	河南三門峽	中原	春秋
0401	4660-4661	6113-6114	邵方豆	4	內底	河北隨州	南方	春秋

0402	4662	6115	訇方豆	4	內底、蓋內	河南固始	南方	春秋晚期
0403	4663	6116	哀成叔豆	5	內底	河南洛陽	中原	春秋晚期
0404	4673-4674	6130-6131	曾仲斿父鋪	8	內底	湖北京山	南方	春秋早期
0405	4686	6146	黃君孟豆	13	肩部	河南光山	南方	春秋早期
0406	4687	6148	黃子豆	16	內壁	河南光山	南方	春秋早期
0407	4689-4691	6154-6156	厚氏元鋪	23	內底、蓋內	山東曲阜	東方	春秋中期
0408	4693	6159	姬宴母豆	30	內底	陝西扶風	中原	西周晚或春秋
0409		6132	克黃豆	8	柄上		南方	春秋中期
0410		6144-6145	虢季鋪	10	內底	河南三門峽	中原	春秋早期
0411		6150-6151	競之定豆	22	內底		南方	春秋晚期
0412	5761	11534	子之弄鳥尊	4	鳥背	山西太原	中原	春秋晚期
0413	5939	11721	蔡侯申尊	9	頸部	安徽壽縣	南方	春秋晚期
0414	6010	11815	蔡侯申尊	95	口內	安徽壽縣	南方	春秋晚期
0415		11690	王子啟疆尊	8	內底		南方	春秋晚期
0416	6462	11598	義楚觶	5	外壁	江西高安	吳越	春秋晚期
0417	6506	11650	徐王禹又觶	10	外壁	江西高安	吳越	春秋晚期
0418	6513	11657	徐王義楚觶	35	外壁	江西高安	吳越	春秋晚期
0419	9426	14746	途盉	8	肩部	江蘇吳縣	南方	春秋晚期
0420	9434	14768	媿靁鋚	16	蓋內			春秋早期
0421	9445	14769	黃子盉	16	口沿下	河南光山	南方	春秋
0422		14606	金盉	1	獸首額			春秋
0423		14747	攻吳王之孫鋚	存8	肩部	江蘇邳州	吳越	春秋晚期
0424		14758	吳王夫差盉	12	肩部		吳越	春秋晚期
0425		14765	絅伯盉	15				春秋晚期

0426	9494	12019	之壺	2	外壁	湖北隨州	南方	春秋晚期
0427	9513	12091	公鑄壺	3	外壁	山東沂水	東方	春秋中期
0428	9573-9574	12187-12188	蔡侯申壺	6	頸內	安徽壽縣	南方	春秋晚期
0429	9588	12224	右走馬嘉壺	8	內壁			春秋早期
0430	9596-9598	12244-12246	芮公壺	9	蓋內		中原	春秋早期
0431	9603	12242-12243	子叔壺	9	內壁、蓋內			春秋早期
0432	9625-9626	12287-12288	㴐叔壺	12	外壁	湖北隨州	南方	春秋晚期
0433	9628-9629	12285-12286	曾仲斿父方壺	12	內壁、蓋內	湖北京山	南方	春秋早期
0434	9632	12293	己侯壺	13	器底外	山東萊陽	東方	春秋早期
0435	9633-9634	12294-12295	陳侯壺	13	內壁、蓋內	山東肥城	中原	春秋早期
0436	9636	12324	黃君孟壺	13	口沿下	河南光山	南方	春秋早期
0437	9637	12296	樊夫人龍嬴壺	13	頸外壁	河南信陽	中原	春秋早期
0438	9638	12297	華母壺	13	口沿			春秋早期
0439	9639	12325	江君婦龢壺	13	器壁		南方	春秋早期
0440	9644-9645	12306-12307	芮太子伯壺	14	蓋內		中原	春秋早期
0441	9657	12323	侯母壺	15	內壁、蓋內	山東曲阜	東方	春秋早期
0442	9658	12326	奚季宿車壺	13、14	蓋頂、頸部	河南羅山	南方	春秋早期
0443	9659	12327	齊良壺	15	內壁		東方	春秋
0444	9663-9664	12338-12339	黃子壺	16	頸外	河南光山	南方	春秋早期
0445	9678-9679	12365-12366	趙孟疥壺	19	蓋外沿	河南輝縣	中原	春秋晚期
0446	9680	12367	凷君壺	19	腹外壁			春秋
0447	9681	12371	復公仲壺	20	內壁		南方	春秋晚期
0448	9687-9688	12379-12380	杞伯每刃壺簋	19、20	頸內壁		東方	春秋早期
0449	9698-9699	12398-12399	宗婦郜嬰壺	25	內壁		中原	春秋

0450	9700	12400	陳喜壺	26	口內		東方	春秋晚期
0451	9701	12408-12409	蔡公子壺	29	內底		南方	春秋早期
0452	9704	12407	景公壺	29	內壁		東方	春秋
0453	9706	12414	叔師父壺	30	頸外壁		南方	春秋中期
0454	9708	12422	冶仲考父壺	37	內壁			春秋早期
0455	9709	12423	公子土折壺	39	頸部	山東臨朐	東方	春秋晚期
0456.	9712	12427	曾伯陭壺	41	蓋面、口內		南方	春秋晚期
0457	9715	12428	杕氏壺	41	內壁			春秋晚期
0458	9729-9730	12449-12450	洹子孟姜壺	存135	頸內壁		東方	春秋
0459	9733	12453	庚壺	存172	肩部		東方	春秋晚期
0460		11989	□壺	1	內壁	山東長清	東方	春秋早期
0461		11989	蔓壺	1	未知			春秋晚或戰國早
0462		12120	薛侯壺	4	外壁	山東滕州	東方	春秋中期
0463		12121-12122	魯侯壺	4	內壁、蓋內	河南登封	東方	春秋早期
0464		12123	可壺	4	頸部	湖北隨州	南方	春秋晚期
0465		12156	□君子壺	5	頸外壁	山西稷山		春秋晚期
0466		12184-12186	秦公壺	6	內壁	甘肅禮縣	西方	春秋早期
0467		12189	申伯壺	6	頸內壁	河南洛陽	中原	春秋晚期
0468		12190	曾仲姬壺	6	外壁	湖北隨州	南方	春秋晚期
0469		12221-12222	虢季壺	8	內底	河南三門峽	中原	春秋早期
0470		12223	虢姜壺	8	內壁	河南三門峽	中原	春秋早期
0471		12247-12248	仲姜壺	9	蓋內	陝西韓城	中原	春秋早期
0472		12249	黃仲酉壺	9	內壁	湖北隨州	南方	春秋晚期
0473		12289	番叔壺	12	頸外壁	河南信陽	南方	春秋晚期

0474		12305	弦伯隹壺	14	蓋榫	湖北棗陽	南方	春秋早期
0475		12321	彭伯壺	15	頸內壁、蓋內	河南南陽	南方	春秋早期
0476		12333-12337	邾君慶壺	16	內壁	山東棗莊	東方	春秋早期
0477		12352	邾慶壺	17	蓋榫	山東棗莊	東方	春秋早期
0478		12353	圓君婦媿靁壺	17	頸部	山東棗莊	東方	春秋早期
0479		12381	競孫不服壺	21	未知	河南上蔡	南方	春秋晚期
0480		12412-12413	伯遊父壺	30	頸外壁			春秋中期
0481		12415	莒平壺	28	頸內壁	山東莒縣	東方	春秋晚期
0482		12415	蔡公子叔湯壺	31	內壁		南方	春秋晚期
0483		12445	與兵壺	79	內壁、蓋內		中原	春秋晚期
0484		13826	叀伯罍	18	口沿內壁	山東棗莊	南方	春秋早期
0485		14088	鄀兒罍	28	肩部	湖北穀城	南方	春秋晚期
0486	9959	13992	亞離鑑	3	蓋內			春秋早期
0487	9960	13991	叀伯鑑	3	口沿	河南桐柏	南方	西周晚或春秋早
0488	9961	13993	曾伯文鑑	12	口沿	湖北隨縣	南方	西周晚或春秋早
0489	9963	13996	黃君孟鑑	15	肩部	河南光山	南方	春秋早期
0490	9966	13997-13998	黃子鑑	15	肩部	河南光山	南方	春秋早期
0491	9971	14006	番伯官曾鑑	20	口沿		南方	春秋早期
0492	9972	14005	番昍鑑	19	內壁		中原	西周晚或春秋早
0493	9973	14008	鄭義伯鑑	32	蓋口外、器頸		中原	西周晚或春秋早
0494	9974	14007	伯亞臣鑑	34	肩部	河南潢川	南方	春秋早期
0495		14009	伯遊父鑑	35	肩部			春秋中期
0496	9976	14031	蔡侯申瓶	5	頸外壁	安徽壽縣	南方	春秋晚期
0497	9979	14034	陳公孫䢔父瓶	20	頸外壁	山西聞喜	中原	春秋早期

0498	9980	14037	孟城瓶	22	頸內壁		南方	春秋早期
0499	9981	14038	樂大司徒瓶	20	內壁			春秋
0500	9982	14039	喪史寅瓶	24	內壁			春秋晚或戰國早
0501		14035	唐子仲瀕瓶	20	外壁	湖北隕縣	南方	春秋晚期
0502		14036	僉父瓶	21	外壁、蓋面	山東襄莊	東方	春秋早期
0503	9987		黃子罐	16	蓋面	河南光山	南方	春秋早期
0504	9988	14055	倗缶	4	內壁、蓋內	河南淅川	南方	春秋晚期
0505	9991	14062	蔡侯朱缶	5	肩部	湖北南漳	南方	春秋中期
0506	9992-9994	14063-14065	蔡侯申缶	6	蓋內、口外沿	安徽壽縣	南方	春秋晚期
0507	9995	14066	中子賓缶	6	肩部	湖北穀城	南方	春秋晚期
0508	9996	14067	曾子與缶	6	肩部		南方	春秋晚期
0509	10004	14078	蔡侯申缶	10	口沿內	安徽壽縣	南方	春秋晚期
0510	10005	14084	孟滕姬缶	22	蓋內	河南淅川	南方	春秋晚期
0511		14051	鹽缶	2	外壁	湖北襄陽	南方	春秋晚期
0512		14052	台寺缶	2	肩部			春秋
0513		14055	倗缶	3	蓋內、口沿		南方	春秋晚期
0514		14057-14058	彭射缶	4	頸部	河南南陽	南方	春秋晚期
0515		14056	倗尊缶	4	蓋內	河南淅川	南方	春秋晚期
0516		14059	永陳缶蓋	5	蓋面	湖北枝江	南方	春秋晚期
0517		14068-14069	鄒子倗缶	10	蓋內、口沿	河南淅川	南方	春秋晚期
0518		14083	孟滕姬缶	22	蓋內、口沿	河南淅川	南方	春秋晚期
0519		14086	嘉子孟嬴缶	27	口沿			春秋中期
0520		14093	次□缶蓋	32	蓋面	江蘇丹徒	吳越	春秋晚期
0521		14095-14096	鄭莊公之孫缶	50	外壁	湖北襄陽	中原	春秋晚期

0522	10056	14361	尌仲盤	4	內底	河南孟津	中原	春秋早期
0523	10058	14401	永寶用享盤	4	內底	河南桐柏		春秋
0524	10072	14387	蔡侯申盤	6	內底	安徽壽縣	南方	春秋晚期
0525	10081	14407	曩伯妊父盤	9	內底	山東黃縣	東方	春秋早期
0526	10082	14408	樊夫人龍嬴盤	9	內底	河南信陽	中原	春秋早期
0527	10086	14417	魯伯厚父盤	10	內底		東方	春秋早期
0528	10087	14416	魯伯者父盤	10	內底	山東曲阜	東方	春秋早期
0529	10088	14422	虢姪□盤	13	內底	河南陝縣	中原	春秋早期
0530	10090	14431	鄭伯盤	11	內底		中原	春秋早期
0531	10094	14473	番昶伯盤	18	內底		中原	春秋早期
0532	10098	14442	□金氏孫盤	14	內底	河南陝縣	中原	春秋早期
0533	10099	14423	徐王義楚盤	12	內底		吳越	春秋晚期
0534	10103	14444	伯駟父盤	15	內底	山東鄒縣	東方	春秋早期
0535	10104	14440	黃君孟盤	14	內底	河南光山	南方	春秋早期
0536	10109	14445	奚季寬車盤	15	內底	河南羅山	南方	春秋早期
0537	10113-10115	14448-14450	魯伯愈父盤	15	內底	山東滕縣	東方	西周晚或春秋早
0538	10116	14451	魯司徒仲齊盤	15	內底	山東曲阜	東方	春秋早期
0539	10117	14463	齊侯盤	17	內底		東方	春秋中期
0540	10118	14454	蘇冶妊盤	15	內底		中原	春秋早期
0541	10121	14462	鄧伯吉射盤	17	內底		南方	春秋
0542	10122	14455	黃子盤	16	內底	河南光山	南方	春秋早期
0543	10123	14457	齊侯作孟姬盤	16	內底		東方	春秋
0544	10124	14466	魯正叔盤	18	內底		東方	春秋
0545	10125	14465	楚季半盤	16	內底		南方	春秋早期

0546	10126	14468	取膚上子商盤	19	內底		東方	春秋
0547	10130	14460	羕伯塘盤	17	內底	河南桐柏	南方	春秋早期
0548	10131	14474	干氏叔子盤	17	內底		東方	春秋早期
0549	10132	14472	奚君單盤	18	內底	河南羅山	南方	春秋早期
0550	10135	14479	尋仲盤	20	內底	山東臨朐	東方	春秋早期
0551	10136	14473	番君伯黻盤	18	內底	河南潢川	南方	春秋早期
0552	10137	14476	中子化盤	19	內底		南方	春秋
0553	10138	14475	曾師季戟盤	19	內底		南方	春秋早期
0554	10139-10140	14480-14481	番昶伯者君盤	19、20	內底		南方	春秋早期
0555	10143	14487	般仲柔盤	22	內底			春秋
0556	10144	14486	曹公盤	22	內底	河南淮陽	東方	春秋早期
0557	10145	14489	毛叔盤	23	內底		中原	春秋早期
0558	10146	14490	黃韋俞父盤	21	內底			春秋
0559	10147	14491	齊縈姬盤	21	內底		東方	春秋
0560	10148	14493	楚嬴盤	24	內底		南方	春秋早期
0561	10150	14500	🔲🔲右盤	26	內底	湖北隨縣	南方	春秋
0562	10151	14495	齊大宰歸父盤	24	內底		東方	春秋
0563	10153	14498	侃孫奎母盤	25	內底			春秋
0564	10154	14499	魯少司寇盤	25	內底		東方	春秋中期
0565	10156	14505	曾子伯㠱盤	28	內底	河南柏桐	南方	春秋早期
0566	10157	14507	陳侯盤	29	內底		中原	春秋早期
0567	10159	14518	齊侯盤	34	內底		東方	春秋晚期
0568	10160	14517	伯戔盤	33	內底		南方	春秋早期
0569	10162	14520	黃大子伯克盤	33	內底		南方	春秋早期

0570	10163	14522	夆叔盤	36	內底	山東滕縣	東方	春秋早期
0571	10165	14524	者尚余卑盤	40	內底			春秋晚期
0572	10171	14535	蔡侯申盤	92	內底	安徽壽縣	南方	春秋晚期
0573		14363	可盤	4	內底	湖北隨縣	南方	春秋晚期
0574		14388	彭子射盤	6	內底	河南南陽	南方	春秋晚期
0575		14395	曾姬盤	7	內底	河南潢縣	南方	春秋晚期
0576		14400	虢季盤	8	內底	河南三門峽	中原	春秋早期
0577		14402	楚王酓忎盤	8	內底		南方	春秋晚期
0578	近出 1003	14406	虢宮父盤	9	內底	河南三門峽	中原	春秋早期
0579		14409	黃仲酉盤	9	內底	湖北隨州	南方	春秋早期
0580		14413	魯伯厚父盤	10	內底		東方	春秋早期
0581		14414	郳慶盤	10	內底	山東棗莊	東方	春秋早期
0582		14415	攻吳大叔盤	10	內底	江蘇六合	吳越	春秋晚期
0583		14456	鑄叔盤	16	內底	山東棗莊	東方	春秋早期
0584		14461	晉姞盤	17	內底	陝西韓城	中原	春秋早期
0585		14484	伯歸夷盤	21	內底	湖北隨縣	南方	春秋早期
0586		14488	羅子栽盤	22	內底	湖南汨羅	南方	春秋晚期
0587		14494	鄧子與盤	21	內底	湖北鍾祥	南方	春秋中期
0588		14502	□伯侯盤	存11	內底	河北懷來		春秋早期
0589		14504	唐子仲瀕兒盤	28	內底	湖北隕縣	南方	春秋晚期
0590		14510	伯遊父盤	30	內底			春秋中期
0591		14512	賈子叔子屖盤	31	內底	山東諸城	東方	春秋晚期
0592		14513	大師盤	32	內底			春秋早期
0593		14519	蔡侯盤	34	內底	河南淅川	南方	春秋晚期

0594		14526	郜公典盤	46	內底	山東長清	東方	春秋中期
0595	10187	14866	魯士商戲盤	6	內底			西周晚或春秋早
0596	10188	14856	長湯伯匜	6	內底			春秋早期
0597	10194	14880	虖𠚢丘匜	7	內底			春秋
0598	10196	14881	蔡子佗匜	7	內底		南方	春秋晚期
0599	10207	14897	曾子白父匜	9	內底		南方	春秋早期
0600	10208	14898	長湯伯匜	9	內底			春秋早期
0601	10209	14900	樊夫人龍嬴匜	9	內底	河南信陽	中原	春秋早期
0602	10210	14899	鑄子撫匜	9	內底		東方	春秋
0603	10211	14896	㠱伯妊父匜	9	內底	山東黃縣	東方	春秋
0604	10212	14901	攻吳季生匜	9	內底	江蘇盱眙	吳越	春秋晚期
0605	10217	14908	叔黑臣匜	11	內底			春秋
0606	10219	14912	叔毅匜	12	內底			春秋早期
0607	10222	14911	魯伯敢匜	12	內底		東方	春秋早期
0608	10223	14924	䞷金氏孫匜	12	內底	河南陝縣	中原	春秋早期
0609	10228	14919	鄧公匜	13	內底		南方	春秋
0610	10229	14918	匽公匜	13	內底			春秋
0611	10230	14917	黃君孟匜	13	內底	河南光山	南方	春秋早期
0612	10232	14937	荀侯頡匜	16	內底	山西聞喜	中原	春秋早期
0613	10233	14939	齊侯子行匜	14	內底	山東臨朐	東方	春秋早期
0614	10234	14925	奚季寬車匜	14	內底	河南羅山	南方	春秋早期
0615	10235	14940	奚君單匜	14	內底	河南羅山	南方	春秋
0616	10236	14926	邾友父匜	15	內底		東方	春秋早期
0617	10242	14944	齊侯匜	15	內底		東方	春秋中期

0618	10244	14932	魯伯愈父匜	15	內底	山東滕縣	東方	春秋早期
0619	10245	14935	夢子匜	15	內底			春秋早期
0620	10246	14951	戴伯匜	17	內底		中原	春秋早期
0621	10249	14960	羕仲無龍匜	18	內底	河南桐柏		春秋早期
0622	10253	14961	取膚匜	18	內底		東方	春秋早期
0623	10254	14942	黃子匜	16	內底	河南光山	南方	春秋早期
0624	10255	14943	杞伯每刃匜	16	內底		東方	春秋早期
0625	10256	14962	樊君夔匜	17	內底、蓋內	湖南長沙	南方	春秋早期
0626	10258	14963	番仲▨匜	17	內底		南方	春秋
0627	10259	14952	番伯酓匜	17	內底	河南信陽	南方	春秋早期
0628	10260	14956	作司□匜	存17	內底			春秋
0629	10261	14973	眚甫人匜	20	內底		東方	春秋早期
0630	10263	14974	薛侯匜	18	內底		東方	春秋
0631	10264	14981	伯匜	21	內底			春秋
0632	10266	14978	尋仲匜	21	內底	山東臨朐	東方	春秋
0633	10267	14967	陳伯元匜	21	內底		中原	春秋
0634	10268-10267	14971-14972	番昶伯者君匜	20	內底	河南信陽	南方	春秋晚期
0635	10272	14982	齊侯匜	22	內底		東方	西周晚或春秋早
0636	10273	14979	楚贏匜	21	內底		南方	春秋早期
0637	10274	14987	大孟姜匜	23	內底			春秋
0638	10275	14988	魯司徒仲齊匜	27	內底	山東曲阜	東方	春秋
0639	10276	14989	塞公孫𦙃父匜	27	內底	湖北枝江	南方	春秋早期
0640	10277	14993	子仲伯匜	31	內底		東方	春秋早期
0641	10278	14992	公父宅匜	29	內底			春秋

0642	10279	14994	陳子匜	30	內底		中原	春秋早期
0643	10280	14998	慶叔匜	34	內底		東方	春秋晚期
0644	10281	14995	叔上匜	33	內底			春秋早期
0645	10282	15001	夆叔匜	36	內底	山東滕縣	東方	春秋晚期
0646	10283	14997	齊侯匜	34	內底		東方	春秋晚期
0647	10284	15003	蔡叔季之孫匜	36	內底	河北懷來	南方	春秋
0648		14806	冉父辛匜	6	內底			春秋早期
0649		14855	佣匜	4	內底	河南淅川	南方	春秋晚期
0650		14868	王子申匜	6	內底			春秋晚期
0651		14869	楚王酓忎匜	6	內底			春秋晚期
0652		14877	孟嬴匜	7	內底	山東滕縣	東方	春秋早期
0653		14878	彭子射匜	7	內底	河南南陽	南方	春秋早期
0654		14895	虢宮父匜	9	內底	河南三門峽	中原	春秋早期
0655		14902	黃仲酉匜	9	內底	湖北隨州	南方	春秋晚期
0656		14905	邾慶匜	10	內底	山東棗莊	東方	春秋早期
0657		14927	城父匜	14	內底	河南三門峽	中原	春秋早期
0658		14941	□伯匜	16	內底	河南三門峽	中原	春秋早期
0659		14953	羕仲匜	17	內底	河南泌陽	南方	春秋早期
0660		14954	晉姞匜	17	內底	陝西韓城	中原	春秋早期
0661		14955	邾慶匜	17	內底	山東棗莊	東方	春秋早期
0662		14975	唐子仲瀕兒匜	21	內底	湖北鄖縣	中原	春秋晚期
0663		14879	滕大宰得匜	7	內底		東方	春秋中期
0664		14976	�伯匜	19	內底	河南確山	南方	西周晚或春秋早
0665		14980	蘇公匜	21	內底			春秋早期

0666		14985	羅兒匜	23	內底	江蘇六合	吳越	春秋晚期
0667		14990	以鄧匜	24	內底	河南淅川	南方	春秋中期
0668		14991	陳侯匜	28	內底		南方	春秋中期
0669		14996	蔡侯匜	34	內底	河南淅川	南方	春秋晚期
0670		15002	東姬匜	37	內底	河南淅川	南方	春秋中期
0671	10288-10289	15052-15053	智君子鑑	6	內底	河南輝縣	中原	春秋晚期
0672	10290	15054	蔡侯申鑑	6	內底	安徽壽縣	南方	春秋晚期
0673	10294-10296	15059-15063	吳王夫差鑑	12	內底	河南輝縣	吳越	春秋晚期
0674	10298-10299	15066-15067	吳王光鑑	52	內底	安徽壽縣	吳越	春秋晚期
0675	10316	6221	魯大司徒元盂	15	內底		東方	春秋中期
0676	10317	6224	伯索史盂	17	內底			春秋早期
0677	10318	6225	齊侯盂	26	內底	河南孟津	東方	春秋晚期
0678	10319	6226	覃君盂	26	內底			春秋
0679	10320	6227	宜桐盂	39	內底		吳越	春秋中期
0680		6215	聽盂	7	口沿	山東海陽	東方	春秋晚期
0681	10323	6251	香盆	1	內壁	河南郟縣	中原	春秋早期
0682	10326	6254	司料盆蓋	4	口沿			春秋晚期
0683	10327	6255	司料盆	5	口沿			春秋晚期
0684	10329	6261	樊君盆	11	內底、蓋內	河南信陽	中原	春秋早期
0685	10330	6262	息子行盆	11	內底、蓋內	湖北隨縣	南方	春秋早期
0686	10331	6263	子叔嬴內君盆	12	內底			春秋早期
0687	10332	6264	曾孟嬭諫盆	12	內底、蓋內	湖北襄陽	南方	春秋
0688	10334	6265	杞伯每刃盆	17	內底	山東新泰	東方	春秋早期
0689	10335	6266	子諆盆	15	內底、蓋內	河南潢川	南方	春秋中期

0690	10336	6268	曾大保盆	21	內壁		南方	春秋早期
0691	10337	6267	奚子宿車盆	19	內底、蓋內	河南羅山	南方	春秋早期
0692	10338	6269	黃大子伯克盆	29	內底、蓋內	山東沂水	南方	春秋
0693	10339	6270	子季贏盆	30	內底			春秋
0694	10340	6271	彭子仲盆	29	內底		南方	春秋
0695	10341	6272	邛仲之孫伯戔盆	30	內壁、蓋內		南方	春秋早期
0696	10342	6274	晉公盆	存145	內壁		中原	春秋中期
0697	10352		史孔卮	9	蓋內			春秋
0698	10355		黃子器座	11	盍面	河南光山	南方	春秋早期
0699	10356		蔡大使鍬	19	環耳		南方	春秋晚期
0700			伯遊父卮	26	外壁			春秋中期
0701	10361		國差𤔲	53	肩部		東方	春秋中期

參考書目

（一）傳世古籍

【漢】許慎著，【清】段玉裁注：《說文解字注》，臺北：洪葉文化事業股份有限公司，2001。

【漢】司馬遷撰，【唐】司馬貞索隱，【日】瀧川龜太郎編著：《史記會注考證》，臺北：文史哲出版社，1997。

【漢】孔安國傳，【唐】孔穎達疏：《尚書正義》，臺北：藝文印書館，2001。

【漢】鄭玄箋，【唐】孔穎達疏：《毛詩正義》，臺北：藝文印書館，2001。

【漢】鄭玄注，【唐】賈公彥疏：《周禮注疏》，臺北：藝文印書館，2001。

【漢】鄭玄注，【唐】孔穎達疏：《禮記正義》，臺北：藝文印書館，2001。

【晉】杜預注，【唐】孔穎達疏：《左傳正義》，臺北：藝文印書館，2001。

【漢】何休注，【唐】徐彥疏：《春秋公羊傳注疏》，臺北：藝文印書館，2001。

【晉】范甯集解，【唐】楊士勛疏：《春秋穀梁傳注疏》，臺北：藝文印書館，2001。

【清】王先謙撰：《詩三家義集疏》，北京：中華書局，2013。

【清】王先謙撰：《荀子集解》，北京：中華書局，2013。

【清】王先謙撰：《韓非子集解》，北京：中華書局，1998。

【清】王引之：《經傳釋詞》，上海：上海古籍出版社，2014。

【清】王念孫：《廣雅疏證》，北京：中華書局，2008。

【清】王念孫：《讀書雜志》，上海：上海古籍出版社，2014。

【清】王念孫、王引之：《經義述聞》，臺北：中華書局，1987。

【清】朱　彬撰：《禮記訓纂》，北京：中華書局，2007。

【清】朱駿聲：《說文通訓定聲》，北京：中華書局，1998。

【清】李道平撰：《周易集解纂疏》，北京：中華書局，2006。

【清】孫星衍撰：《尚書今古文注疏》，北京：中華書局，2007。

【清】孫希旦撰：《禮記集解》，北京：中華書局，1989。

【清】劉寶楠撰：《論語正義》，臺北：文史哲出版社，1980。

（二）甲骨、青銅器、簡帛著錄

【清】方濬益：《綴遺齋彝器考釋》，臺北：臺聯國風出版社，1976。

【清】劉心源：《奇觚室吉金文述》，臺北：藝文印書館，1971。

【清】吳大澂：《愙齋集古錄》，天津：天津古籍書店，1990。

【清】羅振玉編：《三代吉金文存》，北京：中華書局，1989。

容　庚：《善齋彝器圖錄‧西清彝器拾遺》，北京：中華書局，2012。

容　庚：《寶蘊樓彝器圖錄‧武英殿彝器圖錄》，北京：中華書局，2012。

保利藏金編輯委員會編著：《保利藏金：保利藝術博物館精品選》，廣州：嶺南美術出版社，1999。

保利藏金編輯委員會編：《保利藏金：保利藝術博物館精品選‧續》，廣州：嶺南美術出版社，2001。

吳闓生：《吉金文錄》，臺北：樂天出版社，1971。

泉屋博古館：《泉屋博古》中国古銅器編，京都：泉屋博古館，2002。

中國社會科學院歷史研究所編；郭沫若主編：《甲骨文合集》，北京市：中華書局，1978-1983。

馬承源：《商周青銅器銘文選》，北京：文物出版社，1986-1990。

中國社會科學院考古研究所編：《殷周金文集成》，北京：中華書局，1984-1994。

中國社會科學院考古研究所：《殷周金文集成》（修訂增補本），北京：中華書局，2007。

中國社會科學院考古研究所編：《殷周金文集成釋文》，香港：中文大學中國文化研究所，2001。

陝西省文物局、中華世紀壇藝術館編：《盛世吉金》，北京：北京出版社，2003。

劉　雨、盧　岩：《近出殷周金文集成》，北京：中華書局，2002。

劉　雨：《流散歐美殷周有銘青銅器集錄》，上海：上海辭書出版社，2007。

馬承源：《商周青銅器銘文選》，北京：文物出版社，1986-1990。

馬承源主編：《上海博物館楚藏戰國楚竹書（一）～（九）》，上海：上海古籍出版社，2001-2012。

鍾柏生等合編：《新收殷周青銅器銘文暨器影合編》，臺北：藝文印書館，2006。

吳鎮烽：《商周青銅器銘文暨圖像集成》，上海：上海古籍出版社，2012。

清華大學出土文獻研究與保護中心編：《清華大學藏戰國竹簡（壹）~（伍）》，上海：中西書局，2011-2015。

（三）近人專著

【日】松丸道雄主編：《西周青銅器とその國家》，東京：東京大學出版會，1980。

【日】林巳奈夫：《中國殷周時代の武器》，京都：京都大學人文科學研究所，1972。

【日】白川靜：《金文通釋》，東京：平凡社，2004。

【日】林巳奈夫：《春秋戰國時代青銅器の研究》，東京：及川弘文館，1989。

【日】林巳奈夫：《殷周時代青銅器の研究》，東京：及川弘文館，1984。

【美】宇文所安主編，劉倩等譯：《劍橋中國文學史》，北京：三聯書店，2013。

【美】巫　鴻著，鄭岩、李清泉譯：《中國古代藝術與建築中的「紀念碑性」》，北京：世紀出版社，2009。

【美】柯馬丁著，劉倩譯：《秦始皇石刻－早期中國的文本與儀式》，上海：上海古籍出版社，2015。

【美】夏含夷：《古史異觀》，上海：上海古籍出版社，2005。

【美】夏含夷：《重寫古代文獻》，上海：上海古籍出版社，2012。

【美】羅　泰著，吳長青、張莉、彭鵬等譯：《宗子維城－從考古材料

的角度看公元前 1000 年至前 250 年的中國社會》，上海：上海古籍出版社，2017。

【英】汪　濤著，郅曉娜譯：《顏色與祭祀－中國古代文化中顏色涵義探幽》，上海：上海古籍出版社，2013。

【英】潔西卡‧羅森著，徐心非譯：《中國古代的藝術與文化》，北京：北京大學出版社，2002。

【英】潔西卡‧羅森著，吳曉筠等譯：《祖先與永恆－潔西卡‧羅森中國考古藝術文集》，北京：三聯書局，2011。

于省吾：《商周金文錄遺》，北京：中華書局，1993。

于省吾：《雙劍誃吉金文選》，北京：中華書局，1998。

于省吾主編：《甲骨文字詁林》，北京：中華書局，1996。

于省吾：《甲骨文字釋林》，北京：中華書局，1999。

于豪亮：《于豪亮學術文存》，北京：中華書局，1985。

山西省考古研究所、山西博物院、長治市博物館：《長治分水嶺東周墓地》，北京：文物出版社，2010。

中國社會科學院考古研究所：《中國考古學－兩周卷》，北京：中國社會科學出版社，2003。

中國科學院考古研究所：《洛陽中州路》，北京：科學出版社，1959。

中國科學院考古研究所：《上村嶺虢國墓地》，北京：科學出版社，1959。

王　力：《漢語史稿》，濟南：山東教育出版社，1990。

王　暉：《商周文化比較研究》，北京：人民出版社，2000。

王　寧：《漢字構形學講座》，臺北：三民書局，2013。

王　輝：《高山鼓乘集‧王輝學術文存二》，北京：中華書局，2008。

王　輝：《商周金文》，北京：文物出版社，2006。

王世民、陳公柔、張長壽：《西周青銅器分期斷代研究》，北京：文物出版社，1999。

王世民：《商周銅器與考古學史論集》，臺北：藝文印書館，2008。

王明珂：《華夏邊緣－歷史記憶與族群認同》，臺北：允晨文化，1997。

王國維：《古史新證－王國維最後的講義》，北京：清華大學出版社，1994。

王國維：《觀堂集林》，石家莊：河北教育出版社，2002。

吉林大學古文字研究室編：《于省吾教授百年誕辰紀念文集》，長春：吉林
　　大學出版社，1996。

安徽省文物管理委員會、安徽省博物館著：《壽縣蔡侯墓出土遺物》，北京：
　　科學出版社，1956

朱鳳瀚：《中國青銅器研究綜論》，上海：上海古籍出版社，2009。

朱鳳瀚：《商周家族型態研究》，天津：天津古籍出版社，2004。

朱繼平：《從淮夷族群到編戶齊民－周代淮水流域族群衝突的地理學觀察》，
　　北京：人民出版社，2011。

江淑惠：《齊國彝銘彙考》，臺北：國立臺灣大學出版委員會，1980。

何琳儀：《戰國古文字典－戰國文字聲系》，北京：中華書局，1998。

何琳儀：《戰國文字通論（訂補）》，南京：江蘇教育出版社，2003。

何樹環：《西周錫命銘文新研》，臺北：文津出版社，2007。

何樹環：《青銅器與西周史論集》，臺北：文津出版社，2013。

余英時：《古代知識階層史論》，臺北：聯經出版社，1993。

吳其昌：《金文曆朔疏證》，北京：北京圖書館出版社，2004。

吳鎮鋒：《陝西金文彙編》，西安：三秦出版社，1989。

宋鎮豪：《夏商社會生活史》，北京：中國社會科學出版社，2005。

李　峰著，吳敏娜等譯：《西周的政體－中國早期的官僚制度和國家》，上海：
　　上海古籍出版社，2007。

李　峰著，徐峰、湯惠生譯：《西周的滅亡－中國早期國家的地理和政治危
　　機》，上海：上海古籍出版社，2007。

李若暉：《春秋戰國思想史探微》，臺北：藝文印書館，2012。

李家浩：《著名中年語言學家自選集‧李家浩卷》，合肥：安徽教育出版社，
　　2002。

李家浩：《安徽大學漢語言文字研究叢書‧李家浩卷》，合肥：安徽大學出版社，
　　2013。

李夏廷、李劭軒編著：《晉國青銅藝術圖鑑》，北京：文物出版社，2009。

李朝遠：《青銅器學步集》，北京：文物出版社，2007。

李學勤：《中國古代文明研究》，上海：華東師範大學出版社，2006。

李學勤：《古文物中的古文明》，臺北：商務印書館，2008。

李學勤：《李學勤早期文集》，北京：河北教育出版社，2008。

李學勤：《東周與秦代文明》，上海：上海人民出版社，2007。

李學勤：《青銅器入門》，北京：商務印書館，2013。

李學勤：《青銅器與古代史》，臺北：聯經出版公司，2005。

李學勤：《通向文明之路》，北京：商務印書館，2010。

李學勤：《新出青銅器研究》，北京：文物出版社，1990。

杜　勇、沈長雲：《金文斷代方法探微》，北京：人民出版社，2002。

杜迺松：《吉金文字與青銅文化論集》，北京：紫禁城出版社，2003。

沈寶春：《商周金文錄遺考釋》（全三冊）收於《古典文獻研究輯刊》第
　　　30-32 冊，臺北：花木蘭出版社，2005

屈萬里：《尚書集釋》，臺北：聯經出版公司，2003。

林　澐：《古文字研究簡論》，吉林：吉林大學出版社，1986。

林　澐：《林澐學術文集》，北京：中國大百科全書出版社，1998。

林　澐：《林澐學術文集（二）》，北京：科學出版社，2008。

武振玉：《兩周金文虛詞研究》，北京：線裝書局，2010。

河南省文物研究所：《淅川下寺春秋楚墓》，北京：文物出版社，1991。

河南省文物考古研究所、三門峽市文物隊：《三門峽虢國墓》，北京：文物出
　　　版社，1999。

范文瀾：《中國通史簡編》，石家莊：河北教育出版社，2000 年。

唐　蘭：《中國文字學》，濟南：齊魯書社，1981。

唐　蘭：《唐蘭先生金文論集》，北京：紫禁城出版社，2005。

湯餘惠：《戰國文字編》，福州：福建人民出版社，2001。

唐鈺明：《著名中年語言學家自選集‧唐鈺明卷》，合肥：安徽教育出版
　　　社，2002。

容　庚：《金文編》，北京：中華書局，2007。

容　庚：《商周彝器通考》，上海：上海人民出版社，2008。

容　庚：《頌齋述林》，香港：中華書局，1984。

徐中舒：《徐中舒歷史論文選輯》，北京：中華書局，1998。

徐元誥：《國語集解》，北京：中華書局，2002。

徐少華：《周代南土歷史地理與文化》，武漢：武漢大學出版社，1994。

徐少華：《荊楚歷史與地理考古探研》，北京：商務印書館，2010。

晁福林：《春秋戰國的社會變遷》，北京：商務印書館，2011。

馬承源：《中國青銅器》，上海：上海古籍出版社，1994。

馬承源：《中國青銅器》修訂本，上海：上海古籍出版社，2007。

馬承源：《中國青銅器研究》，上海：上海古籍出版社，2002。

高　明：《中國古文字學通論》，北京：北京大學出版社，1996。

商艷濤：《西周軍事銘文研究》，廣州：華南理工大學出版社，2013。

康學偉：《先秦孝道研究》，臺北：文津出版社，1992。

張　翀：《商周時期青銅豆綜合研究》，北京：線裝書局，2012。

張光直：《中國青銅時代》，臺北：聯經出版社，1983。

張光直：《考古學專題六講》增訂本，北京：三聯書店，2010。

張正明：《楚史》，武漢：湖北教育出版社，1995。

張昌平：《曾國青銅器研究》，北京：文物出版社，2009。

張昌平：《方國的青銅與文化－張昌平自選集》，上海：上海人民出版社，
　　　　2012。

張政烺：《甲骨金文與殷商史研究》，北京：中華書局，2012。

張純一：《晏子春秋校注》，北京：中華書局，2014。

張曉明：《春秋戰國金文字體演變研究》，濟南：齊魯書社，2006。

張懋鎔：《古文字與青銅器論集》，北京：科學出版社，2002。

張懋鎔：《古文字與青銅器論集（第二輯）》，北京：科學出版社，2006。

張懋鎔：《古文字與青銅器論集（第三輯）》，北京：科學出版社，2010。

曹　瑋：《周原遺址與西周銅器研究》，北京：科學出版社，2004。

曹錦炎：《吳越歷史與考古論叢》，北京：文物出版社，2007。

曹錦炎：《鳥蟲書通考（增訂版）》，上海：上海辭書出版社，2014。

曹錦炎：《鳥蟲書通考》，上海：上海書畫出版社，1999。

許倬雲：《中國古代社會史論－春秋戰國時期的社會流動》，桂林：廣西師
　　　　範大學　出版社，2006。

郭永秉：《古文字與古文獻論集》，上海：上海古籍出版社，2011。

郭沫若：《奴隸制時代》，北京：中國人民大學出版社，2005。

郭沫若：《兩周金文辭大系圖錄攷釋》，北京：科學出版社，2002。

郭沫若：《金文叢考》，北京：人民出版社，1954。

郭沫若：《青銅時代》，中國人民大學出版社，2005 年。

郭沫若：《青銅器銘文研究》，北京：人民出版社，1954。

郭沫若：《郭沫若全集》，北京：科學出版社，2002。

郭寶鈞：《商周銅器群綜合研究》，北京：文物出版社，1981。

陳　槃：《春秋大事表列國爵姓及存滅譔異》，臺北：中央研究院歷史語言
　　　　研究所，1988。

陳　直：《讀金日札；讀子日札》，北京：中華書局，2008 年。

陳　絜：《商周姓氏制度研究》，北京：商務印書館，2007 年。

陳　劍：《甲骨金文考釋論集》，北京：線裝書局，2007。

陳　劍：《戰國竹書論集》，上海：上海古籍出版社，2013。

陳光田：《戰國璽印分域研究》，長沙：岳麓書社，2008。

陳昭容：《秦系文字研究》，臺北：中央研究院歷史語言研究所，2003。

陳佩芬：《夏商周青銅器研究：上海博物館藏品》，上海：上海古籍出版
　　　　社，2004。

陳初生：《金文常用字典》，西安：陝西人民出版社，2004。

陳英傑：《西周金文作器用途銘辭研究》，北京：中華書局，2007。

陳偉等著：《楚地出土戰國簡冊[十四種]》，北京：經濟科學出版社，
　　　　2009。

陳夢家：《西周青銅斷代》，北京：中華書局，2004。

陳夢家：《殷墟卜辭綜述》，北京：中華書局，1998。

陳夢家：《西周年代考‧六國紀年》，北京：中華書局，2005。

陳漢平：《金文編訂補》，北京：中國社會科學出版社，1993。

陳斯鵬等編：《新見金文字編》，福州：福建人民出版社，2012。

孫　剛：《齊文字編》，福州：福建人民出版社，2010。

傅樂成：《中國通史》，臺北：大中國圖書公司，1994 年。

彭裕商：《春秋青銅器年代綜合研究》，北京：中華書局，2011。

湖北省文物考古研究所、北京大學中文系編：《九店楚簡》，北京：中華書局，1999。

湖北省文物考古研究所：《江陵九店東周墓》，北京：科學出版社，1995。

湖北省荊沙鐵路考古隊編：《包山楚墓》，北京：文物出版社，1991。

湖北省博物館編：《曾侯乙墓》，北京：文物出版社，1989。

程俊英、蔣見元：《詩經注析》，北京：中華書局，2009。

程鵬萬：《安徽壽縣朱家集出土青銅器銘文集釋》，吉林：黑龍江人民出版社，2009。

華覺民：《中國古代金屬技術－銅和鐵造就的文明》，鄭州：大象出版社，1999。

賀云翱主編：《考古學方法與理論》，南京：南京大學歷史系，2003。

黃石市博物館：《銅綠山古礦冶遺址》，北京：文物出版社，1999。

黃進興：《歷史主義與歷史理論》，臺北：允晨文化實業股份有限公司，1992。

黃錫全：《古文字與古貨幣文集》，北京：文物出版社，2009。

黃德寬、陳秉新：《漢語文字學史》，臺北：聯經出版公司，2008。

黃德寬：《古漢字發展論》，北京：中華書局，2014。

黃懷信、張懋鎔、田旭東：《逸周書彙校集注（修訂本）》，上海：上海古籍出版社，2007。

鄒芙都：《楚系銘文綜合研究》，成都：巴蜀書社，2007。

楊伯峻：《春秋左傳注》，臺北：源流出版社，1982。

楊樹達：《積微居小學金石論叢》，上海：上海古籍出版社，2007。

楊樹達：《積微居小學述林》，上海：上海古籍出版社，2007。

楊樹達：《積微居金文說》，上海：上海古籍出版社，2007。

楊懷源：《西周金文詞彙研究》，成都：巴蜀書社，2007。

董楚平：《吳越徐舒金文集釋》，浙江：浙江古籍出版社，1992。

董　珊：《吳越題銘研究》，北京：科學出版社，2014。

潘慧如：《晉國青銅器銘文探研》，香港：青文書屋，1999。

裘錫圭：《文字學概要》，臺北，萬卷樓出版社，1993。

裘錫圭：《古代文史研究新探》，江蘇：江蘇古籍出版社，2000。

裘錫圭：《裘錫圭學術文集》，上海：復旦大學出版社，2012。

廖名春：《新出楚簡試論》，臺北：臺灣古籍出版社，2001。

趙　誠：《二十世紀金文研究述要》，太原：書海出版社，2003。

趙平安：《金文釋讀與文明探索》，上海：上海古籍出版社，2011。

劉　釗：《郭店楚簡校釋》，福州，福建人民出版社，2003。

劉　釗：《出土簡帛文字叢考》，臺北：臺灣古籍出版社，2004。

劉　釗：《古文字構形學》，福州：福建人民出版社，2006。

劉　釗、洪颺、張新俊編纂：《新甲骨文編》，福州：福建人民出版社，2009。

劉　雨：《金文論集》，北京：紫禁城出版社，2008。

劉文典：《淮南鴻烈傳》，北京：中華書局，2010。

劉彬徽：《楚系金文彙編》，武漢：湖北教育出版社，2009。

劉彬徽：《楚系青銅器研究》，襄樊：湖北教育出版社，1996。

鄧佩玲：《天命、鬼神與祝禱－東周金文嘏辭探論》，臺北：藝文印書館，
　　　2011。

羅衛東：《春秋金文構形系統研究》，上海：上海教育出版社，2005。

饒宗頤：《楚地出土文獻三種研究》，北京：中華書局，1993。

(四)學位論文

余慧君：《淅川下寺器群研究：楚系青銅器區域風格及其成因》，臺北：國立臺灣大學藝術史研究所碩士論文，1997。

吳欣倫：《吳越徐舒銘文研究》，嘉義：國立中正大學碩士學位論文，2010。

吳國升：《春秋文字研究》，合肥：安徽大學博士學位論文，2005。

林素清：《戰國文字研究》，臺北：國立臺灣大學中國文研究所博士論文，1984。

林清源：《兩周青銅勾兵銘文彙考》，臺北：東吳大學中國文學研究所碩士論文，1987。

林清源：《楚國文字構形演變研究》，臺中：東海大學博士學位論文，1997。

林聖傑：《春秋媵器銘文彙考》，臺北：中國文化大學碩士學位論文，1995。

林聖傑：《殷商至春秋時期金文人物名號研究》，臺北：東吳大學博士學位論文，2005。

金信周：《兩周祝嘏銘文研究》，臺北：國立臺灣師範大學碩士學位論文，2002。

金信周：《兩周頌揚銘文及其文化研究》，上海：復旦大學博士學位論文，2006。

胡嘉麟：《兩周時期青銅簠研究》，西安:陝西師範大學考古學與博物館學碩士學位論文，2007。

孫　剛：《東周齊系題銘研究》，吉林：吉林大學博士學位論文，2012。

孫麗君：《漢水流域出土春秋方國銅器銘文整理與研究》，合肥：安徽大學碩士學位論文，2014。

徐　力：《春秋金文詞彙系統研究》，上海：華東師範大學碩士學位論文，2007。

祝振雷：《安徽壽縣蔡侯墓出土青銅器銘文集釋》，吉林：吉林大學碩士學位論文，2006。

張新俊:《上博楚簡文字研究》,吉林:吉林大學博士學位論文,2005。

許仙瑛:《先秦鳥蟲書研究》,臺北:國立臺灣師範大學碩士學位論文,1999。

陳珈貝:《東周楚系文化圈考察》,臺北:國立政治大學歷史研究所博士學位論文,2010。

黃聖松:《東周齊國文字研究》,臺北:國立政治大學碩士學位論文,2001。

蔡鴻江:《晉系青銅器研究》,國立高雄師範大學國文研究所博士論文,1999。

(五)單篇論文

【日】伊藤道治:〈邑的結構及其統治〉,《中國古代王朝的形成─以出土資料為主的殷周史研究》,北京:中華書局,2002,頁 135-172。

【日】江村治樹:〈古代城市社會〉,《殷周秦漢史學的基本問題》,北京:中華書局,2008,頁 20-47。

【日】增淵龍夫:〈春秋戰國時代的社會與國家〉,《岩波世界講座歷史・古代 4》,東京:岩波書店,1970,頁 139-184。中文版收入杜正勝主編:《中國上古史論文選集》,臺北:華世出版社,1979,頁 851-888。

【日】廣瀨薰雄:〈釋卜缶〉,《古文字研究》第廿八輯(北京:中華書局,2010 年),頁 504-509。

【日】松丸道雄:〈殷周國家の構造〉,《岩波世界講座歷史・古代 4》,東京:岩波書店,1970,頁 49-100。

于省吾:〈壽縣蔡侯墓銅器銘文考釋〉,《古文字研究》第一輯,北京:中華書局,2005,頁 40-54。

方　輝:〈邿公典盤銘考釋〉,《文物》第九期,1998,頁 62-64。

王　輝:〈徐銅器銘文零釋〉,《東南文化》第 1 期,1995,頁 35-38

王秀麗:〈金文疊音詞語探悉〉,《江漢考古》第四期,2010,頁 125-132。

王桓餘:〈淺說蝌蚪文和鳥蟲書〉,《中國文字》第四十二冊,臺北:國立臺灣大學文學院中國文學系,1971,頁 1。

孔令遠、陳永清:〈江蘇邳州市九女墩三號墩的發掘〉,《考古》第 5 期,2002.5,

頁 19-31。

孔令遠：〈試論邳州九女墩三號墩出土的青銅器〉，《考古》第 5 期，2002.5，頁 81-84。

江蘇省文物管理委員會：〈江蘇六合程橋東周墓〉，《考古》第 3 期，1956.3，頁 105-115。

江蘇省丹徒考古隊：〈江蘇丹徒北山頂春秋墓發掘報告〉，《東南文化》第 3-4 期，1988.8，頁 13-50。

江西省歷史博物館靖安縣文化館：〈江西靖安出土春秋徐國銅器〉，《文物》第 8 期，1980.8，頁 13-15。

石璋如：〈商周彝器銘文部位略例〉，《先秦史研究論集（下）》，臺北：大陸雜誌社編輯委員會，1950，頁 181-201。

伍仕謙：〈王子午鼎、王孫誥鐘銘文考釋〉，《古文字研究》第九輯，北京：中華書局，2005，頁 275-294。

任相宏、張慶法：〈吳王諸樊之子通劍及相關問題探討〉，《中國歷史文物》第 5 期，2004，頁 15-23。

成都市博物館考古隊：〈成都中醫學院戰國土坑墓〉，《文物》第一期（1992年），頁 71-75。

朱德熙、裘錫圭：〈戰國文字研究（六種）〉，《考古學報》第一期，1972，頁 73-89。

何景成、王彥飛：〈自名為「舟」的青銅器解說〉，《古文字研究》第卅輯，北京：中華書局，2014，頁 162-167。

何琳儀、黃錫全：〈𤦲簋考釋六則〉，《古文字研究》第七輯，北京：中華書局，1982，頁 109-122。

何琳儀：〈者減鐘銘校注〉，《古文字研究》第十七輯，北京：中華書局，1989，頁 147-159

吳振武：〈說徐王糧鼎銘文中的「魚」字〉，《古文字研究》第廿六輯，北京：中華書局，2006，頁 224-229。

吳振武：〈古文字中的借筆字〉，《古文字研究》第二十輯，北京：中華書局，2000，頁 308-337

吳振武：〈蔡家崗越王者旨於賜戈新釋（提要）〉，《古文字研究》第二十三輯，北京：中華書局，2006，頁 100-101

吳國升：〈春秋文字字形區域性特徵的初步考察〉，《安徽大學學報》第五期，
　　　2010，頁 89-93。

吳國升：〈春秋文字字形訛變現象的考察分析〉，《古籍整理研究學刊》第三
　　　期，2010，頁 95-99。

吳國升：〈春秋金文字形的時代特徵〉，《古文字學論稿》，合肥：安徽大學出
　　　版社，2008，頁 200-211。

吳鎮烽：〈競之定銅器群考〉，《江漢考古》第一期，2008，頁 82-89。

岑仲勉：〈周鑄青銅器所用金屬之種類與名稱〉，《兩周文史論叢》，北京：商
　　　務印書館，1958，頁 105-120。

李　零：〈論東周時期的楚國典型銅器群〉，《古文字研究》第十九輯，北京：
　　　中華書局，1992，頁 136-177。

李　零：〈再論淅川下寺楚墓－讀《淅川下寺楚墓》〉，《文物》第一期，1996，
　　　頁 47-60。

李　零：〈讀《楚系簡帛文字編》〉，《出土文獻研究》第五輯，北京：科學出
　　　版社，1999，頁 139-162。

李　瑾：〈徐楚關係與徐王義楚元子劍〉，《江漢考古》第 3 期，1986.8，頁
　　　37-43。

李建西、李延祥：〈銅料名稱鐵鋁考〉，《江漢考古》第二期，2010，頁 124-
　　　130。

李春桃：〈庚壺銘文拾遺〉，《中國文字研究》第一期，2014，頁 44-49。

李家浩：〈鼄鐘銘文考釋〉，《著名中年語言學家自選集‧李家浩卷》，合肥：
　　　安徽教育出版社，2002，頁 64-81。

李家浩：〈攻五王光韓劍與虛王光征戈〉，《古文字研究》第十七輯，北京：
　　　中華書局，1989，頁 141-143。

李家浩：〈庚壺銘文及其年代〉，《古文字研究》第十九輯，北京：中華書局，
　　　1992，頁 89-101。

李家浩：〈攻敔王光劍銘文考釋〉，《文物》第 2 期，1990.2，頁 74-79

李家浩：〈談工盧大矢鈹銘文的釋讀〉，《古文字研究》第二十六輯，北京：
　　　中華書局，2006，頁 209-212

李家浩：〈益余敦〉，《保利藏金（續）》，北京：保利藝術館，2001，頁 183-185。

李家浩：〈章子國戈小考〉，《出土文獻》第一輯，上海：中西書局，2010，

頁 158-162。後收入《安徽大學漢語言文字研究叢書－李家浩卷》，安徽：安徽大學出版社，2013，頁 79-84。

李學勤：〈戎生編鐘論釋〉，《保利藏金－保利藝術博物館精品選》，深圳：嶺南美術出版社，1999，頁 375-378。

李學勤：〈晉公盞的幾個問題〉，《出土文獻研究》，北京：文物出版社，1985，頁 134-137。

沙孟海：〈配兒鉤鑃考釋〉，《考古》第 4 期，1983.4，頁 340-342。

杜正勝：〈從眉壽到長生－中國古代生命觀念的轉變〉，《中央研究院歷史語言研究所集刊》第六十六本第二分，臺北：中央研究院歷史語言研究所，1995，頁 383-485。

沈　培：〈說古文字裏的「祝」及相關之字〉，《簡帛》第二輯，上海：上海古籍出版社，2007，頁 1-30。

沈寶春：〈宋右師延敦「惟嬴贏𥂕𥂕易天惻」解〉，《古文字研究》第廿五輯，北京：中華書局，2004，頁 129-132。

周海華、魏宜輝：〈讀銅器銘文箚記（四則）〉，《東南文化》第五期，2000，頁 82-84。

周鳳五：〈子犯編鐘銘文「諸楚荊」的釋讀問題〉，《故宮文物月刊》第十六卷第三期，1998，頁 60-65。

易德生：〈金文玄鏐新探〉，《江漢論壇》第九期，2013，頁 121-124。

林素清：〈春秋戰國美術字體研究〉，《中央研究院歷史語言研究所集刊》第六十一本第一分，臺北：中央研究院歷史語言研究所集刊，1991，頁 29-75。

林清源：〈欒書缶的年代、國別與器主〉，《中央研究院歷史語言研究所集刊》第七十三本第一分，臺北：中央研究院歷史語言研究所，2002，頁 1-39。

林聖傑：〈郘公典盤銘文淺釋〉，《中國文字》新廿七期，臺北：藝文印書館，2001，頁 91-102。

河南信陽地區文管會、光山縣文管會：〈春秋早期黃君孟墓夫婦發掘報告〉，《考古》第四期，1984，頁 308-312。

信陽地區文管會、羅山縣文化館：〈河南羅山縣發現春秋早期銅器〉，《文物》第 1 期，1980，頁 51-53。

信陽地區文管會、羅山縣文化館：〈羅山縣高店公社又發現一批春秋時期青銅器〉，《中原文物》第 4 期，1981，頁 18-21。

施謝捷：〈東周兵器銘文考釋（三則）〉，《南京師大學報》第二期，2002，頁158-159。

施謝捷：〈說「𩁹」及相關諸字（上）〉，《出土文獻與傳世典籍的詮釋－紀念譚樸森先生逝世兩周年國際學術研討會論文集》，上海：上海古籍出版社，2010，頁 47-66。

胡長春、闞緒杭：〈徐王義楚耑「永保忝身」新解及安徽雙墩一號鐘離墓的年代推定〉，《古文字研究》第廿九輯，北京：中華書局，2012，頁 410-415。

胡長春：〈釋鷟鷟雍雍〉，《古文字研究》第廿五輯，北京：中華書局，2004，頁 133-143。

胡厚宣：〈甲骨文所見商族鳥圖騰的新證據〉，《文物》第二期，1977，頁84-87。

茂縣羌族博物館等：〈四川茂縣牟托一號石棺墓及陪葬坑清理簡報〉，《文物》第三期（1994 年），頁 1-40。

孫稚雛：〈𨟻並果戈銘辭〉，《古文字研究》第七輯，北京：中華書局，2005，頁 103-108。

容　庚：〈鳥書考〉，《中山大學學報》第一期，1964，頁 75-113。

徐中舒：〈金文嘏辭釋例〉，《中央研究院歷史語言研究所集刊》第六本第一分，臺北：中央研究院歷史語言研究所，1936，頁 1-44。

徐少華：〈古復國復縣考〉，《中國歷史地理論叢》第一期，1996，頁 118-125。

徐少華：〈古郡國、郡縣及楚郡都地望辨析〉，《石泉先生九十誕辰紀念文集》，武漢：湖北人民出版社，2007，頁 276-289。

徐少華：〈𢎥國銅器及其歷史地理新探〉，《考古學報》第四卷，2008，頁 441-460。

徐少華：〈童麗公諸器與鍾離國歷史與文化〉，《古文字研究》第廿九輯，北京：中華書局，2010，頁 326-331。

徐少華：〈湖北穀城出土的「襄王孫盞」析論〉，《古文字研究》第廿九輯，北京：中華書局，2012，頁 378-383。

徐少華：〈復器、復國與楚復縣考析〉，《中央研究院歷史語言研究所集刊》

第八十本第二分，臺北：中央研究院歷史語言研究所，2009 年，頁
197-215，

徐少華：〈從銅器銘文析古鄧國的婚姻與文化〉，《出土材料與新視野》，臺北：
中央研究院，2013，頁 245-270。

徐少華：〈論隨州文峰塔的年代及其學術價值〉，《江漢考古》第四期，2014，
頁 76-84。

涂白圭：〈郙公典盤及相關問題〉，《考古與文物》第五期，2003，頁 42-43。

袁金平：〈郙子姜首盤銘「于終有卒」新論〉，《古文字學論稿》，合肥：安
徽大學出版社，2008，頁 212-214。

馬國權：〈鳥蟲書論稿〉，《古文字研究》第十輯，北京：中華書局，2005，
頁 139-176。

袁豔玲：〈周代青銅器的生產與流動〉，《考古》第 10 期，2009，頁 68-77。

高　明：〈中原地區東周時代青銅禮器研究（上）〉，《考古與文物》第二期，
1981，頁 68-82。

高　明：〈中原地區東周時代青銅禮器研究（下）〉，《考古與文物》第四期，
1981，頁 82-91。

高　明：〈中原地區東周時代青銅禮器研究（中）〉，《考古與文物》第 3 期，
1981，頁 84-103

張光裕：〈新見楚式青銅器器銘試釋〉，《文物》第一期，2008，頁 73-84。

張光遠：〈春秋晚期齊莊公時庚壺考〉，《故宮季刊》第十六卷第三期，1982，
頁 83-106。

張光遠：〈故宮新藏春秋晉文稱霸「子犯和鐘」新釋〉，《故宮文物月刊》第
十三卷第一期，1995，頁 4-31。

張光遠：〈子犯編鐘的排次及補釋〉，《故宮文物月刊》第十三卷第六期，1995，
頁 118-123。

張光遠：〈春秋晉國子犯和鐘淺說〉，《故宮文物月刊》第十四卷第二期，1996，
頁 28-33。

張光遠：〈春秋中期　晉國　子犯龢鐘〉，《故宮文物月刊》第十七卷第八期，
1999，頁 86-89。

張光遠：〈春秋中期晉國子犯龢鐘的新證、測音與校釋〉，《故宮文物月刊》

第十八卷第二期，2000，頁 48-67。

張亞初：〈殷周青銅鼎器名、用途研究〉，《古文字研究》第十八輯，北京：
　　中華書局，1992，頁 273-315。

張振林：〈金文「易」義商兌〉，《古文字研究》第廿四輯，北京：中華書局，
　　2002，頁 189-193。

張振林：〈試論銅器銘文形式上的時代標記〉，《古文字研究》第五輯，北京：
　　中華書局，2005，頁 49-88。

張振新：〈關於鐘虡銅人的探討〉，《中國歷史博物館館刊》第 0 期，1980，
　　頁 35-38。

張振謙：〈齊國鳥蟲書考〉，《古文字學論稿》，安徽：安徽大學出版社，2008，
　　頁 270-274。

張桂光：〈古文字中的形體訛變〉，《古文字研究》第十五輯，北京：中華書
　　局，2005，頁 153-184。

張連航：〈「元鳴孔煌」新解〉，《古文字研究》第廿二集，北京：中華書局，
　　2000，頁 125-128。

張鐘雲：〈淮河中下游春秋諸國青銅器研究〉，《考古學研究（四）》，北京：
　　社會科學出版社，2000，頁 140-179。

郭永秉：〈清華〈耆夜〉詩試解二則〉，《楚簡楚文化與先秦歷史文化國際學
　　術研討會論文集》，武漢：湖北教育出版社，2013，頁 333-338。

郭永秉：〈清華簡〈尹至〉「㱠至在湯」解〉，《清華簡研究》第一輯（上海：
　　中西書局，2012 年），頁 48-52。

商志䫺、唐珏明：〈江蘇丹徒背山頂春秋墓出土鐘鼎銘文釋証〉，《文物》第
　　4 期，1989.9，頁 51-59。

陳　平：〈試論關中秦墓青銅容器的分期問題（上）〉，《考古與文物》第三期，
　　1984，頁 58-73。

陳　平：〈試論關中秦墓青銅容器的分期問題（下）〉，《考古與文物》第四期，
　　1984 頁 63-71。

陳　偉：〈讀上博楚竹書〈吳命〉札記〉，《出土文獻與傳世典籍的詮釋－紀
　　念譚樸森先生逝世兩週年國際學術研討會論文集》，上海：上海古籍
　　出版社，2010，頁 319-322。

陳　絜：〈𨹟方鼎銘與周公東征路線初探〉，《古文字與古代史》第四輯，臺

北：中央研究院歷史語言研究所，2015，頁 261-290。

陳　劍：〈金文字詞零釋（四則）〉，《古文字學論稿》，合肥：安徽大學出版社，2008，頁 132-146。

陳　劍：〈青銅器自名代稱、連稱研究〉，《中國文字研究》第一輯，1999，頁 335-370。

陳　劍：〈試說甲骨文的「殺」字〉，《古文字研究》第廿九輯（北京：中華書局，2012 年），頁 9-19。

陳芳妹：〈盆、敦與簋－論春秋早、中期青銅粢盛器的轉變〉，《故宮學術季刊》第二卷第三期，1984，頁 63-117。

陳芳妹：〈簋與盂－簋與其他粢盛器關係研究之一〉，《故宮學術季刊》第一卷第二期，1983，頁 89-110。

陳昭容：〈兩周婚姻關係中的「媵」與「媵器」——青銅器銘文中的性別、身分與
角色研究之二〉，《中央研究院歷史語言研究所集刊》第七十七本第二分，2006，頁 193-278。

陳昭容：〈周代婦女在祭祀中的地位——青銅器銘文中的性別、身分與角色研究之
一〉，《清華學報》新卅一期第四分，2001，頁 395-440。

陳昭容：〈從青銅器銘文看兩周夷狄華夏的融合〉，《古文字與古代史》第一輯，臺北：中央研究院歷史語言研究所，2009，頁 329-362。

陳昭容：〈從青銅器銘文看兩周漢淮地區諸國婚姻關係〉，《中央研究院歷史語言研究所集刊》第七十五本第四分，1994，頁 635-697。

陳斯鵬：〈新見金文釋讀商補〉，《古文字研究》第廿九輯，北京：中華書局，2012，頁 269-273。

陳夢家：〈壽縣蔡侯墓銅器〉，《考古學報》第二期，1956，頁 95-123。

曾憲通：〈亯及相關諸字考辨〉，《古文字研究》第廿二輯，北京：中華書局，2000，頁 270-274。

湯餘惠：〈略論戰國文字形體研究的幾個問題〉，《古文字研究》第十五輯，北京：中華書局，2005，頁 9-100。

程　燕：〈兽叔簋新釋〉，《古文字研究》第廿五輯，北京：中華書局，2004，頁 199-201。

程鵬萬：〈試論吳王光鐘「系虡既毇（設）」的連讀〉，《古文字研究》第廿九輯，北京：中華書局，2012，頁 398-401。

黃盛璋：〈（撻）齊及其和兵器鑄造關係新考〉，《古文字研究》第十五輯，北京：中華書局，2005，頁 258-268。

黃鳳春：〈新見楚器銘文中的「競之定」及相關問題〉，《江漢考古》第二期，2008，頁 74-79。

塗白奎：〈《郜公典盤》與相關問題〉，《考古與文物》第五期，2003，頁 42-43。

楊秀恩：〈金文考釋三則〉，《吉林師範大學學報（人文社會科學版）》第三期，2012 年，頁 33-34。

董　珊：〈珍秦齋藏伯喪戈、矛考釋〉，《故宮博物院院刊》第六期，2006，頁 105-116。

董　珊：〈救秦戎器群的解釋〉，《江漢考古》第三期，2012，頁 87-94。

董作賓：〈殷代的鳥書〉，《大陸雜誌》六卷第十一期，1953，頁 345-347。

鄒芙都：〈新見「楚王酓忎」考釋〉，《考古與文物》第二期，2009，頁 71-73。

鄔可晶：〈文公之母弟鐘補釋〉，《中國文字》新卅六期，臺北：藝文印書館，2011，頁 55-65。

雷晉豪：〈套語中的歷史訊息－透過青銅器銘文「擇其吉金」、「自作寶障彝」探討東周時代的政治、族群關係與列國的權力結構」，《中國文字》新卅七期，臺北：藝文印書館，2011，頁 209-253。

聞　廣：〈中國古代青銅與錫礦〉，《地質評論》第四期，1980，頁 331-340。

趙　誠：〈金文的佳、唯〉，《容庚先生百年誕辰紀念文集》，廣東：廣東人民出版社，1998，頁 417-437。

趙　誠：〈關於「鳥蟲書」〉，《古文字研究》第廿八輯，北京：中華書局，2012，頁 311-320。

蔡哲茂：〈再論子犯編鐘〉，《故宮文物月刊》第十三卷第六期，1995，頁 124-135。

蔡哲茂：〈子犯編鐘「克奠（定）王立（位）」補釋〉，《故宮文物月刊》第十四卷第三期，1996，頁 56-57。

鄭　剛：〈古文字資料所見疊詞研究〉，《中山大學學報（社會科學版）》第 3 期，1996 年，頁 110-116。

劉　釗：〈晉系金文札記二則〉，《中國文字研究》第十七輯，2013，頁 28-31。

劉云濤、夏兆禮、張開學、王健：〈山東莒縣西大莊西周墓葬〉，《考古》第

七期，1999，頁 38-45。

劉偉傑：〈所謂齊國鳥蟲書及相關問題〉，《管子學刊》第一期，2007，頁 42-44。

劉彬徽：〈罍、缶辨正〉，《江漢考古》第二期，1982，頁 92-93。

劉華夏：〈金文字體與銅器斷代〉，《考古學報》第一期，2010，頁 43-72。

歐潭生：〈固始侯古堆吳太子夫差夫人墓的吳文化因素〉，《中原文物》第四期，1991，頁 33-38。

鄧佩玲：〈新見金文嘏辭－「于冬又卒」探論〉，《康樂集－曾憲通教授七十壽慶論文集》，廣州：中山大學古文字研究所，2006，頁 208-215。

襄陽市文物考古研究所：〈湖北襄陽沈崗墓地 M1022 發掘簡報〉，《文物》第七期，2013，頁 7-14。

謝明文：〈晉公盨銘文補釋〉，《出土文獻與古文字研究》第五輯，上海：上海古籍出版社，2013，頁 236-257

謝明文：〈從語法角度談談金文中「穆穆」的訓釋等相關問題〉，《古籍研究》第一期，2013，頁 53-61。

謝明文：〈釋金文中的「鋚」字〉，《中國文字》新三十九期，臺北：藝文印書館，2013，頁 117-124。

羅　泰：〈西周銘文的性質〉，《考古學研究（六）》，北京：科學出版社，2006，頁 343-374。

羅　琨：〈殷墟卜辭中的「先」與「失」〉，《古文字研究》第廿六輯，北京：中華書局，2006，頁 52-57。

龐　樸：〈郢燕書說－郭店楚簡中山三器心旁文字試說〉，《郭店楚簡國際學術研討會論文集》，湖北：湖北人民出版社，2000，頁 37-42。

嚴志斌：〈鳥書構形簡論〉，《華夏考古》第 1 期，2001.3，頁 94-97。

（六）網路文章

吳鎮烽：〈晉公盤與晉公盨銘文對讀〉，發表於復旦大學出土文獻與古文字研究中心（2014 年 6 月 22 日）。網址：
http://www.gwz.fudan.edu.cn/SrcShow.asp?Src_ID=2297

陳　新：〈說「毋瘯毋疣」〉，復旦大學出土文獻與古文字研究中心網站（2008 年 6 月 19 日）。網址：
http://www.gwz.fudan.edu.cn/SrcShow.asp?Src_ID=460

後記

本書是在我博士論文基礎上修改完成的，從構思到完成，前後差不多經歷了八個年頭，它陪伴著我度過了博士班的學習生涯、博士後的茫然不安以及任教職後的繁忙焦慮。猶記初入博士班之時，原本打算進行心儀已久的簡帛文獻研究，卻在因緣際會下，改變目標，從事對我而言相對困難陌生的春秋金文研究。在時間與環境的緊迫壓力中，我一步步適應金文的研究模式，慢慢摸索出博士論文該有的樣子，在許多人的幫助下，總算順利通過論文口試。畢業以後，這本論文很幸運地獲得教育部 HKR 人文及社會科學博士論文改寫學術專書暨編纂主題論文集計畫補助，使我擁有充裕的時間與經費對稿子進行修改、增補。如今，這份稿子終於在萬卷樓出版公司的協助下順利付梓，讓我可以完成階段性任務，並給過往的青春歲月一個交代。

這份稿子的完成，首先要感謝徐富昌教授。就讀博士班期間，徐老師承擔起我的指導工作，儘管老師的業務十分繁忙，但他不曾疏忽對我的關心。甚至在我提出為本書寫序文的要求時，仍不顧忙碌爽快地承諾此事，這份心意令人難以忘懷。

此外感謝周鳳五教授，在撰寫博士論文的過程中，周老師對我的選題、框架都給予很多的指導，尤其在我開題不久後，感到十分茫然困難之際，而老師的鼓勵與肯定，總能使我堅定步伐繼續向前。遺憾的是，周老師在這本論文完成以前就告別了世界，而沒能將完稿給老師指正的我，僅能將思念與感激的心意，化為這本專書獻給老師。還需感謝陳芳妹教授，因為旁聽陳老師的青銅藝術課程，使我認識文字以外的青銅世界，為本書提供很重要研究觀點，而陳老師的溫暖問候與關心，也常使我在沉重的畢業壓力下產生繼續前行的勇氣。同時也感謝蔡哲茂老師，總是不忘關心我的論文進度以及生活、就業狀況，即便我僅在碩士期間跟隨老師，但他總像擔心子女般地為我

們感到焦慮或開心，使人感到格外溫暖。

　　最後感謝擔任我博士論文口委的許學仁教授、陳昭容教授、林宏佳教授，因為有三位教授真誠而踏實的指導，才給本稿提供了有力的修改基礎，使我不至於犯下嚴重的疏漏及錯誤。還要感謝黃聖松教授願意擔任博士後指導教授，使我在改寫本稿期間不僅得到有力後盾，也獲得許多研究課題的啟發。及至今日，老師仍時時關心我的研究進度，使我不致於忙碌的教學生活中，忘卻了研究初衷。

　　在這段撰寫與改寫博士論文期間，我也得到眾多師友的幫助。張宇衛學長總是仔細地閱讀每章論文，並且給我許多論文方向的指引與思考。謝博霖同學則在我撰寫論文遇到困難時，不厭其煩地與我反覆討論問題，一同思考解決方法，甚至在心灰意冷之際，給予最真誠的加油打氣。還有 115 研究室的張惟捷學長、陳逸文學長、古育安學長、宋雅萍學姊給予的各種不同幫助與指導，以及小邦周成員中的王詩涵、蔡佩玲、歐陽宣等學弟妹一起共同切磋討論，分享訊息，其他師友也給予了許多心靈及實質上的幫助，因為有這些點滴的善意，才能有今天這本書的完成。

　　最後感謝教育部 HKR 人文及社會科學博士論文改寫學術專書暨編纂主題論文集計畫對這本書的支持。同時感謝萬卷樓圖書公司副總經理張晏瑞先生、責任編輯楊婉慈女士的協助，以及助理黃馨同學的編輯校閱，方使這本書順利出版。

　　在此謹向所有幫助過我以及這本書的師友致謝。若拙著有任何遺漏或不足之處，皆由本人負責，尚祈讀者批評指教。

黃庭頎于北投寓所

2018 年 8 月 26 號

文獻研究叢書·出土文獻譯注研析叢刊 0902013

鑄勒功名——春秋青銅禮器銘文的演變與特色

作　　者　黃庭頎
責任編輯　楊婉慈

發 行 人　林慶彰
總 經 理　梁錦興
總 編 輯　張晏瑞
編 輯 所　萬卷樓圖書股份有限公司
　　　　　臺北市羅斯福路二段 41 號 6 樓之 3
　　　　　電話 (02)23216565
　　　　　傳真 (02)23218698

發　　行　萬卷樓圖書股份有限公司
　　　　　臺北市羅斯福路二段 41 號 6 樓之 3
　　　　　電話 (02)23216565
　　　　　傳真 (02)23218698
　　　　　電郵 SERVICE@WANJUAN.COM.TW
香港經銷　香港聯合書刊物流有限公司
　　　　　電話 (852)21502100
　　　　　傳真 (852)23560735

ISBN 978-986-478-219-2

2019 年 1 月初版二刷
2018 年 9 月初版一刷
定價：新臺幣 480 元

如何購買本書：

1. 劃撥購書，請透過以下郵政劃撥帳號：
　　帳號：15624015
　　戶名：萬卷樓圖書股份有限公司
2. 轉帳購書，請透過以下帳戶
　　合作金庫銀行 古亭分行
　　戶名：萬卷樓圖書股份有限公司
　　帳號：0877717092596
3. 網路購書，請透過萬卷樓網站
　　網址 WWW.WANJUAN.COM.TW

大量購書，請直接聯繫我們，將有專人為
您服務。客服：(02)23216565 分機 610

國家圖書館出版品預行編目資料

鑄勒功名 —— 春秋青銅禮器銘文的
演變與特色 / 黃庭頎著. -- 初版. -- 臺
北市 ：萬卷樓, 2018.09
　　面 ；　公分. -- (文獻研究叢書. 出土
文獻譯注研析叢刊 ；902013)
ISBN 978-986-478-219-2(平裝)
1.青銅器　2.金文　3.春秋時代
793.2　　　　　　　　　　　107016858